黒い迷宮

ルーシー・
ブラックマン事件
15年目の真実

People Who Eat Darkness

The True Story of a Young Woman
Who Vanished from the Streets of
Tokyo–and the Evil That Swallowed Her Up

リチャード・ロイド・パリー
Richard Lloyd Parry
濱野大道［訳］

早川書房

PEOPLE WHO EAT DARKNESS

The True Story of a Young Woman Who Vanished from the Streets of Tokyo – and the Evil That Swallowed Her Up

by

Richard Lloyd Parry

Translated by

Hiromichi Hamano

First published 2015 in Japan by

Hayakawa Publishing, Inc.

This book is published in Japan by

arrangement with

Toby Eady Associates Ltd.

through The English Agency (Japan) Ltd.

表紙・扉写真：©Doable/a.collectionRF/amanaimages
「六本木から見た東京タワー周辺の夜景」（2010年9月3日撮影）
ブックデザイン：鈴木大輔・江崎輝海（ソウルデザイン）

本書への賛辞

過去一〇年で最も恐ろしい事件の謎に光を当てる衝撃の犯罪ルポルタージュ。一言で説明するのはむずかしい……忘れがたい傑作。

――**ミネット・ウォルターズ**（イギリスの推理小説家『氷の家』『遮断地区』）

衝撃的な作品。犯罪、捜査、裁判の描き方は洞察力に優れ、読者の心を強くとらえて離さない。とくに、悲劇の舞台である日本への筆者の知識と理解には類まれなものがある。織原を理解しようとする試みは決して病的なものではなく、むしろ魅惑的だ。なによりも、ルーシー・ブラックマンとその一家への〝優しさ〟は非常に感動的である。

――**デイヴィッド・ピース**（東京在住のイギリス人犯罪小説家「ヨークシャー四部作」「東京三部作」）

想像を絶する悲劇に立ち向かう家族を見事に描き出す、心奪われるようなノンフィクション。リチャード・ロイド・パリーは、その卓越した調査能力と、物語を綴る天賦の才能を組み合わせ、最高傑作を作り上げた。いったん読みはじめたら、最後までページを繰る手が止まらない。それは保証する。

――**モー・ヘイダー**（イギリスの推理小説家『悪鬼の檻』『喪失』）

傑作中の傑作であることは言うまでもないが、それだけではない。この作品は献身的で、情け深く、勇敢なジャーナリズムの結晶であり、われわれの考え方を変えるほどの力を持つ物語だ。誰かを愛し、相手を愛おしく思った経験を持つすべての人の心を震わせる感動作。

――**クリス・クリーヴ**（イギリスの作家・ジャーナリスト『息子を奪ったあなたへ』）

母と父に捧ぐ

この「眠れる美女」の家へひそかにおとずれる老人どもには、ただ過ぎ去った若さをさびしく悔いるばかりではなく、生涯におかした悪を忘れるための者もあるのではないかと思われた……その成功は悪をおかしてかち得、悪を重ねてまもりつづけられているものもあろう。それは心の安泰者でなく、むしろ恐怖者、敗残者である。眠らせられている若い女の素肌(すはだ)にふれて横たわる時、胸の底から突きあがって来るのは、近づく死の恐怖、失った青春の哀絶ばかりではないかもしれぬ。おのれがおかして来た背徳の悔恨、成功者にありがちな家庭の不幸もあるかもしれぬ。老人どもはひざまずいて拝む仏をおそらくは持っていない。はだかの美女にひしと抱きついて、冷めたい涙を流し、よよと泣きくずれ、わめいたところで、娘は知りもしないし、決して目ざめはしないのである。老人どもは羞恥を感じることもなく、自尊心を傷つけられることもない。まったく自由に悔い、自由にかなしめる。してみれば「眠れる美女」は仏のようなものではないか。そして生き身である。娘の若いはだやにおいは、そういうあわれな老人どもをゆるしなぐさめるようなのであろう。

——川端康成『眠れる美女』〈新潮文庫、六八刷改版：八三―八四頁より〉

ロンドン
セヴンオークス
ワイト島

MAP［神奈川県三浦半島］

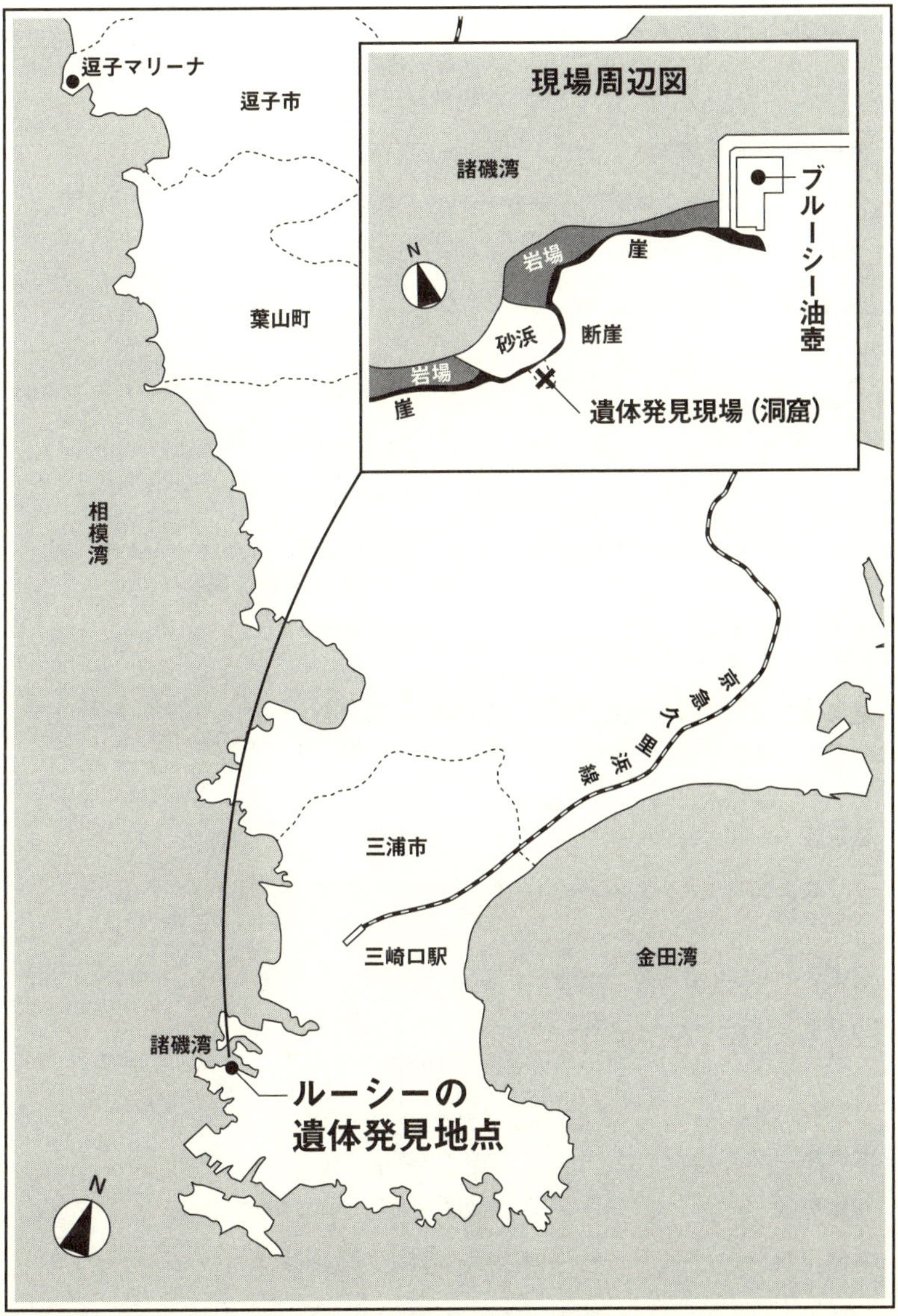

＊松垣透・著『ルーシー事件 闇を食う人びと』（彩流社、2007年）などをもとに作成。

主な登場人物

ルーシー・ブラックマン ―― 1978年9月1日イギリス生まれ。もと英国航空客室乗務員。六本木で外国人ホステスとして働いていた2000年7月1日に失踪。

ティム・ブラックマン ―― ルーシーの父親（事件当時46～47歳）。

ジェーン・ブラックマン ―― ルーシーの母親。再婚後はジェーン・スティア。

ソフィー・ブラックマン ―― ルーシーの妹。1980年生まれ。

ルパート・ブラックマン ―― ルーシーの弟。1983年生まれ。

ルイーズ・フィリップス ―― ルーシーの親友。ルーシーとともに来日し、六本木でホステスとして働く。

ジョセフィン・バー ―― 父ティムの新しいパートナー。

ロジャー・スティア ―― 母ジェーンの再婚相手。

ヒュー・シェイクシャフト ―― イギリス人のファイナンシャルアドバイザー。東京で会社を経営。ルーシー捜索に協力。

マイク・ヒルズ ―― イギリス人の貿易商。

織原城二 ―― 1952年生まれ。2000年10月にカナダ人女性に対する拉致および準強制猥褻容疑で逮捕。

宮沢櫂 ―― 仮名。〈クラブ・カドー〉の経営者。

クリスタベル・マッケンジー ―― 仮名。通称クリスタ。スコットランド人。東京でホステスとして働く。被害者のひとり。

ケイティ・ヴィカーズ ―― 仮名。東京でホステスとして働く。被害者のひとり。

カリタ・リッジウェイ ―― オーストラリア人。東京でホステスとして働いていた1992年2月に急死。

光眞章 ―― 警視庁の警視。

松本房敬 ―― 警視庁の警視正。麻布警察署署長。

有働俊明 ―― 警視庁の警視。刑事部捜査一課のナンバー2。

黒い迷宮　目次

＊登場人物の肩書・所属・年齢、機関や企業の名称などは原書刊行当時のもの。
＊通貨単位は、二〇〇〇年前後は一ポンド＝一五九円、二〇〇六～〇七年は一ポンド＝二〇〇円で計算した。ともに、当時の平均的なレートを基にした。
＊訳注は〔　〕で示した。

MISSING

行方不明の英国人女性をさがしています。

ルーシー・ブラックマン
Lucie BLACKMAN

年　　齢	21歳
身　　長	175cm
体　　格	中位
髪 の 色	金髪
瞳 の 色	青

7月1日(土)に、
東京で見かけられて以来、
行方が分かっていません。

Age	21 years
Height	175cm Medium Build
Hair Color	Blonde
Eye Color	Blue

She was last seen in Tokyo on Saturday July 1st. Since then she has been missing.

もし本人を見かけた方、または
何か情報をお持ちの方は
警視庁麻布警察署
tel. 03-3479-0110
または最寄りの警察宛ご連絡を
お願いいたします。

If anyone has seen her, or has any information relating to her, contact
Azabu Police Station
tel. 03-3479-0110
or your nearest police station.

ルーシー・ブラックマン（英国人女性）
Lucie BLACKMAN (British Female)

プロローグ　死ぬまえの人生

ルーシーはいつものとおり遅く眼を覚ます。仄（ほの）暗い部屋に、カーテンに覆われた窓の端から一筋の光が射し込む。天井が低く、狭苦しく、色のない部屋。壁にはポスターとポストカード。重量オーバーのハンガーレールには大量のブラウスやワンピース。床には二組の布団にふたりの人影。一方の髪はブロンド、他方は茶色。寝るときはTシャツ一枚のみか、あるいは裸の上にタオルケットをかけるだけ。夜になっても異常な蒸し暑さは変わらず、肌の上には布一枚が限界だ。部屋の外では、建物のあいだに張り巡らされた電線にカラスがとまり、うるさく鳴きつづける。ふたりが眠りについたのは午前四時。安物の目覚まし時計はすでに正午近くを示す。茶色の頭は枕に埋もれたままだが、その隣でルーシーはガウンを羽織り、バスルームへ行く。

　彼女は東京の家を〝豚小屋〟と呼んだ。バスルームがその理由のひとつで、住人六人の共用のうえ、その友人が泊まりにくることも多く、とにかく汚れ放題。シンクの端には折れ曲がった空の歯磨き粉のチューブ、風呂の床にはふやけた石鹸、ぬるぬるとした排水溝に詰まっているのは髪の毛の塊、皮膚のかす、爪。ルーシーはバスルームに行くたび、くしやブラシなどと一緒に、大量の高級美容品を持っていく。彼女の身支度はいつも長く入念だ――シャンプー、リンス、コンディショナー。体を洗ってタオルで乾かすと、パッティング、スムージング、洗顔、保湿、浸透、毛抜き、ブラッシング、デンタルフロス、ブロードライ。ルーシーにとって、単に朝にシャワーを浴びることと〝グルーミング〞はまったく意味がちがった。遅刻ぎりぎりのとき、バスルームの先客がルーシーだったら――それは一巻の終わりを意味する。

鏡のなかにルーシーが見るものは何か？　ふっくらとした色白の顔、肩の下まで伸びる生まれつきブロンドの髪、少し尖った顎、強く滑らかな白い歯、笑うと口角が上がってえくぼができる頬、丸みのある鼻、念入りに整えられたシャープな眉、少し目尻が下がった濃い青の小さな眼。ルーシーは自分の〝垂れ眼〞を忌み嫌い、少しでも隠せるようにと願って鏡のまえで長い時間を過ごす。その眼は、彼女にはそぐわないものかもしれない。これほど色白で、眼が青く、手足がすらりと長い女性には不釣り合いな眼だ。

ルーシーは一七五センチの長身で、胸と尻も豊かでスタイルがよかった。しかし、増減が激しい体重をいつもひどく心配していた。五月、慌ただしい準備の末に日本へやってきて豚小屋に住みはじめ、仕事を見つけたときには、いまよりもずっとスリムだった。が、それから数週間、毎日のようにクラブで夜遅くまで働くうちに、酒の量は増えるばかり。気分が落ち込むと、彼女は自分のルックスが嫌でたまらなくなる。どうして私の体はこんなにたるみ、太っているの？　太腿に生まれつきある痣（あざ）や、眉間のほくろについて考え出すと止まらなくなる。客観的に見れば、〝豊満〞や〝器量よし〞といった少し古臭い曖昧な言葉が彼女には似合うのかもしれない。一方、もう一組の布団で眠る茶色の髪の女性、ルーシーの親友ルイーズ・フィリップスは小柄で、スリムで、かわいらしい顔つき――いわゆる一般的な美人だった。しかしほとんどの場面で、自信と余裕を見せるのはルーシーのほうだった。少なくとも、他人の眼にはそう映った。彼女の笑い方、会話中の手の所作、髪を振る仕草、無意識に話し相手に触れる癖――そのすべてが、女性にも男性にも好かれる魅力を演出していた。

バスルームを出たルーシーは、次に何をしたのか？　日記を書いたわけではないことはわかっている。ここ二週間、彼女は日記をさぼっていた。恋人のスコット——アメリカ海兵隊員で、横須賀基地所属の航空母艦乗組員——に電話したわけでもない。のちにルーシーの家族は、所持品のなかから地元の親友サマンサ・バーマン宛ての未発送のポストカードを見つけることになる。もしかすると、彼女はそのときにポストカードを書いたのかもしれない。

大好きなサミーへ——

このあいだの夜は、電話で話せて本当に楽しかった。それを伝えようと思って、東京からポストカードを送ります。素敵な友達（それとも彼氏？　結婚相手？　なんて呼べばいいのかわからないけど）が見つかってよかったね。私はこっちに来て、すごく楽しい毎日を送ってるよ。いままでの生活とはがらりと変わったし、とくに日曜日なんてぜんぜんちがう。でも、やっぱりサミーがいないと、私の人生は完全なものじゃない。いつになるかわからないけど、またすぐに会えるよね。私がいる場所か、イギリスで。いつまでも愛してるよ。会えなくて本当に寂しいし、この寂しさはずっと変わらない。愛を込めて。ルル

午後一時半、一階の電話が鳴る。同居人のひとりが電話に出ると、ルーシーの名を二階に向けて呼ばわった。男性客から携帯電話を贈ってもらったルイーズとはちがい、ルーシーは豚小屋の共有電話を使う必要があった。古い一〇円硬貨式のピンク電話は台所に置かれており、一階に誰かいれば会話は筒抜けだ。しかし、そんな不便な状況にルーシーが耐えなければいけないのも、もう少しだけ。あと数時間もすれば、自分の携帯電話が手に入る。

その頃にはルイーズも眼を覚まし、台所の隣にある居間の椅子に坐っていた。ルーシーはピンクの

受話器を置くと、「彼だったよ」と言った。待ち合わせは一時間遅れて三時に変更になり、彼が駅前近くに来たら再び電話をくれることになった、と。それから遅めのランチを食べ、約束の八時――ルイーズと同僚と三人でクラブにダンスに行く時間――までに余裕を持って戻ってくる。それが彼女の今日の予定だった。ルーシーはガウンを脱ぎ、洋服を選ぶ――黒のワンピース、ハート形クリスタル付きのシルバーネックレス、アルマーニの腕時計。サングラスは黒いハンドバッグに入れる。時間は三時をまわる。三時二〇分、ピンク電話がまた鳴り、ルーシーが呼び出される。彼が、あと一〇分で駅前に到着する。

ルーシーが外に出ると、カラスが羽ばたき、一斉に不気味な鳴き声をあたりに響かせる。東京に住むすべての外国人が知る小さな衝撃を今日も経験する。私は日本にいる――そんな当たりまえの事実にはっと気がつき、心臓が早鐘を打つ。毎朝、決定的なちがいをふと意識し、驚かずにはいられなかった。光の角度？　夏の音のせい？　あるいは、通行人、車や電車に乗る人々の振る舞いのちがい？彼らはみな遠慮がちではあるが、強い意志を持って行動する。手際よく、礼儀正しく、落ち着いているが、常に真剣だ。まるで、秘密の命令に従っているかのように。

何年、何十年経っても、この興奮――外国人として日本で生きる独特の日々の感覚――は変わらない。

豚小屋の正式名称は〈代々木ハウス〉といい、その薄汚れた漆喰壁の建物は、路地の突き当たりにある。家を出るとルーシーは左へ曲がり、豚小屋以上にくたびれたアパート、木製の遊具が置かれた児童公園、オムライスとカレーを出す昔ながらのレストランの横を抜けていく。そんな冴えない景色のなかに、突如として厳かな能楽堂が眼に飛び込んでくる。現代的な美しいコンクリートの建物のまわりを取り囲むのは、彫刻のような生垣と石庭だ。

その角を右に曲がると、景色は一変する。家からわずか五分、それまでのむさ苦しい平凡な景色は途切れ、ルーシーは大都会の大通りを歩いている。頭上には電車と高速道路の高架橋。五〇〇メートルほど先に千駄ヶ谷駅があり、バスの停留所、地下鉄駅、鉄道駅が交わる。土曜日の午後、人や車の往来は激しく、半袖やワンピース姿の人々が、駅やその向こうの〈東京体育館〉のあたりを動きまわる。彼は車を近くに停め、交番のまえでルーシーを待っていた。

ルーシーが出かける少しまえ、ルイーズが家を出る。電車で渋谷に行き、靴を交換してもらうのだ。渋谷は東京都心の南西部にある一大商業地域で、複数の路線が乗り入れる渋谷駅の一日の乗降人数は二五〇万人にも上る。そんな巨大駅に降り立ったルイーズは、すぐさま道に迷ってしまう。土曜日の雑踏のなか、途方に暮れた彼女はショップやレストランが建ち並ぶ道をさまよい歩く。多種多様な店があるはずなのに、なぜかどの店も一緒に見える。やっとのことで目的の店を見つけ、用を済ませると、疲れた足取りでまた駅に戻っていく。

五時過ぎ、携帯電話が鳴る。スクリーンには〝非通知（USER UNSENT）〟の文字。声の主はルーシーだった。定例の連絡だろう。そろそろ家に戻り、夜の外出の支度を始めるという報告の電話にちがいない。しかし、それは走行中の車からの電話だった。これから「海辺に行く」とルーシーは言う。彼とランチを食べ（ランチにしてはもう時間が遅すぎるが）、約束の時間までに家に戻るわ。夜の予定は変更しなくていい。また一、二時間後に、何時に戻れそうか連絡するね——その声は明るく楽しそうだが、誰かが近くにいることを意識しているときの声だ。彼女は最後に言う。彼の携帯電話からだから、あまり長く話せないの。

「この展開には驚きました」とのちにルイーズは語ることになる。男の人の車にひとり乗り込み、そのまま遠出するなんてルーシーらしくない。しかし、この電話をかけてきたのは実に彼女らしかった。ふたりは子供の頃からの幼馴染で、これが彼女たちのつき合い方だった——用事がなくても、とくに話すことがなくても互いに電話し、友情と信頼関係を確認し合う。

うだるような蒸し暑い真夏の午後。ルイーズは、ふたりのお気に入りのデパート〈ラフォーレ原宿〉に行き、今夜の外出のためにきらきらのステッカーとフェイス・デコレーション用グリッターを買う。太陽が沈むと、みすぼらしい住宅街を夜の帳(とばり)が包み込み、期待と喜びに満ちたすべての場所——レストラン、バー、クラブ——のネオンが輝き出す。

二時間経過。

七時六分、ルイーズが家に戻ると、携帯電話がまた鳴る。いかにもご機嫌で興奮気味のルーシーからだ。「彼、とっても優しいの。約束通り、新しい携帯電話をくれたわ。ドンペリのボトルももらったから、あとで一緒に飲もうよ」——ルーシーは確かにそう言った。どこからの電話か、正確にはわからない。しかし、ルイーズが場所を訊くことはなかった。どの道、ルーシーは一時間以内に戻るのだから。

七時一七分、ルーシーは恋人のスコット・フレイザーの携帯電話に電話をする。留守番電話に繋がると、翌日会うことを約束する短いメッセージを残す。明るい声で。

そこで、ルーシーは消える。

東京の街では土曜日の夜の騒ぎが始まっていたが、ダンス・パーティも、スコットとのデートも中止される。実際のところ、すべてが中止になる。電話会社のデータベースに保存され、数日後に自動的に消去される留守番電話のメッセージ——それが、ルーシーが生きていた最後の証だった。

謎の電話

ルーシーが約束通り戻ってこないので、ルイーズはにわかにすさまじいほどの不安に襲われた。皮肉なことに、これがのちに彼女が疑われる理由となった。なぜ、ルイーズがパニックに陥らなくてはいけないのか？　それも、そんなにすぐ。居間でマリファナを吸っていた同居人も、彼女の動揺ぶりに驚いたという。ルーシーの帰宅予定時刻の小一時間後、ルイーズはすでにイギリスの母親モーリーン・フィリップスに電話をかけ、「ルーシーに何か起きたみたい[1]」と告げている。それから彼女は六本木の歓楽街にある〈カサブランカ〉――ふたりが働くホステスクラブ――に行った。

「あの最初の日のことはとてもよく覚えていますよ。あの七月一日のことは」。店に居合わせた客のひとりがそう証言した。「その週の土曜の夜、ルーシーとルイーズは休みでした。そのはずなのに、まだかなり早い時間にルイーズがやってきて、こう言ったんです。『ルーシーがいなくなった。お客さんに会いにいったまま、戻ってこない』。まあ、驚くようなことでもありませんよ。まだ八時か九時でしたから。『大丈夫、いたって普通のことだよ、ルイーズ。なんでそんなに心配しているんだい？』と私が言うと、彼女は答えました。『ルーシーはいつも約束通りの時間に戻るの。それに、何かあれば絶対に電話をくれるはず』。彼女たちにとっては、本当にそのとおりだったんです。相手の行動は、もう一方が必ず把握する。そんな強い友情で結ばれていた。だから、何かおかしいとルイーズには直感的にわかったんでしょうね」

夜通し、ルイーズはクラブに何度も電話をかけ、ルーシーから何か知らせがないか尋ねつづけた。しかし、誰のところにも連絡はなかった。彼女は六本木を歩きまわり、ふたりがよく行くバーやクラブを片っ端から訪れた――〈プロパガンダ〉〈ディープブルー〉〈東京スポーツカフェ〉〈ジェロニモ〉。六本木交差点に行き、チラシを配る男一人ひとりに、ルーシーを見かけていないか尋ねた。それからタクシーで渋谷に向かい、その夜にふたりが行く予定だったクラブ〈フーラ〉に行った。ルーシーがいないことなどわかっていた。家に寄りもせず、少なくとも電話もせずに先に行くはずがない。それでも、ほかに何をすればいいのか、ルイーズにはわからなかった。

その夜はずっと雨が降っていた。体にじとじと纏(まと)わりつく、生ぬるい東京の雨だった。日曜日の早朝、雨も小降りになった頃、考えつくバーを手あたり次第に探しまわったルイーズは〈代々木ハウス〉へと戻った。ルーシーは帰宅しておらず、伝言もなかった。

彼女は、〈カサブランカ〉でウェイターとして働くカズに電話し、どうしたらいいかを相談した。カズは大きな病院のいくつかに電話をしたが、ルーシーが運び込まれたとの情報はなかった。彼はルイーズに訊いてみた。ルーシーはその〝優しい〟客と一晩過ごすことに決めて、連絡するのを忘れただけではないのか。しかし、ルイーズは言った。そんなこと考えられない、誰よりも私はルーシーと仲よしなんだから。

言うまでもなく、次にすべきは警察への通報だった。しかし、それはルイーズにとって、大きな不安がともなう行動だった。彼女とルーシーは日本に旅行者として入国し、労働を禁じた九〇日有効の観光ビザしか持っていなかった。ホステスクラブで働くすべての女性――実のところ、六本木で働くほとんどの外国人――が同じ状況だった。つまり、ホステスも、彼女たちを雇うクラブ側も、法律を破っているのだ。

月曜日の朝、カズはルイーズを六本木の麻布警察署に連れていき、家出人捜索願を提出する。ふたりはこう説明した――ルーシーは東京を訪れていた観光客で、出会ったばかりの日本人男性と出かけたままいなくなった。ホステスの仕事のことも、〈カサブランカ〉のことも、客の男のことも話さなかった。
警察にはほとんど取り合ってもらえなかった。
午後三時、ルイーズは東京の英国大使館を訪れ、スコットランド人の副領事イアン・ファーガソンに会うと、洗いざらい打ち明けた。ファーガソンは、土曜日の午後にルーシーが姿を消した状況についてすぐに飲み込むことができなかった（その後も、多くの人が同じように戸惑うことになる）。「一緒に出かけたという顧客について訊いたところ、何もわからないと言われ、ただただ驚いた」[2]。翌日、彼は領事館の記録にそう書き留めた。「ルイーズによると、クラブの女性たちは日常的に——クラブも認めたうえで——顧客に名刺を渡すのだという。結果、顧客の多くが女性たちと店外で会う約束をすることになる。女性たちが勝手に顧客と会うことをクラブが許可するなど信じがたい、と私は述べた。しかし、ルイーズは嘘ではないと言い張った。さらに、ルーシーは客のことは何ひとつ言わなかったという。彼の名前も、車についても。海辺に行くと言っただけで行き先も不明だった…………」

ファーガソンは、いなくなったルーシーの性格について、ルイーズに事細かに訊いてみた。彼女は気まぐれか？　意外な行動を取るタイプか？　信頼できるのか？　あるいは、騙されやすいか？　人の影響を受けやすいタイプか？　「ルイーズの答えは一貫しており、それはあるひとつの人物像に繋がるものだった」と彼は綴った。「自信に満ち、知的で世慣れた人間。しっかりとした経験と判断力を備え、自らを危険にさらすような真似はしない人間」。ではなぜ、見ず知らずの男の車に乗り込んだのか？　「ルイーズは説明することができず、普段のルーシーの性格からは考えられない行動だ、と繰り返すだけだった」

海外のイギリス人による悪ふざけについて、大使館員より精通した人間はいない。それに、若者が姿を消すとき、どうせ月並みな理由に決まっていると誰もが考えるものだ――友人や恋人同士の喧嘩、ドラッグ、泥酔、あるいはセックス絡み。しかしその午後、ルーシーは二度ルイーズに電話し、状況を報告していた。一時間以内に帰宅する、と彼女は電話してきたのだ。もし計画が変わったのなら、当然また電話で連絡してくるはずだ。そう考えたイアン・ファーガソンは麻布警察署に電話をかけ、英国大使館がルーシーの一件をひどく憂慮していることを伝えた。単純な行方不明ではなく、誘拐の可能性もあるのではないか、と。

ルイーズは大使館を出た。ルーシーの失踪から二日間、ほとんど寝ていなかった。彼女は大きな不安と緊張に苛まれ、ひとりでいることも、ルーシーとシェアする部屋で過ごすことも耐えられなかった。そんな彼女は、知り合いが集まる友人の部屋へと向かった。

午後五時半ちょっとまえ、携帯電話がまた鳴ると、ルイーズは急いで電話を拾い上げた。

「ハロー」とルイーズは言った。

「ルイーズ・フィリップスさんの電話ですか？」と声が聞こえた。

「ええ、ルイーズです。どなたですか？」

「私はタカギアキラという者です。とにかく、ルーシー・ブラックマンの代わりに電話しました」

「ルーシー！　なんてこと！　彼女はどこ？　とても心配しているんです。そこにいるんですか？」

「彼女は私と一緒にここにいます。心配は要りません」

「ああ、よかった！　ルーシーに代わってください。彼女と話をさせてください」

男の声だった。自信満々の英語ではあったが、明らかな日本語訛りが聞き取れた。話しぶりは常に冷静沈着で淡々としており、フレンドリーと言ってもいいほどだ。ルイーズがどんなに動揺して興奮状態になっても、男の態度はまったく変わらなかった。

「いまはそっとしておいたほうがいい」と声は言った。「とにかく、彼女はわれわれの寮に入って、新しい生き方を学び、実践するための修行中です。今週は学ぶことが非常に多いので、邪魔しないほうがいい」

〝あの男よ〟――ルイーズは大あわてで声を押し殺して友人たちに伝え、身振りで紙とペンを要求した。

「あなたはどなたですか？」と彼女は言った。「土曜日にルーシーと一緒に出かけた方ですか？」

「私がルーシーに会ったのは日曜日です。彼女が土曜日に会ったのはグル――われわれの団体のリーダーです」

「グル？」

「ええ、われわれのグル。とにかく、ふたりは電車で出会ったそうです」

「でも……ルーシーと電話で話したときは、車のなかだって」

「渋滞がそれはそれはひどくて、どうしてもあなたとの約束に遅れたくなかったので、電車で行くことに決めた。そして電車に乗る直前にグルに出会い、一世一代の決断をしたわけです。とにかく、彼女はその夜にグルのカルトに入信すると決めました」

「カルト？」

「ええ」

「カルトってどういう意味？　いったい……ルーシーはどこ？　そのカルトはどこにあるんですか？」

「千葉です」

「え？　もう一度言って。スペルは？」

「千葉です。スペルを言いますよ——C、H、I、B、A」

「チバ、チバね……カルトの名前は？」

「ザ・ニューリー・リズン・リリジョン」

「ザ……何？　もう一度」

「ザ、ニューリー、リズン、リリジョン」

男は落ち着き払った口調で、一文字ずつスペルを言った。

ルイーズは完全に混乱していた。「ルーシーと話をしたいの。話をさせて」

「あまり体調がよくないんです」と声は言う。「とにかく、いまは誰とも話をしたくないと言っています。週末になれば、話せるようになるかもしれません」

「お願い」とルイーズは言った。「お願いだから、彼女と話をさせて」

電話が切れた。

「もしもし？　もしもし？」とルイーズは言ったが、電話の向こうにはもう誰もいなかった。彼女はただ、手中の小さな銀色の携帯電話を見つめるしかなかった。

すぐに、また電話が鳴った。

彼女は震える指で通話ボタンを押した。

「申しわけありません」と同じ声。「電波が切れてしまったようです。とにかく、体調がよくないので、ルーシーはあなたと話ができません。週末には話せるようになるかもしれない。しかし、彼女は新しい人生を歩みはじめたんです。もう戻ってはきませんよ。彼女は大きな借金を抱えているでしょう？　六、七〇〇〇ポンドの。これからはよりよい方法で返済していきます。ただどうしても、あなたとすこっとに無事だと伝えてほしいとのことでした。これから彼女は、よりよい人生を生きていきます」

　彼ははっきりと〝すこっと〟と言った。言い慣れない英語の名前〝Scott〟（英語では「スカッ〈ト〉」に近い発音）を日本人が発音するときの典型例だ。

「すでに〈カサブランカ〉にも、仕事を辞めると手紙で知らせました」

　沈黙。ルイーズは泣き出した。

「とにかく、あなたの住所は？」

　ルイーズは言った。「私の住所……」

「千駄ヶ谷のアパートの住所です」

「どうして……どうして私の住所を知りたいの？」

「ルーシーの所持品の一部をお送りしたいので」

　ルイーズは急に怖くなった。それまでは友人の話だったのが、突如として自分のことになったのだ。住所を知りたがっているということは、今度は私が狙われるかもしれない。「ルーシーが知ってるはず。彼女に訊けばいい」

「体調が悪くて思い出せないと言っています」

「私も思い出せないわ」

「では……家の近くに何があるか覚えていますか？」

「いいえ、思い出せません」

「では、通りは？　通りの名前は？」

「いいえ……」

「とにかく、彼女の所持品を送り返さなくてはいけないのですが」

「思い出せません……」

「問題があるならかまいません」

「いまは住所を確認できるものがないんです……」

「わかりました。けっこう」

ルイーズは感情の嵐とパニックに圧倒されていた。彼女は泣きながら、電話を友人——数年前から日本に住むオーストラリア人男性——に渡した。

「もしもし」と友人は日本語で言った。「ルーシーはどこです？」

少しすると、彼は電話をルイーズに返した。「英語でしか話してくれない。君以外とは話さないと言ってるよ」

なんとか落ち着きを取り戻したルイーズは、あることに気がついた——会話を引き出さなくては、ルーシーの居場所を突き止めなくては。

「もしもし」と彼女は言った。「ルイーズです。私も、あなた方のカルトに入信するわ」

声の主は戸惑っているようだった。「あなたの宗教は？」

「カトリックです。でもルーシーも同じカトリックよ。私は改宗してもかまわない。私も人生を変えたいんです」

「とにかく、ルーシー次第です。彼女がどう思うか。私も考えてみましょう」

「お願いだから、ルーシーと話をさせてください」とルイーズは懇願した。

「グルに訊いてみます」

「話をさせてください！」とルイーズは絶叫した。「どうかお願いですから、話をさせて！」

「とにかく、そろそろ切らなくては」と声は言った。「すみません。彼女とはもう会えないということをお伝えしたかっただけなんです。さようなら」

　再び、携帯電話の回線は切れた。

失踪

　二〇世紀最後の年の半ば、二〇〇〇年七月一日の土曜日にルーシーは失踪した。この事件が世界じゅうで大々的に報道されたのは、それから一週間後のことだった。第一報は、発生翌週の七月九日の日曜日。ルーシー・ブラックマンという名の旅行者の行方不明を伝える、イギリスの新聞の小さな記事だった。翌月曜、イギリスと日本の新聞にさらに詳しい記事が掲載される。記事には、親友ルイーズ・フィリップスの名前とともに、すでに来日していた妹ソフィー・ブラックマン、東京に向かう途中の父ティム・ブラックマンの名前も含まれていた。ルイーズにかかってきた脅迫電話についても報道され、カルト集団に誘拐された可能性が示唆されていた。記事のうち二本では、売春のために人身売買された恐れに触れていた。当初、ルーシーは〈英国航空〉の元客室乗務員と紹介されたが、翌日になると〝東京の風俗街〟で働く〝バー・ガール〟あるいは〝ナイトクラブ・ホステス〟と報道されるようになった。日本のテレビ局もこのニュースに飛びつき、撮影班が六本木じゅうをうろついては、手あたり次第にブロンドの外国人に声をかけた。行方不明の女性の若さ、国籍、髪の色、彼女の仕事につき纏（まと）うさまざまな意味合い――そんな組み合わせが、この話を徐々にセンセーショナルなものに変えていった。もはや、無視することはできない事件に。第一報から二四時間以内に、二〇人ものイギリス人記者とカメラマン、五社のテレビ撮影班が東京へと飛んできて、日本在住の特派員やフリーランス記者一〇人ほどの輪に加わった。

その日、三万枚のポスターやチラシが印刷され、東京と千葉を中心に日本全国で配布された。

ポスターの文言はすべて英語と日本語の併記だった。上部には〝MISSING――行方不明の英国人女性をさがしています〟と書かれ、下部には〝ルーシー・ブラックマン（英国人女性）〟と名前と国籍が印刷されていた。

年　齢：二一歳
身　長：一七五㎝
体　格：中位
髪の色：金髪
瞳の色：青

7月1日（土）に、東京で見かけられて以来、行方が分かっていません。

もし本人を見かけた方、または何か情報をお持ちの方は――警視庁麻布警察署、または最寄りの警察宛てにご連絡をお願いいたします。

ポスターの大部分を占めるのは、黒のミニワンピース姿でソファーに坐る若い女性の写真だった。髪はブロンドで、はにかむように笑う口元に、白い歯がのぞく。写真は斜め上のアングルから撮られており、顔がやけに大きく写り、子供っぽく見えた。大きな頭、長い髪、がっしりとした顎――ポスターに写る女の子は、不思議の国のアリスにしか見えなかった。

大都市に潜む異様な何か

ルーシー・ブラックマンはすでにこの世にはいなかった。私がその存在を知るまえに、もう死亡していた。事実、死んでいなければ——当時の情報としては、行方不明になっていなければ——私が彼女に興味を抱くことはなかっただろう。当時、私はイギリスの新聞社の特派員として、東京で生活していた。ルーシー・ブラックマンは、同じ東京で姿を消した若いイギリス人女性。つまり、私が真っ先に思い浮かべた言葉で言えば、彼女は〝特ダネ〟だった。

当初はちょっとしたパズルだったこの事件は、時が経つにつれて難解なミステリへと変貌を遂げた。悲劇の被害者ルーシーは、最後には、日本の法廷での激しく苦々しい論争の主人公になった。事件は日本とイギリスで大きな注目を集めたが、人々の興味には波があった。誰も事件に興味を持たない時期が何カ月もあるかと思えば、新しい展開によって突如として再び脚光を浴びる時期もあった。概要だけを聞けば、ありふれた事件でしかなかった——若い女性が失踪し、男が逮捕され、死体が発見される。しかし詳細を調べてみると、それが非常に入り組んだ事件であることがわかってくる。異様で不合理な展開の連続で、型通りの報道ではすべてを伝えることなどできない。それどころか、ほとんど何も解決できず、新たな疑問を増やすだけだった。

そんな不明瞭さ、一般的なニュースの範疇（はんちゅう）に収まらない感覚こそ、この事件に惹かれた理由だった。新聞紙上の四本立てのコラムや三分間のニュース映像では、真相など何もわからない。それがこの事件の醍醐味だった。そのうち、事件のことが私の夢にまで出てくるようになった。何カ月経っても、ルーシー・ブラックマンのことが頭から離れなかったのだ。そこで私は、この事件を発生からその後の各段階まで、順に追ってみることにした。複雑に縺（もつ）れ合う糸から、明瞭で一貫性のある何かを紡ごうとした。私はそれに一〇年を費やすことになる。

大学卒業後、私はほとんどの時間を東京で暮らし、アジアを中心に世界各国を取材してまわった。自然災害や戦争を報道する記者として、深い悲しみや社会の暗い闇を何度も目の当たりにしてきた。しかし、ルーシー事件の取材では、それまで眼にしたことのない新たな人間の側面を垣間見ることになった。まるで、普段いた部屋に隠し扉があり、その鍵を見つけたような感覚だった。秘密の隠し扉の奥には、それまで気づきもしなかった、恐ろしく暴力的で醜い存在が隠れていた。それを知った私は、人知れず自分を恥じ、なんと浅はかだったのかと感じずにはいられなかった。経験豊かな記者であるはずの私から、大都市に潜む異様な何か――職業柄、知っていてしかるべきだった何か――が、すっぽりと抜け落ちていたかのような気分になったのだ。

事件についての人々の関心が薄れていく頃、私はルーシーのことをニュースの主人公としてではなく、初めてひとりの人間として見るようになった。家族が来日したときには、彼らにも何度も会いにいった。事件を担当する記者である私に対して、家族も初めは不信感を抱いて慎重に対応していた。しかし時が経つにつれ、慎重さは残るものの、関係は徐々に友好的なものになった。いまでは私がイギリスに行き、彼らが住む家を訪ねるまでになった。さらに私は、ルーシーの人生のさまざまなステージにおける友人や知り合いを訪ねて歩いた。ひとりからまた別のひとりへと繋がり、初めは口が堅かった人たちも、少しずつ話をしてくれるようになった。ルーシーの両親、妹、弟には何年にもわたって繰り返し話を聞いた。こういったインタビューの録音は、いまや数十時間に及ぶ。

当初、二一年で幕を閉じた人生の輪郭を捉えることなど、簡単な作業だろうと私は考えていた。一見したところ、ルーシー・ブラックマンと、彼女と同じような境遇のほかの数百万人を隔てるものはとくに見当たらなかった――イングランド南東部で中流階級の家に生まれ育ち、人並みの裕福さと学歴を持つ若者。ルーシーの人生は〝平凡〟かつ〝普通〟で、ずば抜けて突出している点と言えば、その終わり方だけだった。しかし、調べれば調べるほど、彼女の人生は私の好奇心を掻き立てていくのだった。

自分の人生を思い返して考えてみればすぐに気づくことだが、二一年という年月を経たルーシーの性格や人格は、あらゆる色を帯びた多面的なものだった。誰かが——たとえ最も親しい人でさえ——完全に理解することなどできない。人々の頭のなかのルーシーは、みな微妙にちがうルーシーだった。物心ついて数年後の彼女の人生は、すでに忠誠心や感情、夢、そしてしばしば矛盾が密接に絡み合うものだった。ルーシーは素直で、正直で、嘘つきだった。自信家で、頼りがいがあり、傷つきやすかった。わかりやすく、謎めいていた。オープンで、秘密主義だった。私は、伝記作家の無力感に苛まれた。この事件を仔細に調べ、矛盾のないようにまとめ上げることなどできるだろうか？　彼女の生涯の本当の価値を引き出すことなどできるだろうか？　しかし、私はまったく知らなかった誰か、知り合うこともなかった誰か、事件がなければ気にも留めなかった誰かの人生の軌跡を辿るプロセスの虜になっていった。

失踪から数週間のうちに、多くの人がルーシー・ブラックマンの名前を耳にし、彼女の顔を知ることになった。少なくとも、新聞やテレビに何度も登場した尋ね人のポスターに写るアリスの顔を知る人は多い。そんな人々にとって、彼女は被害者であり、ある種の〝被害者意識〟の象徴でさえあった——異郷の地で、末恐ろしい最期を迎える若い女性の象徴。そこで私は、死ぬまえの彼女の人生を描くことによって、ルーシー・ブラックマンに、あるいは彼女の記憶に、何か貢献ができないかと望むようになった。本書によって、普通の人間としてのルーシーの地位を回復させ、彼女は彼女なりに複雑で、愛すべき女性だったことを証明したいと思う。

第一章　正しい向きの世界

父と母

ルーシーの母ジェーンは、夫ティム・ブラックマンの長所を思い出すことができなくなったあとでも、彼が娘の命を救ったことへの感謝を忘れることはなかった。

生後二一カ月。ルーシーは、イギリス南東部サセックスの小さな村の借家で、父親と母親によって育てられていた。生まれた直後から、彼女はひどい扁桃腺炎(へんとうせんえん)に何度も罹(かか)り、そのたびに高熱と咽喉(のど)の腫れに苦しんだ。両親は水を含ませたスポンジで彼女の体を冷やしたが、熱は長引くことが多かった。症状が治まったかと思うと、数週間後にまた発症する。その繰り返しだった。ある日、ティムは仕事から早く戻り、病気の赤ん坊の世話をするジェーンを手伝った。その夜のこと、ルーシーの様子を見にいった妻の叫び声に、ティムは眼を覚ました。

彼が子供部屋に入ったときには、ジェーンはすでに一階へと階段を駆け下りていた。

「ルーシーはベビーベッドで動かなくなっていました。体は冷たく、湿っていました」とティムは言った。「私は赤ん坊の体を抱えて床に寝かせました。すると肌から血の気がみるみる引いていくんです。ひどい状態だとすぐにわかりました。血液が体を巡っていないのは明らかで、肌がどんどんどす黒くなっていく。ジェーンがすでに救急車を呼びに一階に駆け下りていたので、残された私は何をすればいいのかわからず、床に寝かせたルーシーをただ抱きしめるしかありませんでした。ルーシーはまったく音を発することもなく、息もしていません。そこで、私はなんとかその口を開けさせようとしました。きつく閉じられた口を両手でこじ開け、親指で押さえて、指を入れて舌を引っ張り出したんです。正しい行動かどうかなんてわかりません。それでも、とにかくやりました。それから頭を横にして、口に空気を吹き入れ、また押し出しました。それを何度も繰り返したんです。するとそのうち、自分で呼吸するようになりました。私はただただ不安でした。そのときです。ルーシーの肌に赤みが戻ってきたんです。ちょうど救急車も到着して、救急隊が狭苦しい階段を大急ぎで上がってきた。どでかい装具を身に着けて、がちゃがちゃ音を立てながら。家に入るのもやっとという感じの図体のでかい筋骨隆々の男たちですよ。彼らが担架にルーシーを固定して、階段を下り、救急車へと運んでいった。そのあと、娘はなんとか回復しました」

診察の結果、ルーシーは熱性痙攣(ねっせいけいれん)——発熱と脱水が誘発する筋肉の痙攣——を起こしていたことがわかった。そのせいで自分の舌を飲み込み、呼吸が完全に遮断されてしまったのだ。処置があと少し遅ければ、死亡していた可能性もあった。「当時、子供は絶対にふたり以上欲しいと思っていました」とティムは振り返る。「ルーシーが生まれたとき、そう考えたんです。けれどそのとき、こう感じました。もしルーシーの身に何か起こり、そのあと別の子供が生まれなかったら、これは大変なことになるぞ、と」

少女時代

一九七八年九月一日、ルーシーはこの世に生を受けた。彼女の名前はラテン語の〝光〟に由来するものだったが、その名のとおり、大人になってからも明るい光や照明を好んだ。暗闇が嫌いで家じゅうの電気をつけ、寝るときも部屋のランプをいつもつけたままだった、と母親は語る。

ルーシーの出産は楽なものではなかった。ジェーンは誘発剤を飲んだにもかかわらず、陣痛が一六時間も続いた。さらに胎児の後頭部が母体の背中側を向いており（後方後頭位という位置異常）、分娩は通常以上の痛みがともなうものだった。しかし、三六〇〇グラムの健康な赤ん坊が生まれたときには、第一子の誕生に両親は深い――同時に複雑な――喜びを覚えた。「本当に、本当に嬉しかった」とジェーンは語る。「でも、母親になったとき……自分の母親にもそばにいてほしかった。子供を産んだ喜びを伝えたかった。でも、母親はいなかった。そのことは、とても悲しかったんです」

ジェーンの子供時代の記憶は悲しみに満ちたものであり、大人になってからの人生もまた、辛く苦しい喪失の連続だった。そんな彼女は、ドライで暗いユーモアの持ち主となり、自虐的で怒りっぽく、自己防衛的な性格になった。私が初めて会ったとき、彼女は四〇代後半で、細身の魅力的な女性だった。髪は濃いブロンドのショート。小ざっぱりとした控えめな服に身を包み、鋭く用心深い顔つきが印象的だった。長く繊細なまつ毛が少女の面影をかすかに残してはいたものの、強い正義感、愚か者やスノッブへの不寛容がそれを打ち消すかのように見えた。ジェーンのなかでは、常に自尊心と自己憐憫が闘っていた。彼女はキツネのような女性だった。濃紺のスカートとジャケットを着た、意志の固い優雅なキツネだった。

ジェーンの父親は〈エルストリー映画撮影所〉のマネージャーで、ジェーンと弟妹はスタジオのあるロンドン郊外で育ち、厳格で単調な中流階級の生活を送った。親は宿題やテーブル作法（マナー）にうるさく、夏休みには決まって寒々としたイギリスの海辺のリゾート地を訪れた。ジェーンが一二歳のとき、一家はロンドン南部へと引っ越す。転校初日の朝、別れのキスをするために両親の部屋へ行くと、頭痛と不眠の夜を乗り越えた母親がぐっすりと眠っていた。「何か恐ろしいことが起こる予感がしました」とジェーンはそのときの様子を振り返る。「それで、『ママ、死なないよね？』って父に訊いたんです。そうしたら父は『なんて馬鹿なことを言うんだ。そんなわけないだろう』って。でも学校から帰ったら、母親は死んでいました。脳腫瘍でした。その日以来、父親は弱り切って、完全に壊れてしまった。私はただ気丈に振る舞うしかありませんでした。その日、私の子供時代が終わったんです」

ジェーンの母親は四一歳で死んだ。「それから、平日は祖母、週末は父が私たちの面倒をみてくれました」とジェーンは言った。「でも、父はいつも泣いてばかり」。しかし一五カ月後、父親が二〇代半ばの女性と再婚。ジェーンは愕然とした。「でも仕方ありません。父には子供が三人いて、ひとりで家族を世話することなどできなかった。本当に大変な状態でしたから。正直、子供の頃のことはよく覚えていないんです。ひどい悲しみのあとに、あれほどの辛い日々が続いたんです。脳が自動的に記憶を抹消してしまうんですよ」

一五歳で学校を辞めたジェーンは秘書養成コースに通い、大手広告代理店での仕事に就く。一九歳のときには、スペインのマヨルカ島に女友達と旅行に行き、洗車のアルバイトをしながら六カ月過ごしたこともあった。イギリス人の観光客がスペインに押し寄せるまえのことで、当時のバレアレス諸島はまだ知る人ぞ知る秘境だった。同じ時期に、マンチェスター・ユナイテッドの人気サッカー選手ジョージ・ベストも島を訪れていたという。「言葉を交わしたことはありませんけど、バーにいる彼をよく見かけました。いつも美女に囲まれてね」とジェーンは語った。「当時の私は、とにかく真面目でした。〝分別〟って言葉が体に染みついていたんでしょうね。まわりの全員が馬鹿騒ぎしていても、私は騒ぎません。要するに、とてもつまらない人間だったんですよ」

このマヨルカ島で、清廉潔白なジェーンに試練が訪れる。ある日、会釈する程度の間柄だった若い男性が戸口に現れ、彼女に突然キスしようとしたのだ。「屈辱的でした。ほとんど知らない人だったし、それに真っ昼間だったんです。確か、相手はスウェーデン人でした。それまで私は、彼に気のあるような素振りなんて見せたこともありませんでした。だから、そのあとはいままで以上に用心深くなってしまったんです。太陽も海もアウトドアも好きでした。でも、馬鹿騒ぎはできなかった。なんと言っても、私は分別の塊でしたから。もちろん、初体験も夫でした」

ジェーンがティムと出会ったのは、二二歳のときだった。当時、ジェーンは父親と継母とともに、ブロムリー・ロンドン特別区のチズルハーストという町に住んでいた。友人の兄だったティムについては、あれこれと噂が飛び交っていた。「みんなが〝ティムは理想の人〟だって言っていました」と彼女は言う。「〝女性にとって理想的な男性〟だって」

そのとき、ティムはフランス人のガールフレンドと過ごしていた南フランスから戻ってきたばかりだった。「それなのに、私に言い寄ってきたんです。私はいつもの冷たい視線を送ってやったわ」とジェーン。「きっと、簡単に落ちなかったのは私が初めてだったんだと思います。それで、向こうも躍起になった。でも正直に言うと、当時の私には自信がなかったんです。美人の女友達はみんな、男たちをまわりにはべらせて遊んでいました。私はと言えば、ディスコに行ってもいつも荷物番。ティムにしてみれば、私がどうして簡単に引っかからないのか、理解できなかった。私のほうは、誰かが自分を好きになるなんて理解できなかった。それで、彼と結婚することになったんだと思います」。出会ってから一八カ月後、ティムの二三歳の誕生日である一九七六年七月一七日、ふたりは結婚した。

その頃、ティムは隣町オーピントンの靴店の店長として働いていた。彼の父親がイングランド南東部に展開していたチェーン店の数少ない生き残りだった。しかし結局、その店も閉店となり、六カ月のあいだティムは失業保険を受け取ることになった。その後は、友人から依頼された雑用や、塗装工や内装の日雇いの仕事で日銭を稼ぎながら、できたばかりの家族をなんとか養っていった。「まさにその日暮らしの生活でしたね」と彼は語る。「八〇年代初めは、ぎりぎりの生活が続きました。次の五〇ポンドがいつ手に入るか、それもわかりません。けれど、赤ん坊と一緒にすばらしい家に住んでいました。〈ローラ アシュレイ〉風のコテージにね。金はなくても、生活は充実していました。ルーシーが幼かった頃の生活は、本当に楽しかった」

一九八〇年五月、第一子の誕生から二年もしないうちに、ジェーンはソフィーを出産し、その三年後にはルパートが生まれた。そして一九八二年、ティムはビジネス・パートナーを見つけ、塗装の仕事から土地開発へと職を変えた。一家は数キロ北の高級ベッドタウン、ケント州セヴンオークスに引っ越した。苦しかった生活も終わりを告げ、ジェーンは自らが幼い頃に望んだ幸せな生活を子供たちに与えることができるようになった——花が咲き乱れる田園風景、かわいい服、小さな子供たちの笑い声が響く毎日。

ジェーンが〈デイジー・コテージ〉と名づけたその新居は、〈グランヴィル・スクール〉——あるいは、有名校であるという誇りとともに〈ザ・グランヴィル・スクール〉と呼ばれる——という私立初等学校を見下ろす丘の上に建っていた。その学校こそ、ジェーンのあらゆる空想が現実になる場所だった。自意識過剰なまでの気取った雰囲気に包まれた学校で、当時のことを思い出すと、元生徒たちの顔には必ず笑みが浮かぶほどだった。まだ三歳の小さな女子児童たちは、青いチェックのワンピースと、ボンボン付きの灰色の毛糸の帽子という姿で学校に通いはじめる。春祭りでは、〝チャプレット〟と呼ばれる花輪を頭につけるのがしきたりだ。学校のカリキュラムには、膝を曲げたお辞儀の作法、リボンを持って踊るメイポールダンスなども含まれていた。「ベッドルームから学校のグラウンドが見渡せたんです」とジェーンは回想する。「とにかく完璧でした。休憩時間になると、ルーシーがグラウンドに出てきて手を振るんです。私も手を振り返しました」。歴史が止まった場所——まさに絵本から飛び出してきたかのような学校だった。「おとぎ話のなかに生きているようで、現実の世界とは思えませんでした」

小さな頃から、ルーシーは心優しい大人びた女の子で、その健気な真面目さが大人たちを笑顔にさせた。母親にグリーンピースの莢剥き（さやむ）を頼まれると、彼女は一つひとつ豆をじっくり調べ、少しでもおかしなところを見つけると横によけたという。人形が大好きで、妹ソフィーに母乳を与えるジェーンの隣に坐っては、プラスチックの赤ちゃん人形に母乳を飲ませる真似をして遊んだ。「ルーシーはとても繊細で、きれい好きで、几帳面な性格でした」とジェーンは語る。「私の子供の頃にそっくり」。一方、妹のソフィーは気むずかしい性格だった。癇癪（かんしゃく）を起こすたびに、姉ルーシーが妹を優しく巧みになだめた。そんなふたりの姉妹は、大きな古めかしいベッドでいつも一緒に眠っていた。ある年のイースターには、そのベッドの下で食事をし、絵本を読み、おもちゃで遊んで一日じゅう過ごしたという。

ルーシーの当時の学習ノートを読むと、母親のジェーンが子供たちのために、いかに喜びに満ち溢れた純真な世界を築き上げていたか、その様子がひしひしと伝わってくる。

名前：ルーシー・ブラックマン
題名：ニュース

5月20日（月ようび）

今日はパパが学校におむかえにきてくれて
いっしょにおうちにもどったら
ローラ アシュレイのおようふくをきて
青っぽくて、グレーもあって
小さなお花もあるワンピース
それからテスコのところに行って
もどってきてまたおようふくをきがえて
ジェマのたんじょうびプレゼントをかいにいくの
でも、かうものはきめてない
おたんじょうかいには4人が行くの
あたしとセリアとシャーロットと
ジェマの学校のおともだち
グランビルからはわたしひとりなの

おともだち、おともだち、おともだち、おともだち

別の学習ノートには、次のような書き込みもあった。

名前：ルーシー・ブラックマン

題名：実験

光

私は大きな鏡を使った。
鏡を覗き込んだ。
鏡に映る自分を見た。

私は片眼を閉じた。
片眼をつむって自分を見た。

私は鼻に触れた。
右手で鼻を覆い、自分を見た。

私は手を叩いた。
叩く手を見つめた。

鏡

私は大きな鏡を使った。
鏡を横に置いた。
私は正しい向きの世界を見た。

「子供時代が悲しいものだったから、私は幸せな家庭生活を心から望みました」とジェーン。「子供たちが学校から戻る時間になると、スリッパをストーブのまえに置いて温めておきました。ルパートがラグビー部に所属していた頃は、湯たんぽと温かい紅茶の魔法瓶を持って学校に迎えにいきました。私がとにかく恐れていたのは、子供たちを失うこと。子供たちが幼い頃から、ずっとそれだけが不安でした。昔、かわいいウサギの絵がついた革の迷子ひもをルパートにつけていたんです。弟には迷子ひもをつけて、娘ふたりには『手をつなぎなさい』と言いつけました。スーパーマーケットに行って子供の姿が見えなくなると、もうパニックで……失うこと、それが私にとっていちばん恐ろしいことでした。子供の頃の経験がありましたから。子供を失うこと――それが最大の恐怖でした。私自身が母親を失ったから、子供がいなくなるなんて考えることさえ耐えられませんでした。だから、私は少し過保護な――いや、とても過保護な母親でした」

ルーシーは奨学金を得て〈ウォルサムストウ・ホール〉に進学した。豪奢な赤レンガ造りのその学校は、キリスト教宣教師の娘たちのために一九世紀に創設されたミッション・スクールだった。ルーシーは根っからのがんばり屋で、やる気さえ出せば、高い大学進学率を誇るその有名校で成績上位に食い込んでもおかしくはなかった。しかし、彼女は最後まで学校に馴染むことができなかった。「〈ウォルサムストウ・ホール〉はかなりのお嬢様学校だったんです」とジェーンは言う。「誕生日に両親から車の鍵が渡される、なんていうことも珍しくないようなところでした。つまり、車が誕生日プレゼントなんです。私たち一家とは住む世界がちがうというわけ」。しかし、一〇代のルーシーを最も困らせたのは、金ではなく病気だった。

一二歳のとき、彼女は珍しい形態の肺炎であるマイコプラズマ肺炎に罹り、数週間にわたる安静を余儀なくされた。「かわいそうなくらい具合が悪そうでした。でも、誰にも原因はわかりませんでした」とジェーンは言った。「ルーシーはベッドに枕をいくつも重ねて寄りかかって寝ていました。私はあの子の背中を強く叩いて、粘液を取り除く処置を繰り返しました。あの子が息を吸うと、肺からゴロゴロと音が聞こえるんです」。その後、脚に激しい痛みが発症して歩くのもままならない状況になり、学校の勉強が二年間も遅れることになった。ある時期など、何週間も体に力が入らない症状が続き、階段を下りるだけで極度の疲労に襲われたこともあった。彼女がいつ回復するのか——あるいは回復自体するのか——何人の医者に診てもらっても、答えは見つからなかった。

ジェーン・ブラックマンは精神の神秘の力、自らの予言力と直観力の存在を強く信じていた。足裏マッサージの専門家であるリフレクソロジストとして働く彼女は、直近の未来の出来事を予言したことが何度もあった。高齢の親戚の死を予感し、本人より先に女性客の妊娠を見抜いたこともあった。「仕事をしていると、物事について不思議な感覚が芽生えてくるんです」と彼女は言う。「声が頭に入り込んできて、お告げのようなものを教えてくれる。すると、それが実際にあとで起きるんです。私のバランス感覚に起因するものかもしれませんね。私には人の痛みがわかるんです。ほかの人の気持ちに自然と寄り添うことができる——みんな私のことをそう言ってくれますが、いろいろな経験を積むと、人って自然とそうなるものですよ」

娘ルーシーが超自然的な能力を初めて発揮したのも、この長い闘病生活のあいだのことだった。そう、ジェーンは語る。

あるときティムとジェーンは、ルーシーが病室として使う主寝室から独特なにおいが漂ってくることに気がついた——葉巻のようなにおいだ。家族は誰も葉巻を吸わない。ティムはわざわざ隣家を訪ね、両隣の住人が葉巻を吸わないことを確認した。数日後、ジェーンはその奇妙なにおいのことをルーシーに話してみた。そのときの彼女は寝たり起きたりをひたすら繰り返し、非常に重い症状に苦しんでいた。そんな精神状態を考慮したとしても、ルーシーの答えは驚くべきものだった。「ベッドの端に坐っている男の人だわ」

「男の人?」とジェーンは訊いた。

「ときどき夜になると、おじいさんがやってきて、ベッドの端に坐って葉巻を吸うの」

「まったく」とティムが当時を回想して言う。「みんな、ルーシーの頭がいかれちまったのかと思ったよ」

しばらくあと、体調が戻ったルーシーは祖父母の家——ジェーンの父親と継母の家——を訪ねた。彼女はふと食器棚に置かれた年配の男性の写真を見つけ、それが誰かと訊いた。その日はルーシーの曾祖母(ジェーンの実の祖母)も家に来ており、写真の男性は曾祖母の夫で、何年もまえに死んだホリス・エスリッジだった。

「この人よ」とルーシーは言った。「部屋にきてベッドの端に坐ったのはこの人」

ホリス・エスリッジは人生を通して、葉巻の愛好家だったという。

ルーシー・ブラックマンの失踪、何カ月にも及ぶ不安の日々、そして最後に訪れた最悪の結末によって、ティムとジェーンの関係はいっそう険悪になっていった。しかしそれは、そのときに始まったことではなかった。ルーシーが死ぬまえの五年間、両親の辛辣なやり取りは、もはや日常的なサウンド・トラックのようなものだった。

ジェーンの説明によると、結婚生活が破綻したのは一九九五年一一月のある特定の日だったという。当時の一家が住むのは、セヴンオークスにある６ＬＤＫのエドワード王朝様式の一軒家だった。その家は、ジェーンが夢に描いた家庭生活がついに実現した場所だった。「夢の大型コンロがある理想の家のはずでした」。幸せな家庭の姿を想像したのか、彼女は自嘲するような笑みを浮かべて言った。「すべてが揃う場所のはずでした。私はキッチンに立って、大型コンロで料理する。子供たちがまわりにいて、将来は孫たちがやってきて……でも、そんなふうにうまくはいきませんでした」

ある日曜日の午後、家族五人は、暖炉に火を焚いた居間で一緒にくつろいでいた。ジェーンは子供たちのために、特製の〝色付きトースト〟――マーマイト〔ビールの酵母を主原料とするペースト状の食品〕、アプリコット・ジャム、苺ジャムを三色のストライプにしたトースト――を作った。「私たちは『素晴らしき日々』を見ていました。当時、私がハマっていたドラマです」とジェーンは振り返る。「家族もみんな好きでした。そのとき、ルパートを膝にのせたティムが言った言葉を、私は決して忘れません。みんなのまえで彼はこう言ったんです。『家族で一緒にいられるのは最高だ』って。忘れることなどできません。『家族で一緒にいられるのは最高だ』。確かに彼はそう言ったんです。なのに次の日、すべてが終わりました」

月曜日の朝、ジェーンのもとに見知らぬ男性から電話が入った。その男性の妻とティムが浮気をしているというのだ。その夜、問い詰められたティムは初めこそ否定したものの、最後には浮気を認めた。ジェーンは、すぐに家を出ていくように夫に迫った。叫び声と怒号が飛び交う修羅場だった。その晩のうちに、ジェーンはティムの服や所持品を黒いごみ袋に詰め、窓の外に放り投げた。「ティムは家族思いの優しい人間だと信じていました」とジェーンは言う。「でも、一九年の結婚生活を経て、突然、見知らぬ人間と一緒に暮らしていたことに気づかされたんです」

妻を裏切ったことについては、ティムも自らの非を認めた。しかし、一見幸せな結婚生活が突如として崩壊したわけではない、と彼は説明する。長い時間を経て徐々に会話が減り、互いに嫌悪感を抱くようになった、と。「私に何か不満があると、ジェーンはただ無視するんです」と彼は言う。「無表情でひたすら無視——そんな週末が何度あったことか。ときにはそれが何週間も続き、そのうち何カ月も続くようになった。法律や公的な手続きだけを見れば、悪いのは私のほうです。誰ひとり、結婚生活の崩壊に至るまでにどんな歴史があったかなんて、気に留めようとはしない。子供たちにしても、家族をぶち壊したのは私のほうだと思っているんでしょう。けれど、そんな白黒はっきりしたことじゃないんです。似た経験をしたことがある人であれば、理解できるでしょうが」

その年、ジェーンと三人の子供たちは四人だけの不幸なクリスマスを過ごした。大きなエドワード王朝様式の家で、まだこの世にいない将来の孫たちの亡霊に囲まれながら。時を同じくしてティムの会社が倒産し、事実上、養育費が支払われることはなかった。そこでジェーンは家を売却し、セヴンオークスのあまり高級ではない地区にあるレンガ造りの安普請の小さな家を借りることにした。その家はいわゆる〝訳あり物件〟だった。以前の所有者、四四歳のアルコール中毒者ダイアナ・ゴールドスミスは、子供たちを車で学校に送ったあと、忽然と姿を消した。ジェーンと子供たちが引っ越したときには、指紋採取用の粉の痕がまだ窓に残っていた。「子供たちと私はよく『その人がバスタブの下に埋められていなきゃいいけどね』って話していました」とジェーンは語る。「半分本気でね」

翌年、ダイアナ・ゴールドスミスの遺体が、ブロムリーのある家の庭の地中から発見された。容疑者として元恋人が逮捕されたが、殺人罪においては無罪となった。「みんな、あの家が大嫌いでした」とジェーンは言う。「きたなくて不潔で、忌まわしい過去がある家。私は物欲が強いほうではありませんけど、それでも眼を楽しませる美しいものが好きなんです。あの家にいると、美的感覚が穢（けが）される気分になりました。ルーシーもあの家が嫌いだったんです」

それが、彼女の最後の家だった。

第二章　ルールズ

離婚

「両親が離婚すると、あらゆることに疑いを持つようになるんです」とソフィー・ブラックマンは言う。「子供にとっては家族がすべてです。この人がママ、この人がパパ、こっちが弟で、あっちがお姉ちゃん。そういう関係性のなかで子供は成長する。その関係性が変わると、大きな疑問が眼のまえに現れる――自分は何者なのか、なぜ存在するのか。弟のルパートはまだ一三歳で、よく泣いてはいましたが、なんとか乗り越えました。私は一五歳で、当時はすべてがパッとしない時期だったので、頭が混乱して何がなんだかわからない状況でした。一七歳のルーシーは、やはり対応も少し大人でしたね。ルーシーがママの味方についたというわけではありません。どちらの味方につくとかそういう問題じゃなかった。でも、姉はママの気持ちをよく理解していました。ルパートと私にとって、ルーシーがいつも母親のようなものでした。だから、ママの気持ちもよくわかったんだと思います」

私が取材した人間のなかで、ソフィー・ブラックマンはルーシー・ブラックマンに最も近い人物だった。ふたりの誕生日は二年も離れておらず、生まれたときから同じ屋根の下でずっと一緒に暮らしてきた。彼女たちを知る人はみな、瓜ふたつの姉妹だったと口を揃える。見かけはもちろんのこと、普通のきょうだい以上に所作や話し方のリズムが似ていたという。

ソフィーはドライで毒舌だが、とても誠実な女性だ。そして、彼女は姉ルーシーのいちばんの理解者だった。ルーシーを必要とし、頼りにした人々は数多いても、ソフィーほど姉を理解していた人間はいない。私はそう思う。

しかし、ふたりの性格は正反対だった。幼少時代から、ルーシーは女の子らしく、柔和で、母性的だった。一方のソフィーは頑固で、元気いっぱいで、男勝り。一〇代になると、ソフィーは口うるさい癇癪持ちになり、クールで皮肉屋な一面が目立つようになった。母ジェーンのように、彼女は愚かな人々に我慢できない性質だった。しかし同時に、迷信や超自然の世界を崇拝する母にとことん批判的だった。もともと、彼女は父ティムと仲がよく、母親のジェーンとは子供の頃から喧嘩が絶えなかった。両親の離婚後、母娘の対立はさらに激しさを増していった。それもまた、離婚がもたらした暗い影響のひとつだった。

エドワード王朝様式の家での快適な生活——そんなジェーンの夢は離婚とともに崩れ去り、同時に家族にも変化が訪れた。それまで厳しく過干渉な母親だったジェーンは、驚くほど寛容で甘い親に変わった。子供の恋人が家に来ることも赦すようになり、そのまま泊まるのを自ら勧めるほどだった。一〇代のルパートは、母親にコンドームの箱をプレゼントされ、恥ずかしくてたまらなかったという。

一家の友人たちは、ルーシーとジェーンの親密さについてよく言及する——母娘というよりは、姉妹のようだった、と。「お互いに話をする姿や、ルーシーが母親に電話をしてげらげら笑ったりするのを見ると、本当に仲がいい親子なんだと思いました」と語るのは、ルーシーの同級生キャロライン・ローレンスだ。「ふたりは洋服も共有して、夜に一緒に遊びに出かけることさえありましたよ。私も母と仲がいいのである程度は理解できますが、一緒にクラブに行こうとは思いません」

年頃の子供が三人もいる家では、喧嘩は日常茶飯事だった。その多くは母ジェーンと妹ソフィーによるもので、仲裁役を務めるのはいつもルーシーだった。なかには、ルーシーとジェーンの関係が逆転していたと語る人もいるほどだ。「あの家では、ルーシーが母親のような存在だったんです」とジェーンの友人ヴァル・バーマンは証言する。「ソフィーが母親のジェーンに向かって叫んだり怒鳴ったりすると、問題を解決するのは決まってルーシー。ティムが家を出たあと、彼女は一気に成長しました。ルーシーが一家の母になり、ジェーンがその子供になったというわけです」

ルーシーはスリム体型でもなく、目鼻立ちがくっきりしているわけでもなく、一般的な美人とは言いがたかった。それでも、彼女について最も印象的だったのは、その見かけだった。ルーシーにとって、自分という人間の考え方の中心にあったのが〝お洒落〟だった。近所の店に行くときも、朝のジョギングのときも、髪型と化粧は常に完璧だった。そんな彼女を友人たちは微笑ましく思っていたという。ルーシーは笑うとき、長い髪をうしろに払って肩を震わせた。その美しいブロンドの髪に加え、かなりの長身だったせいもあり、ルーシーは同世代のなかでも目立つ存在だった。「あの子がいるだけでその場が明るくなった」というのがジェーンの口癖だ。「初めて会ったときから、私は彼女に心を奪われました」とヴァル・バーマンは言った。「彼女の話を聞くのが楽しくて楽しくて。言葉のセンスがいいんです。話題も豊富で、みんな彼女と話をしたがる。角砂糖について話せって言ったとしても、ルーシーならおもしろおかしく話しますよ」。そんな流れるような会話のあいだ、ルーシーは指を絶え間なく動かしつづける。その指先には滑らかに磨かれた爪が光っていた。「髪とネイル、それが彼女のすべてでした。まるで、手で会話しているみたいに」とキャロライン・ローレンスは言う。「とにかく目立つんですよ。あのきれいな髪……あるとき、町の〈ドーセット・アームズ〉というパブでルーシーと待ち合わせしたときのことです。パブの窓の向こうに、道を渡ってくる彼女の姿が見えました。その瞬間——冗談じゃありませんよ——パブ全体の時間が止まったみたいに、客の全員が彼女のほうを向いたんです。背が高いブロンドの美人が気取って歩いているだけなのに」

ルーシーはファッションや買い物が大好きだった。母親のジェーンと同じように、彼女もまた居心地のいい家庭を愛し、整理整頓を好んだ。そんな贅沢や家の快適さを愛するルーシーにとって、学生生活はあまり魅力的には映らなかった。彼女は必要な試験にはきちんと合格し、シックス・フォーム〔イギリスの中等教育最後の二年間のこと。日本の高等学校に該当し、大学進学のための受験勉強をする〕にも進学し、大学合格に必要なAレベルの勉強もした。しかし、〈ウォルサムストウ・ホール〉のほかの多くの勉強好きな女子生徒とはちがい、大学を受験しようとはしなかった。卒業試験のあと、彼女はピザ・レストランでしばらく働いたのち、地元の私立学校で授業助手を務めた。その後、家族の知人の紹介で、ロンドンの金融街シティ・オブ・ロンドンにあるフランス系投資銀行〈ソシエテ・ジェネラル〉、通称〈ソジェン〉での仕事に就くことになった。

ルーシーはディーラーのアシスタントとして、トレーディング・フロアからの注文をシステムにインプットする仕事を担当した。トレーダーたちは若く、血気盛んで、高給取りばかりだった。会社は活気に満ち溢れ、がつがつした雰囲気に包まれていた。そんな職場にやってきた若いブロンドの新人、ルーシーはすぐに男性社員の注目の的となった。男たちは、その豊かな胸にちなんで〝バップス〟〔ハンバーガーのバンズに似たスコットランドの丸いパン〕とルーシーを呼んだ。彼女はまだ一八歳だったが、男にちやほやされることに興奮と喜びを覚えるようになった。ルーシーは洋服とジュエリー、そして仕事終わりにシティのバーで飲むシャンパンを愛した。「ほかの同級生はみんな大学生なのに、私たちだけは社会人でした」と、同じく〈ウォルサムストウ・ホール〉卒業後にロンドンで働きはじめたキャロライン・ローレンスは語る。「大金を稼いでいるわけではありませんでしたが、一七か一八の私たちにしてみれば、金持ちになった気分でした。ルーシーは〈ソジェン〉を気に入っていました。セヴンオークスの外で初めて経験する生活も、シティの男の子たちに囲まれた生活も楽しんでいました。毎日、電車で会社に通勤すること自体が、私たちにとってはすごく大人っぽい行動だったんです。ラッシュの電車で見かけるルーシーは、いつも立ったままフレンチネイルをしていました。フレンチネイルというのは、普通のマニキュアの塗り方ではありません。爪にナチュラルカラーを塗ったあと、先端部分だけを白く塗る方法です。家でもそう簡単にはいかないのに、ルーシーは立ったままやるんですよ。それも電車のなかで」

儲けた金は使うこと──それがシティの掟であり、ルーシーもそのルールが好きだった。彼女は黒のルノー・クリオを買い、毎朝、金融市場が開くのに間に合うよう、夜明けまえにセヴンオークスからロンドンへと車を飛ばすようになった。週末になると決まって、サロックにある〈レイクサイド・ショッピング・センター〉へと買い物に出かけた。あるとき、ルーシーは友人とともに女王陛下御用達の下着ブランド〈リグビー&ペラー〉にふらりと立ち寄り、オーダーメードの高級ブラジャーを一〇枚も衝動買いしたことがあった。しかし、彼女の年収は約二万四〇〇〇ポンド（約三八〇万円）で、同僚の男性ディーラーたちの足元にも及ばない金額だった。ルーシーが初めて借金したのは、この〈ソジェン〉時代だった。クレジットカード、ストアカード、当座貸越（オーバードラフト）、分割払い──どれもシティで働く人にとっては日常生活の一部だったが、ルーシーは当初、そんな金の使い方になかなか馴染むことができなかった。「私のほうが、彼女よりもはるかに多額の借金を抱えていました」と、ルーシーの同僚だったキャロライン・ライアンは語った。「でも、ルーシーは心配性で、数ポンドでもオーバードラフトになると、パニックになるんです」

〈ソジェン〉に勤めて一年が過ぎた頃、ルーシーは次第に居心地の悪さを覚えるようになった。仕事自体にもやりがいを感じなかった。さらに、年下のトレーダーとの恋愛が後味の悪い最後を迎え、涙に暮れる辛い日々を送っていた。ルーシーは常々、世界を旅してみたいと考えていた。が、ある程度の快適さと優雅さがあることが最低条件だった。「ルーシーはまさにそういう性格でした」とソフィーは言う。「バックパッカーみたいな貧乏旅行にはまったく興味がなかった。ドライヤーが使えないし、メイクアップもできないでしょ？　ルーシーが愛するのはきれいなネイルや髪、ローヒールの靴。姉は身なりをひどく気にする人だったので、バックパッキングや薄汚れたホステルというのは駄目なんです。それでも、ちがう文化を見て、人々に触れ、珍しい食べ物を食べてみたいという気持ちはありました。ただ、姉にとって快適な方法で、ということですが」。シティで働きはじめて一年後、そんな彼女にぴったりの解決策が見つかった。ルーシーは〈英国航空〉の客室乗務員の仕事に応募し、見事に合格したのだ。

　かわいらしいルックスに、人好きのする性格、さらに会話レベルのフランス語力を持つルーシーにとっては、完璧な仕事のように思えた。一九九八年五月、彼女は二一日間の訓練コースを受け、客室乗務員の業務に必要なさまざまなスキルや知識を学んだ[1]——出産の介助方法、手錠の扱い方、機内に仕掛けられた爆弾の処理手順（キャビンの最後部、出口の隣に爆弾を移動し、爆発の衝撃を吸収するために濡らしたクッションで包み込む）。訓練後の一八カ月、彼女はイギリス国内やヨーロッパ各都市への短距離路線に搭乗。最初の勤務は、ジャージー島への四〇分のフライトだった。「私はいつも自分に言い聞かせていました。飛行機は、道を横切るより安全なんだ。飛行機に乗ることより、空港に行く道のりのほうが危険なんだって」とジェーン・ブラックマンは当時を振り返る。「それでも最初のフライトのときは、胸が苦しくなりました」。ジェーンは、フライト後に必ず電話を寄こすようにルーシーに指示をした。また、彼女が〈英国航空〉に勤務していた期間はずっと、テレビの文字多重放送（シーファクス）の発着情報を欠かさずに確認した。娘の搭乗する飛行機が無事に着陸したことを確かめたときだけ、ジェーンは心を休めることができた。

ボーイフレンドたち

一〇代の頃に長期の病気療養を強いられた影響からか、まだ若いにもかかわらず、ルーシーは規則正しい生活、日々の規律や生活管理の徹底に取り憑かれていた。怠惰な暮らしを打破する呪文であるかのように、彼女はやるべきことや達成すべき事柄のリストを書き出した。さらに、自己啓発や自己改善本――借金の管理方法、お腹のひっこめ方、自尊心の高め方――を見つけては、友達のあいだで回し読みしたという。一九九九年初めのルーシーの日記を読むと、当時の彼女がフィットネス、美、健康、金に夢中だったことがわかる。

新年の抱負！

（1）ジムに週三～四回行く。

（2）ふたつ新しいアクティビティをする。

（3）二台の電話を使うのをやめる。

（4）三月から貯金する。

（5）ルールを守る。

（6）W＋G、H＋Jともっと一緒に過ごす。

（7）睡眠時間を増やす。

（8）イタリア語を勉強する。

（9）すべての手数料を節約する。

(10)スクラブと日焼けを一日おきに。
(11)定期的にローションを塗る。
(12)もっと水を飲む。

(5)の抱負は一般的なルールを指すものではなく、ルーシーが行動指針とするアメリカのベストセラー恋愛啓蒙書『ルールズ』のことだ。『ルールズ』では、〝感情の食事制限〟を女性に薦め、フェミニズム以前の伝統的な求愛方法――男性は報酬を得るまえに、持続的で精力的な求愛行動を取るべき――の復活を提唱している。日記のなかで、ルーシーは『ルールズ』の概要を自ら次のようにまとめた。

(1)冷静さを保つ。
(2)相手に行動させる――電話やその他もすべて。
(3)手の内は見せない――こちらの気持ちが知りたければ、相手から訊いてくるはず。
(4)重い会話は避ける。

簡単に人を好きにならないこと!!

男性から人気があったルーシーは、一〇代半ば以降、恋人がいない時期がほとんどなかった。しかし、〝浪費しないで貯蓄する〟や〝電話の時間を減らす〟という抱負が示すように、『ルールズ』が求める抑制と冷静さこそが、ルーシーの性格に欠ける部分だった。「ルーシーは誰かに出会うと、いつも全力なんです。それで、何度かひどく傷ついたこともありました」とソフィーは語る。「姉は心の内をさらけ出すタイプで、〝これが私。これが私という人間。受け容れるか拒むか、どちらかにして〟という感じの人でした。男の人たちは、しばらく受け容れて、それから拒む。その繰り返しです」。ルーシーの友人たちも、彼女の恋愛のパターンは心得ていた——新しい男に出会い、あっという間に夢中になり、すぐにどちらか一方が興味を失う。「姉は猛烈に恋に落ちるタイプなの」とソフィーは続ける。「でも二カ月もすると、彼の名前を聞くだけで拒絶反応を起こしちゃう」。ルーシーが心から望んだのは、誰かと出会い、結婚し、子供を作り、田舎で暮らすことだった。でもそのためには、何人ものダメ男と出会う必要があったというわけです」

たとえば、ジム。[2]彼は一八歳の誕生日当日にルーシーを振るという赦しがたい行動のせいで、彼女の女友達から憎まれることになった。地元のピザ・レストランの階上に住むロバートは、ルーシーを振って彼女の親友に乗り換えた。〈ソジェン〉の同僚グレッグは、ルーシーが会社を辞めて〈英国航空〉に転職するきっかけを作った男だ。そして、最も魅力的で危険だったのが、美しく、ワイルドなイタリア人——絶望的なマルコだった。

初めにマルコを見つけたのは、セヴンオークスのロイヤル・オーク・ホテルでバーテンダーとして働いていたソフィーだった。背が高く、筋肉質で、イケメン——マルコを見るなり、ルーシーのタイプだと直感的にわかったという。「マルコは元モデルで、超カッコよかった」とソフィーは振り返る。「三〇歳と少し歳はいっていましたが、ルーシーの彼氏はたいてい年上だったので問題ありません。外見だけ見れば、彼は完璧でした。ルーシーもそれはそれは夢中になっていましたよ。でも、中身が最低の男だったんです」

〈英国航空〉時代のルーシーは、月一〇日の休みのほとんどをマルコと一緒に過ごした。ふたりは

〈ミニストリー・オブ・サウンド〉や〈クラブ9〉といったロンドンの人気クラブに遊びにいき、〈ヴァイン〉〈チムニーズ〉〈ブラック・ボーイ〉などの地元セヴンオークスのパブで酒を飲んだ。マルコは何度もひどい風邪に罹り、そのたびに治るまで長いあいだ家にこもることがあった。夜、ルーシーとのデート中には、別の友人と一緒に短時間だけどこかに消えてしまうこともよくあった。

「そのあいだ彼が何をしているのか、私たちにはよくわかりませんでした」とソフィーは言った。「本当に馬鹿で、世間知らずでした」

周囲の友人たちは、マルコをうぬぼれの強い冷たい人間だと感じたが、ルーシーはますます惹かれていった。ある週末、マルコはルーシーをヒースロー空港まで送り届け、そのまま彼女の車で走り去った。翌日、仕事終わりにまた迎えにくる約束だった。しかしルーシーが戻ったとき、マルコはいなかった。「彼はルーシーを迎えにいかなかった。姿を現しもしなかったんです。姉は少し混乱していました」とソフィーは続けた。「連絡も取れなかったんです。自分の車がどこにあるのか、彼がどこにいるのか、何もわからなかった。最終的に、マルコのいとこか誰かにやっと電話が繋がりました。それで、その親戚がこう言ったんです。『二度とこういうことが起きないようにって願っていたんだけど……マルコはそういう男なんだ。彼は君にどんな嘘をついた？』。それで、マルコが完全な嘘つき野郎だと発覚したんです」

マルコはモデルの仕事などしたことはなかった。それどころか、彼は重度のコカイン中毒者だった。パブから短時間だけ姿を消すこと、〝風邪〟に罹りやすい体質、回復に長期間を要すること――突然、すべての点と点が繋がった。激昂したソフィーはマルコの部屋に乗り込んだ。彼はベッドに横になり、大量のドラッグと酒のせいで完全にラリっていた。ルーシーの車の鍵は、ベッド横のテーブルの上。ソフィーは鍵を摑むと、マルコにお別れのパンチをお見舞いし、部屋を飛び出した。取り戻した車はどこかに衝突したらしく、ドアとリアパネルが傷つき、凹んでいた。

髪やネイルと同じように、ルーシーは車のケアも怠ることはなかった。その愛車をめちゃくちゃにされたのだ――それが、マルコとの別れだった。彼女の悲しみは深いものだったが、長くは続かなかった。数カ月後、衝撃的なニュースが舞い込んだ。マルコが自殺したのだ。あるいは別の説によれば、ドラッグの偶発的な過剰摂取によって死亡。真実はなんであれ、その日、ルーシーのハンサムな元彼はこの世から姿を消した。

第三章　長距離路線

東京行きの計画

客室乗務員としての生活は、ルーシーにとって理想とはほど遠いものだった。働きはじめて一年半後の二〇〇〇年初めには、彼女はすでに罠にはまったかのように感じ、すぐに脱出しなければと考えるようになった。同僚にとって、それは理解しがたいことだった。そのときの彼女は、〈英国航空〉の客室乗務員であれば誰もが夢見ることを成し遂げていたのだ――ヒースロー空港ベースの短距離路線から、ガトウィック空港ベースの国際線乗務への昇格。長距離路線の目的地はどこも、よりエキゾチックで魅力的だった。なにより、給料が上がる。当時のルーシーの基本給は低く、税引き前の年収はわずか八三三六ポンド（約一三三万円）だった。しかし、行き先や搭乗する便の種類などによって、年収と同額程度の〝手当〟が加わる。たとえば、早朝便、深夜便、長距離線、到着から出発までが短時間の便――そういったフライトごとに手当が支給された。さらに、朝食、昼食、夕食のための食事手当もつき、現地の五つ星ホテルで提供される三品コース料理に相当する額が支給された。当然ながら、ほとんどの従業員は安い食事で済ませ、差額を懐に入れていたにちがいない。つまり、最も魅力がないのはイギリス国内の短距離線で、最も報酬が高いのはアジアやアメリカの物価の高い都市へのフライトだった――マイアミ、サンパウロ、そしていちばん儲かるのが東京便だ。

長距離線に異動となり、ルーシーの月給は手取り約一三〇〇ポンド（約二一万円）に上がった。しかし、どんなに節約しているつもりでも、彼女の借金は増える一方だった。ルーシーの収支メモによれば、一九九八年末のある月のダイナースクラブカードの支払額だけで、収入の半分以上となる七六四・八七ポンド。自動車ローンが月二〇〇ポンド、銀行ローンの支払いが月四七ポンド、ビザカードの引き落としが八九・九六ポンド、〈マークス＆スペンサー〉のクレジットカードが一〇ポンド、母ジェーンへの家賃の支払いが七〇ポンド、ジムの会費が三二ポンド、携帯電話代が一四〇ポンド。これらに加え、仕事に必要な化粧品やシャンプー、洋服を買うと、毎月の収支は二〜三〇〇ポンドの赤字となる。借金の利子もかさみ、日ごと返済はむずかしくなる一方だった。

疲労困憊の日々が続くと、ルーシーの体調にも影響が出はじめた。長距離の深夜便はとくに重労働で、楽しいことなどひとつもなかった。〈英国航空〉には一万四〇〇〇人の客室乗務員が在籍しており、初対面の人たちとチームを組んで働くことがほとんどだった。ときどき、友人の同僚と同じフライトに当たることもあったが、そんな喜びも、仕事の退屈さに勝るものではなかった――トマトジュースをプラスチックのカップに注ぎ、チキンかビーフかをただ訊きつづけるだけの仕事。「どの国に行っても、ホテルの部屋の風景は一緒だった、と姉は言いました」とソフィーは当時を振り返る。「朝にはパリ、午後にはエジンバラ、翌日はジンバブエ……なのに、姉はずっとホテルの部屋にこもりきり。いつも時差ぼけに苦しみ、現地の生活や文化、食事を楽しむことなんてできなかった。常に疲れていたんです。最後のほうは、本当に辛そうでした。体力が限界に近づいて、いかにも憂鬱そうで。とくに、フライトごとに新しいスタッフと働かなくてはいけないのが大きなストレスだったようです」

ルーシーの極度の疲労には、どこか不吉なところさえあった。「家に戻ると、姉は一五時間もひたすら眠りつづけました」とソフィーは続ける。「気分も優れず、体調も悪化するばかり」。次第に、八年前の状況――ウィルス性の病気に罹り、何カ月も病床に就いたあの不安定な日々――に似てくるようになった。そんな不安と疲労に押しつぶされそうな日々のなかで、ルーシーは日本行きを語り出すようになる。

その計画が最初に持ち上がったのは、一九九九年末から二〇〇〇年初めにかけてだった。しかし、いつ頃、どのように出てきた話なのかは誰も正確には覚えていない。真相はどうあれ、最初に言い出したのがルイーズ・フィリップスであることはまちがいなかった。

一三歳からの幼馴染であるルイーズは、ルーシーにとっていちばんの親友だった。ふたりの外見は対照的だった。ルイーズは背が低く細身で、ダークヘア。ルーシーとはちがい、現代的なかわいらしさに満ちた女性だった。一二歳のときに突然の癌で父を亡くし、彼女もまた父親のいない青春時代を過ごした。しかし、共通点はそれだけに留まらなかった。立ち居振る舞い、話し方、メイクアップとネイルへの愛――ふたりはまさに似たもの同士だった。ルーシーとルイーズ――名前さえ似ていた。母ジェーンは、ふたりは〝ソウルメイト〟だったと語った。父ティムはもう少し現実的だ。「ルーシーに似て、ルイーズはくだらないおしゃべりを延々とできるタイプなんですよ」と彼は言った。「ふたりはいつもガールズトークばかり。ひたすら、きゃあきゃあ笑い合ってね」

ふたりのキャリアの軌跡を辿れば、その親密ぶりはあまりに明らかだ。人生の各段階で、ルーシーはルイーズのあとを追ってきた。ルイーズは一六歳で学校を離れ、シティの投資銀行で働きはじめる。その二年後、ルーシーも同じ行動を取る。ルイーズが〈英国航空〉の客室乗務員として働き出すと、ルーシーも真似をする。東京に行き、ルーシーの悩みの種である借金を清算しようというのも、ルイーズ主導の計画だった。

事件後のルイーズの言動は、とくにルーシーの友人や家族たちに悪印象を与えるものだった。しかし実のところ、日本に行くまえから、彼女の評判は決して抜群とは言えなかった。ジェーンの友人ヴァルの娘で、ルーシーの親友サマンサ・バーマンも、ルイーズには警戒心を抱いていた。「彼女は私よりもルーシーとずっと長いつき合いだったから、あえて忠告はしませんでした。でも、ルーシーはいつも劣等感を抱いていました。ルイーズは自分よりかわいいし、自信満々。私は彼女よりブスだから、陰でこっそりしてよう、と。ルーシーがそんなふうに感じているのに、ルイーズは何もしようとしませんでした」

学校を離れて以来ずっと社会で働いてきたふたりにとって、休暇を取って一緒に旅行に出かけるのが夢だった。タイ、バリ島、オーストラリア――バックパッカーお決まりのルートを辿りたい、とよくふたりは語り合った。しかし、貧乏旅行というのはルーシーの好みではなかったし、かといって豪勢な旅行に行く金もない。それどころか、どんな類の旅に行く金もなかった。そんなときに東京の話を教えてくれたのが、二年前まで日本にいたルイーズの姉エマだった。東京に行けば、独創的で刺激的な生活を送りながら大金を稼げる、とエマは請け合った。

二年前、エマは東京でどんな仕事をしていたのか？　ルーシーの友人たちの証言はそれぞれ食いちがうものだった。エマは〝バー〟で働いていた、というのがサマンサ・バーマンが聞いた話だ。ソフィーの記憶は〝ウェイトレス〟。ルーシーの当時の彼氏、若い投資銀行家のジェイミー・ガスコインの意見は〝舞踊団のダンサー〟だった。

〈英国航空〉を辞めるときにルーシーが同僚たちに回覧した別れの手紙には、日本行きの計画に彼女自身が積極的に関わっていないかのような文章が並んでいた。「今回、親友のルイーズが日本に行って親戚の家に住むことになり、私も運よく一緒についていけることになりました。日本で何をするのか、とくに計画はありません。文化に触れて、日本語を学ぶかもしれません。あるいは、お金持ちの高級ゲイシャ・ガールになるかも（笑）！　とにかく、何カ月か休んで、何かちがうことを経験したいと思います。〝気分転換は休暇と同じ効果がある〟ってよく言うしね」

女友達が聞いた話では、ルイーズには東京に住む叔母がおり、無料で滞在できるとのことだった。だとすれば、東京行きの計画も安全であり、納得のいくものだった。エマ・フィリップスが東京で実際にどんな仕事をしていたのか、ルイーズと彼女が何を企んでいるのか、ルーシーは母親だけに打ち明けていた。「ルイーズと一緒に日本へ行って、ホステスとして働いて借金を返す、とあの子は言いました。絶対うまくいくから心配しないで、みたいな言い方でしたよ。仕事の内容は、ルイーズのお姉さんから聞いただけだと言うんです。ただお客さんに酒を注いで、話を聞くだけで、あとはカラオケで歌を歌うんだって。ルーシーは歌が大好きでしたから、楽に稼げるとでも思ったんでしょう」

ジェーンとしては、仕事の詳細に興味などなかった。彼女が望んだのは、ルーシーの東京行きをなんとしても阻止することだけだった。「あの子は何度も私を安心させようとしました。馬鹿なことは決してしない、くれぐれも注意するからって。でも、何か恐ろしいことが起きる、私にはわかっていました。不安が頭から離れなかったんです。私は日本のことなんて人生で一度も具体的に考えたことがなかった。それなのに、あの子が〝日本〟と口にした瞬間に、頭のなかで声が響いたんです――〝何かひどい事態になる〟。あるいは、声ではなくて考えだったのかもしれません。考えが頭を巡ったのかもしれない。とにかく、悲しくてたまらなかった。あの子のまえでは泣きませんでしたが、ひとりになるとずっと泣きっぱなしでした」

ジェイミー・ガスコインもまた、ジェーンと同じくらいの衝撃を受けた。恋人として一緒に過ごす数カ月のあいだに、彼はルーシーにすっかり心を奪われていた。いっときでも彼女と離れるなど、想像することさえ耐えられなかった。ある夜のこと、映画館の列に並んでいるとき、ルーシーはジェイミーに告げた。日本にいるあいだは関係を解消したい、と。「あまりのショックに、壁際で坐り込んでしまいましたよ」と彼は当時について語った。「なんて答えればいいかわからなかった。喧嘩も口論も何もありません。別れるまえの一週間で、彼女は人が変わってしまったんです。まるで、誰かの指示で行動しているみたいに」

日本に発つまえの数週間のルーシーの行動は、多くの人にとって理解できないものだった。出発日が近づくにつれ、周囲の当惑はさらに増していった。実家でも、彼女は不思議な行動に出た——突然の大掃除を始めたのだ。整理整頓に対する彼女自身の高い理想に鑑みても、その掃除の徹底ぶりは異常だった。「何から何までチェックして、大量にモノを捨てて……」とジェーンは言う。「古い手紙や個人的な思い出の品、洋服など、たくさん処分していました。単なる大掃除なんて生半可なものではありません。もともと、あの子の部屋はきれいだったんですから。数カ月だけ出かけるというよりも、二度と戻らないような勢いで部屋を整理していました」

ルーシーは友人と過ごす時間を減らし、いとこ、代父母〔洗礼の立会人〕、遠い親戚など、普段なかなか会う機会のない人々を自ら訪問してまわった。「いろんな人をわざわざ訪問していました。ちょっと妙でしたね。普段のルーシーはそんなことをするタイプじゃないので」とソフィーは回想する。「出発前、姉はできるだけ多くの人に会おうとしました。無事に戻ってきていれば、どうってことない出来事なのでしょうが、結局、姉は帰ってこなかった。そう考えると、やっぱり何かを暗示していた気がするんです」

ルーシーが再会を強く願ったひとりが、父親だった。一九九五年のジェーンとの離婚後、ティム・ブラックマンはジョセフィン・バー——ティムの出身地であるワイト島ライド出身で、四人の一〇代の子供を持つシングルマザー——と出会い、同棲を始めた。実の子供とは離れて生活していたティムだったが、ソフィーとルパートとは頻繁に連絡を取り合っていた。母親との関係がこじれたときには、ソフィーがワイト島に行ってしばらく父親と暮らした時期もあった。また、ティムは定期的にケントまで車を走らせ、ルパートをラグビーの練習に送っていったり、一緒にパブでランチを食べたりした。それに比べて、ルーシーと会う回数はずっと少なかった。どうしてそんな事態になったのか？　ここでもまた、ジェーンとティムの意見は食いちがうのだった。

父親に会わなかったのはルーシー自らの決断だった、とジェーンは断固として主張する。「ルーシーは父親にひどく失望していたんです。だとしても、子供たちが彼と会うことを私が拒んだりはしません。絶対にそんなことはありません。だって、みんな彼の子供なんですから。ルーシーが父親と会おうとしなかったんです。私が止めたわけではありません。そもそも、幼い頃ならまだしも、成長した子供を止めるなんて無理ですよ。ルーシーが何年か父親と会わなかったのは、あの子自身が会いたくなかったからです。父親に対して怒っていたからです。私たちふたりはとても仲がよかったので、あの子は私を守ろうとしてくれたのかもしれません」

ルーシー自身が友達に打ち明けたように、母親の心を傷つけたことについて、彼女が父親に批判的な感情を抱いていたことはまちがいない。しかし、もっと微妙な問題があることにティムは感づいていた。「私の行動について釈明や正当化しても、子供たちにはなんの得にもなりません」とティムは語った。「そんなことをしても、誰のためにもならない。とにかく、離婚前の私はとても不幸だったとでも言うしかありません。私はこう考えました——時間が解決してくれる、物事はいつか変わる、いずれ子供たちは私に会いにきてくれる。ルーシーとの問題も、やはり時間が解決してくれました。

クリスマスに二度ほど島を訪ねてきてくれましたし、夏には一緒に水上スキーを楽しんだこともありましたよ。セヴンオークスで会うことも何回かありましたし、完全に縁が切れたわけではありません。ただ正直、初めの二、三年はむずかしい時期が続きました。

ここが、問題が複雑になるところです。私はジェーンという人間のことはよく知っています。いかに人の感情を操るかもわかっています。彼女はとことん私を否定しようとした。そんなとき、ジェーンは必ず状況を陰で操作しようとするんです。たとえば、週末にルーシーがワイト島に遊びにくる約束をしたとします。その週の木曜日になると決まって、やっぱり行けそうもないという話になる。まあ、家を簡単に離れられない状況にでもなったんでしょう。とにかく、私が犠牲になるのが手っ取り早かったんですよ。長女であるルーシーは、精神的に落ち込んだ母親をサポートするという微妙な立場にいた。あの子自身が窮地に立たされていたんです。私としても理解はできましたが、会えない辛さに変わりはありません」

ルーシーが両親からどれだけ重圧を感じたにしろ、出発が迫るにつれてそれも和らいでいった。ジェーンも、父親に会うべきだとルーシーに強く勧めるほどだった。そして四月中旬、制服を返却するために〈英国航空〉を最後に訪れたあと、ルーシーはティムとセヴンオークス郊外のパブで落ち合い、夕食をともにした。数日前、彼女は父親に携帯メールを送った――ルーシーが失踪したあとも、ティムはそのメールを消さずに保存しつづけた。さらに、ルーシーの数少ない形見として、彼は文面を書き出して保管するようになった。

二〇〇〇年四月一四日　一二時三八分　××××××××××××　おはよう！　私の大好きなパパ！　心から愛してる&火曜日にパパの笑顔を見るのが待ちきれないよ。たくさんの愛とハ

グを込めて……ルーラ××

もともと心配性のジェーンではあったが、ルーシーの日本行きに対する不安、それを阻止しようとする一連の行動には、常軌を逸したものがあった。まるで、親が死ぬことをいたずらに恐れる子供だった。ルーシーが日本に行く理由は、借金を清算するためだった。そこで、ジェーンは日本の不景気に関する新聞記事を切り抜き、ルーシーのベッド上にさりげなく置いた。それが無視されると、今度はルーシーの名前で霊媒師との面会の予約を取った。ジェーン自身の祈りは届かなくても、あの世からの言葉であれば娘を説得できるのではないか、と願ったのだ（ルーシーは予約をキャンセル）。打つ手がなくなったジェーンは、東京への飛行機が発つ数時間前に最後の手段に出ようとした。ルーシーのパスポートを隠す、という荒技だ。ルパート・ブラックマンによると、ジェーンは階段に立ってパスポートを振りかざし、ルーシーに向かってわめき散らしたという。「そのときふと思ったんです」とジェーンは言った。「もしパスポートを隠したとしても、あの子は再発行してでも日本に行く。それに、きっと怒るだろうなって。私に腹を立てたまま行ってしまうのだけは嫌でした」

友人のヴァル・バーマンは、ジェーンの動揺ぶりに苛立ちを覚えたほどだった。「いったいどうしたっていうの？」と彼女はジェーンに言った。「ルーシーは死ぬわけじゃないのよ」

ジェーンは答えた。「いいえ、死んでしまうような気持ちよ」

日本へ

ルーシーの悪い癖は治っていなかった。三月、彼女はさらに借金を一五〇〇ポンド増やし、〈マークス＆スペンサー〉で巨大な鋳鉄製ベッドを買った。しかし、いかにもルーシーらしいこの行動は、ある意味で友人たちを安心させた。少なくとも東京から戻ってくる予定なのだ、と。「ルーシーはそれを〝お姫様ベッド〟と呼びました」とサマンサ・バーマンは語る。「古風なデザインで、金属フレームの大きなダブルベッドです。マットレスはふかふかで、ベッドリネンもベッドとぴったりのものを揃えていました。家に戻ると、ルーシーは時間さえあれば、ベッドで横になって過ごしたそうです。その頃はいつもベッドの話ばかりしていました」

しかし、人生におけるもうひとつの新たな展開――最近の彼女の怪しげな行動の一部を解明する手がかり――について、ルーシーは多くを語ろうとしなかった。何を隠そう、出発まで残り一カ月を切った頃、彼女は新たな恋人アレックスに出会っていたのだ。彼は〈ブラック・ボーイ〉というパブで働く若いオーストラリア人で、ルーシーよりも三歳年下の一八歳だった。「茶色いくせ毛で、サーファー風」とソフィーは言った。「元気いっぱいの男の子で、ルーシーは夢中でした。完全に夢中だった」。ルーシーの死後しばらく、ジェイミー・ガスコインは自分が振られた本当の理由――ルーシーに新しい彼氏ができたから――を知らなかった。ふたりの共通の親しい友人であるサマンサ・バーマンでさえも、この事実を知らなかった。

この時期のルーシーにまつわるもうひとつの謎が、五月二日の火曜日、イギリス最後の夜の出来事だ。彼女がその日、誰とどのように過ごしたのか？　親友や近親者たちの証言はそれぞれ異なる。ティム・ブラックマンは、その夜はルーシーと一緒に過ごしたと明言した。ソフィーとルパートとともに、セヴンオークスのレストランで一緒に夕食を食べた、と。ソフィーはというと、ルーシーはその夜のほとんどをアレックスと過ごしたと証言。ジェーンの記憶――娘と過ごした最後の数時間――は極度の不安から曖昧なものだったが、ティムやアレックスはその場にはいなかったと語った。ルーシーのイギリス最後の夜について最も鮮明に記憶していたのは、サマンサ・バーマンとその母親ヴァルだった。

その夜、まちがいなくルーシーはふたりと一緒にいた、と彼女たちは言った。「ルーシーはママの家に来たんです」とサマンサ。「彼女がまだやるべきことをリストアップしていないと知って、私たちはとにかく驚きました。いくつか荷物はまとめたようだけど、パッキングも準備もぜんぜん進んでなかった。几帳面な性格の彼女としては珍しいことでした。ルーシーはどこか寂しげで、少し後悔しているみたいでした。否定的なことを言い出したかと思うと、また自分で大丈夫だと言い聞かせて。その繰り返し。まだ踏ん切りがついていなかったのね。でも、いったん約束したんだからもう後戻りできない——そういう感じでした。ルイーズをがっかりさせたくなかったんだと思います」

「ルーシーは、ジェーンのことや、最近の家族の雰囲気について話していました」とヴァルは語った。「あの頃のルーシーの家は言い争いばかりだった。ジェーンとソフィー、ソフィーとルーシーのあいだで喧嘩が絶えなかったんです。もしルーシーが残っていれば、数年のあいだに正常に戻って、すべてがいい状況になっていたかもしれません。でも当時は、ルーシーが大人で、ジェーンが子供でした。重圧を感じる、とルーシーは言いました。日本行きについての言い争いも多かったようで、それが逆に、彼女の決心を強めたんだと思います。おそらく、出口が見えなかったんでしょう。当時のルーシーにとって、日本に行くことが逃げ道だった……彼女には休息が必要だった。そのためには、ジェーンと離れる必要があったんです」

その夜はアレックスがルーシーに会いに家にやってきた、というのがソフィーの記憶だ。「自分の部屋に戻ってベッドに入ったあと——」と彼女は言った。「出発前に姉に何を伝えようか考えました。で、書き出してみることにしたんです。最初はちょっとした別れの挨拶のつもりだったのですが、だんだんと内容が重くなっていきました。まず、いつもそばで見守り、守ってくれた姉にどんなに感謝しているかを伝えました。私が辛いときに助けてくれて、ありがとうって。最終的に、一八枚もの手紙になりました。書いている途中、涙が止まらなくて……一時的に感情が高まったのではなく、ずっと泣きどおしです。こう思うたびにぞっとするんですけど、まるで姉に最後の手紙を書いているような気分でした。それほど苦しい経験だったんです。姉はたった三カ月いなくなるだけなのに。それまでも家を離れたことはあったのに。でも、その手紙を書いたときは、胸が張り裂ける思いだったんです。

なぜか、〝最後〟という感覚が頭を離れませんでした。ルーシーが客室乗務員の仕事で家をしばらく空けるとき、私たちは別れの挨拶もしましたが、同時に次に遊ぶ約束もしたんです。でも、姉が日本について話すとき、帰国後の様子を思い浮かべることができなかった。姉が戻ってくる姿をどうしても想像できませんでした」

東京への飛行機は正午に出発した。その日の朝早く、ルイーズの母親モーリーン・フィリップスがルーシーを車で拾い、ふたりをヒースロー空港まで送っていった。家を出るまえ、ルーシーはソフィーの部屋に行き、暗闇のなかで妹にキスをして別れを告げた。「ルーシーはグリーティングカードをくれました。私は手紙を渡して、『飛行機が離陸するまで絶対に開けないでね』と言いました。姉はベッドに横になり、私を抱きしめてくれた……ふたりともかなり感傷的になっていました。最後に私が『愛してる』と伝えると、姉は部屋を出ていきました」

ルーシーが永遠に家を離れたのは、二一歳のときだった。彼女は誰からも愛される人間だった。友人からも、トラブルを抱えた家族からも愛された。弟ルパートと妹ソフィーにとって、さらには母ジェーンにとっても、ルーシーは姉であり、母だった。仕事柄、彼女は幾度となく飛行機に乗ったことがあった。が、これほど遠くに、知り合いもいない場所に行くのは初めてのことだった。さらに、行き先は鏡の反対側の世界だった。彼女を知る誰にも想像がつかないほど遠く、おぼろげな世界だった。彼女を愛する人はみな、不安に駆られた。イギリスを発つまえの最後の数週間、いつも素直で隠しごとをしないルーシーが、突如として秘密主義になった。ふたりを日本で待ち構えているものとは？　ふたりは何をするつもりなのか？　質問をしても、はっきりと満足のいく答えは返ってこなかった。すべての答えを知るのはルイーズだけだったのかもしれない。ルーシー・ブラックマンの真実の物語は、このときからすでに霞みはじめていた。

第二部

東京

（前頁：六本木。©PA Images）

第四章　HIGH TOUCH TOWN

異質で好奇心をそそる国

ヒースローから成田空港までの所要時間は一二時間弱。しかし、これほど目まぐるしい変化をともなう移動は珍しい。出発直後、ルーシーとルイーズは眼下に広がるイギリスの景色を眺めたことだろう。ロンドンの家々の屋根、イースト・アングリアの平原、そして北海。昼食が終わり、最初の映画が始まる頃にはロシアに入り、飛行機はそのまま七時間シベリア上空を飛びつづける。どの方向を見渡しても、一万二〇〇〇メートル下に広がるのは信じがたいほど圧倒的な空っぽの景色だ。果てしないツンドラの大地、雪を頂く長大な山脈、陽光に輝く漆黒の大河。旅行者にとって、それはまさに時空を超えた旅だ。ルーシーとルイーズは正午にロンドンを出発し、長い午後と夜を経て、体内時計では就寝時刻——日本は光まぶしい朝——に成田に到着した。

「東京は朝九時一三分。イングランドは深夜の〇時一〇分頃」。到着直後、ルーシーは日記に書き込んだ。「いま、地下の駅でスーツケースに坐って電車を待っているところ。何から何までちんぷんかんぷん。体は疲れ切って……それに怖くて、心配&戸惑い&とにかく暑い！　ただ願っているのは、あとになって振り返ったときに、いまの自分の無知を笑えること——何が待ち受けているのか、ぜんぜん知らない自分を」

ルーシーとルイーズは客室乗務員として数々のフライトに搭乗してきたものの、これほどまでに異質で好奇心をそそられる国に来たことはなかった。成田空港の建物を囲う有刺鉄線の反対側には、緑の水田が広がり、家々の瓦屋根の上に鯉を模した黒、赤、青の幟がはためいていた。しかし、こういった東洋の標も、電車が大東京圏――行政区分を超えて、貪欲なアメーバのように衛星都市を呑み込んでいく――に入るとすぐに消えてしまう。銀白色のオフィスビル、金属の非常階段が設置された低層マンション、〈マリー・セレスト〉や〈ワンダーランド〉というネオンサインを輝かせる窓のないラブホテル。そんな無機質な風景のなかを電車は抜けていった。流れの遅い幅広の川に架かる橋をいくつか越えると、南に東京湾が広がり、ガラスやアルミニウムの建物が並ぶ埋立地の島々が出現する。曇った日には、油まみれの水は暗く、寂れた建物がくすんで見える。しかし晴れた日には、すべてが銀色に輝く――堅牢な高層ビル、巨大な眼球のようなガスタンク、発電所や石油工場の雑然とした送電線や円筒状の貯蔵タンク、レインボーブリッジの優美な曲線。

　このメガロポリスには、三〇〇〇万以上の住民が暮らしている。自然と言えば皇居、公園、神社、寺院が点在する程度で、西に六〇キロ離れた奥多摩までひたすら市街地が続く。東京の最高層ビルから眺めても、雲ひとつない快晴にでも恵まれなければ、見えるのはそれだけだ――東京、それからまた東京。どの方角にも、灰色、茶色、銀色が無造作に並ぶだけ。

　そんな規模と密度にもかかわらず、東京は無秩序とは正反対の場所だ。街はどこも清潔で整然としており、ほかのアジアの大都市のような喧噪や薄汚さはどこにも見当たらない。この街を包む無関心で静謐なフィルムの下には、機械のエネルギーと精密な効率性が隠されている。この地を初めて訪れる外国人の多くは、それまで経験したことのない空気感に驚くという。体を包み込むのは単純な昂揚感ではなく、謎だらけの可能性への曖昧模糊とした興奮だ。「すでに別世界」と、ルーシーも成田空港駅のプラットホームで日記に書き記した。まだ日本に数百メートルほどしか足を踏み入れていない段階で。「こんなきれいな車両、人生で初めて。その電車が、紺色の制服姿で純白の手袋をした小柄な男の人の合図で動き出した。さっき、初めての買い物をした――上から下まで日本語しか書かれていない水のペットボトル……坐っていると、どこかから暖かい風が吹いてきて、顔に優しく当たる。私は顔を上げ、それが〝変化の風〟であることを願う。夢をすべて叶えてくれる風だと」

　東京を訪れる外国人は、自分が肉体的に変身したかのような感覚を経験する。まずは、時差ぼけによる疲労――それまで真夜中だと骨の髄で感じていたものが、昼間になるのだ（または、その逆）。さらに大きな打撃となるのが、突如として言語を失うことだ。会話や理解ができなくなるだけではない。一瞬にして、読み書きの能力も剝ぎ取られる。また、日本人の比較的小柄な体格、低いドアや天井、狭い椅子、さらには量の少ない料理までもが、あたかも自分の体がひとまわり大きくなったかのような幻想を作り出す。ウサギの巣穴に落ちたアリスのように。二一世紀直前の東京で、通行人があからさまに外国人を凝視するようなことはほとんどない。それでも、日本の全国民から注目を浴びる対象であることを、外国人は常に感じている。人々は直視するわけでも、明確な好意や非難を示すわけでもない。単にちがうということを控えめに示すのだ。日本では、外国人は新たな国の市民――ガイジン――になる。もちろん刺激的ではあるが、精神的な重圧になる場面も多い。「当たりまえに生きられないのがここでの生活[1]。いつも何か発見がある」と、晩年まで日本に在住したアメリカ人作家ドナルド・リチーは著書に綴った。「そんな活き活きとした繫がりとともに、外国人がこの国に警戒しながら住んでいるのだ。起きているあいだは、電流が常に流れているようなもの。彼または彼女はいつも何かに気がつき、それを評価し、発見し、結論づける……私は、そんな当たりまえに生きられない人生が好きなのである」

　しかし、ルーシーとルイーズがこんな経験をすることはなかった。自分たちでも気づかぬうちに、ふたりは自ら日本の日本らしさから眼を背けていた。ルーシーが日本で暮らしたのはわずか五九日。彼女はそのほとんどを東京の数百平方メートルの内側で過ごすことになる。ガイジンの快楽と利益のための街、六本木で。

昼間に六本木を車で通り抜けたとしても、その場所に注目する人は少ないだろう。渋谷と皇居を結ぶ片側四車線の道路の途中にある、普通より交通量の多い交差点――車内から見えるのはそんな景色だけだ。首都高速道路というコンクリートの天蓋(てんがい)の下には、黒ずみとひび割れが目立つ大通り。その六本木通りと外苑東通りが垂直に交わる場所が、六本木交差点だ。頭上の巨大スクリーンにはCM映像がひたすら流れ、〈マクドナルド〉、ピンク色の喫茶店、銀行、寿司屋が交差点を取り囲む。まわりを見渡す余裕のある歩行者であれば、外苑東通りの両側に、八～一〇階建てのビルが林立することに気づくだろう。各ビルの壁面には最上階から地上まで細長い看板が伸び、入居するバー、クラブ、カフェの名前が並ぶ。古びたビルの多くはコンクリート造りかベージュのタイル張りで、建物正面の消えたネオン管はどれも埃や排気ガスで薄汚れたままだ。周囲の至るところには、横断歩道や地下鉄の出入口。そして交差点の上、首都高の南と北側の外壁に貼られているのが、六本木の謎のキャッチフレーズ――"HIGH TOUCH TOWN"――のプレートだ。

オフィスアワーの六本木は、昼間の人々――ショップやレストランの店員、制服姿の小さな子供たち、交差点北側の塀で囲まれた建物で働く防衛庁の公務員――のための街だ。午後から夕方になり、スーツ姿の人々がオフィスを離れて通勤電車に乗り込む頃、街に変化が訪れる。暗くなるにつれ、ビルの側壁の看板のライトがひとつ、またひとつと瞬き出し、若い外国人女性たちが麻布警察署裏のフィットネス・クラブに集まりはじめる。彼女たちが再び通りに現れる二時間後、六本木は吸血鬼の眠りから眼を覚ます。本格的に夜が始まると、街の音、におい、外観、雰囲気は一変する。

ルーシーとルイーズが到着した五月上旬は、涼しい春から暑い夏へと移り変わる時期だった。週を追うごとに、春の空気は熱と湿気の量を徐々に増し、そのうち夜になっても気温が下がらなくなる。六月には、梅雨が始まる。その一カ月、湿気を大量に含んだ空気が体にねっとりと纏わりつく。そして夏が始まると、地中浅くに埋められた下水管から汚水のにおいがあたりに漂い出す。そんな予期せぬ第三世界の汚臭は、ピザや焼き鳥、魚、香水のにおいと混じり合っていく（不思議なことに、日本で人の汗のにおいを嗅ぐことはない）。六本木交差点の巨大なスクリーンには車、洋服、酒、食品、女性と次から次へと映像が切り替わり、命が吹き込まれた看板のネオンがコンクリート・ビルのみすぼらしさを覆い隠す。そして、頭が痛くなりそうなほどの高速の騒音も、歩道の喧噪——六本木という街の命と個性を決定づける人々の往来——に掻き消される。

交差点のまわり数百平方メートルの範囲に凝縮されているのは、日本のほかの場所には存在しない、多様性に富んだ人間と民族の群れだった。二〇〇〇年当時、六本木は流行の洒落た街というわけではなかった。高級感、多様性、お得感のどれを考えてみても、東京にはほかに興味深い歓楽街がいくつもあった。たとえば、格式あるデパートが建ち並び、大人の気品が漂う優雅な銀座。危険な香りが魅力のヤクザと風俗店の街、新宿。そして、流行の最先端を行く若者の街、渋谷。もちろん、東京じゅうに外国人はいた。しかし、彼らが主役として君臨するのは六本木だけだった。六本木の人口のほとんどは日本人だったが、この街で最も目立つのは日本人ではなく、外国人だった。そんな外国にいるかのような雰囲気が、六本木を六本木たらしめる特徴であり個性だった。

六本木に集うのはこんな人たちだ。外国人と遊びたい外国人。外国人と遊びたい日本人。日本人（ほとんどが外国人男性目当ての女性）と遊びたい外国人（主に男性）。六本木では、ほかの場所では決して知り合えない人々に出会うことができた。ここは日本で唯一、ガイジンであることの疎外感――刺激的ではあるが、ときに残酷な感覚――が体と頭から離れる場所だった。

地下鉄の出口から出て、人でごった返す横断歩道を渡るのは、世界各国から来た人々だ――ブラジル人バーテンダー、イラン人レンガ職人、ロシア人モデル、ドイツ人銀行家、アイルランド人留学生。理由は不明だが、六本木では特定の商売を特定の人種が独占する風習があった。たとえば、額入りの写真や絵（夕焼け、笑顔の赤ん坊、プードル犬を散歩する美女）を売りつけようとするのはたいていイスラエル人だ。〝マッサージ店〟の店先にたむろするのはロングドレス姿の中国人と韓国人女性で、通りすぎる男たちの袖を摑んでこう囁く――〝マッサージ、マッサージ、マッサージ……〟。航空母艦〈キティホーク〉号が米軍横須賀基地に入港すると、飲み屋はどこもアメリカ人水兵と海兵隊員の筋骨隆々の体でひしめき合った。そんなとき、六本木以外の場所ではめったに起きない現象が多発する――乱闘（バーファイト）だ。

当時の六本木でとりわけ目立ったのは、三つの集団だった。

ひとつ目はアフリカ人。日本在住の黒人が属するのは、白人とはまた別の彼ら独自のガイジン・カテゴリーだ。東京のど真ん中にいても黒人は人々の眼を惹いたが、そんな彼らがこれほどまでに集結するのは、日本でここ以外にはなかった――六本木交差点の南側、外苑東通り沿いの四〇〇メートルの範囲。ほかの民族集団と同じように、彼らにも六本木という社会機構における専門の役割があった。男性通行人をストリップクラブ、ホステスバー、ラップダンス・クラブに誘い込む客引きとしての役割だ。スパイキーヘアで洒落た身なりの若い日本人の客引きも少なからずいたが、通りを支配するのはガーナやナイジェリア、ガンビアなどから来たアフリカ人だった。その多くは長期滞在者で、流暢な日本語を操る者も珍しくなかった。彼らは人をあからさまに脅かすようなことはしない。優しく微笑みながら男性歩行者に近づいて声をかけ、片手を親しげに相手の肩に置き、別の手で淫（みだ）らなチラシを差し出す。通りには何百メートルにもわたって客引きが何人も立っており、ひとりが離れるとまた別の黒人がやってきて、バリトンの声で囁いた。「こんばんは、社長さん」という挨拶で始まることが多い。「六本木でいちばんのストリップバーはいかがですか？　トップレスバーですよ、社長。かわいい女性がたくさん。セクシーな女の子がいっぱい。トップレスにノーパン。おっぱいとお尻ですよ、社長。おっぱいとお尻がいっぱい。おっぱいいっぱい、いっぱいおっぱい。ちょっと覗くだけでもどうですか？　七〇〇〇円ぽっきり。よし、今日は三〇分三〇〇〇円の出血大サービス。ちょっとでいいから寄ってみてよ」

　警察としては、こういった男たちを逮捕・強制送還したいところだろう。が、アフリカ人の客引きのほぼ全員が、日本人女性と婚姻関係にあった。もちろん、偽装結婚の場合も多々あり、女性に一定額を現金で支払うことで、契約が毎年更新される仕組みだった。しかし偽装結婚だったとしても、外国人夫たちには、日本に在住して自由に好きな仕事をする権利が与えられる。それに対し、警察はどうすることもできないのだ。

　ふたつ目の主な集団は、夜の六本木に集まる多くの男性のお目当てである〝六本木ガールズ〟――外国人狙いの日本人女性だ。日本のメディアでは、彼女たちの露出度の高い洋服や大胆な行動に関するモラルの問題がたびたび取り上げられることもあった。そんな六本木ガールズの外見は、東京のストリート・ファッションの流行にあわせて変わっていく。一九九〇年代初め、いまは無き伝説のディスコ〈ジュリアナ東京〉がボディコンという新たなファッション・スタイルを生み出した。女性たちは競うようにしてタイトで露出の激しい〝ボディ・コンシャス〟な服をまとい、かの有名なお立ち台に立って派手な服を自慢し合った。ルーシーとルイーズが到着した二〇〇〇年代初頭にはボディコンはすでに廃れ、「ガングロ」ブームが世の中を席巻していた。濃い褐色の日焼けメイク、アッシュグレーに染めた髪、白の口紅とアイシャドーを組み合わせた過激なファッション・スタイルだ。毎週木、金、土曜日になると、ガングロメイクの若い女性たちのグループが六本木に集結した。竹馬（たけうま）と見紛うほどの厚底靴でよろめきながら歩くその姿は、眼が眩むような蛍光メイクを施した真っ黒な人形だった。彼女たちは、東京郊外や近県のベッドタウンから電車に乗ってやってくる。そして、〈モータウン・ハウス〉〈ガスパニック〉〈レキシントン・クイーン〉といったクラブやバーで夜を徹して遊んだ。金、土、日曜日の朝になると、相手を見つけることのできなかった不運な女性たちは始発電車に乗り、憂鬱そうに帰宅の途に就いた。

　六本木を代表する三番目の集団は、ダンサーやストリッパー、ホステスとして働く若い白人女性たちだ。夜も半ばになると、フィットネス・クラブでの運動を終え、髪を湿らせた白人女性たちが通りに姿を現しはじめる。ジーンズとTシャツ姿の彼女たちは、クラブやバーに出勤して身支度するまえに、〈マクドナルド〉や〈ケンタッキー・フライドチキン〉、交差点の寿司レストランでその夜のための腹ごしらえをする。遠慮がちな観光客とはちがい、女性たちは誰もが目的意識を持って道を闊歩（かっぽ）した。オーストラリア、ニュージーランド、フランス、イギリス、ウクライナなど国籍はさまざまだが、若くて美人ということ以外に、彼女たちには共通点があった——はっきりと定義するのはむずかしいものの、その表情や所作には、抵抗や苛立ち、さらには怒りのようなものが含まれていた。フレンドリーな日本人の六本木ガールズとはちがい、白人女性たちには他を寄せつけない威圧感があった。ルーシーとルイーズも、この集団の一員となった。

実際、ルイーズには日本人の叔母（母親の弟の妻）がいた。しかし、叔母が住んでいたのはロンドン南部で、東京ではなかった。叔母の家に滞在するという話は、ジェーン・ブラックマンの不安を宥(なだ)めるための嘘でしかなかった。ルイーズの姉エマには東京に住む友人がまだ何人かおり、そのひとりであるスコットランド人のクリスタベルが、〈代々木ハウス〉の部屋を予約してくれたのだった。空港からの電車移動は、何度もの乗り換えと急な階段の上り下りがともなう骨の折れるものだった。スーツケースはずしりと重く、ハイヒールは苦痛以外の何物でもなかった。最寄駅からの最後の行程だけは無駄に高いタクシーを使ったが、新しい家に到着し、トランクから荷物を引っ張り出すときには、ふたりの体は悲鳴を上げ、汗まみれだった。

　ルーシーとルイーズは一般的なホステルに到着するものだと考えていた。糊のきいた寝具が備わり、愛想のいい女性マネージャーがいるようなホステルに。しかし、ふたりが行き着いたのは、〝ガイジンハウス〟と呼ばれる宿泊施設だった。東京に一時滞在する外国人バックパッカー、英語教師、露天商人、水商売に携わる人々などに個室を提供するゲストハウスだ。到着したガイジンハウスの建物の外には、枯れかけた鉢植えが置かれ、数台の自転車が壁に立てかけられていた。頭上で絡み合う電線には、巨大な黒いカラス。「とても気味悪かった」とルイーズは当時を振り返る。「とにかくショックでした。共用の居間を覗いたら、ソファーのふたりがマリファナでキメているんですよ。二階の部屋に行くとクリスタがいて、どろどろのオイルを髪に塗りたくっていました。とにかく、全員がマリファナを吸っているから、すごいにおい。それに煙が充満して、室内がぜんぜん見えないんですよ」

　ふたりに用意された狭い部屋の窓にはカーテンがなく、ルーシーとルイーズは巻きスカートで窓を覆い、なんとか朝の光を遮った。とはいっても、窓の向こうに見えるのは隣の家のセメント壁だけで、日当たりは決してよくなかった。布団にはシーツがなく、鏡はひび割れ、和式トイレについては衝撃で言葉も出てこなかった。そこでふたりは、ポスターやポストカード、蠟燭（ろうそく）やカーテンを用意して〝豚小屋〟をなんとか住みやすい場所に変身させた。それが、東京での一週目に彼女たちが成し遂げたことだった。その部屋は、ふたりがこれまで住んだなかでも最もみすぼらしい部屋だった。それはまちがいなかった。

到着翌日の金曜日は、暑さと時差ぼけのせいで体が動かず、ルーシーとルイーズは日中のほとんどを寝て過ごした。その夜、仕事発見のかすかな期待も抱きつつ、彼女たちは借りた自転車に乗って初めて六本木に向かった。ホステスとして働くクリスタから、すでにクラブの名前をいくつか聞いてあった。しかし六本木に到着するなり、ハンサムな若い日本人男性が、何か手助けできないかと丁寧な口調で声をかけてきた。彼は言った。仕事を探しているのか？　ホステスとして働く気はないか？　一緒についてくれば、仕事探しを助けてくれる人を紹介してあげるよ。

用心しながらも、ふたりは男のあとについて外苑東通りを進み、ネオンの看板が灯るビルへと入っていった。一軒目のクラブはホステスを募集していなかった。が、二軒目には温かく迎えられた。西（にし）という暗い表情の店長は、案内してくれた若い男と知り合いのようだった。店長はふたりを見やると、基本的なことをいくつか尋ねた——年齢、国籍、宿泊場所。そして、その場で即採用となった。かくして日本に到着してわずか数日後、ルーシーとルイーズは六本木の小さなナイトクラブ〈カサブランカ〉でホステスとして働きはじめたのだった。

第五章　ゲイシャ・ガールになるかも（笑）！

ホステスという仕事

店のことを事前に知らなければ、ビルの前を一〇〇〇回通りすぎたとしても、〈カサブランカ〉がこの世にあること自体、誰も気づかなかっただろう。クラブがひっそりと入居するのは、個性のない茶色いビルだった。道路から見える店の唯一の存在の証は、ビル側壁の看板だった。が、それも〈カサブランカ〉以上にエキゾチックで魅力的なほかの店名のなかに埋もれてしまっていた。〈ラキラキ〉、〈ゲイ・アーツ・ステージ〉、そして東京最大のストリップクラブのひとつ〈セヴンス・ヘヴン〉。ビルの正面を占領するのも、このストリップクラブの派手なネオンサインだった。〈カサブランカ〉は六階にあった。エレベーターが開くと、正面に店のドア。詰め物が入った、革張りの重厚なドアだ。その中央に、クラブの名を刻んだ真鍮プレートが飾られていた。

ドアの奥の薄暗い室内は、六メートル×一八メートルほどの広さがあった。左側には、低いバーカウンターがあり、うしろの壁際に並んだボトルが照明の光を受けて輝いていた。右側には一段高くなったステージがあり、電子キーボード、カラオケマシンのモニターやスピーカーが並ぶ。壁際には、淡いブルーのソファーと肘かけ椅子、そして低いテーブルが一二台。壁には額入りの写真や絵が飾ってあったが、暗くてぼんやりとしか見えなかった。

年齢も国籍も不明のアジア人の男が、客を席へと案内する。テーブルの上には複雑な構造のガラスのサイフォンが置かれており、そのポンプを通して水が出てくる仕組みだった。客が席につくと、アイスバケットや金属のトング、大きなデキャンタが運ばれてくる。年配のサラリーマンが好んで飲む〝水割り〟を作るための道具と飲み物だ。いかにも仰々しいディテール――革張りのドア、ウェイターやバーテンダーの黒い蝶ネクタイ――にもかかわらず、店に華やかさはなかった。デキャンタのウイスキーは味の薄い安物。電子キーボードは音が不安定なガラクタ同然の代物。趣向を凝らした水用のサイフォンも、客を困らせるだけだった。落ち着いた高級感を醸し出そうとする店側の努力は見て取れるものの、その雰囲気は〝洗練〟というよりも〝アットホーム〟に近かった。気取り方がやけに惨めで、喩えるなら、安めのクルーズ客船の二等船室用ラウンジ、倒産寸前のラスヴェガスのカジノ、一九七〇年代のイギリス郊外の中流階級の町といったところだろう。次にウェイターが何を運んでくるか、席についた客は薄々感じていたにちがいない――爪楊枝が刺さったパイナップルとチェダーチーズのプレートだ。

しかし、店はあくまでも日本人向けであり、一部の日本人の眼には少しは魅力的に映ったようだ。そんな彼らの目的は、バーカウンター横のふたつのテーブルに坐って待機する外国人ホステス（ほとんどが白人）から接客を受けることだった。「照明がかなり暗く、どこか奇妙な雰囲気の漂う店でした」と出版社に勤める井村一（いむらはじめ）(1)は語る。ルーシーが〈カサブランカ〉に在籍した期間中、彼は何度か来店したことがあった。「謎めいた感じで、ちょっと怪しい雰囲気でした。いろんな肌の色の女の子がいて、たしかイスラエル人もいたかな。黒と青を基調とした室内は薄暗くて、椅子やテーブルも暗めの色でした。フィリピン人の歌手がうるさくてね。中年の男がひとりいて、彼が店長のようでした。何人かいたウェイターはフィリピン人でしょうか――アジア系の顔です。ホステスは一〇名ほど」

客が最初の水割りに口をつけて落ち着いた頃、店長が外国人女性のテーブルに合図を送る。そのうちの二名が立ち上がって客の席につくと、いよいよホステスの接待が始まる。

ホステスの仕事とは具体的にどんなものなのか？　欧米人の耳には、その言葉は滑稽なほどいかがわしく、婉曲的だ。〝コールガール〟――安物の香水をぷんぷんにおわせ、ソーホーやタイムズスクウェアあたりの薄汚れた地下室で客を相手にする女性たち――とほとんど変わらないようにも聞こえる。「話を聞いたときはぞっとしました」と語るのはサマンサ・バーマンだ。彼女のもとに、日本に到着して数日後のルーシーから電話があった。「〝ホステス〟の仕事がどんなものか尋ねましたが、電話で話すのを少しためらっているようでした。行くまえの話とだいぶ実情がちがっていたので、恥ずかしかったんだと思います。それで、私たちが心配するんじゃないかって不安に思ったんでしょう。ルーシーは、私たちに心配だけはかけたくなかったんです」

妹ソフィーは、ホステスの仕事の印象についてこう語った。「退屈でくだらない会話をしながら、嫌な顔ひとつせずに笑顔を保ちつづける仕事――そう思いました。〝おっぱい見せて〟とか〝一晩いくら？〟という客を相手にするわけじゃない。そういうのとはまったくちがう」。事件後、ホステスの仕事が本当はなんなのか、イギリスのタブロイド紙で議論になったことがあった。懐疑的なジャーナリストを納得させるために、ソフィーはこんな説明を思いついた。「〈英国航空〉の仕事も、〈カサブランカ〉の仕事も同じホステス。ちがうのは高度だけ」

数カ月後、ティム・ブラックマンは渡辺一郎(2)という老紳士から、誠意のこもった長い手紙を受け取ることになる。彼は〈カサブランカ〉の常連客で、ルーシーの失踪にひどく心を痛めていた。「〈カサブランカ〉は、マスコミで言われているような店とはほど遠いものです。マスコミの無責任な報道は低俗なゴシップの類でしかなく、根拠のない憶測に基づくものです」と彼は几帳面な斜体の文字で綴った。「クラブの女性たちの仕事は、客のタバコに火をつけ、水割りを作り、カラオケをデュエットし、話し相手になることだけです。ほかには何もありません。ルーシーがお母様に伝えたとおり、〝ウェイトレスのようなもの〟なのです」。彼は最後にこうつけ加えた。「私は自分を弁護するために言っているわけではありません。彼女の名誉のために、この事実をお伝えしたいのです！」

彼の言葉はすべて真実だった。

〈カサブランカ〉の開店は夜九時。その直前、店の奥の狭いドレッシング・ルームでは、一〇人ほど（多いときで一五人）の若い女性たちが化粧を施し、Tシャツとジーンズを脱いでドレスへと着替える。クラブには世界各国の女性が在籍していたが、二〇〇〇年のその夏にはイギリス人の割合が比較的高かった。クラブには、ルーシーとルイーズのほかにも、ランカシャーから来たマンディー、ロンドンのヘレンがいた。ほかには、オーストラリア人のサマンサ、スウェーデン人のハンナ、アメリカ人のシャノン、ルーマニア人のオリヴィアなど。クラブには三人の男性も働いていた。あばた顔の五〇代の店長・西、日本人バーテンダーのカズ、誰も名前が思い出せないフィリピン人歌手。どのホステスを客につかせるかを決めるのは西とカズの役割で、ふたりは各テーブルのホステスを戦略的に交代させた。ホステスの仕事について、彼女たちに簡単な指導をするのもふたりの役目だった。指導のほとんどは、禁止行為の説明だった——客に手酌させないこと、タバコの火をつけさせないこと。あとはとにかく仕事、つまり会話をすること。

これが簡単なようで、一筋縄ではいかなかった。在籍するホステスのほとんどは、「はい、ありがとうございます」や「すみません」程度の日本語しか話すことができなかった。言うまでもなく、〈カサブランカ〉の常連客の多くは英語を理解したが、その流暢さと自信の差にはかなりの開きがあった。一部の客にとって、外国人ホステスと過ごす数時間は、それ自体が英会話レッスンのようなものだった。なかには熱心にメモを取って勉強する男性客もいて、初対面の人と交わすような浅い会話では相手にしてもらえなかった。また、客はあくまで客であり、反論、否定、無視はご法度だった。日本でホステスとして働いた経験を持つイギリス人推理作家モー・ヘイダー(3)は、仕事の中身についてこう説明する。「たいして興味のない職場の同僚にも、愛想よく接しなければならないことに似ています……客には仕事のことや、東京に出張に来た理由などを尋ねます。相手にお世辞を言って、『素敵なネクタイですね』などと言うんです。いったい何本のネクタイを褒めたことか！」

「ただただ、くだらない話をするだけです」と、ルーシーとルイーズと同時期に〈カサブランカ〉に在籍したヘレン・ダヴ(4)は言った。「『今日はどんな一日でしたか？』とか、あとは相手のご機嫌を取るようなことを言うだけ。『お客さん、とってもハンサムね。歌を歌ってほしい』。向こうは決まって『君は本当にきれいだ』とかなんとか言ってくる。それからイギリスの話をしたり、ロンドン出張の話を聞いたり。二、三週間も経つと、もう仕事が嫌になってきました。本当に退屈で疲れる仕事でした。来る日も来る日も同じ会話の繰り返し。どうでもいいような相手とつまらない会話の連続。女の子のなかには、すごくフレンドリーで会話がうまい子もいました。でも、私は苦手でした。完全に偽物の会話ですから。私は歌も下手だったので、それも不利に働きました。お客さんはみんなカラオケが大好きだから、ホステスも積極的にデュエットを歌わなくてはいけないんです」

お決まりの〝下ネタ〟も多かった。「セックスの話はよく出たと思います。私はできるだけ避けるようにしました」とヘレンは言った。しかし、〈カサブランカ〉に在籍した四週間で、彼女が本気で危険だと感じた相手はただひとり、オードリー・ヘップバーンに取り憑かれた男だけだったという。「とにかく、ヘップバーン似の子を追いかけていました――ダークブラウンの髪で、色白で眼の大きな子です」と彼女は続けた。「その客があまりに気持ち悪いので、二週間でお店を辞めた子もいました。その人、彼女の隣に坐って『君は私のものだ！』とか『おれは金を払ったんだから、君を自由にできる！』とか言って、腕をぎゅっと強く摑むんです。その子が辞めると、今度は私を指名するようになりました。私ははっきりと拒絶して、絶対に体を触らせませんでしたが」

気味悪い客よりさらに煩わしいのは、退屈な客だった。どのホステスも、ふと気づく瞬間があったという——なぜ自分はこんな空虚なバカバカしい会話をしているのだろう。ほかの人がこの会話を聞いていたら、きっと笑いが止まらなくなるだろう、と。編集者の井村一は、イカ釣りの釣果についてルーシーと話を楽しんだことを教えてくれた。「昔、大量のイカを釣ったことがあって、その話を彼女にしました」と彼は言った。「そのあと、ぷっつり連絡が来なくなりましたが……」。ある客は、火山活動のメカニズムについてルーシーに解説した。客はひとり盛り上がり、テーブルの備品を使って活火山の縮尺模型を作り上げた。アイスバケットが山、サイフォン内の水が溶岩。さらに、タバコで煙まで再現した。

老齢の渡辺一郎がティム・ブラックマンに宛てた手紙によると、彼は話題には事欠かなかったようだ。〈カサブランカ〉のホステスたちもみな、渡辺——かなりの高齢で、格別の品のよさを持ち合わせ、頻繁に店を訪れてくれる上客——を慕っていた。女性たちは、渡辺を〝フォト・マン〟と呼んだ。彼は数えきれない枚数の写真を撮っては、次に来店したときに写真を几帳面に収めたアルバムを持ってきて、女の子たちに見せたという。そんな渡辺は、払った金に見合う接待をルーシーから受けた。「私たちは三時間ほど、興味深く、実に有益な会話を楽しみました」と、彼はある夜のルーシーとの会話について手紙に綴った。「話題はさまざまでした。イギリスの歴史、文学、芸術、作家、アーティスト。日英関係の歴史、国民の気質や思考の類似性や差。そして、私が大好きで尊敬してやまないイギリス人独特のユーモアについても語り合いました」。平均的な二一歳の女性にしてみれば、これほどまでに洗練された真面目な話題についていくことは容易ではなかっただろう。

女性たちにとって、〈カサブランカ〉の仕事は退屈で、ときに異様にも思えるものだった。しかし同時に、どこか落ち着く仕事でもあった。仄かに青い繭の内側で、カズと無表情の西に見守られていると、働く女性たちはほっと安心することができたのだという。

〝水商売〟

すべての物事がきっちりとした意味を持つ日本では、ホステスの仕事、ホステス、そしてホステスクラブにも決められた居場所がある。六本木に見られるような夜の商売は——低俗であれ高級であれ、まっとうな店でも怪しい店でも——美しく示唆的な〝水商売〟という言葉で一括りにされる。水商売というこの熟語は実に謎めいたものだ。この〝水〟とは何を意味するのか？　セックス、出産、溺死などを連想する人も多いだろう。夜遊びには欠かせない酒かもしれない。あるいは、水の流れのような快楽の儚さを暗示するのか？　そんな水商売の一端をなすのが芸者である。並外れた技能と教養を兼ね備えた芸者による伝統的な歓待は、現在では京都や東京の限られた昔からの花街に残るだけとなった。もう一端を担うのは、ハードコアなＳＭクラブや拷問部屋などで、ここでは金を介して陋劣で残虐な行為が繰り広げられる。そんな幅広いスペクトルのあいだに、下品なものから優雅なもの、安いものから高級なもの、オープンなものから排他的なものまで、多種多様な水商売が存在する。

広義では、一般的なバーやパブ、カラオケスナックなども水商売に含まれることもあるが、女性から男性に対する（少なくとも概念上の）魅惑的な接待が存在する場合、それを水商売と定義することが多い。この定義では、近所の小さなスナック——カウンター四席だけで、色気も失せ気味の中年ママさんの店——も水商売に含まれることになる。スナックのなかには、若いウェイトレス兼ホステスが在籍する店もあり、彼女たちはママさんの指示のもと、酒を注ぎながら客と談笑する。このスナックがより大規模になったのが、大都市圏に多いホステスバーやクラブで、酒やつまみとともに、女性による会話やカラオケの接待が有料で提供される。一方、〝ストリップバー〟は、女性店員がテーブルについて会話し、さらにステージでポールダンスを披露しながら裸になり、個室で一対一の〝プライベート・ダンス〟を提供する形態の店を指す。ダンサーは、客にまたがって身もだえしながら腰をまわす。客はストリッパーの女性に触り、乳首や胸を舐めまわす。追加料金で、さらに過激なサービスを提供する店もある。したがって、水商売の女性と一口に言っても、場末のスナックのホステス、ホステスクラブのホステス、ホステス兼ストリッパー、そして売春婦などさまざまな段階と種類があるのだ。

世界のどこを探しても、これほどの豊かな想像力と創意工夫で性産業を発展させてきた国は、日本以外にはないだろう。彼らが想像力を働かせる理由となったのが、中途半端で法的拘束力の弱い日本の売春防止法だ。日本の法律で唯一厳しく禁じられているのは、男女間の挿入、いわゆる〝本番〟のみである。フェラチオや自慰行為であれば、どんな形でも赦される。しかし現実的には、射精が不法な膣への挿入によってもたらされたものではなく、法律通り挿入以外の手段によるものだと証明することは到底不可能だ。核となる真実を覆い隠すため、性産業はありとあらゆる名前をつけてサービスを展開することになる。その数と内容はあまりに膨大で変化が激しく、全容を把握するのは一部の専門家くらいのものだろう。

六本木には数多くの〝マッサージ店〟が存在する――投げやりな体へのマッサージは、最後のハンドサービスへの前戯にすぎない。〝ファッションヘルス〟は、挿入以外の幅広いサービスを提供する。〝ソープランド〟では、本番行為もサービスに含まれる（こちらの前戯は、女性の体がスポンジ代わりとなる全身洗浄）。〝デリヘル〟（デリバリー・ヘルスの略）では、自宅やホテルに女性が出向いて性的サービスを行なう。〝エステ〟（英語のエステティック・サロンに由来する）は、多種多様なジャンルの性的マッサージを提供するサービスだ。〝韓国エステ〟（マッサージと手コキ）があれば、〝韓国式エステ〟（韓国エステと同じだが、マッサージ師が裸）もある。ほかにも微妙な差によってさらに細分化されたサービスが多数存在する――〝中国エステ〟〝台湾エステ〟〝シンガポール・エステ〟〝セクシーパブ〟〝ランジェリーパブ〟〝のぞき部屋〟〝おさわりパブ〟、極めつけは〝日本人の人妻による韓国式マッサージ〟。また、〝ノーパン喫茶〟はウェイトレスがほぼ全裸で、決まったチップを支払うと射精サービスを受けられる。〝ノーパンカラオケ喫茶〟では、パンツを身に着けていない女性が、射精サービス前後、あるいは最中に一緒にデュエットを歌ってくれる。〝ノーパンしゃぶしゃぶ〟では、半裸の女性がコーヒーではなくしゃぶしゃぶを運んでくる。

水商売の世界では、料金の張る高級店になるほど、在籍する女性は日本人が多くなる。一方の安い店には、タイ人、フィリピン人、中国人、韓国人が多い。一般的に、西洋人女性（ヨーロッパ、ロシア、アメリカ、中南米、オセアニア）が活動するのは、ホステスからストリッパーの中間ゾーンのみで、体への性的な接触をともなわない会話と踊りでのサービスが主となる。ちなみに、私は水商売をゾーンや範囲という観点から区分けしてみたが、色合い――明るく目立つかどうかではなく、グレーの濃淡――で区分けするほうがより正確と言えるだろう。

女性の接待に対して金銭を支払う日本の風習には、長く気高い歴史がある。(5) 芸者（踊り、音楽、衣装、化粧、会話の技術に卓越した女性歓待者）の誕生は、一八世紀にまで遡る。当時、芸者はその高い教養と社会的地位によって、花魁（おいらん）（高級売春婦）や置屋（おきや）や茶屋で活動する一般の売春婦と区別されるようになった。一方、一九二〇年代に加速した西洋化のさなか、日本最初のホステスが誕生した。当時流行のダンスホールで料金を取って踊りの相手をする〝タクシーダンサー〟や、コーヒーを買った客と会話（ときにはそれ以上の行為）をする〝カフェガール〟だ。同じ頃、より庶民的な芸者による歓待――着物の代わりに現代的な洋服を着て、三味線の代わりにピアノやギターを演奏――が行なわれたこともあったが、人気が出ずにすぐに消滅したという。「今日のナイトクラブの芸人たちやバーの女性たちが、はたして昔の芸者ほどの高度の芸を身につけているのかどうか、人によって意見の分かれるところかもしれないとしても、昔流の芸者がしだいに地歩を失い、こうした新しいエンターテイナーに席を譲ることになった事実は疑いようがない」とアメリカの著名な日本学者エドワード・サイデンステッカーは主張する。「過去一世紀の夜の歓楽世界の歴史は、一方が敗退し他方が勝ち誇る過程と呼ぶこともできよう」

日本の水商売に初めて参加した外国人は、戦前の大日本帝国の被植民者である朝鮮人と中国人の娼婦だった。一九四五年に終戦を迎え、七年にわたるアメリカによる占領が始まると、性産業の新たな買い手となる大量の西洋人男性が日本にやってきた。六本木が歓楽街として発展を始めたのも、ちょうどその頃のことだ。[6] 文字通り〝六本の木〟を意味する六本木は、戦前、日本の帝国陸軍の兵舎が建ち並ぶだけの平凡な住宅地だった。日本の降伏後、兵舎はアメリカ軍に接収され、その入口周辺に勤務時間外の兵士を相手にする小さなバー――〈シルクハット〉〈グリーンスポット〉〈チェリー〉など――が出現するようになった。六本木の奇妙なスローガンが生まれたのはこの時代のことだ。アメリカのGIたちが頭上で掌を互いにぶつけ合って挨拶する姿は、日本人の眼には珍しく映った。おそらく、夜遅くの酒場でこんなやり取りがあったのだろう。掌をぶつけ合う挨拶のことが気になった日本人バーテンダーが、アメリカ人の軍人に尋ねる。すると、酔っぱらった軍人たちはその〝ハイファイブ〟の意味ややり方について滔々と説明する。それを聞いた日本人は誤って〝ハイタッチ〟と暗記してしまう――そういった経緯があり、六本木交差点の高速道路の側壁のスローガンが〝HIGH TOUCH TOWN〟となったにちがいない(7)。

一九五四年、東京で最初のイタリア料理レストランが六本木に開店し、ピザやキャンティワインといった西洋料理ブームに火をつけた。その四年後、東京タワー――エッフェル塔に似た巨大な赤い電波塔――が六本木の南側に誕生。その後、民間テレビ局〈テレビ朝日〉が社屋を六本木に建設し、一九六四年には地下鉄駅が開業。さらにこの年には、東京オリンピックが開催された。日本が戦後の貧しさから脱却し、国際的な影響力を持つ豊かな国へと変貌を遂げたことを象徴する出来事だった。当時、東京にはすでに多くのホステスバーが存在していたが、働くのは日本人女性のみだった。一九六九年、さらなる経済成長の証として、東京で最初の外国人ホステスクラブ〈カサノヴァ〉が六本木に誕生した。

ホステスと時間を過ごすために（多くの場合、会社の経費で）金を払う日本人男性は山のようにいた。というのも、当時のホステスクラブは、立派な社交場と見なされていたのだ。顧客を接待し、契約交渉を行ない、社員の忠誠と働きに報いるための場所だ、と。そんな風潮のなかでの〈カサノヴァ〉の誕生は、新たな水商売の客層が生まれたことを示すものだった――外国人クライアントを相手にし、外国人ホステスと英語で会話できるだけの教養と自信を持った裕福なサラリーマン。〈カサノヴァ〉は、一時間の料金が六万円という眼が飛び出るほどの高級店だったが、その誕生から三〇年のあいだに、この店を真似した低価格の金髪クラブがいくつも生まれることになった。たとえば、一九九二年に開店した〈クラブ・カイ〉やその後継店〈クラブ・カドー〉のセット料金は一時間で約一万円だった。当初、外国人ホステスクラブは、六本木を偶然通りかかった女性バックパッカーをスカウトしてホステスとして雇っていた。そのうち需要が増えると、クラブのオーナーたちは外国語の新聞や雑誌に広告を出すようになった。さらには海外にスタッフを派遣し、ホステス向きの若い女性を採用して日本に連れてくることさえあった。しかしどの時代においても、ストリップ劇場を除けば、六本木の外国人ホステスバーの数は決して多いとは言えなかった。ルーシーがいた頃に存在したのも、わずか六店舗だった——〈カサノヴァ〉〈クラブ・カドー〉〈クラブ・ヴィンセント〉〈Jコレクション〉〈ワン・アイド・ジャック〉〈ストリップクラブ〈セヴンス・ヘヴン〉の姉妹店で、外国人ホステスバーとしては最大規模の店〉、そして〈カサブランカ〉。

ノースカロライナ州デューク大学ロバート・O・コヘイン研究室のアン・アリスン教授[8]は、異色の経歴を持つ文化人類学者だ。一九八一年、博士課程の学生だった彼女は四カ月間、六本木の日本人ホステスクラブで唯一の外国人として働いた。この実地調査は彼女の博士論文の核となるもので、のちに『夜の仕事——東京のホステスクラブにおける性、快楽、組織内の男らしさ』〔未訳〕というタイトルでアメリカで出版された。

この本は緻密な研究に基づく密度の濃い学術研究であり、〝男根化した自己像〟といった難解な言いまわしを用い、自己顕示欲などの日本的概念についての議論に多くのページを割いている。しかし同時に、読者の笑いを誘う場面も多い。たとえば、冷静沈着で分析的な文化人類学者アリスンが、現実社会で大きな不満とストレスを抱えた常連客と遭遇する場面は次のように綴られている。

私が担当したのは、四〇代前半の四人組のテーブルだった。彼らは物静かではあったが、米日関係、大学時代、旅行などについて楽しそうに会話をした。途中、ママがご機嫌伺いにテーブルにやってくると、男性客のひとりに向かって「店に来るたびにハンサムになるわね」と語りかけた。ママは四人に親しげに笑いかけ、楽しいひとときを過ごすように伝えると、隣のテーブルに移っていった。

男性のひとりが、このようなホステスクラブでカラオケを歌うことの意味について語り出した。楽しいから歌うのではなく、歌わなくてはいけない、「しょうがない」のだ、と彼は言った。その後、客のひとりが私の身長を尋ねると、四人組の男たちは順番に自分たちのペニスの大きさを発表しはじめた。ひとりの男は、自分のペニスは五〇センチメートルだと言った。別の男は、腕を使って六〇センチメートルだと示した。別の男は、自分のペニスは縄跳びできるほど長く、歩くのが大変なのだと語った。

そのとき、別のホステスがテーブルに来て、私は別のテーブルへと移動した。

アリスン教授は――あたかも別の人類学者がミクロネシアの成人式について解説するかのように――サラリーマンの団体が来店したときの流れについてこう説明する。まず、緊張の張り詰める沈黙のなか、会社の同僚たち（上司と部下、中年と若手）は所定の〝楽しみ〟のためにテーブルにつく。ビールや水割りが運ばれてきて、開放感に包まれた彼らは、一杯目も飲みおえていない段階で酔ったかのような振りを始める。本格的な盛り上がりを示すのは、避けては通れない〝胸〟の話題が始まったときだ。男たちは、にやにやしてホステスの胸について話し出す。なかには、くっくと笑いながら胸にタッチする客もいた（教授はそれを〝殴打（バップ）〟と呼ぶ）。「胸についての話は、楽しい時間が始まったことを示すものだ」とアリスン教授は主張する。「胸に関する話が出るたび、必ず同じ反応が起きた――驚き、歓声、そして開放感」

にもかかわらず、クラブは肉欲が渦巻くような場所ではない、とアリスンは断言する。「仕事を始めるまえ、私たちホステスは三つのことを教えられる――タバコの火のつけ方、ドリンクの注ぎ方、テーブルに肘をつかないこと。(9) また、客のまえで食事をすることは服従心に欠ける失礼な行為だと指導される。こういったルールを別とすれば、ホステスの仕事はただ客の空想を満たすことだ。客が元気な子が好きであれば、ホステスも元気に振る舞う。知的な子が好きであれば、知的に振る舞う。エッチな子が好きであれば、エッチに振る舞う。強欲な女も、下品な女も演じなくてはいけない。しかし、ただひとつ言えるのは、クラブは白人奴隷貿易の場ではないということ。ホステスバーはセックスとは無縁だということだ」

東京の公衆電話ボックスはどこも売春を宣伝する安っぽいチラシで覆われていたが、ホステスクラブが提供するのはもっと専門的で、もっと高価なものだった。意外にも、料金の高い高級クラブになればなるほど、女性の体へのタッチは厳しく規制される。「ほかの形態の水商売の店では、男性を性的に射精に導くサービスが提供される」とアリスン教授は述べる。「一方のホステスクラブで提供するのは、自我の射精のみである」

日本社会と同じように、日本の〝性〟もまた規則と秩序に支配されている。日本人男性は、どんな状況においても、自分に何が求められ、どんな態度を取るべきかを事前に把握することを好む。そして、ホステスクラブで提供されるのが〝快い刺激〟でしかないことを彼らは知っている……(私のクラブを)所有・経営するママは次の点を明確に述べた――客にときどきタッチするくらいはいいが、セックスをしたら即解雇。しかし、ほとんどの客――少なくとも日本人の客――が求めるのはセックスではなく、〝いちゃいちゃ〟とお世辞だった。それこそが、ホステスクラブで提供されるものだった。

その範囲内であれば、ホステスはあらゆることに耐えなければいけない。楽しい会話もあれば、不愉快な会話もある。しかし、何がなんでも避けるべきは沈黙。ある夜、魅力的な礼儀正しい紳士とチャイコフスキーについて語り合ったとする。しかし次の夜、同じ男がこんなことを訊いてくるかもしれない。セックスのとき何回くらいオーガズムに達する？　初体験はいつ？　あるいは、テーブルにつくほかのホステスと胸の大きさを比べ出すかもしれない。それでも、ホステスの仕事はただ笑顔を作り、楽しい振りをすること。あなたこそ世界一すばらしい重要な人間だ、とその客に思わせなくてはいけない。私はあなたとベッドに一緒に飛び込むことを願っているのだ、と。すると、客の男はこう考えるようになる――この長身の美しい西洋人の女は、すっかり俺の魅力の虜だ。今夜から、おまえを愛人にしてやろう。そんな男性客はセックスの話が大好きで、会話はときに過激で際どいものになる。だとしても、夜が終われば、客とホステスは別々の道を行く。誰も驚いたり失望したりしない。なぜなら、どちらもそれ以上のことは何も期待していないのだから。

あなたの愛人になりたい、とホステスは言う。今夜は俺の家に来ないか、と男は言う。ホステスはこう返す――そうしたいのは山々なんだけど、いま妹が旅行で来ていて、このあと街を案内しなきゃいけないの。それこそ、客が期待する答えなのだ。それ以外の返答をすれば、客のほうが怯えてしまうかもしれない。

このルールが理解できず、従おうとしないのは外国人だけだった――日本人の儀式やロールプレイへの強いこだわりの意味がわからない西洋人男性だ。一度、ホステスがホテルに一緒に来ないことに、フランス人男性が激怒したこともあった。「俺とセックスしたくないなら、どうして一晩じゅうそんなに言い寄ってきたんだ？」と彼は怒りを爆発させた。

アリスンが著書で強く訴えたのは、ホステスクラブは性的なサービス提供の場ではなく、仕事の場だったということだ。日本企業は、社員が（自宅で妻や子供と過ごすのではなく）同僚やクライアント、ホステスと夜を過ごすことを奨励し、金銭的な援助をする。そうやって社員のストレスと不満を解消し、社員同士の結束を固め、クライアントとの良好な関係を築くことこそが、会社の利益に繋がると考えたのだ。つまり、ホステスクラブは娯楽であり仕事である。労働時間だけでなく勤務後の時間まで支配された社員は、家族よりも仕事を優先することが大切なのだと考えるようになる。「来店時のサラリーマンはすでに疲れ切っており、自ら機転を利かせてクライアントや女性を接待することだけは避けたいと考えている」とアリスン教授は論じる。「ホステスがその問題を解決する。ホステスはクライアントを楽しませ、支払いする者を褒め立て、その男が大人物だと他者に見せつける……同じ男がディスコに行っていたら、おそらく女性をナンパできず、敗北感と拒絶感を胸に帰宅することになるだろう。ホステスクラブに行けば、そんな失敗のリスクはなくなるわけだ」

この構図のなかで、西洋人女性はどんな役割を果たしたのか？　アリスンによれば、白人女性が提供するのは物珍しさにすぎないという。「日本人男性は西洋人女性とのセックスを妄想するが、実際に妻や愛人にするには恐怖心がある。白人女性は彼らの好奇心を掻き立てる。確かに、西洋人が自分の腕に寄りかかる姿は誇らしいことだろう。しかし、多くの日本人男性はこう考える――西洋人女性は自己主張が強く、淑（しと）やかさや従順さが足りない」。日本人ホステスクラブにしろ、外国人クラブにしろ、クラブ内で過ごす時間は、関係者全員の同意によって実現する一夜限りの夢なのだ。そんなクラブは、店長やウェイター、場を取り仕切るママさんによって厳しく監視される。「ホステスの仕事は決して楽しいものではなかった」とアン・アリスンは述べる。「仕事はきつく、惨めに感じる場面も多い。小便するときに放屁するかと訊かれても、ホステスはただじっと坐って礼儀正しく微笑まなければいけない。そう一〇回訊かれて内心うんざりしていても、笑顔を絶やしてはいけない。しかし、私自身は危険を感じたことも、心が深く傷ついたこともなければ、対処できない状況に陥ったこともない。何か困ったことがあれば、ママがいつでも助けにきてくれる。東京では、風俗街にいても、ニューヨークよりずっと安全だと感じることができた」

ノルマ

ホステスの仕事が本当にクラブ内だけで完結していれば、ルーシー・ブラックマンはまだ生きていたことだろう。しかし、話はそんな単純なものではなかった。いったん水商売の世界に足を踏み入れると、女性は激しい誘惑とプレッシャーにさらされる。そして、本人が気づくかどうかにかかわらず、それが日本での生活に影を落とすことになるのだ。

そういった誘惑やプレッシャーは、〝システム〟に根差すものだ。各クラブでは、顧客へのチャージと、ホステスへの報酬額がそれぞれ定められていた。〈カサブランカ〉の一時間のセット料金は、ビールか水割りの飲み放題に加え、一名以上のホステスによる接待がついて一万一七〇〇円。ルーシーのような新入りホステスには、ここから時給二〇〇〇円が支払われた。一晩に五時間働けば一万円になり、週六日働くと月給は二五万円ほど。しかしこれは序章にすぎず、〝システム〟の核心にはボーナスとノルマの複雑な取り決めが存在した。

二回目以降の来店時、男性客は追加料金を払って気に入ったホステスを〝指名〟することができる。指名されたホステスには、店の利益に貢献したという理由で四〇〇〇円のボーナスが支払われる。また、客がシャンパンや〝ボトルキープ〟（高価なウィスキーやブランデーをボトルごと買い、飲みおわるまでバーカウンターのうしろに保管すること）を注文すると、接客したホステスには追加報酬が入る。さらに、ホステスたちには積極的な〝同伴(どうはん)〟——客の男性と夕食に出かけ、その後クラブに一緒に出勤すること——も求められた。男性客は魅力的な若い女性との夜のデートを楽しみ、ホステスは仕事からの小休止と無料の夕食を手に入れ、クラブは利益を得る。それが同伴の仕組みだった。

同伴にはノルマがあった。月一〇回ほどの同伴で一〇万円ほどのボーナスが支払われることもある。一方、〈カサブランカ〉を含む多くのクラブでは、同伴が月五回未満、指名が一五回未満になると、ホステスは即解雇となった。多くのホステスは同伴の確保に取り憑かれ、ノルマが大きなストレスの原因になった。好きでもない男と夕食に出かけることなどどうでもよかった。月末が近づくと、成績の悪いホステスたちは誰彼かまわず同伴してくれる人を探した。ノルマ達成のために男友達が雇われることもあれば、解雇の危機が迫るホステスが自ら同伴チャージを支払うことまであった。

「更衣室のトイレの横の壁に表が貼られていました——ホステスの名前と、その月の指名と同伴の数を示すグラフです」とヘレン・ダヴは言った。「自分の名前の横がゼロだと、ひどく惨めな思いをしました。私はだいたい成績が悪く、いつもリストの下のほうでしたね。最後にはどうでもよくなりました。完全に情熱を失ったというか。日本人の男性客を好きになった振りをするより、ほかの女の子たちと話をするほうがずっと楽しかった。同伴も月一回か二回だけで、指名も数回だけ。ひどいときには、同伴の振りをしてくれないかと大家さんに頼んだことだってありましたよ」

ルーシーが失踪する前の週、ヘレン・ダヴは解雇された。

厳しいノルマのある〈カサブランカ〉では、ホステス間には友情も生まれたが、当然、激しいライバル意識も生まれた。しかし、ルーシーとルイーズは同僚の多くと良好な関係を築いたという。「ふたりはとても仲がよくて、何をするのもいつも一緒でした」とヘレン・ダヴは当時を振り返る。「一緒に住んで、仕事場まで一緒に自転車でやってきて、遊ぶのもいつも一緒。とにかく仲がよかった。私は彼女たちのことを……なんて言うか……無邪気で、〝若いな〟と思っていました。少しお馬鹿で、女の子っぽいっていうか。二、三時間しか離れていなかったのに、再会するとキスするんです。とてもかわいらしかったですね」。ヘレンは──ほかの大勢と同じように──ルーシーの髪の毛や洋服、メイクへのこだわりに驚かされた。「彼女は絶世の美女というわけではありませんでしたが、とても明るい性格で、それが魅力を増していました。自信がないようには見えませんでしたよ。きれいな髪、優しい性格。背が高くて、本当に素敵な人でした」

男性客もみなルーシーのことを気に入った。「カナダ人やアメリカ人のホステスは大声でげらげら笑って、性格も明るくて元気がありすぎの面がありました。しかし、ルーシーはちがいました。会話も大げさじゃないんです」とイカ釣り好きの編集者・井村は言った。写真好きの渡辺も、会った瞬間からルーシーに好印象を抱いたという。「一目見ただけで、良家の子だと思いましたよ。とても穏やかで、上品で、魅力的で、洗練されていて……育ちがよく、しっかりとした教育を受け、多くの文化に触れ、豊かな感性を持つ子だとすぐにわかりました」

「夢の仕事ではないけど、とにかく簡単なの」とルーシーはサマンサ・バーマンへのメールに書いた。「そこそこのお金を稼げるし。それに、イギリスとはぜんぜんちがって、日本の男の人はとても礼儀正しい。もちろん、変な人もたまにはいるけれど、ほとんどはいい人ばかり」。〝変な人〟というのは、ルーシーとセックスするために一〇〇万円の支払いを申し出た客のことかもしれない。その申し出を笑い飛ばした、とルーシーは母親と妹に説明した。しかし、ルイーズの記憶はちがった。「ルーシーは怒り狂って、その客に出ていってもらうよう店長に頼んでいました」

ホステスたちは接待した男性客から名刺をもらい、電話やメールで次の来店を促すように店から指示された。そんなルーシーのメールがいまでも何通か残っている。その文面は、当たり障りのない態度で少し媚びつつも、純粋さを匂わせる見事なものだった。

差出人：lucieblackman@hotmail.com
宛先：井村一
日時：二〇〇〇年六月二一日（水）午前三：〇一

親愛なるハジメ
ちょっとハローだけ言いたくてメールを書いています。〈カサブランカ〉のルーシーです。このあいだの夜に仲よくお話しさせていただいた、ロンドンから来たブロンドです……

クラブでお会いできてとても嬉しかったです。いろいろとお話しできてすごく楽しかった。そのときに計画したように、ぜひ近いうちに夕食をご一緒させてください。

……水曜日の一二時から一六時のあいだに電話しますので、会う約束をしませんか？　来週のどこかでお時間はありませんか？

そろそろ失礼します。でも、どうしてもいまのうちにメールを送っておきたかったの。水曜日の午前中はとてもお忙しいでしょうが、このメールを読んでもらえる時間もあるんじゃないかと思って。午後に、私から電話しますね。ついに、私の新しい特別なお友達とお話ができるのね。すばらしい一日になりますように。私の一日はきっとすばらしいものになるわ。だって、すぐにあなたとお話しできるんだから。

それでは。

ルーシーx

差出人：井村一
宛先：lucieblackman@hotmail.com
日時：二〇〇〇年六月二一日（水）午後五：三〇

ハロー！

メールありがとう。

長いブロンドのかわいい娘、ルーシー――今日は元気かい？　ブロンドとミニスカートの女の子が昔から好きだったんだ。調子はどう？

好きな料理は？　フレンチ、和食、中華？　なんでもいいから、ひとつ選んでほしい。僕と一緒にレストランに行ってくれる？　来週の火曜日はどう？　時間はある？　……

ところで、アメリカ英語は話せる？　クイーンズ・イングリッシュはあまりうまく話せないんだ。毎日、みそ汁と米を食べてるから。このあいだの夜も、僕の話はよくわからなかっただろうね。でも、君の話は理解できたよ。だから、僕に言いたいことがあれば、なんでも耳元で囁いておくれ。

とにかく、東京での生活を楽しんで……

井村一

ホステス業における成功の秘訣は、店ではなく自分目当てに来店する上客——定期的に指名、シャンパンの注文やボトルキープ、同伴をしてくれる客——を数多く獲得することだ。

少なくとも上客を何人か確保できなければ、この世界で生き残るのはむずかしい。しかしこの点においては、ルーシーは幸先のいいスタートを切った。「お客さんのひとりが……八日連続で店に来てくれたの」とルーシーはサマンサ・バーマンにメールで伝えた。「もう最高だよ。そのお客さん、英語もとても上手で、ルックスも悪くないし。それに貴族の出だから、とにかく金持ち!!　……指名の数が足りなかったら、いつでも来てくれるって言ってくれたの」。この鈴木健二[10]という客は、ルーシーを最も多く指名した上客で、彼女の仕事面での救世主であり、心理面での負担でもあった。

通称ケンは、頬骨が高い顔に大きな金縁の眼鏡をかけ、くせ毛の髪が印象的な未婚の四〇代だった。彼の家族が実際に貴族の末裔だったかどうかは定かではないが、裕福なことはまちがいなかった。彼は老いた父親とともに電機メーカーを経営していたが、二〇〇〇年頃の会社の業績は芳しくなかった。ルーシーに宛てた多くのメールからは、彼の明るく楽しい態度の奥に、大きな不安と孤独が隠れていたことが読み取れる。顧客との気がかりな会議に、大阪への苛酷な出張。夜の一一時に退社し、翌朝六時の新幹線に乗ることも珍しくはなかった。そんな彼にとって、酒とルーシーだけが慰めだった。「僕の会社の大変な状況と環境については伝えていなかった」と彼は、誤りだらけの陽気な英語のメールをルーシーに送った。「君は信じないかもしれないね。僕は飲み歩いてばかりだけど、君に会うまで笑うことなんてなかった。ああ、なんて悲しい男だろう!　ほほほほほほほぅ」

彼がルーシーに出会ったのは、彼女が〈カサブランカ〉で働きはじめて二週目の半ばだった。それ以降は、地方への出張のときを除き、彼はほぼ毎日ルーシーにメールを送り、店を訪れた。その異常なまでの熱の上げよう――まるで子供のようで、惨めなほどに幼稚――は来店回数だけを見てもあまりに明らかだろう。そんな彼のメールは、どこまでも感傷的な内容だった。「ひとつ言えるのは、この狂った東京で次にできる君のボーイフレンドが羨ましい、それだけだ」

翌日、彼は申しわけなさそうにまたメールを送った。「昨日は飲みすぎた――いつもそうだけど。だから、素面で普通のときに君とおしゃべりしたいな。君にとってはすごく退屈かもしれないけど。はははははははは」

三日後。「僕が好きなのは、君がいつも自然体でいること。君はこの惑星で出会ったなかで、い～ちばん魅力的な女の子だよ……じゃあ、また！　けーーーん」

ふとした会話のなかで、大好きなブラックオリーブが日本では入手困難だとルーシーが話したことがあった。最初の同伴の夜、ふたりが訪れたレストランのテーブルには、ケンの指示によってボウル一杯のブラックオリーブが置かれていた。また、彼はルーシーの腕時計のガラスが破損していることに気がつくと、代わりに修理に出し、そのあいだに使うためのスヌーピーの腕時計をプレゼントした。

「本当に優しい人なの」とサマンサに宛てたメールにルーシーは綴った。「先週の金曜日の晩、また夕食に連れていってくれた。アルファロメオの小型の黒いスポーツカーで迎えにきて、ホテルの一二階にある夜景がきれいなお洒落なレストランに連れていってくれたの。最高だったわ。それから一緒にクラブに出勤したから、四〇〇〇円のボーナスまで手に入れちゃった」

「明日は重要な会議があって、朝早くに起きなきゃいけないんだ」。五月二四日、ケンはメールでルーシーに伝えた。「でも、君の顔を見に〈カサブランカ〉にちょっとだけ寄るよ。今夜は長く話せないけど」

二時間も経たないうちに、彼は次のメールを送った。「明日以降も夕食に行ってくれると約束してほしいけど、君が答えを出すのはまだ早すぎるだろうね。僕との夕食は、耐えられないほど退屈で不快かもしれないし。念のため警告しておくよ。ははははははは」

一週間後——

正直言って、一秒たりとも君のことが頭を離れたことはない……もちろん、もっと君のことを知りたい。けれど、もう充分知っている気もする。おそらく、君は僕のことをもっともっともっと知りたいんじゃないかな♪　どうだい？　どうだい？　そうだろ？　この気のいい男に、優しくしてくれることを強くお勧めするよ。彼はスイートで、スマートでセクシーだ。はっ、はっ、はっ、はっ、はっ、はっ、はっ、はっ、はっ、はっ、はっ……

六月五日——

僕のかわいい友達、ルーシーへ

君は僕の人生を救ってくれた。今日は重苦しい会議とクソみたいな（失敬）会議の連続で大変だった。まだ月曜だけど、木曜みたいな気分だよ。僕の冗談タンク（ほかの人は〝脳〟と呼ぶけど）も枯れつつある。今日はある意味、とてもエキサイティングで、とても疲れる一日だった。昼過ぎにはエベレストの頂上にいたはずなのに、夜遅くには太平洋のマリアナ海溝の底まで落ちてしまった。一日のアップダウンとしては、普通じゃないよね。だけどいま、僕は海面に浮いている——君の甘いメールは僕にとっての救命胴衣だから……英語が下手だけど赦してほしい。ときどき君は、パプアニューギニア人とメールしている気分だろうね。あるいは七歳の少年と。

「今夜のケンは、かなり酔っぱらって大変だった」と、ある日ルーシーは日記に書き込んだ。数日後には、「ケンは完全に泥酔状態。おそらく過去最悪!!」と綴った。しかし、ふたりの関係についてルーシーが個人的感情を持ち込むことはほとんどなかった。自分の倍の年齢の男――孤独で、アルコールに依存し、おそらく友達も愛してくれる人もいない男――が自分に夢中だった。会社の経営が危機的な状況にもかかわらず、彼は何万円もの金を毎晩のようにルーシーのために使った。彼女はそれを止めるどころか、大喜びで感謝いっぱいの恋人のように振る舞った。彼女の立場であれば、それは普通のことだった。普通どころか、それがホステスという仕事の責務でさえあった。控えめで、礼儀正しく、恋に溺れた大金持ち――ケンは完璧な客だった。彼をその気にさせなければ、ルーシーは仕事を失ってしまうのだ。

六本木のホステス、クラブを運営する店長やウェイター、さらにはアン・アリスンのような人類学者でさえも、全員が口を揃えてこう言う――ホステスの仕事は、明確で厳しいルールが定められたゲームだ。客とホステスを含めた全員が、一線の引かれた場所や、どんな行為が一線を越えるのかを無意識のうちに理解しているのだ、と。しかし、孤独や酒、愛や欲望によって、男の判断力が鈍ったらどうなるのか？　どちらか一方がルールを無視したら？

「自分が怒りっぽい人間だとは認めたくないけれど、よく人にそう言われる」と鈴木健二はメールに書いた。「わかった、僕は怒りっぽい人間かもしれない。だけど、昨日の夜の君にはまったく怒ってないよ。近い将来、怒ることもないから安心して！　君のほうが僕に怒る日のほうが近そうだけど……はははははっはは」

第六章　東京は極端な場所

TOKYO ROCKS

「東京に到着してから、この日記帳を買うまでのあいだに、あまりに多くのことが起きた」とルーシーは日記に綴った。

到着してまだ二〇日。最初に着いたのは豚小屋だったけど、それを徐々に自分たちの家に変えた。大きな飢餓を乗り越えたのに、落ちた体重分をすべて酒で戻してしまった。私たちは〈カサブランカ〉というクラブでホステスの仕事を見つけた。ここ二〇日間で、これまでの全生涯で消費した量よりも多くの酒を飲んだ……

精神的負担の大きい、本当に辛い三週間だった。東京は極端な場所。最高か、最低か、どちらかだけ。凧のように高く舞い上がるか、想像を超えるほど低い場所に沈み込むか……そのふたつのあいだには何も存在しない。

日記の次のページには、影付きの落書き風の巨大な文字が重なり合っていた――東京最高(TOKYO ROCKS)。

〈カサブランカ〉は午前二時、あるいは最後の客が退店した時点で閉店となる。客が帰るときには、ホステスたちはジャケットを羽織るのを手伝い、おぼつかない足取りで彼らを案内して革張りのドアを抜け、エレベーターが開くと一斉に感謝の言葉をかけた。

「さようなら、山田さん。さようなら、井本さん。また来てくださいね！　さようなら——すぐに来てね」

そして彼女たちは店内に戻り、ドレスを脱ぎ、蒸し暑い闇の世界へと消えていく。

各クラブから外国人ホステスが街に出てくる頃、六本木の夜は新たな転換期を迎える。仕事終わりのホステスたちは、避けられない大きな選択肢に直面する。この時点で帰宅して眠れば、なんとか午前中には眼を覚まし、部屋を掃除し、買い物に行き、友人とランチを食べる時間ができる。一方、このまま六本木に残れば、朝まで飲み明かすことになる。「六本木には〝一杯だけ〟なんてものは存在しない」と外国人の投資銀行家たちは決まって言ったが、ルーシーもそれが真実だと知っていた。

「先週はちょっと狂ってた」と彼女は友人サマンサへのメールに書いた。「どういうわけか、水曜から毎晩べろんべろん。仕事のあと飲みにいくと、みんなが次々にドリンクをおごってくれるの。仕事終わりの二時からだから、気づけばもう朝七時で空も明るくて、東京の道端で坐り込んでるってわけ。この街のバーはめちゃくちゃクールだから、やめられないの」

六本木交差点には〈ジェロニモ〉があった。騒々しく狭苦しい店で、壁には高級なシルクのネクタイの切れ端が大量に飾ってあった——酔っぱらった銀行家たちが自分のネクタイを切り取っては、お土産として置いていくのが慣例だった。〝イラン人お断り〟の看板を出す〈カスティージョ〉では、無類の一九八〇年代のレコードコレクターで、有名ＤＪのＡｋｉが活躍。〈ウォールストリート〉のバーカウンターの上には、株価を表示するスクリーン。六本木で最も激しく汗と肉欲が渦巻く〈ガスパニック〉は、まさに酒とダンスが入り乱れるクラブだった。外国人ホステスにいちばん人気があったのは〈東京スポーツカフェ〉だ〈ストリップクラブ〈セヴンス・ヘヴン〉や〈プライヴェート・アイズ〉、その隣のホステスバー〈ワン・アイド・ジャック〉などと同じ系列）。この時間に来れば、誰かがドリンクをおごってくれるまで長く待つ必要はなかった。ホステスクラブと同様、〈東京スポーツカフェ〉でも、男性客がワインやシャンパンを購入すると、ホステスは手数料を受け取ることができた。〈カサブランカ〉を解雇されたあと、ヘレン・ダヴはしばらくこの店に通って生計を立てた。店に入り浸り、男たちにドリンクをおごらせるだけで、一晩八〇〇〇円の報酬を得ることができたという。

ルーシーは仕事終わりの夜の――あるいは早朝の――遊びが大好きだった。しかし、誰よりも夜遊びが好きだったのは、ルイーズのほうだった。

ある土曜日の夜、ルーシーは鈴木健二と夕食をともにしたのち、インターネットカフェでメールを書いてから、真夜中頃にルイーズと落ち合った。顔なじみが揃う〈ジェロニモ〉に行き、ふたりはテキーラのストレートをショットで何杯か飲んだ。ルイーズはすぐに酔っぱらい、カールという名の男と仲よく話すようになった。「次に〈ウォールストリート〉に行った」とルーシーは日記に綴った。「そこから、歯車が狂い出した」

ルイーズはまた別の友達と出会った。ルックスのいい男だったが、ルーシーは同時に危険も感じ取っていた。どこか、あの嘘つきで破滅的な元彼のマルコに似ていたのだ。「もうこの時点になると、ルイーズはべろんべろんで、思考回路も麻痺していた」。三人は〈ウォールストリート〉を出ると、〈ディープブルー〉というクラブに行く。「そこで、ルイーズはもっと夜を楽しむためのものを手に入れることを決めた」とルーシーの日記は続く。「ちょうどほかの友達も合流して、私はさらに楽しくなった。けど、ルイーズはだんだん手に負えなくなっていった」

その後、ルイーズの新しい友達の恋人が店にやってきた。が、ルイーズは相手のめらめらとした嫉妬心に気づいていなかった。「ルイーズはもう完全に手に負えない状態で、男の恋人が近くにいるのにまったく気づく様子もなく、眼のまえで男にキスしていた」。そのとき突然、音楽が鳴り止み、室内の照明が灯された。客の全員が、ダンスフロアで喧嘩する五人に眼を向けた。「男の恋人がルイーズに摑みかかって、私はその子に摑みかかって、男はルイーズに摑みかかって、私が男に摑みかかったら、男が反撃してきて、警備員が男を捕まえようとして……最後に、私はバッグを手に取って、ルイーズを連れてエレベーターに逃げ込んだ。見知らぬ変な男にあとを追いかけられたけど、やっとのことで家に戻ることができた」

「〝楽しい〟という言葉を姉の口から聞いたことはありません」とソフィーは当時を回想する。「夜に友達と出かけて、酔っぱらって、遊びまわっていたのは確かだと思います。だからと言って、ルーシーは決して幸せではなかったと思います。その後に事件に巻き込まれたから、こう言っているわけではありません。事件のまえから、ルーシーは幸せではなかった。当時、姉があまり楽しそうじゃなかったので、私はいつも心配していました。

こういうところは、ルーシーと私は似ていました。私たちは……なんでも参加するタイプなんです。まわりの人が酔っぱらっていたら、私も酔っぱらう。まわりの人が図書館に行って本を読むのなら、私も図書館に行って本を読む。四六時中やりたくないことだけをしているわけではありません。でも、人に受け容れられたいという気持ちが、とても強いんです。ルーシーは誰からも愛され、人気者として成長しました。そこに嘘はありません。でも大人になるにつれて、姉らしくないような行動も多く見られるようになってきました。

私が思うに、ルーシーは日本で強い疎外感を抱いていたんだと思います。日本に行ってかなり早い段階で、楽しくないのだろうという印象を受けました。ただ演技しているだけだな、と。外に出かけて遊んでいても、喜びを肌で感じてはいなかったんです」

日本に来ても、ルーシーの頭を占領していたのは、地元の友人や家族のことだった。〈ジェロニモ〉にいたある夜、スティングの「フィールズ・オブ・ゴールド」がかかると、ルーシーはアレックス――セヴンオークスの若いオーストラリア人バーテンダー――を思い出した。「次に彼に会ったとき、どうなるのか想像もつかない」と彼女は日記に綴った。「考えるだけで、お腹を殴られたような感覚に襲われる。その日が明日来るような気もするし、一世紀先に感じられることもある。頭のなかはアレックスのことばかり……彼は私の手を握り、その美しい眼でじっとこちらを見つめ、前歯で下唇を噛み……飲みに出かけても、酔っぱらっていても、大勢の男性に囲まれていても、私の頭にはいつも彼がいる」

もちろん、金の心配も常につき纏っていた。東京に来てから三週間後の五月末、ルーシーは自らの経済状態について改めて確認した。彼女の借金――二件の銀行ローン、オーバードラフト、両親への借金、クレジットカードの支払い、〝お姫様ベッド〟の月賦払いの残額――の総額は八〇〇〇ポンド（約一三〇万円）に及んだ。これらの借金の毎月の最低返済額に加え、〈代々木ハウス〉の家賃、貸し自転車料、決して贅沢とは言えない週二万円の生活費――それだけでホステスの収入は消えてしまった。借金をわずかにでも減らすには、少なくともあと数カ月はかかる。それはまちがいなかった。だとすれば、八月上旬に帰国するというもともとの計画も、変更しなくてはいけない。「とにかく現実に向き合うしかない」と彼女は日記に書いた。「きっと、アレックスとはうまく行かない。そう考えるとすごく悲しくなる。セヴンオークスがはるか遠くに感じる。いまだに、道に迷って方向感覚を失ったような気持ちが私を支配する。何かに落ち着いたと思ったら、それがまた別のものに変わってしまう」

しかし、アレックスと会えないことよりも、金の問題よりも、さらにルーシーを苦しめることがあった。日本に来て三週間が過ぎた頃――おそらくほろ酔い気分で――彼女は孤独な魂の叫びを日記に綴った。

日付：五月二六日――午前五時五〇分

何がいけないのかわからないけど、この場所にいると、最悪の自分が出てくる気がする。涙が止まらない。胃が痛い。心がめちゃくちゃに押しつぶされると、いつも胃が痛くなる。あまりに泣きすぎて涙は枯れ果て、一度に溢れることはなく、波のようにときどき押し寄せる。

ここでは、どうしてもうまくいかない。落ちてしまった穴から這い出ることができない。〈スポーツカフェ〉にルイーズとキーナンを残したまま、店を出なきゃいけなかった――もう耐えられなかったの。本当にひどい気分。超最悪。

あの場所にいると、私は醜く、太っていて、誰にも注目されない。そんな自分がいつも憎くなる。私は本当に平凡。頭からつま先まで、すべてのパーツが信じられないほど平凡。この街で成功するかもしれないなんて、私はどうかしてた。自分のルックスが嫌い。髪の毛が嫌い。顔が嫌い。鼻が嫌い。垂れ眼が嫌い。顔のほくろが嫌い。歯が嫌い。顎が嫌い。輪郭が嫌い。首が嫌い。胸が嫌い。太い腰まわりが嫌い。たるんだお腹が嫌い。垂れ下がったお尻が嫌い。生まれつきある痣なんか大っ嫌い！　汚い脚が嫌い。私は汚らしくて&醜くて&平凡な女。

借金まみれの人生をどうにかしなきゃ。ルイーズと一緒に働けるのは悪いことじゃないし、私もとても嬉しいの。けど、私はカスみたいなホステス。一回だけの同伴もシャノンのおかげだし、別の客にはすっぽかされてしまった。同伴の約束をすっぽかされるなんて、どれだけ私はクソだって言うの？　いまの私にはケンしかいない——でも、それもいつまで続くのだろう？　ルイーズは次から次に指名を受けるのに……私は偽の電話番号を渡されて、あとはすっぽかされて終わり。

ニシからチップをもらって、ルイーズは大喜び。でも、彼女は友達をたくさん作って、ちゃんと努力してる。なのに私は、いつになっても、どこに行ってもひとりぼっち。セヴンオークスを離れたからじゃない。すべて自分のせい。

この感覚は、誰にも説明できない。完全なる自己嫌悪。信じられないほど平凡であるという感覚。そんな感覚に悩む理由をどうにか理解しようとしてきたし、ママとルイーズにもわかってもらおうと説明した。だけど、ふたりとも私が考えすぎだって言うだけ。でも、私は本当に、本当にそう感じるの。自分が透明になる感覚。誰でもない誰かになる感覚。なんの一部でもなく、どこにも属していない感覚。

……ルイーズもここ一年ずっと悩んでいたけど、自分に価値がないなんて感じたことはないって……

美しい男たちは誰もが、ルイーズの魔法にかかる。彼女はいつも最高の扱いを受けて当然だと考える。そして、その輝きと自信は常に増していく。これは冗談じゃないし、馬鹿だと思われるかもしれない——でも、クソみたいな気分に疲れ切ってしまった。毎日ルイーズといるのに、私は孤独。気持ちは常にどん底。目玉まで借金に浸かった人生。正直、これからどうなるのか、これ以上待つのが面倒くさい。ただ、消えてしまいたい。頭がくらくらする。どうすればいいの？

私はいつもひとりぼっち。
どこに行っても、私はダメ。

〈クラブ・カドー〉オーナーの証言

宮沢耀(みやざわかい)(1)という五〇代半ばの日本人男性が、ホステスクラブの経営について私に詳しく教えてくれた。おそらく宮沢は世界のどこに行っても人目を惹く存在にちがいないが、日本の中年男性のなかでは、その風体はさらに際立った。皺の目立つハンサムな顔。オールバックのポニーテールにまとめた長い白髪。花柄の刺繍入りのシャツは、上から三分の一のボタンが外してあった。明るいオレンジのズボンに、白とオレンジのストライプのベルト。首にはシルバーチェーン。左手首には、さらに別のチェーンとずんぐりとしたシルバーの腕時計。靴はカウボーイブーツ。

宮沢は、六本木における外国人ホステスバー史の生き証人だった。一九六九年、一八歳だった彼は東京初の金髪クラブ〈カサノヴァ〉を訪れ、店で働く美女たちの虜になった。それから二〇年間、毎晩のように六本木に通い、誘惑に身を任せて過ごした。そんな彼に、あるとき友人が言った。それほど外国人の女の子が好きなら、自分の店を開いたらいい。かくして、一九九二年に〈クラブ・カイ〉が誕生。翌年からは〈クラブ・カドー〉と名前を変えて営業を続けた。しかし、売り上げは伸び悩んだ。経営に行き詰まるたび、安い物件への移転を余儀なくされた。さらに、地元のヤクザとトラブルになることも多かった。「経営のことは詳しくわからないが――」と宮沢は言う。「女の子のことなら自信があった」

〈クラブ・カドー〉は宮沢の誇りだった。持ち札に気を配るギャンブラーのような集中力で、彼はオーナー兼店長としてホステスたちを見守った。宮沢は各ホステスの強みと弱点を把握し、最も金になる組み合わせとタイミングを見計らって、慎重かつ意図的に各テーブルにホステスを配置した。観察力が鈍い客——夜が更けるにつれて徐々に酔っぱらっていく客——にとって、ホステスの頻繁な交代は、潮の満ち引きのように自然なプロセスにしか見えなかったにちがいない。しかしその裏で、オリンポス山という名のバーカウンターから世界を見下ろすポニーテールのゼウスのように、宮沢はすべてをコントロールしていた。

宮沢自身がクラブのフロアに足を運ぶことはめったになく、重要顧客が来店したときに、テーブルに行って二言三言交わす程度だった。彼の仕事は店全体を監視し、ホステスと客の各集団が発する眼に見えない周波数や振動数にダイヤルを合わせることだった。男性客の放つオーラに注目し、時間の経過とともにそのオーラがどう変動するか測定する。宮沢は、顧客が〝システム〟のサイクルのどの地点にいるかを頭のなかで追いながら、どうすれば少しでも長く店に引き留めることができるかを常に考えていた。「客が一時間で帰ったら、儲けはほとんどない」と宮沢は語る。「その場合、客の勘定は一万。そこからホステスに三〇〇〇円払って、家賃やらドリンク代やらを引いたら、残るのは二〇〇〇円かそこら。だから、一時間で帰る客のことは気にしない。一時間が過ぎてからが勝負だ」

初めて来店した客のテーブルには、店で最も魅力的な女の子をつけるのが鉄則だという。いわばホステスとのハネムーン期間だ。恭しい歓迎に、美しい女の子。ウィスキーが客の胃を温め、エロティックな仄暗い照明が店内の安っぽさを覆い隠した。ホステスと客が会話を始めると、宮沢は眼を光らせる。「初めは必ず、性格がよくてかわいい女の子をテーブルにつける」と彼は言った。「で、どれくらい盛り上がっているか、ふたりの様子を窺うんだ」。もし客が女の子を気に入っていないようであれば、宮沢は即座にウェイターの耳元で指示を呟き、そのウェイターはひとり目のホステスの耳元で交代を伝える。彼女が丁重に挨拶して席を立つと、すぐさま二番目のホステスが席につく。このホステスが客と意気投合しなければ、ゲームオーバー。彼女の役目は、客を最初の一時間の終わりまで引き留め、二時間目への延長に持ち込むことだ。成功すれば、第一ステージは宮沢の勝利となる。「最初の一時間が一分でも過ぎると、そのホステスを別のテーブルに移動させ、今度は不細工な子に接待させる。さっきの美人と話したければ、客は三〇〇〇円の指名料を払わなきゃいけない。あるいは、『あの子とまた話したいんだけど』と客が言ったら、店員はこう答える。『申しわけありませんが、いまは取り込み中でして、三〇分お待ちいただけますか？』ってな。そうこうしているうちに、時間は三時間目に突入。勘定は三万円になり、さらに上がっていく」と宮沢は語る。

「とにかく、よく観察することが大切だ」。ヘラジカの姿を追うベテラン猟師の笑みを浮かべながら、彼は続ける。「客の思考を見抜くんだ。トイレに行く途中で腕時計を確認したら、そろそろ帰ろうと考えている証拠だ。そんなときは、クラブ一の美人ホステスをあてがう。客がトイレから出てきたら、そのホステスが眼のまえで待ってるってわけさ。夢のホステスがね」。客がトイレのドアを閉めて出てくると、ホステスは熱いおしぼりを渡し、客の手を引いてテーブルに戻る。客はもう一杯だけ水割りを飲もうと店に残る。が、新しい女の子は一本三万円のシャンパンが飲みたいと言い出す。チクタク、チクタク。すぐに四時間目に突入。三時間と一分の滞在で、客は八万円近くを使ったことになる。そして、シャンパンを要求した夢の美女は、もう席にはいない。

宮沢はこう訴える。「大切なのは客の心理、つまり思考回路を見抜くこと。それにかけては、俺は天才なんだ」

ホステス向きの女性のスカウトにも、彼はその才能を発揮した。老練な馬の仲買人のように、宮沢はホステス候補を的確に見定めた。「まず二二歳未満であること。花のような可憐なルックスも大切だ。クラブってところは、ひとりでも美人がいれば、ほかのホステスもみんな美人に見えてくるものさ。六本木は狭い世界だから、ひとり美人の子がいれば、すぐに噂は広がって店に行列ができるようになる。当時の俺のクラブには、街いちばんのきれいどころが揃ってた。とびっきりの美女ばっかりが。ホステス志望の女の子たちが東京に来るときは、働きたいクラブの候補ってのが決まってるもんだ。人気ナンバーワンは〈ワン・アイド・ジャック〉――いちばん大きな店だからね。次が俺の〈カドー〉だった。こっちのほうが人気が高かったこともあるくらいさ」。最盛期の一九九〇年代前半には、六本木の街頭でのスカウトだけでは、ホステスの供給が需要に追いつかない事態に至った。宮沢とイギリス人の妻（元ホステス）は、新鮮な才能を求めて海外に広告を出し、イギリス、スウェーデン、チェコスロバキア、フランス、ドイツへスカウトに出かけたという。

彼の言うとおり、宮沢は外国人の若い女性を知り尽くしていた。彼はそんな外国人女性を愛し、彼女たちを雇って生計を立てた。同時に、宮沢は外国人女性を軽蔑した。彼の口から出た数々の差別的な発言は、何気なく出てきた言葉ばかりであり、感情的でも意図的でもなかった。とはいえ、クラブ経営についての熱い思いを聞いたあとだったので、私にとっては衝撃だった。しかし、よくよく聞いてみれば、それはホステスから受けた差別への裏返しでもあった。あるいは、ホステスに差別意識がなかったとしても、彼女たちの人を見下したような無関心な態度が、宮沢の眼には人種差別に映ったのかもしれない。

「ホステスのうち、まともなのは一割だけ。つまり、自分が日本にいる理由を理解している子だ。日本という国が好きで、文化に興味を持っているのは一〇人にひとりにすぎない」。東京でホステスとして雇った女性の多くは、タイにハマった旅行者だった。お決まりのバックパッカーの旅路を辿り、ドラッグ好きの若者が世界じゅうから集まる南部の島のフルムーンパーティに参加し、溢れんばかりのマリファナ、エクスタシー、コカインの罠に囚われた旅行者だ。「金が底をつくと、日本で簡単に稼げる仕事があるらしいと噂を聞きつける。それで日本にきて三カ月働き、金が貯まるとまたタイに戻る。彼女たちは日本が好きなわけじゃない。黄色人種へのリスペクトなんてこれっぽっちもありゃしない。ただ金が欲しいだけさ。

一割だけが、日本にいる理由をきちんと理解してる。九割は、自分の国に帰ったって仕事も見つからないような連中ばかりさ。そんな子は何もわかっちゃいない。ドラッグをやって、男を追いかけまわす——ただの遊び好きの女だ。週末は誰もがドラッグ三昧。いつもエクスタシーでラリって、どんちゃん騒ぎ。六本木のドラッグ文化は本当にクレイジーだ。おかしいよ。ドラッグをあまりやらないのは東欧の子たちで、彼女たちは稼いだ金をすべて母国の家族に送ってるんだ。

外国人ホステスの二割か三割は性の悩みを抱えてる。どういう意味かって？　父親にヤられたってこと。ヤられまくりさ。昔、彼女たちはよく話してくれたよ。俺が相手だと話しやすいんだろうな。『カイ、父親がまだ私のボーイフレンドなの』って。そんな過去のせいで、彼女たちはみんな怒りを抱えていた。おそらく七割か八割は、母国で離婚経験があった。誰もがそういう過去を背負ってたんだ。辛い過去を。

彼女たちには友達なんていないから、人とうまくコミュニケーションが取れない。そしてタイに行って、ついに友達ができる。なぜか？　似たような人間が集まっているからさ。そんな子たちの共通言語はドラッグ。それが、週末に集まって共有するもの。おそらく、九割は客とヤってるだろうな。まあ、彼女たちがそれでよければいいさ。傷つくわけじゃあるまいし、気持ちよくなって、金をもらって、金持ちになれるんだ——なんの問題もない！」

こうした発言のすべてを、宮沢は自身の道徳観がホステスより優れていることを前提として話しため、こちらとしても真剣に受け止めるのがむずかしかった。私としては、一〇人中九人のホステスが売春行為に及んでいたとは信じがたかった。彼が適当に羅列したほかの割合についても、正確とは思えなかった。〝すべてのホステスは売春婦〟――そんな女性蔑視に基づく一般論を言い換えているだけのようにしか思えなかった。一方で、彼が説明したように、ドラッグ中毒で精神的に混乱した多くの女性が、ストリッパーやホステスとして六本木で働いていることは紛れもない事実だった。しかし、宮沢があらわにした嫌悪は、別のことを私に教えてくれた。この世界の誰ひとり、ホステスを批判できる立場にはいないはずだ。にもかかわらず宮沢が彼女たちを批判したという事実は、彼自身の偽善を示すものであり、同時に一般的な日本人の態度を示唆するものなのではないか。私はそう思う。

六本木で少し過ごすだけで、夜の仕事の幅の広さにも眼が慣れてきて、徐々にウェイトレスとホステスの差、ストリッパーとマッサージ嬢の差がわかるようになってくる。しかし多くの人にとって、その差は不明瞭であり、とくに興味をそそるものでもない。「ホステスのなかには、自らの仕事が性行為をともなわないため、水商売ではないと考える人もいます[2]」と語るのは、在日外国人女性の人権擁護活動に取り組む女性国会議員、福島瑞穂（ふくしまみずほ）だ。「しかし、外部の人たちにしてみれば、彼女たちが働くのはセックス産業そのものなんです」

人類学者のアン・アリスンはこう解説する。「ホステスの仕事――その性的な要素、彼女たちが属する水商売の世界――には、必ず淫らなイメージがつき纏う[3]。そんなイメージのせいで、その世界で働く女性はまっとうな結婚にふさわしくない、と見なされてしまう傾向がある。普通の母親になって普通の子供を育てるのにふさわしくない、と差別されるのだ……母性が女性に備わった〝本能〟という意識が根強い日本の文化では、水商売の女性はその本能に背いた人たちとなる。そのため、水商売の女性の地位は低い。また、その地位の低さのために、男性に利用されるのだ」

海兵隊員スコット

ルーシーの気持ちの落ち込みは五月末から六月まで続いた。しかし六月の第二週頃までに、心理状態は少しだけ落ち着き、彼女はまた将来について考えるようになった。「ここしばらく、ひどい感情に悶え苦しんできたけど――」とルーシーは日記に書いた。「今日の気分はＯＫ。突然気づいたけど、ここに一一月か一二月まで滞在するっていうのはちょっと無理――私にはもっと広いスペースと新鮮な空気が必要。着いてからずっとそう感じてた」

ある金曜日、仕事を終えたルーシーとルイーズは〈ウォールストリート〉に行った。その日、ルイーズの新しい彼氏、フランス人のコーム（「化粧品ブランド〈ランコム〉の後半に似た発音」とルーシーはサマンサに説明した）が、ルーシーのために友達を連れてくる約束だった。バーは混み合っており、男たちはまだ到着していなかった。「まだ来てなかったから、私たちは先に席について飲みはじめてたの」とルーシーはサマンサへのメールに書いた。「そのとき、史上最高にセクシーなイケメンが登場！」。ルイーズがすぐに彼を席まで「誘い寄せ」た。「で、話しはじめたんだけど、彼って本当にかわいいの。名前はスコット。歳は二〇歳で、テキサス出身のアメリカ人。とろけるような甘い訛り。眼は青、身長一八八センチ、広い肩幅、割れた腹筋、明るい茶色のさらさらヘア、ぷりっとしたお尻。すぐにでもモデルの契約が取れそう。でも実際の仕事は……なんだと思う？……アメリカ軍の海兵隊員!!!　制服姿を想像してる??　私も想像しちゃった！」。すぐさま、ルーシーは戦略的な行動に出る。「その晩は、ただその時間を楽しもうって決めたの。興味がない振りをして（最初はみんなそうでしょ？）、セックスもしない――そうすれば、少なくとも〝負け〟っていう状況だけは避けられる。とにかく私は冷静さを保って、下手（したて）に出ないようにした。そうしたら彼、まるで花に引き寄せられるハチみたいだったんだから」

四人は六本木で最も老舗のディスコ〈レキシントン・クイーン〉に移動した。シャンパンを空け、ルーシーとスコットは一緒に踊った。「すぐに意気投合しちゃった。彼、踊りがとってもうまいの。私たちはまさにダンスフロアの主役って感じで、最高だった」。彼らは続いて〈ハイドアウト〉というバーに移った。太陽が昇りはじめる頃になると、コームが泥酔状態となり、ルイーズが家まで送っていくことになった。スコットの基地への最終電車はとっくになくなっていた。そこで、ルーシーは心を決める。ただし、彼女はここでも『ルールズ』の教えを忘れず、〝ファック・オフ・スピーチ〟と名づけた言葉を相手に伝え、それから彼を家に招いた。

ルーシーは、その夜の〝ファック・オフ・スピーチ〟を「実録!! 東京の思い出」とタイトルをつけた日記の特別なページに記録していた。「あなたはカッコいい。あなたと寝たい女の子は山のようにいるでしょうね。でも、私にそれを望むのなら、あなたは女の子選びをまちがった。もしそうなら、いますぐ消えて（ファック・オフ）」

〈代々木ハウス〉に着くと、ふたりはキスをした。しかし、ルーシーはスコットを二階の部屋に上げようとはしなかった。「初め、彼は少しがっかりしたみたいだった。でも考えてみれば、一夜限りのセックスならいつだってできる。でも、みんなが心から望むのは、誰かを愛し、愛されること。だから、ほかの女の子に気が向かないように、彼を私に夢中にさせる作戦に出たの。優しいソフトなキス——たっぷりの思わせぶりなキスで彼の気を惹く。長く、温かく、柔らかいハグ……なんと、それが成功！」

ルーシーがスコットに出会ったのは、二〇〇〇年六月九日の金曜日だった。それからの二二日間は、ルーシーにとってまさに幸せと喜びの日々だった。ふたりは日曜日の夕方にまた会う約束をした。ルーシーが出かける準備をしていると、バーテンダーのアレックスがセヴンオークスから電話をしてきた。ほんの数日前であれば、この電話は週いちばんの嬉しい出来事だったにちがいない。しかしその日、彼の電話はおまけでしかなかった。「いつものとおり、アレックスと話ができたのは嬉しかったけど――」と彼女は本心を日記に綴った。「毎回、彼が遠くに離れていくような気がする……だから、いまはスコットのことを考えよう」

アレックスの電話のせいで、ルーシーは約束の時間より三〇分遅れて、待ち合わせ場所である六本木交差点のピンク色の喫茶店〈アマンド〉に辿り着いた。「彼は青のトップとジーンズ姿。背を向けていたから、私に気がつかなかった。肩をぽんと叩くと、振り返った彼――ああ、驚くほどの美しさ。その眼は記憶よりも青かった。笑顔はもっと温かかった。キスはもっとドキドキだった」

ふたりは電車に乗ると、週末に東京の若者が集う原宿に行き、表参道――明治神宮の入口に向かって緩やかに傾斜する幅広の並木路――を散歩した。表参道は日本で最もロマンティックな通りであり、パリの大通りを思わせるアジア随一のお洒落スポットだ。「とっても話が合った」とルーシーの日記は続く。「彼といるとすごく居心地がよかったし、彼といる私は無理する必要がなかった……いっぱい話をしたけど、あまりに幸せで、あまりに嬉しくて、ふたりとも会話の八〇パーセントは上の空。とっても気持ちよかった。まるで酔っぱらって、笑いが止まらなくなるような感覚。でも、最後まで冷静さは保っていられた」

ふたりはイタリアン・レストランで夕食を食べたあと、長い歩道橋を渡り、表参道を横切っていった。六月の暑さと湿気のなか、歩道橋の高さまで伸びる街路樹には青々とした葉が茂っていた。「歩道橋の途中で、私たちはキスをした。表参道は活気に溢れていたけれど、あたりは暗く、東京の夜景

がはるか遠くまで見えた。キスをしているあいだ、私は我を忘れ、心臓が咽喉から飛び出してくるような感覚に襲われ……唇を離すと、このうえない満足感に包まれた」

日記の裏表紙に、ルーシーはこのときの様子――美しい並木路に架かる歩道橋の上で、スコットとキスする姿――を絵に描いた。

「今日は、私の記憶のかぎり人生で初めて、一〇〇パーセント満足したと言える一日だった。こんなに多くを感じているのに、言葉が出てこない。こんな気持ちは初めて」

スコットと出会ったあとは、毎日が飛ぶように過ぎていった。最初のデートの翌日の月曜日のルーシーの日記には、こんな書き込みがあった。「平凡な一日や平凡な夜なのに、私は天にも昇る心地で、何もかも現実とは思えない」。翌朝、ルーシーは二日酔いで疲れ切った体に鞭を打ち、朝早く起床した。ルイーズと彼女の客と一緒に、東京近郊にある〈東京ディズニーランド〉に行く約束があったのだ。「土砂降りの雨で、私たちはふたりとも最悪の気分だった……でも現地に到着すると、元気になってもう大興奮」。水曜日の朝には事件が勃発。鏡を覗くと、唇に痛々しいヘルペスがいくつもできていた。ルーシーは、その夜のスコットとのデートをキャンセル。「クソみたいな気分だった。言うまでもなく、すごく恥ずかしかった――そして、醜かった」。代わりに彼女は鈴木健二と同伴し、〈ザ・ジョージアンクラブ〉に行った。「こんなに美しいレストランは人生で初めて。まるでお姫様になった気分」

ホステスの掟のひとつに、絶対に〝店外の〟恋人について客に話をしてはいけないというルールがある（念書に署名させるクラブまである）。しかし、鈴木がルーシーの変化――彼に対する関心の低下――に気がつくのも時間の問題だった。彼が大金を注ぎ込んで作り出した幻覚は、徐々に打ち砕かれようとしていた。そんな鈴木の自己防衛的な不安は、ルーシーへのメールにも顕著に表れるようになった。

「何も僕に謝る必要なんてないよ」。六月中旬、彼はこんな無邪気なメールを送った。「ホステスの仕事は、君自身が想像する以上にエネルギーを奪うものなんだろうね。よくわかる……ところで、君のボーイフレンドが日本に来ることになっているんじゃなかったっけ？　は、は、は、は、は……」。しかしその数日後、彼は愛情と執着心いっぱいのメールを送る。「君に会いたくてたまらない。できれば、日曜日に会いたいな！」。日曜日になっても、ルーシーの返事はなかった。次に彼が送ったメールの言葉には、臆病ではあるものの、彼女を非難するような響きがあった。

意思疎通がうまくいっていなかったようだね。君は僕とディナーに行きたいんだと思ってたけど。とにかく、気が変わったら連絡してくれると嬉しい。

二時間半後、彼はまたメールを送った――件名は「Sayonara!!」

僕の小さな恋は、また終わってしまうみたいだ。でも、僕のかわい子ちゃん、心配しなくていい。東京で楽しい時間を過ごしてくれ。さようなら（オ・ルヴォワール）！

その週末、ルーシーはもちろんスコットと一緒だった。会うたびに、彼女はどんどん彼に惹かれていった。

デート前日、ルーシーは朝六時まで眠ることができなかった。「ドキドキが止まらなくて……眠れない。目蓋（まぶた）はずっしり重いのに」とルーシーは日記に綴った。昼下がりに会ったふたりは、代々木公園の木の下に坐って「ひたすら話しつづけた」という。暖かな太陽の下、人々は芝生の上に寝そべったり、道端で演奏するバンドの音楽に合わせて踊ったりしていた。「暗くなってきたので、私たちは移動することにした。スコットはきっと気づきもしてないだろうな。このあと、私たちは出会ってから最高の会話をすることになるなんて。この会話で、私は彼といままで以上に深く繋がった気がする。彼が想像できないほど深く」

週末になると、原宿駅と代々木公園のあいだの広場では、さまざまなミュージシャンや大道芸人がパフォーマンスを繰り広げる。ルーシーとスコットも立ち止まり、ジャグラーの見事な演技をしばらく眺めた。ここから、才能と業績についての会話が始まる――秀でた才能や立派な業績を持つ者と、持たざる者について。ルーシーの日記はこう続く。「すると、彼は自分のなかでいちばん不安定な要素（常に恐れていること）について話し出した。それは、自分があまりに平凡だということだった。

それを聞いた瞬間、脚の力が抜け、いまにも涙が溢れそうになった（大げさに言ってるわけじゃない）」

　スコットの口から出てきたのは、ルーシー自身の考えそのものだった。「とにかく信じられなかった。いまだに（一週間経ったいまでも）私が味わった感覚を正確に説明することはできない――強いて言うなら、大きな安堵と繋がりのような感覚だろうか。〝つき合いはじめたばかりのこの人と、同じ感情を共有していた〟〝私はもう恐れたり迷ったりする必要はない〟という感覚。もし彼がこの日記を読んだら、大げさだと言うかもしれない。でもきっといつか、私も同じ気持ちなのだと伝え、彼の恐怖を消し去ってみせる」

　その夜、ふたりはステーキ・レストランで夕食を食べた。当然のことながら、スコットは基地に戻る最終電車を逃し、ルーシーと一夜をともにすることになった。「美しい日だった」と彼女は書き留めた。「最初の夜に断っておいて本当によかった。驚くべきことに、日々のちっぽけに思えるそんな決断が、私たちの人生の道筋を一瞬にして変えてしまう」

「まだ生きてるよ！」

二〇〇〇年夏、アジアの政治は大きな転換期を迎えていた。五月一四日、六週間前に脳梗塞で倒れて入院中だった小渕恵三首相が死亡。ルーシーとルイーズがディズニーランドを訪れた六月一三日、北朝鮮と韓国のリーダーが朝鮮戦争後初となる南北首脳会談を開催し、両国の友好と平和について話し合った。その頃、日本では総選挙が告示され、党の公約を拡声器で訴える選挙カーが日本じゅうを走りまわり、街のあちこちで候補者が街頭演説を行なっていた。

　そういった政治的な出来事が、ルーシーや彼女の世界に影響を及ぼすことはなかった。

六月二〇日の火曜日、彼女は再びスコットと会って一緒に朝食を食べ、その後はまた代々木公園で日光浴をして過ごした。「まるで鍵と鍵穴みたいに、私たちはぴったり」と彼女は日記に書いた。「私の気持ちは増していくばかり。恐怖を知るたび、疑いを抱くたび、情熱を感じるたびに増していく」

水曜日、彼女は投資銀行家のセイジと同伴した。翌日の木曜日は、大手電子機器メーカーに勤めるショウジと同伴出勤した。

金曜日の夜、ルーシーは〈カサブランカ〉でコーワと名乗る男のテーブルについた。少し舌足らずではあったが、流暢な英語を話す客だった。ルイーズもしばらく同席した。彼はシャンパンやコニャックを派手に飲むと、店を出るまえにルーシーに約束した。翌週の同伴をアレンジするために電話する、と。

日曜日は衆議院選挙の投票日だった。ルーシーは鈴木健二からの惨めなメールを無視し、スコットと週末を過ごした。

火曜日、彼女はジムのスタジオレッスンに参加。翌六月二八日の水曜日、ルーシーは写真好きの渡辺と同伴出勤した。ふたりは、翌週の火曜日にも夕食に行くことを約束した。

木曜日、再びスコットとデート。この頃、ルーシーの日記はしばらく滞ったままだった。が、のちにスコットがその日のルーシーの様子についてこう証言した。[4]「ルーシーはとても幸せそうでした。その日、僕は〝愛してる〟と初めて言葉に出して言いました。僕が先に伝えたことが、彼女としては嬉しかったみたいです。『私も同じ気持ち。あなたのことが大好き』とルーシーは言いました。僕への気持ちが強すぎて、胸騒ぎがして、不安になるほどなんだ。僕が気持ちを伝えたとき、脚の力が抜けてしまったんだよって」

六月三〇日の金曜日、ルーシーは母親のジェーンにメールを送った。何日か連絡を怠っており、母から心配するメールが届いていたのだ。ルーシーはメールにこんな件名をつけた――「まだ生きてるよ！」

第三部

捜索

(前頁：ティム・ブラックマンとソフィー・ブラックマン。東京にて。
©Jeremy Sutton-Hibbert)

第七章　大変なことが起きた

消えたルーシー

　ルーシー・ブラックマンとルイーズ・フィリップスは同じ年に生まれ、同じ学校に通い、音楽と洋服のセンスも同じだった。お互いの実家も二〇キロほどしか離れていなかった。しかし、ふたりを大きく隔てるものがひとつあった――イギリスの社会階級の見えない亀裂だ。それは、彼女たちにとっては無意味でしかなかったが、周囲の人間の判断や考え方には大きな影響を与えるものだった。

　ブラックマン一家の子供たち――私立学校に通い、親は実業家で、高級住宅地セヴンオークスの住人――は、いかにも品のいいロンドン近郊諸州（ホーム・カウンティ）のアクセントで話した。一方、ルイーズが話す英語は、ロンドン南東部の労働者階級の子供特有のアクセントだった。彼女の父親は大工として成功を収め、ブロムリー郊外のケストン村に大きな家を構え、家族を養っていた。しかし、彼は五一歳でこの世を去った。父親の早すぎる死は、それまで金銭的にも社会的にも希望に満ちていた妻とふたりの若い娘の人生に、暗い影を落とした。ルイーズが〈ウォルサムストウ・ホール〉に通うことができたのは、奨学金のおかげだった。この事実――加えて、彼女の労働者階級のアクセント――は、一瞬のうちにほかの同級生から彼女を隔てるものだった。一部のお嬢様軍団は、ルイーズのことを陰で〝浮浪児〟と呼んで馬鹿にしたという。

　そんなエリートかぶれの集団のなかでは、異端児は痛めつけられるのが常だが、ルイーズは相手を軽蔑し、果敢に抵抗した。いじめっ子をまえにしても、彼女は怯むことなく立ち向かい、ルーシーと自分に嫌がらせしそうな生徒たちを次々に撃退していった。一〇代のルイーズは、やんちゃで大胆だった。ほかの同級生たちは地元のパブでこっそりと酒を飲む程度だったのに対し、ルイーズはルーシーを連れてカムデンや南ロンドンに足を運び、洒落たバーやクラブで遊ぶスリルを楽しんだ。そんなルイーズをブラックマン一家は温かく迎えた。が、一方のルイーズは、ルーシーに悪い影響を与える友人として疎ましく思われていると感じることもあった。ふたりが門限を破ったとき、責めを負うのは決まってルイーズだった（とルーシーには見えた）。ルーシーのほうもノリノリで参加していたにもかかわらず。

ルイーズはルーシーの不安定な心の内を深く理解し、両親の別居や離婚の影響を最も近くで見届けてきた。早い段階から、彼女はルーシーの父親ティムのことを嫌うようになった。彼がルイーズのことを娘の友人として認めようとしなかったことも理由のひとつだった。しかしそれ以上に、体重や外見について思いやりのない発言を無意識のうちに繰り返し、ルーシーの心を傷つけることが赦せなかった。ルイーズはきちんと理解していた――ルーシーが自らの見た目に自信を持てないことも、ルイーズがルックスを武器に何人もの男を落とす姿を遠くから物憂げに見つめていたことも。しかし、ルイーズにはルイーズで大きな悩みがあった。

父親の死は、彼女にとてつもない影響を及ぼした。何年ものあいだ、自己破壊的な絶望に心を蝕まれ、拒食症に苦しんだ。この辛い時期に誰よりもそばで見守ってくれたのが、ルーシーだった。それこそが、彼女たちの友情について、ほかの多くの人が見逃している点だった。ルイーズのほうも、ルーシーを心から頼りにしていた。彼女の言語や絵や料理の才能、忠誠心、ユーモアのセンスを崇拝していたのだ。

ルイーズは当初、ひとりで日本に行く予定だった。ルーシーが一緒に来ることを決め、チケット代の半分を負担するとまで言い出したときには、嬉しくてたまらなかったという。しかし、ルーシーにプレッシャーをかけたことはない、と彼女は強く主張した。東京行きは、ルーシーがルイーズのあとを追いかけるという学校時代から続くいつものパターンであり、ルーシー自らの意志によるものだった。事実、当時の彼女には逃げ出したい理由がいくらでもあった。

「借金のことでルーシーはひどく悩んでいました」。事件後しばらく経ってからのインタビューで、ルイーズは私に語った。「あまりの不安に、夜中に急に眼が覚めることもあるって。とにかく、早く解決できる方法を探していました。何年もかけずに返済するには、日本行きしか方法がなかった。ただ、お母さんから離れるのは、うしろめたく感じていたようです。ジェーンから逃げたかったというわけではありません。ルーシーはただ気楽な生活を送りたかった。普通の二一歳のように行動したかった。ジェーンは最後までルーシーを行かせようとしませんでした。でもそれは、ルーシーに不幸が降りかかると予想していたからではありません。もちろん、そういう考えもあったのでしょうが、なにより彼女はルーシーに置いていかれたくなかったんです」

東京での最初の数週間は、ふたりにとって気苦労の絶えないものだった。が、より苦しんだのはルーシーのほうだった。彼女がホステスとしてなかなか成果を出せない一方で、ルイーズは初めから成績抜群だった。実際に口にすることはなかったものの、ふたりの友情にはかつてないほどの緊張が張り詰めていた。ところが、それも六月に入ると、峠を越したかのように状況が一変した。「最初の一カ月は、私たちふたりにとって、それぞれちがう意味で精神的に大変な時期だったね」。ある日、ルーシーはルイーズに手紙で伝えた。「でも昨日からは、いままで以上に友情が深まったと感じてるよ。あなたは私の真のソウルメイト。私という人間について、ほかの誰も知らないことをあなたは知ってる。ほかの人には見えないことを、私のなかに見出してくれる。部屋に入った瞬間に、私の気持ちをわかってくれる」

七月一日、土曜日——昼近くに眼を覚ましたふたりは、どちらも希望に満ち溢れていた。ついにルーシーにも、多くの常連客がつくようになった。フランス人の彼氏コームとしばらく喧嘩中だったルイーズも、仲直りしたばかりだった。前日の夜の〈カサブランカ〉では、ルーシーとルイーズは感じのいい若いサラリーマンのふたり組、ヨシダとタナカのテーブルにつき、翌週にダブル同伴する約束を取りつけていた。

ふたりは二時半に店を離れてタクシーで帰宅すると、台所で紅茶を飲みながらバタートーストを食べ、四時に就寝。「ふたりとも興奮していました」とルイーズは言った。「二カ月店で働いてきて、やっと結果を出せた気がしたんです。それに、来週の月曜日は給料日。すべてが順調でした。これで辛い時期が終わって、これからは楽しくなるだけだと考えていました」

土曜日の午後、ルーシーは家を出たきり戻らなかった。月曜日の朝、ルイーズは警察に行き、月曜日の午後には例の異様な電話を受けた。しかし、ルイーズがブラックマン一家に初めて連絡を取ったのは、ルーシーが失踪してから二日以上経った月曜日の夜遅くになってからだった。イギリスの昼下がり、自宅にいたジェーンは、菓子を詰めた小包を東京の娘に送るため、郵便局に出かけるところだった。ルーシーが無事日本に到着したあとでさえ、彼女の大きな不安が解消されることはなかった。そんななかで、予想通りの知らせが舞い込んできたのだ。ジェーンは、あまりの恐怖にパニック状態に陥った。ソフィーとルパートもすぐにセヴンオークスの小さな家に戻り、ヴァルとサマンサ・バーマンも駆けつけた。さらに、ジェイミー・ガスコインも知らせを受けるなり、ロンドンから車でやってきた。

誰も、その情報を咀嚼（そしゃく）することができなかった。ルーシーの失踪に加え、ルイーズが涙ながらに説明した奇妙な電話の内容――〝ニューリー・リズン・リリジョン〟〝修行〟〝タカギアキラ〟〝チバ〟――それらが何を意味するのか、どこにあるのか、誰も理解できなかった。「家はまるで修羅場ですよ」。一六歳の高校生だったルパート・ブラックマンが、そのときの様子について振り返った。「母さんは頭をちょん切られたニワトリみたいでした。日本で誰かが失踪したとき、いったい何をすればいいのか？　誰も何もわかりませんでした。僕はインターネットで〝ニューリー・リズン・リリジョン〟について調べたり、昔に習っていた柔道の先生に連絡を取ってアドバイスを求めたりしました。日本との繋がりといったらそれくらいしか思い浮かばなくて。そして、あの瞬間がやってきました――突然、地面からすっと上空に浮き上がって、下を見下ろす感覚になったんです。そこから、ひとりの人間を捜し出さなきゃいけない。まさに〝干し草の山で針を探す〟感覚です。実に奇妙な気持ちでした。あの感覚は、言葉では説明できません。何か物を失くしただけでも大事（おおごと）なのに、なくなったのが人間となると、それはひどいものですよ。それに、ショッピングセンターでいなくなったんじゃない。別の大陸でいなくなったんです。いったい何から始めたらいいのか？　知り合いもいないし、文化もまったくちがう。世界でいちばん起きてほしくないところで、事件が起きてしまった」

やっとのことで事態を飲み込みはじめると、ジェーンはワイト島のティムに電話をした。ちょうど、ティムは自宅の裏庭で遅い午後の日光浴を楽しんでいる最中だった。離婚後、ふたりが話すのは初めてだった。そのときの会話の記録には、ふたつのバージョンがある――ジェーンの証言と、ティムの証言だ。(1)

ジェーンの証言――

ジェーン：ティム、ティム、ジェーンよ。大変なことが起きたの――ルーシーがいなくなったのよ。

ティム：で、俺に何をしろって？

ジェーン：私たちの娘が日本で失踪したのよ。どうして……あなたが行って連れ戻してきたらどう？

ティム：外務省と警察がちゃんと捜査してるだろう。俺たちの出る幕じゃない。

ジェーン：でもティム……

ティム：悪いが、バーベキューの真っ最中なんだ。じゃあな。

ジェーン：ティム、お願いだから……

ティム：いい加減にしてくれ（ファック・オフ）。

彼は電話を切った。

ティムの証言――

ジェーン：ルーシーがいなくなったの。助けて！

ティム：おいおい、ちょっと待て。落ち着いてくれ。ジェーンなのか？　とにかく、落ち着くんだ、ジェーン――何があった？

ジェーン：私たちの娘が日本で失踪したの！　お願いだから、あなたが行って連れ戻してきて！

ティム：失踪したってどういうことだよ？　いったい何があったんだ？　とにかく落ち着いて―

――
ジェーン：もう、役立たず！　言ったでしょ？　ルーシーが失踪したの。信じられない。あんた、捜しにいかないつもりね？
ティム：ジェーン……俺……いますぐ決めろって言われたって無理だろ。いろいろと考えなきゃ。もう一度、何があったのか詳しく話してくれ。いま、バーベキューの――
ジェーン：あんたってとことん最低ね！　自分の娘が大変なことに巻き込まれてるのよ！　あんたって人は、自分のことしか興味がないのよね。
彼女は電話を切った。

結局、翌日に日本へ行くと立候補したのはソフィーで、ジェイミー・ガスコインも彼女につき添うことになった。「ルーシーはチバにいるんでしょ？　私が行って見つけ出すわ」とソフィーは母親に言った。「もしカルト集団に誘拐されたのなら、私が身代わりになって、ルーシーを助け出す」

冷静な父親

ソフィーは二〇歳、ジェイミーは二三歳。どちらも、故郷からこれほど離れた場所に行ったことはなかった。さらに最初の七日間は、日本にいた関係者は彼らふたりだけだった。ジェイミーはルーシーの元彼ではあったが、もともとソフィーは彼のことがあまり好きではなかった。ジェイミーが同行するというのは、母ジェーンの発案だった。一週間、ふたりは大使館と警察署の往復を繰り返したが、何ひとつ成果はなかった。英国大使館では頼りない不安の表情に迎えられ、六本木の麻布警察署ではよそよそしい無関心に迎えられた。

ルイーズはすでにルーシーの捜索願を警察に提出していたが、それは書類棚に眠る一枚の紙切れにすぎなかった。そんな状況ではあったものの、ふたりは千葉（チバ）についての情報を手に入れた——千葉は約九〇万人が住む大都市の名前であるだけでなく、五〇〇〇万人以上の人口を抱える県の名前でもあった。それも、ケント州と大（グレーター）ロンドンを合わせた面積に及ぶ大きな県だ。また、〝ニューリー・リズン・リリジョン〟という名前も、英語で言うところの〝ニュー・エイジ・カルト〟を意味する日本語〝新興宗教〟を英語に直訳しただけのもので、そういった団体は日本国内に無数に存在することもわかった。

セヴンオークスの母ジェーンは不安に取り憑かれ、正常に会話できる状態ではなかった。そのため、ソフィーは数時間おきに父ティムと電話で相談を繰り返した。彼らは、こういった状況では避けられないジレンマに直面していた——情報を公表すべきかどうか。ルーシーの身に何があったのか、知る人がどこかにいるはずだ。失踪した日に彼女を目撃した人がいるはずだ。目撃者を見つけるには、公の場で情報を求めるしか道はなかった。一方で、身代金目的の誘拐だとすれば、これから金の要求があり、交渉の機会が訪れるはずだ。もし金以外が目的の誘拐——たとえばレイプ——だとすれば、まだ生きている被害者をどう扱えばいいか、犯人は悩んでいるかもしれない。誘拐の目的がどちらにしろ、メディアで大騒ぎになれば、犯人が焦って取り返しのつかない事態になることも考えられた。

「公表すれば、ルーシーが殺されるリスクがありました」とソフィーは語った。「でも公表しなければ、姉を見つける機会さえ失われる恐れがありました」

警察は、どうしてもマスコミと関わりを持ちたくないようだった。大使館の職員も表面的には家族の意思に任せると言うものの、実際は日本の警察と同意見という印象だった。日本に到着するまえ、ソフィーは誘拐犯の部屋のドアまで突進し、姉を慕う愛の力によってルーシーを連れ戻す意気込みだった。しかし日本に着いたとたん、物語はすぐに複雑になった。ジグソーパズルのように、数多くのピースが眼のまえに散らばっていた。そのすべてを動かし、正しい順番に並べる必要があった——警察、大使館、メディア、さらには互いに言い争う両親まで。利害が衝突するそんな各ピースに、正しい方法で向き合う必要があったのだ。

時差ぼけと不安のせいで、ソフィーは眠ることさえままならなかった。ある夜、彼女は悪夢を見た。テレビゲームかハリウッド映画のなかに閉じ込められる夢だ。ソフィーはジェームズ・ボンドかブルース・ウィリスのようなアクション・ヒーローになり、時間内に世界を救う冒険に出る。しかし彼女の果たすべき任務は、爆弾処理でも、人質救出でも、テロリスト殺害でもなかった。警察をやる気にさせ、外交官と良好な関係を保ち、マスコミを取り込み、両親の仲介をすることだった。タイムオーバーになれば、どこかにいる誰か——顔の見えない未知の悪党——が姉を殺してしまう。

「私たちは二者択一を迫られました」とソフィーは言った。「マスコミには接触せず、警察からの情報をひたすら待つか。それとも、警察なんて当てにせず、マスコミを利用して世間の注目を集め、捜査にプレッシャーをかけるか。結局、私たちはマスコミを選びました」。実際のところ、それはブラックマン一家が下した決断ではなかった。ロンドンにいたルイーズ・フィリップスの姉エマが、相談もなしに《デイリー・テレグラフ》紙の記者に事件のことを話してしまったのだ。数日のうちに、ルーシーの失踪はイギリスで大々的に報道されるようになった。が、情報は錯綜していた。(2)

昨夜、元〈英国航空〉客室乗務員のルーシー・ブラックマンが、日本の悪徳カルト教団によって性奴隷として誘拐されたことがわかった。不安は高まるばかりである。——《ザ・サン》

警察によると、ルーシー・ブラックマン（21）が不気味な集団の餌食となり、売春を強要された可能性があるとのこと。――《デイリー・ミラー》

ルーシー・ブラックマンが深夜営業のメンバーズクラブ〈カサブランカ〉の客に誘拐された可能性について、警察の捜査が進む。二一歳のブラックマンの仕事は、酒を飲む客と話をすることだった。――《インディペンデント》

ルーシー・ブラックマンの運命は日本の〝マフィア〟が握っている可能性大。

――《セヴンオークス・クーリエ》

東京在住の記者にとって、それは厄介な事件だった。日本の警察はいっさいのコメントを拒否。英国大使館も、警察より対応は丁寧だったものの、情報をほとんど出そうとしなかった。六本木のクラブのマネージャーや外国人ホステスたちはみな一様に口を閉ざし、なんとか話を聞けたとしても、戸惑いや不安を語るだけだった。さらに、ソフィー・ブラックマンのマスコミへの態度には、好戦的かつ侮蔑的なところがあった。いずれにしろ、客室乗務員の失踪という謎は、人々の耳目を集めるものではあったが、トップニュースとまではいかなかった。世界じゅうで毎日のように、つまらない理由で人々は失踪しているのだ。父ティムがいなければ、ルーシーの事件はすぐにでも世間から忘れ去られていたことだろう。翌週の火曜日、ルーシーが行方不明になってから一〇日後、ティムは来日した。そして到着後すぐ、彼は見事な才能を発揮することになる――記者会見だ。

日本と同じようにイギリスでも、耐えがたい状況に置かれた人間が公の場でどのように振る舞うべきか、という絶対的な慣習がある。苦しむ被害者は困り果て、衰弱し、無抵抗――それが、一般的な被害者像だ。そのルール通りに振る舞わない人には、疑いの眼が向けられることになる。

ブラックマン一家の東京での言動は、そんな慣習の正反対を行くものだった。怪しげな誘拐事件に娘が巻き込まれた場合、日本の家族ならどう行動するか？　まず、下を向いたまま、とぼとぼとカメラのまえに登場する。そして、言葉少なにたどたどしく話し出す。愛するわが子の身の安全を願い、娘を解放してくれるように誘拐者の良心に訴える。彼らは涙を流し、謝罪（あるいはそれに近いこと）さえするかもしれない。「事件によって多くの方々にご迷惑をおかけしました」と。記者たちの質問はどれも型通りだ。娘さんはどんな性格でしたか？　誘拐犯に言いたいことは？　不幸な家族は再びとぼとぼとその場を去り、そのあとは多くを語らない。日本では、マスコミ対応や捜査方法を含め、すべてが警察に一任される。それが常識なのだ。

では、イギリスではどうか？　おそらく、個人の怒りや憤りをもう少し表現することが赦されるだろう。が、限度というものがある。イギリスにも、ブラックマン一家の状況に立たされた人々が従うべき暗黙の規範が存在する――人の死を追悼する方法に、従うべき規範があるのと同じだ。ティムとソフィーに出会うまえ、私はそんな規範があることさえ知らなかった。皮肉にも、彼らが慣習を最初から完全に無視したことで、規範の存在がかえって目立つことになった。

ティムの最初の記者会見は、彼が東京に到着した翌朝、英国大使館で開かれた。会場は人、カメラ、照明機材でごった返し、すべての席がふさがり、通路にまで記者が立つほどの混雑ぶりだった。演壇のテーブルのうしろにはティムとソフィー・ブラックマン、その隣に大使館の報道担当官が坐った。

まず、報道担当官が簡単に状況を説明したが、彼女は大げさなほどの優しさと痛切さを声に滲ませた――若者が絡む悲劇的な事件について、公の場で話すときの適切な話し方というものなのだろう。次に、ティムが話し出した。四〇代後半の恰幅のいい長身で、鋭い青い眼、赤みがかったブロンドの豊かな髪が際立っていた。彼は自信に溢れ、雄弁で、活き活きとさえしているように見えた。「きわめて冷静」と私はメモを取った。「感心するほど冷静だ。声を詰まらせることもなく、感情を出さない。もみあげが長い」

「はい」とティムは最初の質問に答えた。昨日到着した直後に警察と面会し、警察はあらゆる可能性を探っている印象だった。「はい」と次の質問にも答えた。日本のルーシーとは電話で定期的に連絡を取っており、娘は楽しそうだった、と。タカギアキラの電話に話題が及び、ルーシーがカルト教団に入信した可能性について訊かれると、ティムはぴしゃりと否定した。「ルーシーはカトリック教徒です。娘はこれまで宗教自体に大きな興味を示したことがなく、土曜日の午後に突然カルト宗教に興味を持つとは、まず考えられません」

ルーシーが借金を抱えていたことは事実だ、とティムは認めた。しかし、それは常識の範囲内の〝計画的な〟オーバードラフトとクレジットカードの支払いであり、数千ポンドにすぎない、と強調した。また、警察とマスコミを支援するために来日した、と彼は説明した。「ルーシーが日本の道端を歩いていたり、車に乗っていたりすれば、かなり目立つはずです。市民のみなさん、あの子が歩く姿や、車で通りすぎるところを見た覚えのある方は、どうか連絡をしてください。私たちにとって、それが重要な手がかりになるのです」

ティムの受け答えはどれも淀みなく正確だった。情報の提供者としては完璧だったが、それは記者やカメラマンが彼に求める役割ではなかった。記者会見や電話での会話の最中、ティムは答える直前にいっとき押し黙ることがたまにあった。沈黙が長く続くと、会場はさらなる緊張感に包まれた。そんな瞬間、誰もが察したものだ。いま、ティムは自分の頭に湧き起こる感情をなんとか抑え込もうとしているのだろう。しかし、沈黙は引用できないし、写真に撮ることもできない。しばらくしてティムの口から聞こえるのは、力強く、落ち着いて、淡々とした、皮肉っぽい響きさえある声だった。常に雄弁ではあったが、用意周到な印象はなく、メモを参照することもなかった。ときどき、横のソフィーと眼を合わせ、ほほ笑み合うこともあった。演壇上の彼は、会場の雰囲気に呑み込まれることもなく、リラックスしているようにも見えた。翌日、一部の新聞は記事内でこんな安易なフレーズを使った。〝狼狽する父ティム〟〝動揺する妹ソフィー〟〝必死に涙をこらえるふたり〟——すべて嘘だった。ティムとソフィー以上に、冷静で悠然とした父娘はいなかった。

イギリス人記者のひとりが手を挙げ、ルーシーの現在の交際相手について尋ねた。ティムは「相手のことを直接知っているわけではないが、彼は外国人で、警察に事情を聴かれているはずです」と答えた。記者は、それまでほとんど発言のなかったソフィーにも同じ質問を投げかけた。その日、大使館の報道担当官はソフィーに記者会見に参加しないよう勧めていたという。マスコミが彼女を挑発し、わざと動揺させようとする恐れがあるから、と。(3) それが狙いだったとすれば、マスコミはがっかりしたことだろう。「もちろん、彼のことは聞いています。ルーシーは私の姉ですから」とソフィーは口を歪めて言った。「彼とは日本で会い、交際を始めたと聞きました。それ以上の詳細については、あなた方には関係のないことです」

演壇の下で身をかがめたカメラマンたちは、父娘にレンズを向け、翌日の新聞を飾るショットの瞬間を待っていた。涙を拭う指、不安と悲しみに歪んだ表情、あるいは父娘の握りしめた拳でもよかった。しかし、そんな光景はいっさい見られなかった。記者会見が終わりに近づくと、私はティムについて何かが気になるようになった。外見について、どこか不思議な感じがしたのだ。しかし、彼はまさにその場にぴったりの恰好だった――ブレザー、黒っぽいズボン、革のタッセルローファー……そこで、私は気がついた。

照明機材やカメラの撤収が進むなか、知り合いの日本人記者が顔をしかめて近づいてきた。「ブラックマンさんの印象はどうだった？」と彼は訊いた。「それと、どうして靴下を穿いてないのかな？」

「私はヨットマンだ」と数年後にティムは教えてくれた。「だから、必要に迫られないかぎり靴下は穿かないんです。それに、あのときの東京はとても暑かったからね」。記者会見での落ち着きぶりについて尋ねると、彼は言った。「事前に、娘とふたりで決めていたんですよ――にやにや笑うこと、泣くこと、それだけは避けようって」

ティムは一九五三年にケントで生まれ、のちにワイト島に移って学校生活を送った。同じくボート好きの父親は、非常に厳格な性格だったという。三人きょうだいの末っ子だったティムは、彼曰く〝完璧なお荷物〟だった。「やんちゃな末っ子で、言うことをぜんぜん聞かなかった。当時の父はとても厳しく、私に怒鳴ってばかりでした」と彼は語る。「やめる加減ってものがわかってなくて、いまで言う多動性障害（ADHD）ってところかもしれません」。学校では、地域でも有名なブルーグラス・バンドに所属し、四弦バンジョーを担当。[4] バンドは数々の音楽祭で演奏し、ＬＰレコードを発売したものの「まったく売れなかった」という。ティムに大学進学の希望はなく、学校を出たあとは数年のあいだ悠々自適に過ごした。そのうち、〝自信満々の女たらし〟の異名を取るようになり、のちに出会うジェーンにもその噂は届いていた。

ティムの話によれば、結婚生活は始まった直後からすでに亀裂が生じはじめ、年を追うごとに惨めなものになったという。離婚前後の数年は、仕事上の重圧と生活上の不幸が重なる苦しい時期だった。家族経営の靴店の経営が悪化の一途を辿り、その後起ち上げた不動産会社も破綻に追い込まれた。しかし二〇〇〇年までに、ティムはなんとか新たなビジネスを軌道に乗せ、ジョセフィン・バーのパートナーとして、また四人の一〇代の子供の義父として幸せな生活を送っていた。離婚後も、自身の子供であるソフィーとルパートとの交流は続き、のちにルーシーとの関係も回復した。

ルーシーの日本行きについては、会話内で少しずつ出てくるようになった。娘が〈英国航空〉の仕事に満足していないことも、長距離離線の仕事の影響で再び体調を崩しつつあったことも、ティムは知っていた。さらに、ルーシーの借金についても把握しており、代わりに清算してほしいと直接頼まれたことがあった。「私は借金の返済を管理する方法を教えました」と彼は言う。「いろいろとコツを教えてね。当時の私は、五〇〇〇ポンドもの小切手を簡単に切れるような経済状況ではなかったし、ルーシーに悪い癖がつくのもよくないと思いました。私が代わりに清算していれば、娘は東京に行かなくて済んだ――もちろん、その考えが頭から離れることはありません。けれど、借金がなくてもルーシーは東京に行っていたかもしれないし、私はそのことで自分を責めつづけたりはしません。その罠にはまると、逃げ道がなくなってしまいます。そんなふうに考えても、何も変わりはしませんよ」

出発前、ルーシーはホステスの仕事についてティムに何も言わなかった。「おそらく、私が反対すると思ったんでしょう――きっと反対していたでしょうね。みっともないでしょう？　あの子の賢さはそんなことのためにあるんじゃない。私は男だから、よくわかるんですよ。どんなにその仕事が安全だと言ったたって、男は女を性的な眼で見るものです。しばらく経って、ルーシーはやっとすべてを話してくれました。いま思えば、私は騙されやすい父親の典型だったわけですね」

ルーシーが日本に着いてからも、ティムのもとには定期的に電話が入り、ポストカードが届くこともあった。当初、彼女はひどいホームシックに苦しんでいた。また、東京の物価が高く、生活は常にぎりぎりだった。それを聞いたティムは帰国するように勧めたが、ルーシーはルイーズを見捨てようとはしなかった。数週間後、彼女は仕事のことを初めて父親に打ち明けた。「少し奇妙な仕事ではあるけれど、けっこう楽しくやってると言ってました。欧米から来た子が客に酒を注ぐだけなんだ、とね。日本人の客はおもしろい人ばかりだ、イギリス人の女の子も三、四人いるし、日本人はみんなこういうふうに話すって言うんですよ――ファ、フィ、ファ、フィ、フォ。仕事が終わったあとは、近くのバーで二、三杯ビールを飲んでから、自転車で家に帰ると説明していました。それと、ハンサムなアメリカ軍の海兵隊員、スコットに出会ったことも話してくれましたよ。あれやこれや、とても幸せそうにしゃべっていました。その頃のルーシーは、最初よりも明らかに日本滞在を楽しみはじめていたようでした」

そしてあの日、ジェーンからの電話が来る。どちらのバージョンが正しいにしろ、ティムがルーシー失踪の知らせを元妻よりもずっと冷静に受け止めたことはまちがいない。「あのときにどういう気持ちだったか、さんざん訊かれました」と彼は言った。「でも、あまりに非現実的な状況で、自分がどんな感情だったかなんて覚えていません。受話器の向こうのジェーンから、ありとあらゆる罵声を浴びせられていたんですよ。私はただ裏庭の椅子に坐って、アオガラの鳴き声に耳を澄ますしかなかった」

それから数時間のうちに、まだ状況がほぼ見えない段階で、ソフィーがルーシーの身代わりになると言って東京に向かった。ティムは日本のことなど何も知らなかった。息子のルパートと同じように、彼もまた仕事上の知り合いや親戚の友人など、日本に関連する経験や知識のある人を探し、手あたり次第に電話した。そんななか、ティムの兄の知人の日本人がこう言ったという——ひとりのイギリス人の若い女性が東京で行方不明になったとして、日本の警察が本格的な捜査を始めるとは考えがたい。「同じようなことを、複数の人間から聞かされました」とティムは言う。「そこで私はパニックになりました。はっと気がついたんです。この状況では、はるか遠くの外国機関に頼るしか道はない。娘の生死が関わるこの問題を解決できるかどうか、すべては彼らの手にかかっている。なのに、その外国機関がきっと動き出さないだろう、と周囲の人たちが言ったんです」

その頃になると、記者からも電話が入りはじめた。「ジェーンは記者からの電話に、夜中の二時にかかってくる電話と同じ型通りの対応をしました——F（ファック）で始まる単語をたくさん使ってね」とティムは当時を回想する。「私はちがいました。記者から電話がかかってくるようになると、知っていることを話しました。そのとき突然、全体像が見えはじめたんです。それで、思ったんですよ。自分たちで事態を動かすには、まずはルーシーが失踪したことを人々に知ってもらう必要がある。

それから、東京のソフィーから『完全にお手上げ状態。警察は何も教えてくれない』と連絡がありました。私は徐々にわかってきました。イギリス国内で大きな関心を集めることができれば、状況が何か変わるかもしれない。それで、私自身が日本へ行くことを宣言したんです。それこそ、マスコミの関心を惹く行動だと思ってね」。そのときティムは気づきはじめた——タイミングとやり方次第で、一個人でもマスコミや新聞の報道に影響を与えることができる、大見出しを飾ることができる。さらに、彼はもうひとつ重要な事実を発見した。

七月末、主要八カ国首脳会議（G８）が沖縄で開催される予定で、ウラジーミル・プーチン、ジャック・シラク、ビル・クリントンら各国の首脳がみな、沖縄へ向かうまえに東京に立ち寄ることになっていた。イギリスからは外務大臣ロビン・クックが先に東京入りし、その一週間後に首相トニー・

ブレアが東京を訪れる予定だった。
「G8があるのはチャンスだと思いました」とティムは語る。「サミットが開催されるとなれば、全世界が日本に注目することになる。これはラッキーでした。イギリス国民に関心を持ってもらうことができれば――有権者がルーシーのことを知り、娘の身に起きたことを案じてくれるようになれば――首相を含めどんな政治家でも注目せざるをえなくなる。誰もクズ人間だとは思われたくないですから」

日本に足を踏み入れるまえから、ティムはこう自らに課した。ルーシー失踪を世間の関心を惹く大事件に変え、両国で最高権力を持つ政治家が直面すべき問題にしてみせる、と。

「時間との闘いでもありました」とティムは続けた。「ルーシーの顔が日本じゅうのテレビ画面に映し出されれば、大きなPRになるのはまちがいなかった。もう一方で、東京の警察にプレッシャーをかけることができる。なんと言っても、イギリスの首相が日本の首相に事件の解決を依頼するわけですから。それが、いまにも実現しようとしていたんです。

まるで、自分が巨大なブルドーザーにでもなった気分でした。そのブルドーザーに乗って、ある地点まで行かなくてはいけない――ルーシーがいる場所です。私はどこかの街にいた。きちんと正しい道筋をたどり、家の横の路地を抜け、目的地に行くこともできた。けれど、行きたい場所はすぐ眼のまえにあった。そこで、私は決めたんです。目的地までまっすぐ直線で行こう、と。AからBの地点まで突き進み、途中で邪魔になるものがあったら、それをなぎ倒して進めばいい、と」

自分からスリルを求めるかのようなこの決心が、のちにティムに試練を与えることになった。しかし同時に、その決意は彼にとって心の支えとなるものでもあった。成田空港に飛行機が着陸する直前、飛行機から景色を見下ろしながら、彼は極度の混乱と不安に襲われていた。「この国でルーシーを捜し出すなんて無理じゃないか、と虚無感に圧倒されていました。東京都心に向かう車窓に映るのは、この世のものとは思えない息を呑む光景でした。あまりに壮大で、異国情緒と活気に溢れていた。そんな街の姿を見て、私は思いました。『いったい何が起きるんだ？』『何が始まるんだ？』」。しかし、彼には喫緊の課題があった――とにかく、イギリスのマスコミを早急に味方につけなくてはいけない。

ティムは、ソフィーも滞在する半蔵門のダイヤモンドホテルにチェックインした。イギリスの記者、カメラマン、テレビ取材班の一団も同じ飛行機で日本に到着しており、彼らもそのホテルに滞在することになった。イギリスのマスコミ関係者には、ルーシー失踪のニュースが最終的にどこに繋がるのか、一抹の不安があった。それは、あるひとつの疑問が全員の頭をかすめていたからだった。ホステスとは具体的に何をする仕事なのか？　もしホステスが本質的に売春婦と同じ商売だとすれば、このニュースは衝撃的ではあるが、賞味期限の短いものになる――売春の世界に自ら身を投じ、不運ではあるが、ありきたりな結末を迎えた若い女性の物語。家族に対する同情の声は多少なりとも上がるだろうが、たいした反響は生まないだろう。それに、行方不明の売春婦の父親に面会しようとする首相はいない。ティムの挑戦は、純真無垢な若い女性（あるいは、初心(うぶ)な女性）が事件に巻き込まれたという構図を作ることだった。イギリス人の一般大衆が、事件の当事者が自らの娘であってもおかしくない、と考える状況を生み出すことだった。

これは、ティムとソフィーにしかできない挑戦だった。そして、普段のイギリスメディアの皮肉たっぷりの報道に鑑みれば、ふたりは奇跡的な大成功を収めたと言える。

〝風俗街〟である六本木については、過激な報道も散見された[5]（《ピープル》紙は「日本(ジャップ)の売春地獄(トラップ)に潜む危険――罪深き夜の世界に舞い降りるイギリス中流階級のうら若き女性たち」と題した記事を掲載）。また、日本人男性や、彼らのブロンドの白人女性への憧れについて解説する記事も多く、どれも人種差別的な一般化に基づくものばかりだった（「厳しいしつけによって、多くの日本人男性に性的偏向が見られる」と〝東京の事情通〟がスコットランドのタブロイド紙《デイリー・レコード》にコメントを寄せた）。ところが、ルーシーとその家族についての報道は良心的なものばかりだった。ルーシーの肩書は〝〈英国航空〉の元客室乗務員〟とされ、〝バー・ガール〟と書かれることは少なかった。彼女の借金についての家族の説明に疑問を呈したり、観光ビザで日本に入国して不法就労していた事実を批判したりする記事は出なかった。〝育ちのいいイギリス人女性が体を売る〟という話題はいかにも刺激的ではあったが、それがルーシーの状況には当てはまらないことが記事内では常に明確に示されていたのだ。「ホステスとしてのルーシーの仕事は、同席する男性客と話をすることだった」――最も下世話なことで有名なタブロイド紙《ザ・サン》でさえも、こんな紳士的な気遣いを見せるほどだった。「彼女がそれ以外のことに関わっていたとは考えにくい」

新聞の見出しはどれも、若い女性の破滅の原因についての安易な教訓を説くのではなく、一般読者が共感せずにはいられない人間の物語――海外で失踪した最愛の子供を、必死で捜す家族の苦悩――を描くものだった。[6]

愛するわが子ルーシーを必ず連れ戻す。娘の無事を祈るだけ――《エキスプレス》

姉を絶対に捜し出す――《ザ・サン》

〝カルト〟に連れ去られた女性の解放を求める家族の願い――《デイリー・テレグラフ》

「なぜ私たちなのか？」――家族の苦悶。〝カルト集団の奴隷〟ルーシーの捜索は続く
――《ザ・サン》

「ソフィーには『こっちが話を提供しないと、マスコミは話をでっち上げるだけだ』と伝えました」とティムは私に言った。「われわれはまず、優位な立場を築くことが重要だと考えました。そこで、ソフィーや私についての個人的な話をマスコミに提供することによって、その立場を確立したんです。そのうちに誰もが私たち家族に共感するようになったので、そのやり方を続けたわけです。まるでゲームでした――細かい情報を提供したら、あとは節度を持って行動し、悪態をついたりしないこと。それから、夜には記者たちと夕食を食べに出かける」

タブロイド紙の記者は、取材対象者から怒りと敵意を剝き出しにされることが多い。そんな記者にとって、ティムのざっくばらんな態度はまさに拍子抜けで、記者のほうが困るほどだった。彼は何時でも電話を受け、メールも必ず返信し、写真のためのポーズも喜んで取ってくれた。もはや親切というレベルを超え、自ら積極的にマスコミ対応するかのように見えることもあった。穿(うが)った見方をする記者たちのなかには、彼の協力的な態度に疑いを募らせる者もいた――この家族には、何か秘密があるのか？　しかし、ティムと一緒に仕事をする気楽さ、そして楽しさが、そんな疑いを忘れさせてしまうのだった。

私がティムと出会って以来、彼が心からの苦しみと失望をあらわにしたのは一度だけだった。七月末に開かれた英国大使館での記者会見――三週間で六度目の会見――でのことだった。ルーシー発見に繋がる情報はゼロで、警察も手がかりを見つけられず、報道に値するような有益な情報も何もなか

った。イギリスから来日したマスコミもすでにロンドンへ戻り、会見場に現れる日本在住の記者の数も、二週間前に比べるとかなり減っていた。

ティムとソフィーの表情は暗く、疲労の色が見えた。笑顔もなく、視線を合わせることさえない。さらに、ティムは靴下を穿いていた。

「私たち家族は絶望的な気分で、動揺しています。ルーシーがいまもどこかで大変な状況に置かれている。あの子自身、ひどく動揺していることでしょう」とティムは記者たちに語りかけた。「父親としてお願いします。どうかルーシーを解放し、私たち家族のもとに戻してください」。彼は声を詰まらせ、涙を堪えるかのように眼を伏せた。ソフィーの眼にも光るものが見えた。

カシャ、カシャ、カシャ、カシャ！　カメラのフラッシュが一斉に焚かれた。会場にいた数少ないカメラマンたちは、うつむいたティムの顔にレンズを向けた。これこそ、彼らがずっと待ち望んできた瞬間だった。

数年後、私はそのときの心境をティムに尋ねてみた。それまで三週間、ずっと保ってきた明るさや冷静さを打ち破ったものはなんだったのか？

「これは言わないほうがいいと思うけど」。しばらくの沈黙の末、彼は言った。「あの涙――あれは、まえもってソフィーと計画していたんですよ」

警察とマスコミ

東京に到着して数日のうちに、ティムとソフィーは日本とイギリスのマスコミから引っ張りだこになり、それに合わせて一日の行動パターンが決まった。ロンドンの現地時間は日本よりも八時間遅い。そのため、東京が夜のあいだに、ふたりは知人や家族と電話で連絡を取り、イギリスの午後のラジオやテレビ番組の電話インタビューを受けた。それから、数時間の睡眠。東京で日が昇り出すとすぐに電話が鳴りはじめ、イギリスの夜から深夜にかけてのニュース番組の取材を受けた。朝食のあいだは、同じホテルに滞在するイギリス人記者たちとの話し合いの時間だった――ルーシーの新しい写真が欲しいと要請を受けたり、その日のインタビューの時間を調整したりした。正午が近づくと、石垣と堀で囲まれた皇居の反対側の道を五分ほど歩き、英国大使館に向かった。昼過ぎには、テレビ局のスタジオからスタジオへと大急ぎで移動し、〈テレビ朝日〉や〈ＴＢＳ〉のワイドショー――日本人主婦向けのゴシップ番組――に出演することもあった。そして午後には、警察署を訪れた。

対応が遅く無関心、というのがソフィーの警察への当初の印象だった。ところが、ティムが来日するとその態度がころりと変わり、最初の話し合いの際は、警察は好印象を与えようと必死になるほどだった。その日、大使館にふたりを迎えにきたのは、白バイに先導された、スモークガラスの黒いマイクロバスの車列だった。すると、日本のテレビ局のワゴン車が一台、あとを追ってきた。「警察官たちは、やたらと窓から手を出して合図したり、急発進したり、曲がり角で急ハンドルを切ったり、何をそんなに急いでいるんだろうという感じでした」とティムは当時の様子を振り返る。「いったい何が目的なのか、私にはよく理解できませんでした」。行き先は、六本木交差点から一五〇メートルほど渋谷寄りにある麻布警察署。日本の警察に関するものはなんでもそうだが、捜査本部には独特の雰囲気――和気藹々さ、無気力さ、不穏さが奇妙に組み合わさった空気感――が漂っていた。

麻布警察署は、コンクリート造りの無機質な九階建ての建物だった。入口には、背筋をぴんと伸ばした若い警官がひとり。腰のベルトに拳銃をぶら下げ、家庭用の箒の柄を思わせる棒状の武器を両手で握っている。建物正面に描かれるのは、ピーポくんの絵。にっこりと笑うその小さな妖精は、警視庁のマスコット・キャラクターだ。その上に英語と日本語の看板があり、英語のほうには〝すべてのドアと窓の戸締り確認〟と書かれていた。看板の下には、暴力団員や殺人犯などの指名手配者のポスター。さらに、にやけ顔のオウム逃亡犯の等身大パネルが三つ。オウム真理教が地下鉄にサリンを散布したのは、ルーシー事件の五年前のことだった。

「いくつか、驚かされることがありました」とティムは言った。「もっと立派な警察署に行くものだと勝手に想像していたんです。ところが、麻布警察署の室内はまるで一九五〇年代でした。少し薄汚れて、まったくの無個性。実用主義の警察署が、完全に老朽化したという感じでしたね」。最も印象深かったのは、建物内にテクノロジーの欠片さえ見当たらないことだったという。もちろん警察無線はあったものの、誰もがノートパソコンが並ぶと予想する場所に置かれていたのは、旧式の書類整理棚と書類の山だった。「モニターやらそういう機械がずらりと並んでいるものだとばかり思っていました」とティムは続けた。「私たちが案内されたのは作戦司令室のような部屋でした。尋常じゃない数の灰色の小型デスクが並び、似たような人たちが歩きまわっているだけ。みんな似たような白いワイシャツ姿で、これまた似たように袖を捲(まく)っていました。パソコンは一台もありませんでしたよ」

　警察署で過ごす午後は、いつも同じことの繰り返しだった。まず、ティムとソフィーは小さな会議室に通される。室内には、低いテーブルを挟んでソファーと二脚の椅子。次に、若い女性警察官が緑茶を運んでくる。その黄色がかった色合いと生ぬるい温度は、ティムにいつも〝体液〟を想像させた。「味にはなかなか慣れることができませんでしたが、それでも飲みました」。しばらくするとお偉方たちの登場となり、お辞儀や握手が続く。

　日本に来たばかりの外国人にとって、日本人の名前を覚えるのは容易ではなく、ソフィーは担当の高官たちを髪型で覚えた。にこやかな顔に眼鏡をかけ、いつも無口な光眞(みつざね)警視は、分け目の白髪が特徴だ。警察庁キャリアの若手の出世頭で、流暢な英語を話す丸山直紀(まるやまなおき)は、スパイキーヘア。初対面のときには、誰もが名刺を両手で持って恭しく差し出した。名刺は片面が英語、裏が日本語で、光眞警視の名刺には次のような情報が羅列されていた。

光眞章
警視
特殊犯捜査・管理官
捜査第一課
刑事部
警視庁
東京都千代田区霞が関二丁目一番一号
１００‐８９２９

光眞警視はほとんど英語を話せず、通訳を介した会話には通常より時間がかかった。しかし通訳が不要だったとしても、話は長時間に及んでいたことだろう。刑事たちは、記憶喪失のように同じ話を繰り返し訊いてくるのだ。ルーシーの性格、学歴、来日前のキャリア、日本に来た理由について警察は何から何まで知りたがった。なかでも彼らが取り憑かれたように何度も確認したのが、ルーシーの借金についてだった。

警察はティムとソフィーにパスポートの提出を要求し、コピーを取った。さらに、ふたりは書類に必要事項を記入し、調書に署名することも求められた。

どうして犯罪絡みだと言い切れるのか、と訊かれたティムは答えた。「ルーシーは自ら姿を消すような子じゃありません。いままでそんな行動に出たことはないし、日本で突然そうしたと考える理由は何もない。娘は誰かに会いに出かけた。帰宅することを友人に電話で連絡したにもかかわらず、帰ってこなかった。であれば、本人の意思に反して拘束されていると考えるのが妥当でしょう」

光眞警視はうなずき、かすかにほほ笑んだ。ティムの説明が警察に受け容れられたのはまちがいなかった。光眞警視のような高い地位の警察官が捜査に加わったことが示すとおり、この事件は単なる行方不明者捜しから、犯罪捜査へと格上げされたのだ。「まえの週のソフィーへの対応とは雲泥の差でした。ソフィーは門前払いされていたんですから」とティムは言った。警察が態度を変えたのは、マスコミが大々的に事件について報道したからにちがいない、と彼は確信していた。ティムとソフィーがひたすらインタビューを受けつづけたからにちがいない。

午後遅くに警察署を出るとき、ティムとソフィーは、事情聴取に向かうルイーズ・フィリップスと決まって出くわした。彼女は毎日のように警察署に呼ばれているようだった。警察署で会った三人は互いに優しく声をかけ合うわけでもなく、その場には緊張感が漂った。ソフィーは、ルイーズの飾り立てた外見に腹が立ったという。いちばんの親友が失踪したというのに、警察署に来る彼女はいつも派手なマニキュアを塗り、メイクも完璧だった。ルイーズはティムとソフィーの存在にどこか落ち着かない様子で、困惑気味にも見えた。ふたりと話をしないよう警察に厳しく言われている、とルイーズは繰り返すだけだった。

ティムとソフィーが再び六本木通りに出る頃には、すでに空は薄暗くなっていた。そのうち、ホステスたちが警察署裏のジム〈ティップネス〉から続々と姿を現し、夜の仕事へと向かうことになる。ふたりはタクシーでダイヤモンドホテルに戻ると、バーでビールを飲んだ。ちょうど同じ頃、イギリスの報道関係者がロビーに集まり、二、三人ずつのグループに分かれて、意気揚々と夜の〝調査〟——会社の経費で行くホステスバー巡り——に出発した。ティムとソフィーはレストランの隅のテレビに視線を向け、その朝に受けたインタビューの日本語吹替版を見つめた。

　ホテルのバーには自動ピアノがあり、夜の早い時間はいつも安っぽい映画音楽を演奏していた。ピアノの椅子に坐るのは、ベストと蝶ネクタイを身に着けた巨大な白いウサギの人形だ[7]。人間ほどの背丈はあろうかというウサギは、どこか物悲しく諦観の表情を浮かべながら、音に合わせて髭(ひげ)を動かした。しかし、バーにいる人間は誰ひとり、ウサギを奇妙とも滑稽とも思わないようだった。それどころか、誰もウサギのことなど気に留めていなかった。ティムとソフィーはビールをちびちびと飲みながら、その人形を見つめた。巨大な白いウサギは、ふたりが抱く不条理と絶望の感覚——鏡の反対側の世界で、一日の終わりに沈思黙考するふたりの気持ち——とぴたりと調和するものだった。

第八章　理解不能な会話

ブレア首相登場

二〇〇〇年七月のある日の午後、ティムとソフィーはホテルニューオータニ東京でトニー・ブレアと面会した。[1] 当時は、ブレアの権力と人気が国内外で絶頂を極めていた時期だった。同日の午後、森喜朗首相との首脳会談の場で、ブレアは警視庁の努力に謝意を示し、ルーシーを捜し出すために「あらゆる手を尽くしてほしい」と要請した。事件の概要を事前に聞いていた森首相はこう返答した。「ルーシーさんを発見するため、警視庁はできうるかぎりの努力をしています。今後もそれを続けてもらいたい」

ティム・ブラックマンの勘は見事に的中した。誠実で心優しい家庭的な父親——そんなイメージを売りにするブレアにとって、この事件は無視できないものだった。テレビカメラのまえで彼が発した台詞は、ティムが代わりに書いた台本だったとしてもおかしくなかった。「海外で働く子供が姿を消すことほど、親として恐ろしい出来事はありません。これは、すべての親にとっての悪夢です」。ティムとソフィーの横に立つブレアは述べた。「この悲劇的な事件に直面した家族の悲しみを考えると、心がひどく痛みます。しかし、彼らは気丈にもこの地に留まり、ルーシーさんの居場所と事件の真相を摑むために、闘いつづけているのです」

「圧力は上から来る必要がある」とティムは語る。「私が怒って床を踏み鳴らしたところで、ただの厄介者だと思われるのがオチです。けれど、それが日本の総理大臣からの命令であれば――つまり、上司の上司の上司からの言葉だったら、計り知れない効果があるはずなんです」

両首脳による話し合いに応えるかのように、警視庁は大々的な捜査に乗り出した。四〇人体制で捜査は進み、三万枚のポスターが全国で配布された。市民から電話で寄せられた情報の件数についても、警察は正確な数をあっさりと発表した――ある日は二三件、二日後は一九件。しかし、情報の信憑性や捜査の進捗状況については、警察はだんまりを決め込んだ。「ご安心ください」。光眞警視は優しげな小さな笑みを浮かべ、ティムに言った。「できるかぎりの捜査をしていますから」

ブラックマン一家は自ら決断を下し、マスコミと手を組む道を選んだ。それにともない、警察との信頼関係は永遠に失われることになった。

ある日、ティムとソフィーは麻布署に出向き、〈代々木ハウス〉から回収されたルーシーの所持品を受け取った。すべての品を丁寧に分類した一覧表が作成されており、何を受け取るにしても一つひとつ署名する必要があった。化粧品、ネイル用キット、自己啓発本――どれも個別にビニール袋に入れて密封され、書類にリストアップされていた。ほかにも、ジェイミーが贈ったティファニーのネックレス、ソフィーが出発直前に渡した感動的な手紙、サマンサ・バーマン宛ての未発送のポストカードもあった。ルーシーの日記については、捜査の手がかりや証拠になる可能性が高いとして、引きつづき警察で保管されることになった。洋服をほとんど持参していなかったソフィーは、警察から引き渡されたルーシーの服を着るようになった。ふたりの姉妹はもともと体格も顔立ちも瓜二つだったが、姉の洋服をまとったソフィーは、あたかも物悲しい幽霊のようだった。

職員の傍（かたわ）らでティムとソフィーは涙を流しながら、ルーシーの所持品を一つひとつ確認していった。

ふたりにとって最も酷だったのは、ルーシーが幼い頃から大切にしていた犬の人形を見つけたときだった。名前は〝ポーヴァー〟――子供が〝ローヴァー〟と言おうとするときの発音だ。使い古された犬のぬいぐるみの長く柔らかい耳を、ルーシーはよく口で吸い、鼻にこすりつけた。彼女はいつもポーヴァーと一緒だった。客室乗務員として働くときも、必ず荷物に入れてフライト先まで連れていった。歳月の経過とともに汚れてぼろぼろになったポーヴァーは、ルーシーと一緒に東京にやってきた――そしていま、ここにいた。「それは悪い兆しでした」とティムは言った。「最悪の瞬間でした。われわれが何に直面しているのか、痛感させられたんです。もしルーシーが自分の判断でどこかに消えたのだとすれば、人形はハンドバッグに入れるはずです。だが、人形は眼のまえにあった。つまり、ルーシーは帰ってくるつもりだったのに戻れなかった。そういうことになります」

「マスコミに対応するのは――」ティムはのちに私に教えてくれた。「ゲーム感覚でした。正直言って、楽しんでましたよ。実に楽しかった。もちろん、置かれた状況を楽しんでいたわけではありません。けれど、こう感じていました――私たちが強い態度を示せば、誰もがそれに応えてくれる。私たちは決してあきらめない、そう伝えることができた。トニー・ブレアと面会したとき、私は頭を撫でてもらって、〝ああ、かわいそうに。なんと辛いことだろう。気を落とさないで〟などと言ってもらいたかったわけじゃない。私が強く出れば、ブレアに対してより大きな要求をすることができる。とにかく、強い立場を確立することが重要なんです。

　誰も気づきはしませんでしたが、私の精神状態は最悪でした。記憶を失ったみたいに、事件の詳細などまったく把握できていませんでした。まわりの人が言うことも、自分の行動さえも理解できなかった。思い返してみると、事件の衝撃のせいで、精神的にかなりのダメージを受けていたんでしょう。ルーシーの顔をメディアに出しつづける――その任務については、私の頭は冴えていました。けれど舞台裏では、私の思考回路は完全に停止状態だったんです」

父親と同じように、ソフィー・ブラックマンも意識的に〝強く〟あろうと心に決めていた。しかし彼女の場合、その決意が怒りや嫌悪の感情として表れることが多かった。悲しみや絶望を見せることはなく、ソフィーはいつも警察や記者に怒っているように見えた。とりわけ記者に対しては、あからさまに侮蔑するような態度を取った。彼女には礼儀正しく、ひょうきんで、かわいらしい一面もあったが、好戦的で失礼な態度がすべてを覆い隠した。そんな彼女に同情する人は少なかった。が、プライドと自意識の高いソフィーにとっては、それこそが狙いだったのかもしれない。しかしそのとき、彼女は人生で最も過酷な経験の入口に立っていた。その経験は、それから何年ものあいだソフィーを苦しめつづけ、姉だけでなく彼女自身をも死の淵へと追い込むことになる。

日本滞在中、ソフィーは軽い吐き気に絶えず悩まされていた。時差ぼけの混乱、非現実的な感覚が頭を離れなかった。さらに、飛行機が成田に着陸した瞬間から、ぐっすりと眠ったことは一度もなかった。「やっと眠れたと思っても、一時間もすれば電話が鳴り出しました」とソフィーは語った。「眼が覚めても、自分がどこにいるのか、何をしているのか、何が起きているのか、認識するまでしばらくかかりました。その次に、吐き気が襲ってきます。何カ月も何カ月も吐き気は続きました。でも毎日、眼を覚ますと、気持ちのいい瞬間があるんです。ぴしっと糊のきいたホテルのシーツ、エアコンの冷たい風、分厚いカーテンで覆われた闇――そんな空間で眼を覚ました一瞬だけ、私は充実感に包まれました。なんて心地がいいんだろう。私はどこにいるの？　でも次の瞬間、現実に引き戻される。電話が鳴っているのに気づいて、私は身構えるんです。悪い知らせだろうか？　姉は死んだのだろうか？　それが一年近く続きました。吐き気、不安、恐怖がひたすら波のように押し寄せた。その後、ルーシーの身に起きた事実、そして姉の運命を知ったことは、私の人生で最も残酷で悲しい出来事でした。でも、それまでの九カ月の地獄から解放された瞬間でもあったんです」

七月中旬、マスコミの大きな報道によって新たな動きが生まれた。ルーシー捜索の手助けをしたいと、多くの一般人ボランティアが集まりはじめたのだ。

ティムの到着から一週間後、パートナーであるジョセフィン・バーが東京にやってきた。その夜、ふたりはソフィーとともに六本木の〈ベリーニ〉で夕食をとった。歩行者をストリップ劇場に誘い入れようと、ガーナ人の客引きがうろうろする通りのど真ん中にあるレストランだった。近くのテーブルに、外国人カップルが坐っていた——若い美人と、長身で体格がよく、さらさら髪の三〇代後半の男。テレビのニュースで見たティムとソフィーが店内にいることに気がつき、男がテーブルまでやってきた。彼はヒュー・シェイクシャフトと名前を名乗り、東京で小さな会社を経営するイギリス人ファイナンシャルアドバイザーだと自己紹介した。四年前に東京に移り住んで以来、ヒューはずっと六本木交差点を中心に生活してきた。オフィスは防衛庁の向かいで、マンションは高速道路の反対側。六本木のレストランやバーは彼の台所であり、店にたむろする外国人銀行家やブローカーはみなクライアントで、ホステスたちはみな彼の女友達だった。〝六本木のヒュー卿〟の異名を持つ彼は、六本木の住人全員が知り合いだと豪語した。熱帯雨林に住むサルのように、彼はこの地に自然に溶け込んだ生物だった。

ヒュー自身がルーシーに会ったことはなかったものの、事件の詳細を報道で知った彼は、何か手助けできないかと切望していた。「娘さんを見つけたいなら、大使館のスタッフのことは忘れたほうがいい。あいつらは役立たずだ」と彼はティムに言った。「必要なのは、オフィスと専用の電話回線です。私でよければ、すべて用意できますが」

ヒューはティムを連れてレストラン近くにあるATMに行き、二〇万円を引き出してその場で寄付した。その後、通りの反対側のバーへと移動すると、今度はヒューのイギリス人の友人がさらに一〇万円を寄付した。

ティムは度肝を抜かれた。そのとき、彼の不動産の仕事はすでに二週間ほど休業状態だった。そんななか、一泊三万円近いダイヤモンドホテルの宿泊代に加え、食費、タクシー代、電話代と出費はかさむばかりだった。「銀行や義理の兄から金を借りて、なんとかやりくりしていた状況だったので、最高の展開でしたよ」とティムは言った。「ヒューは実に気前がよかった」。別れ際、ヒューはティムに名刺を渡し、翌朝にオフィスまで来るように告げた。

オフィスの場所は理想的だった――〈カサブランカ〉から五〇メートルほど離れたビルの三階。留守番電話機能付きの電話がちょうど一台余っており、すぐに情報提供のための〝ホットライン〟として使うことが決まった。観光ビザで不法就労するホステスなど、警察への連絡をためらっている人も多いはずだった。まえの晩のうちに、ヒューは友人や同僚に向け、ブラックマン一家への支援を求めるメールを送っていた。ある投資銀行家は、平日の夜や週末に運転手として手伝うことを申し出た。また、洗剤メーカー勤務の別の外国人は、液体洗剤のボトルにルーシーの写真を印刷してはどうかと提案した。ヒューの会社に在籍する数人のスタッフが通訳として手伝い、彼のガールフレンドのタニア(2)――多言語を操るロシア人モデル兼ホステスで、まえの晩に彼とレストランに一緒にいた女性――は、ガイドとして働くことになった。

その夜は、関係者一同で〈ベリーニ〉に行き、新たな作戦の開始を祝って乾杯した。さらに、ヒューはレストランの責任者にこう告げた。ティムと彼の家族には、何度でも好きなだけこの店で食事をしていいと伝えてある。勘定はすべて自分のつけにしてかまわない。

オフィスとホットラインの開設は、ティムに新たな目的意識を与えた。ボランティアの申し出はイギリスからも寄せられ、多くの支援者が続々と六本木に集まるようになった。「何か手伝いたいという電話が鳴り止みませんでした」とティムは言った。「そのほとんどが善意の人でしたが、なかには何か裏がありそうな人もいました。だとしても、われわれはそれを区別できるような精神状態ではなかったんです」。一度、自称〝私立探偵〟という男がイギリスから一週間ばかりやってきて、多くのホステスに話を聞いてまわったことがあった。帰国前、彼はちゃっかりと二〇万円の請求書をティムに手渡した（ほかの多くの経費と同様、ティムの姉の夫である裕福な実業家ブライアン・マルコムが代金を肩代わりした）。最も有能な支援者のひとりに、若いオーストラリア人、アダム・ウィッティントンがいた。サマンサ・バーマンの友人のバーテンダーで、ボディーガードとして訓練を受けたこともある元軍人だった。小柄な体、薄茶色の髪、控えめな性格――それがアダムだった。結局、彼は何週間も東京に滞在し、独自の綿密な調査を行なうことになった。アダムは、ふたりの日本人記者と協力して調査を進めることが多かった。《ジャパンタイムズ》紙の前田利継と〈ＴＢＳ〉の片山賢太郎だ。流暢な英語を話すこのふたりの記者もまた、多くのプライベートな時間を割いてルーシー捜索に尽力した。

　ティムは大使館で再び記者会見を開き、ルーシー・ブラックマン・ホットラインの開設を発表した。新たにイギリスの〈ヴァージンアトランティック航空〉が、電話番号を掲載したチラシとポスターの印刷代を負担してくれることになった。これで活動拠点が決まり、チームも結成された。あとは深呼吸をしてから、最も重要な問題に取りかかるだけとなった――ルーシーの身にいったい何があったのか？

ルーシー・ホットライン開設

「ルーシーはもう生きていないかもしれない——あの当時は、絶対にそう考えないようにしていました」とティムは言った。「そう考えたら終わりでした。すべてが止まってしまう」。そんな可能性は意識的に排除された。そもそも、確実な情報など何もなかった。ルーシーは男性と一緒に出かけた。出発前にルイーズと会話したときに、彼女は明るくリラックスした様子だった。タカギアキラの電話の内容は明らかな作り話であり、捜査の攪乱を狙った偽装工作にちがいなかった。同時にそれは、誰かがルーシーの居場所を知る証左であり、彼女が自らの意思に反して囚われの身となった可能性をさらに裏づけるものだった。しかし、誰によって？　どこに？

誰もが最初に思い浮かべる重要参考人は、ルーシーの交際相手、アメリカ軍海兵隊員のスコット・フレイザーだった。ところが誰の眼にも、スコットはただの正直者にしか映らなかった。さらに彼のアリバイは完璧だった。ルーシーが失踪した日はずっと勤務中で、航空母艦〈キティホーク〉号に乗船していたのだ。ほかにも、優先的に事情を聞かれるべき人物がふたりいた——親友ルイーズ・フィリップスと、ルーシーのいちばんの上客で、同伴回数が最も多かった鈴木健二だ。

ソフィーはルーシーのメール・アカウントのパスワードを知っており、事件後すぐに内容を印刷して警察に提出した。鈴木健二とのやり取りがとくに目立ち、彼がルーシーに惚れ込んでいたことは疑いようがなかった。また、最後の数通のメッセージの文面には、抑制された嫉妬心や怒りが滲んでいた。しかしティムが聞いた話によると、警察は鈴木を尋問したうえで、容疑者リストから外したという。一方のルイーズについては、連日の事情聴取が続いていた。ティムとソフィーに対する彼女の冷たい態度も相まって、ブラックマン一家のルイーズへの怒りと疑いは、日に日に増していくのだった。

事件の最重要部分については、ルイーズが唯一の証人だった。彼女が嘘をつくと考える理由は何もなかったが、話の一部が驚くほど曖昧だった。だとしても、タカギアキラからの電話の内容はあまりに異様で、簡単に創作できるようなものではなかった。警察や家族への連絡が遅れたのも、単なるパニックと混乱のせいだと考えてもまったくおかしくはなかった。しかし、その日ルーシーが会った相手の男について、ルイーズはなぜ何も知らないのか？

ルイーズとルーシーは十年来の親友だった。ふたりは一緒に働き、食事や夜遊びもいつも一緒で、猫の額ほどの広さしかない部屋で共同生活をしていた。さらに、ルーシーは誰もが知るおしゃべりだった。「ルーシーは、どんな話も八万語以下で伝えることができないんです」とソフィーは言う。「あまりの情報量に、こっちの頭が痛くなるくらい」。翌日に裕福な新規客との同伴を控え、さらに携帯電話をもらう約束があったとなれば、ルーシーは嬉しさのあまり相手のことを事細かに話したにちがいない。にもかかわらず、ルイーズは、相手の男について何も知らないと言い張った。

ティムとソフィーは、失踪前にルーシーが接客した男性客についてルイーズに記憶を辿るよう懇願した。鈴木健二は？　ありえない、とルイーズは答えた。ケンは「心優しい人間」であり、悪いことなど絶対にできない男だ、と。写真好きの老人、渡辺は？　それはさらに考えられないことだった。では、ルーシーが失踪するまえの週に同伴の話を持ち出したコーワは？　「コーワさんじゃない」とルイーズは言った。「ちがうわ」

ルーシー・ホットラインには、数十件の連絡が入りはじめていた(3)。多くはメディアからのインタビュー依頼の電話で、残りは雑多な情報だった。ヒュー・シェイクシャフトの会社のスタッフの協力により、すべての内容が丁寧に翻訳され、記録された。

・ルーシーに似た若い女性を鹿児島空港で目撃。女性は小さなバッグを携帯し、シルバーのメルセデスに乗り込んだ。
・笑いながらぼそぼそと話す声。理解不能な会話。
・日本人男性が、車に乗る数人の西洋人女性を目撃。ルーシーに似た若い女性が、掌に書かれた番号を彼に見せ、その番号に電話してほしいと頼むような様子だった。電話をしたが、使われていない番号だった。
・七月一日、午後一二時三〇分、ルーシーを富士山で目撃。彼女は白いワンピースを着ていた。
・情報提供なし。ルーシーに対する一家の献身的な愛に感動したとのこと。
・笑いながらぼそぼそと話す。理解不能な会話。
・男性――声は若く、恥ずかしそうな話し方。ソフィーとデートに行きたいとのこと。「ソフィーはクール」と発言。

電話は、日本じゅうのあらゆる場所からかかってきた。スタッフはすべての電話をかけ直し、情報の裏を取るようにしたが、ときに一筋縄ではいかない場面もあった。あるとき、情報提供者が北海道のアパートの一室の住所を伝え、ルーシーを目撃したと連絡してきたことがあった。アダムとタニアは東京から北に八〇〇キロも飛行機で移動し、調査に向かった。が、部屋は空っぽで誰も住んでいなかった。ほかにも信憑性の高そうな詳細な情報が数多く寄せられたが、ほとんど役に立つことはなかった。いまや列島の至るところから、ひっきりなしに電話がかかってくるようになった。公共心を持つ善意の人たちが、背の高いブロンドの外国人女性を見つけては、行方不明者のポスターの女の子かもしれないと考えるようになったのだ。しかし、ほかに正確な情報など何もない状況下では、仕方のないことだった。

しばらくすると、ティムと支援者たちはあることに気がつきはじめた――多くの日本人にとって、明るい髪の色の外国人はみな同じ顔に見えるらしい。ある日のこと、ソフィーとアダムは六本木の目抜き通りに立ち、歩行者にルーシーの写真を見せて情報提供を求めていた。道行く誰もが、礼儀正しく親切だった。自分の店に貼ると言って、ポスターを持ち帰る店主が何人もいた。そんななか、日本人の若い女性二人組が、興奮に上ずった声で言った。「見ました、写真の女性を見ました！」。なんとふたりは、数分前に道路の反対側の店でルーシーを見たというのだ。ソフィーとアダムは期待に胸を膨らませ、女の子のひとりと一緒に通りを横切って店に向かった。到着すると、彼女がガラス越しに指差した。ドリンクの冷蔵庫のまえには、長身でブロンドの西洋人女性。「あの人です、あの人！」と日本人の女の子は叫んだ。次の瞬間、その外国人女性が振り返った――ティムのパートナー、ジョセフィン・バーだった。ひとり昼食の買い物にやってきた、ルーシーより二〇歳も年上の女性だった。

霊媒師たち

ジェーン・ブラックマンは、日本へ行こうとは一度も考えなかった。一六歳の息子ルパートの面倒をみる必要があったし、記者会見でカメラのまえに立って質問を受けるというのがどうしても嫌だった。記者から電話が来ると、彼女は受話器をそのまま置いた。記者が訪問してくると、ドアをぴしゃりと閉めた。「あなたが子を持つ親なら、子供と親密な関係を保つ親なら、私がどんな経験をしているか、いくらかは理解できると思います」と彼女は公式声明を発表した。「私がどんな思いか、報道機関に話すつもりはありません」。ジェーンは寝ることもままならず、食事も咽喉を通らない状態だったが、リフレクソロジストの仕事だけは続けていた。朝食にブランデーを飲み、なんとか一日をスタートさせた。ルーシー捜索についての進捗は、ソフィーからの電話やメールで確認した。が、ルーシー失踪直後の悲惨なやり取りのあと、彼女とティムが直接話をすることはなかった。セヴンオークスにいるジェーンが、役に立てることなどほとんどなかった。しかし、何もせずにじっとしてはいられなかった。

スピリチュアルな世界にもともと興味を持つせいか、ジェーンはルーシーが実際に〝ニューリー・リズン・リリジョン〟に入信した可能性をほかの誰よりも強く信じ、日本のカルト教団についての無益な調査に何時間も費やした。事件が起きて間もない頃、リフレクソロジストとして彼女が担当する患者の数人が、霊媒師に相談することを勧めた。するとすぐに、霊媒師や霊能者、信仰治療師らが次々に電話してくるようになった。「『旅費を出してくれれば、私が日本に行ってルーシーを見つけますよ』と誰もが言いました」とジェーンは教えてくれた。「私は不思議に思いました。もし本当に霊能力があるなら、どうして日本に行く必要があるんだろうって」。しかし結局、ほかに何もすることがなかったジェーンは、超自然的な才能を持つと主張する人々と多くの時間を過ごすことになった。(4)

まず、キースという名の男性霊能者がいた。彼は、数件の行方不明事件においてロンドン警視庁と密接に協力したという。ベティは、自称霊媒師／信仰治療師／詩人／〝ビタミン・ミネラル療法士〟だった。ジェーンは、ある女性スピリチュアリストに会うために、ロンドンから北に四〇〇キロほど離れた湖水地方まで車を走らせたこともあった。のちに、交霊の様子を収録したテープが届けられた──うめき声、泣き声、眼に見えない霊が鳴らしたというトランペットの音が延々と録音されていた。ある霊能者は、ルーシーの指輪を握って霊の世界と交信した。別の霊能者は、日本の地図をダウジングしてルーシーの居場所を見つけようとした。そんな情報を得るたびに、ジェーンはソフィーに長いメールを書いて内容を事細かに伝えた。それは膨大で、楽観的で、異様な詳細を含んだ――意味のない不確実な情報だった。

・ルーシーは、下水処理場の隣の廃墟に閉じ込められている。
・ヤクザが所有する小島にいる。
・ジョージ王朝様式の建物にいる。室内に使用人と賭博台が見える。
・くすんだ緑色のワゴン車でルーシーは連れ去られた。
・クルーザーでルーシーは連れ去られた。
・誘拐犯は肌が汚く、右頬に傷跡のある男。
・ルイーズは何かを隠している。彼女を信用するな！
・日本の刑事のひとりは買収されている。彼を信用するな！
・犯人は日本のマフィア。
・犯人はアラブ人組織。
・ルーシーの髪は短く切られた。
・ルーシーは薬物を投与された。
・ルーシーは肉体的な危害を受けていない。
・横浜から船で日本を離れた。
・キリアシという名前が聞こえる。

・オケンホワはどこにある？
・ティシュモ、トシモ、あるいはトゥシマという言葉が聞こえる。
・噴水と寺が近くにある交差点を探せ。
・電話の請求書を確認しろ。
・二人目の私立探偵を選べ。
・男——蛇を飼う男。
・肩にバラの入れ墨が見える。

ティムもまた、そういった人々の主張を真に受けた。あるとき、イギリスのタブロイド紙の招待で、マホガニー・ボブという名の初老のダウザーがオーストラリア・クイーンズランド州から来日したことがあった。彼はこう説明した——ルーシーの痕跡に反応すると、手に持った二本の占い棒が回転して交差する。それから数日間、ティム、ソフィー、アダム、タニアは彼に同行して東京じゅうを車で移動し、占い棒が動くたびに、近くの建物のドアをノックしてまわった。彼らは相手に頼み込み、民家や会社の室内を調べさせてもらった。さらには、東京湾に停泊する貨物船の船内まで捜索したが、何も手がかりは見つからなかった。日を追うごとに、マホガニー・ボブの疲労が見るからに増していった。数日後、ルーシーは死亡した可能性が高いとだけ宣言すると、彼はそのまま帰国してしまった。

ジェーンには、催眠術師を東京に送り込み、ルイーズを催眠状態にして真実を聞き出すという考えがあった。が、結局そんなことはしなかった。「まるで、現実感を完全に失ってしまったかのような感覚だわ」とジェーンはソフィー宛てのメールに書いた。「どんな状況か、どうか知らせてちょうだい。とても寂しいの」。しかし七月末、伝えるべき進捗など何ひとつなかった。

その頃のイギリスでは、タブロイド紙の注目は、ルーシー事件より悲惨なあるニュースに移りつつあった――サセックス在住の八歳の少女サラ・ペインがルーシーと同じ日に失踪し、強姦されたのち、二週間後に遺体で発見された。ダイヤモンドホテルでは、記者が宿泊料を清算し、続々とチェックアウトするようになった。最初に、滞在費のかさむテレビ取材班が消え、次に新聞記者とカメラマンが消えた。日本のマスコミの関心も徐々に薄れ、ティムとソフィーの週一度の記者会見への参加者もみるみる減っていった。計画的に感情をあらわにしてマスコミの興味を惹く作戦も、失敗に終わってしまった。

ティムは警視庁に対し、共同記者会見に参加するよう依頼したものの、すげなく断られてしまう。[5] さらにトニー・ブレアに手紙を書き、ルーシー捜索のために「MI6の職員かロンドン警視庁の犯罪捜査局員の日本への派遣」を訴えた。[6]「人間ってたまに、悪夢を見ることがあるじゃないですか。何か深刻な事態に巻き込まれる夢を」とティムは言った。「で、眼を覚まして顔の汗を拭ったら、やっと一安心する――ああ、夢でよかった、と。私の置かれた状況はその逆でした」

あと数日経てば、ルーシーが行方不明になってからちょうど一カ月を迎える。まるで、地面にぽっかりと空いた穴に呑み込まれたかのように、ルーシーの消息は杳(よう)として知れなかった。そして、八月がやってくる――日本の一年のうちで最も暑く、あらゆる動きが停滞する月だ。その八月、すべてが突如として動き出すことになる。

第九章　小さな希望の光

マイク・ヒルズという男

ある日の午後、ティムとソフィーが麻布警察署を訪れていたときのことだった。ひとりの若い警察官が部屋に大慌てで入ってきて、光眞警視と何やら緊迫した様子で話し出した。警察官が書類のフォルダを差し出すと、警視は真剣な顔つきで眼を通した。囁き声でしばらく相談したあと、警視は一枚の書類をティムとソフィーのまえのテーブルに置いた。光眞警視が上部を隠したので、ふたりに見えるのはページの最下部だけだった。

ルーシーの署名だった。が、ルーシーの直筆ではなく、真似して書かれた署名だった。きわめて本物に近く、実物を見本に模写したものにまちがいはなかった。しかし、実の父親と妹を騙せるほどの完成度ではなかった。

その手紙が警察に届いたのは、七月後半のことだった。消印は前日の日付で、千葉県内で投函されたものだった。印字された英語の文章は、ルーシーから家族に宛てた体で書かれていた。「私は自分の自由意思で姿を消し、見つかることを望んでいません。心配しないでください。私は元気です。ふたりにはイギリスに帰国してほしい。その後、自宅に電話します」。二、三行を流し読みするだけで、ティムとソフィーには充分だった。文章が不自然に堅苦しく、署名と同じくルーシー自身の文章ではないことは明らかだった。また、ルーシーの手紙ではない証拠がもうひとつ、ページ上方の日付に隠されていた。二〇〇〇年七月一七日——それはティムの四七歳の誕生日だった。家族の誕生日をこれまで一度も忘れたことがないルーシーが、手紙で触れないはずがなかった。

これもまた偽装工作にちがいなかった。しかし、いったい何を意味するのか？ 警察の話によると、手紙には〝ルーシー本人しか知りえない情報〟が含まれていた——借金についての詳細のようだ。だとすれば、彼女は生きていることになるのではないか？ あるいは、彼女が生きていたことを証明するだけだろうか？ 失踪からこの奇妙な手紙が捏造されるまでのあいだ、書き手の監視下にあったということか？

ルーシーを発見するまで日本を離れない、そう固く誓っていたティムとソフィーにも、限界が近づきつつあった。これ以上仕事を休みつづけるわけにもいかなかった。友人や家族にも会いたかった。また、世界一物価の高い街で生活するための経済的負担も重く肩にのしかかってきた。なにより、精神的な重圧にもう耐えられなかった。周囲の人々は気づかなかったが、ティムは気がおかしくなりそうな感覚に囚われていた。そこで、ふたりは二週間ごとに交代で東京に滞在することにした。ティムが日本に到着するとソフィーが帰国、その二週間後にソフィーが到着すると今度はティムが帰国、という具合だ。そうすれば、常に家族が東京にいる状態が維持できた。

八月四日、ティムはジョセフィン・バーとともにイギリスに戻った。東京に来てから三週間半後、ルーシーが行方不明になってから三四日後だった。ふたりはヒースロー空港からポーツマスまで列車で行き、さらにフェリーに乗ってワイト島ライドの自宅に向かった。ティムとジョセフィンの住む大きな古い牧師館は、海を見下ろす丘に建っていた。ジョセフィンの四人の一〇代の子供たちが同居しており、騒々しい活気に満ち溢れる家だ。しかし、そんなわが家にいる喜びも、ルーシー失踪の恐怖にすぐさま掻き消されてしまった。

マイク・ヒルズと名乗る男からティムに電話がかかってきたのは、帰国翌日の土曜日のことだ。(1)

ティムには、数週間前にヒルズと簡単な会話を交わしたかすかな記憶があった。オランダからの電話だったが、アクセントを聞くだけでロンドン出身者だとわかる話し方の男だった。そのとき、ヒルズはこう話した――彼は日本に特別な人脈を持ち、裏社会の人間と繋がりがある。その人脈を使ってルーシーを見つける手助けができるかもしれない。ホットラインに寄せられるほかの情報に比べれば興味深い内容ではあったが、そのときは支援を申し出る激励の電話の一本としか受け止めなかった。当時のティムは、霊能者やダウザー、私立探偵、自称目撃者のオンパレードに圧倒され、頭が爆発寸前だったのだ。ヒルズの話に礼儀正しく耳を傾けたものの、それ以上の行動を取ることはなかった。

しかしイギリスに戻ったいま、電話の向こう側のマイク・ヒルズは、さらに詳しい――衝撃的な――話を語り出した。自分は〝貿易業〟に携わっており、日本でも手広く商売をしている、と事務的な口ぶりで説明した。彼の扱う商品は銃器だった。東京の仲介者が彼から銃を買いつけ、ヤクザに卸しているのだという。この取引は、東京の一部の政府官僚の黙認のもとに行なわれていたが、最近になって問題が発生。ルーシー失踪に絡む大規模かつ活発な捜査によって、取引が停止状態に陥ったのだ。あらゆる人物が事情を聞かれ、普段であれば警察が無視するはずの活動にまで調査の手が伸びていた。そんな締めつけによって、東京の地下社会の住人たちはいつになく慎重になっているのだという。

マイク・ヒルズはこんな一例を挙げた。発送した〝小型武器の委託貨物〟が〝保税倉庫〟で止められ、そこから先に進まない。不安に駆られた税関職員が、いつもの賄賂を受け取ろうとしないのだ。ルーシーの事件のせいで、いまや誰もが神経質になっていた。武器ディーラー仲間たちはみな、商売を再開するためにも、なるべく早くルーシーが発見され、イギリスに帰国することを望んでいた。さらにヒルズの話によれば、彼らにはルーシーを見つけるための〝手段〟があるという。彼は電話の向こうからティムに告げた。金はかかるが、ルーシーを連れ戻す手助けができると思う、と。

「なかなか飲み込むのがむずかしい話でした」とティムは当時を振り返った。「東京で恐ろしい数週間を過ごした直後で、私は時差ぼけで、疲労困憊で、とにかく悲しい気分だった。そんなとき、ロンドンの下町訛りの男がオランダかどこかから電話を寄こして、にわかには信じがたい話を繰り広げた。あの男は最後にこう言ったんですよ。『いますぐ心を決める必要はないですよ。実際に会って話し合おうじゃありませんか』」

ふたりは、三日後の火曜日にドーバー海峡に面したベルギーの港町オーステンデで会うことになった。

翌日、マイク・ヒルズから再びティムのもとに電話があり、嬉しいニュースが伝えられた。知り合いの〝内部の人間〟——ミスター・ナカニ——に問い合わせたところ、ルーシーの無事を確かめたというのだ。ルーシーは誘拐されたあと、外国人女性の人身売買に携わるヤクザ関係者(あくまでも関係者)に売られた、とヒルズは説明した(誰に誘拐されたのかは漠然としたままだった)。ミスター・ナカニはルーシーを拘束する人々の知り合いの知り合いで、彼らの助けがあれば、ルーシーを確実に買い戻せるという。全作戦の遂行には五万ドルの費用がかかり、一部を前払いする必要があった。今後の段取りはこうだ。月曜日、マイク・ヒルズが自らの口座から、最初の前金として一万二五〇〇ドルを相手に送金。翌火曜日、ティムが同額を現金でヒルズに返済する。

「ルーシーはまだ東京にいる」とマイクは言った。「ティム、あいつらが彼女を連れ戻してくれる。娘さんはすぐに家に戻ってくるんだよ」

マイク・ヒルズは自身の顔写真をファックスで送ってきた。不明瞭ではあったが、深く刻まれた皺と荒れた肌が目立つ男だった。歯並びの悪い歯を見せ、申しわけなさそうに笑う表情に愛嬌は感じられたものの、信用できない薄汚れた顔だった。

ティムにとって、すべてを理解するにはあまりに情報量が多すぎた。だとしても、無視するわけにはいかなかった。「当時、ルーシーがどこにいるか手がかりがまったくありませんでした[2]」と彼は言った。「そんなとき、ルーシーの居場所を摑めるかもしれないと話す男が名乗り出てきた。〝申しわけない、その情報は必要ないよ〟と袖(そで)にするのはちょっと勇気が要りますよ」

ティムの心に渦巻いていたのは、興奮、咽喉を締めつけるような安堵感、そして恐怖だった。そこで彼は、ちょうどロンドンに戻っていたオーストラリア人ボディーガード、アダム・ウィッティントンに連絡し、オーステンデに同行してほしいと頼んだ。そして火曜日、ふたりはドーバーの港に行き、高速船に乗り込んだ。指示されたとおり、ティムは前日に銀行から引き出した現金一万二五〇〇ドルを持参していた。「こんなことは人生で初めての経験でした」とティムは振り返った。「この先どうなるのか、まったくわかりませんでした。ある種の巧妙な罠かもしれなかった。日本でのわれわれの行動に反感を持った人物が、私を殺そうと企てているのかもしれなかった。どんな可能性もありえた。まるでテレビのなかにいるような感覚でしたよ。ただしテレビの世界では、夜のニュースが始まる一〇時までに必ず事件は解決する。そう決まっているものです。けれど現実の世界では、次に何が起きるか何ひとつ予想がつきませんでした」

マイク・ヒルズはフェリー・ターミナルでふたりを出迎えた。「ダークスーツ姿で、薄い髪をオールバックにしていました」とアダムがそのときの様子を語った。「五五歳くらいでしょうか。いかにも壮絶な人生を送ってきた人間、という見かけです。タバコの影響か病気なのかはわかりませんが、恐ろしいほど歯が真っ黒でした。ティムは、僕のことを友人だか従弟だと紹介しました。それから、彼の提案で近くのカフェに行って話をすることになったんです」

カフェに向かってマリーナを歩いていると、マイクがヨットについて話し出した――ティムが大きな情熱を注ぐ趣味だ。「彼はくたびれたスーツを着て、実にみすぼらしい外見でしたが、ボートの話になると知識はプロ級でした」とティムは言う。「かつてSWAN42という型のボートの操縦を担当したことや、デッキの板を張り替えた話もしていました。私がどんな木材を使ったのか尋ねると、合板の上にチーク材――横切り（クロスカット）のチーク材――だと答えました。技術的な細かい部分まで、正確な話ばかりでした。でたらめはひとつもなかった。元商船員、というのが私の印象でしたね。よれよれの恰好はしていましたが、眼光は活き活きと鋭いものでした」

「電話で話して想像していたイメージとはずいぶんとちがったよ」とティムはマイクに言った。「国際的に暗躍する、金持ち武器ディーラーには見えないな」

マイクは笑って答えた。「そう見えることだけは避けないとね」

カフェの狭く薄暗い室内には、重厚な革の椅子が並んでいた。店主に温かく迎えられると、マイクはコーヒーを注文するまえからすぐに本題に入った。日本の状況は、最後の会話のときよりさらに前進していた。ティムの心積もりよりずっと早く、ずっと先に話は進んでいた。

東京のマイクの仲間たちは、犯人や監禁場所をすでに特定済みだった。まずは、ルーシーの身柄と引き換えに五万ドルを支払う。そして、彼女が無事に引き渡されたあと、〝同じことが二度と起きないように〟犯人たちに罰を与える、とマイクは言った。そういったすべてのことが、数日中に行なわれるというのだ。

マイクは今後の段取りを説明した。まず、ティムとアダムは急いで日本に戻り、ルーシー解放に必要な二回目の支払額二万五〇〇〇ドルを準備する。それも、すべて極秘裏に遂行すること。ティムはマスコミに出て顔が割れているため、今後の連絡役はアダムが務め、マイクと仲介人との連絡専用の携帯電話も用意する。そして、ルーシーが解放されて無事に帰国したら、残りの一万二五〇〇ドルを支払う。

マイクは、まるですべてが合意に至ったかのような話しぶりだった。あたかも、ルーシーがいますぐにでも助け出されて帰ってくるかのような――あと二回だけ金を振り込めば、ここ一カ月続いた苦痛と吐き気が数日のうちに消えるかのような――そんな話し方だった。しかし、ティムの混乱した頭は疑いに支配されていた。マイク・ヒルズとはいったい何者なのか？　この話が真実だという証拠はどこにある？　するとマイクは、くたびれたスーツの内ポケットからいくつか書類を取り出した。パスポートのコピー、オランダのブレスケンスの自宅住所が明記された水道料金の請求書、ある友人の名前と電話番号――ビリーという名のその男は貿易業のパートナーで、マイクの身元を保証する人間とのことだった。

姓：ヒルズ
名：マイケル・ジョセフ
生年月日：一九四三年六月二六日
出生地：ロンドン

マイクの主張の信憑性を証明するには、こんな書類ではまだまだ足りない。ティムはそう考えた。「あんたが心配する気持ちはわかる。だが、ほかにどんな証拠を出せばいい？」とマイクはあくまで強気な態度を崩さなかった。「俺はオランダに住んでいるから、教えられる仲間はこいつしかいない。

あとは、南アフリカとか、スペインとか……まるで仕事の面接を受けてる気分だな」

彼はさらに畳みかけた。「これがあんたの望むことじゃなかったら、それは謝る[3]。だが、ここまでの金額を俺ひとりで払うことはできない。全額は無理だとしても、あんたも一部を負担するべきじゃないだろうか。もし俺の立場だったら、あんたはきっと同じことをすると思う。俺はただ、自分の周辺にあるものを使って、あんたを助けたいだけだ……俺が請け合うのはただひとつ——あんたが条件に同意して、全員が指示通りに行動すれば、すべてがまちがいなく解決する。それだけだ」

金を渡すまえ、ティムは合意条件を説明した契約書を手書きで作った。そして、マイクとティムの双方が署名した。

「何か不測の事態が起きたら?」とティムは訊いた。

「万が一、俺の指示が守られなかったら」とマイクは答えた。「個人的にそいつの首を斬り落としてやる」

ティムはのちに私にこう言った。「あとになって考えてみれば馬鹿げた話ですよ。私の頭には、はっきりと映像が浮かんでいたんです。暗い街角に車が停まって、外に立つ私たちのほうにルーシーの体が押し出される。そして車内から伸びる一本の手が、金のケースを摑む。それほどリアルでした。最初から最後まで筋書きが見えていたんです。ルーシーの取り乱した表情、ドラッグ漬けにされて憔悴した顔……」

ティムは自分のブリーフケースに手を伸ばし、一二五枚の一〇〇ドル札の束をマイクに渡した。

若いアダム・ウィッティントンは冷静で、物静かで、賢く、洞察力に優れており、この類の話し合いの場に同席してもらうには実に適任だった。これまで軍人、ボディーガード、バーテンダーとして働き、のちにロンドン中心部勤務の警察官となる彼は、そう簡単には騙されない男だった。ドーバーに戻る高速船内で、ティムはアダムに尋ねた。賢明な選択だったのだろうか、と。「マイクの話は嘘とは思えませんでした」とアダムは私のインタビューに答えた。「彼はティムが何を訊いてくるか、事前に正確に把握していた。だから答えにもためらうところがないんです。ふたりが話すあいだ、僕はマイクの話にじっと耳を傾け、話の矛盾を見つけようとしました。すべて嘘なんじゃないか？　この男は詐欺師なんじゃないか？　でも、彼の話を信じない理由はどこにもありませんでした。僕がティムの立場だったら――囚われているのが僕の娘だったら――まったく同じ決断をしていたと思います」

翌日、ティムとアダムは飛行機で東京に戻った。前週に東京を離れてからまだ一週間も経っておらず、ダイヤモンドホテルでは相変わらず白いウサギがピアノを弾いていた。ティムは英国大使館に行き、マイク・ヒルズの話の概要を説明した――仲介人が誘拐犯と接触中で、ルーシーは近いうちに解放される。外交官たちは話を疑いもせず、大いに関心を示した。すぐにルーシーを保護するための部屋が大使館の敷地内に用意され、医師も待機することになった。アダムが携帯電話をレンタルすると、ティムは番号をマイク・ヒルズにファックスで知らせた。「この番号はほかの誰にも知らせない」と彼は書いた。「呼び出し音が鳴ったら、心臓発作を起こすだろうな。マイク、こちらは準備万端だ。作戦を決行してくれ。生涯の友になるかもしれない男より」

あとは待つだけだった。

時間を潰すのも一苦労だった。普段の気分転換――報道関係者とのインタビューや記者会見――は、マイク・ヒルズに厳しく禁じられていた。そこでティムは、ヒュー・シェイクシャフトのオフィスに顔を出した。ボランティアたちが引きつづきルーシー・ホットラインへの電話に対応していたが、寄せられる情報は無益か、無関係か、奇妙なものばかりだった。

・七月二八日、一八時――名古屋の〈ジャスコ〉の店舗前でルーシー似の若い女性を目撃。髪にパーマをかけ、身長一七七センチほどの男性と手を繋いでいた。駐車場四階で、ふたりはシルバーの古い車に乗り込んだ。
・子供から激励のメッセージ。
・匿名の情報提供者より、愛媛県のマタカド島が怪しいとの意見。
・藤沢市の浜辺のテント内でルーシーに似た若い女性を目撃。近くでは、大勢のメキシコ人がパーティを開いていた。

日本の警察は、情報をほとんど出そうとしなかった。また、イギリスでは、首相秘書官のひとりがトニー・ブレアに代わり、MI6職員を東京へ派遣するというティムの提案を退けた。そんななか、マイク・ヒルズはティムと毎日のように連絡を取り合い、彼を安心させた。「マイクの話に説得力があった理由のひとつがそれでした」とティムは言う。「いつでも連絡が取れた。世界じゅうどこでも使える携帯電話を持っていたんです――国際ローミング機能がついて、クワッドバンド対応で、宇宙でも会話できそうな代物を。当時としては、そういう携帯はまだ珍しかった。あの男は何度も電話をかけてきて、進捗を教えてくれた。こちらからの連絡にも必ず対応したんです」

「すべてが順調に進んでおり、あとは待つだけだ」とマイクは言った。ティムはただひたすら、アダムのポケット内の電話――従来型の小さな携帯電話――が鳴ることだけを祈って過ごした。

時間ができるとティムとアダムは六本木に行き、〈東京スポーツカフェ〉で酒を飲み、〈ベリーニ〉で食事をした。そんなある晩、連絡用の携帯電話が突然鳴り出した。ふたりは顔を見合わせ、アダムがすぐに携帯を取り出して通話ボタンを押した。「電話に出て、『ハロー』と言いました」とアダムは語った。「日本人の男の声が聞こえ、何か話し出しました。でも次の瞬間、電話が切れてしまったんです。『ハロー？　ハロー？』と呼びかけましたが、応答はありません。ティムと僕は眼を輝かせました。彼らにちがいない。ついに、連絡を寄こしたんだ、と。けれど、それから電話が鳴ることはありませんでした」

誘拐犯から連絡がないまま数日が過ぎ、ティムの焦りは増すばかりだった。マイクはこう説明して謝った。ルーシーの身柄を拘束する集団の仲介人が姿を現さなかったため、二回目の分割金の受け渡しが予定通り行なわれなかった。しかし、連絡が途絶えたわけではない、と彼は請け合った。さらに、この話が本物だと証明するため、ルーシーの最近の写真と毛髪を手に入れる、とマイクは自ら申し出たのだった。

ティムが東京に戻ってから一週間後、マイクからさらに悪い知らせが届いた——ルーシーはもう日本にいない。いつものとおり、情報の詳細はいかにも明確なものだった。事件への関心の高まりに警戒した犯人側は、ルーシーを手放すのが最善策だと判断。彼らは、ルーシーを買い取りたいという三人組を見つけた。テンカイという場所で取引が行なわれた直後、ルーシーはコンテナ船〈レオ・J〉号に乗せられて日本を離れた。船にはほかにも四人の若い西洋人女性が同乗し、みな性奴隷として売られる運命にあった。しかし、マイクはまだあきらめていなかった。彼の仲間たちはすでに航路を把握しており、さらに仲間のひとりが船に乗り込み、航路と女性たちの状況を監視中だという。

苛立ちと混乱に襲われたまま、ティムは電話を切った。それから友人に電話をかけると、〈レオ・

J〉号という名の商船が実際に存在するか、ロイド船級協会に問い合わせてもらった。驚いたことに、船は実在した。

MV　レオ・J
登録総トン数：一万二〇〇四トン
船籍国：アンティグア・バーブーダ
所有：マーレ海運MBH&Co（ドイツ、ハーレン）

実際、〈レオ・J〉号は八月一〇日に大阪港を出て、神戸、徳山、門司、さらに香港に寄港し、現在はマニラに向けて航行中だった。

翌朝、マイクから二枚の白黒写真がファックスで送られてきた。不明瞭ではあったが、一枚目はどうやら建物の室内を写した写真のようだ。二枚目は電車内の写真で、ブリーフケースを持った三人組のアジア系男性が、笑顔で座席に坐る様子を撮ったものだ。一枚目の下に「この場所がテンカイ」、二枚目の下に「金の入った鞄。テンカイに向かう途中」とマイクのコメントがあった。ファックスの次のページにはさらにこう続いた。「仲間たちがこの場所に移動中だが、どうやらすでに金を払ってなんらかの成果を得たようだ。いま、仲間たちが確認中」

八月二四日、匿名希望のイギリス人実業家が《ジャパンタイムズ》紙に接触し、ルーシー発見に繋がる有力情報に一〇万ポンド（約一六〇〇万円）の懸賞金を支払うことを申し出た。

数日後、〈レオ・J〉号に潜伏するマイクの情報源が、最悪のニュースを伝えてきた。ルーシーを含む五人の性奴隷が、〈アラメイック〉号という別の船に移され、今度はオーストラリアに向かっているというのだ。それに合わせ、救出計画が大急ぎで変更された。マイク自身もオーストラリアに行ってアダムと落ち合い、新しい船がダーウィンに寄港したところでルーシーを救出する。そのため、彼や〝仲間〟の経費としてさらに一万ドルが必要になった。

ティムは、マイクのオランダの銀行口座に金を振り込んだ。

アダムはダーウィンに飛び、待ち合わせ場所として指定されたホテルにチェックインした。

マイクは現れなかった。

ダーウィンの港では、〈アラメイック〉号という船を知る者は誰ひとりいなかった。ティムはクワッドバンド対応の携帯に電話してみたが、繋がらなかった。その後、マイクからメールが届いた。オーストラリアではなく香港にいる、というのが彼の新たな説明だった。

マイクはかなり苛立っている様子だった。問題は一〇万ポンドの懸賞金だった。それが再び、マイクの仲間たちの不安を搔き立ててしまったのだ。「一〇万ポンドの懸賞金のせいで、ダーウィンの話は駄目になった。そういった懸賞金がどれほど悪い影響を及ぼすか、きちんと考えてから行動したほうがいい」と彼はティムを非難した。「そのせいで、多くの人たちが計画を変更せざるをえなくなった。もう状況は変わってしまった……頼むから、ほかの人に何か言うまえに、必ず俺に確認してくれ。事態が悪化することだけは避けたいんだ」

数日経過。香港のマイクから電話――これから〝内部の人間〟に会い、ルーシーの身柄を引き渡してもらうことになった。

彼から再び電話――その男が車内で殺害された。

アダムはティムに言った。「こいつ、ゲームを楽しんでいるんですよ。もうでたらめばかりだ。僕たちに世界じゅうを飛びまわらせて、自分は何もしないで金を要求するだけ」

雰囲気を察知したのか、慌てた様子のマイクは、自分が言葉通り香港にいる証拠を送ることに同意した。以前に約束したルーシーの写真と毛髪についてティムが尋ねると、マイクはこう答えた。オランダの私設私書箱に保管されており、本人しか開けることができないのだ、と。

それから数週間、会話は行ったり来たりを繰り返した。一方、東京では警察が手がかりを掴みつつあった。ティムとソフィーは相変わらず、二週間交代で東京に滞在した。アダムに加え、マイク・ヒルズの一件を知るごく限られた親友たちは、ティムについに告げた——騙されたのだ、と。そんな八月末、今回もルーシーを連れ戻すことができないまま、ティムはワイト島に戻った。毎日、少なくとも一度はマイク・ヒルズと電話で連絡を取った。奴隷商人たちと再接触するのに苦労している、と彼は説明した。が、ティムがマイクに再び送金することはなかった。

九月中旬のある晩——マイクとの最初で最後の対面から一カ月半後——会議だらけの一日を終えたティムは自宅に車で向かっていた。と、ふと思いつきで、クワッドバンド対応の国際ローミング機能付きの携帯電話ではなく、オランダのマイクの自宅に電話をかけてみた。応対したのは女性だった。ティムはとっさに日本人風の英語を装って話した。

「はろー」と彼は言った。「きゃない、すぴーく、うぃず、みすたー、ひるず?」

「申しわけありません」とヒルズ夫人と思しき女性は言った。「いまさっき出かけたところなんです」

「ひー、いず、のっと、ほんこん?」

「いえいえ、オランダにいますよ。ちょっと買い物に店まで出かけただけですので、すぐに戻りますが」

ティムは電話を切った。少し経つと、マイクから連絡が入った。

「いまオランダの妻から電話があった」と彼は言った。「自宅に妙な電話がかかってきたって言うんだ。相手はどうやら日本人らしい。ティム……誰か心当たりはないか?」

「さあな」とティムは言った。「ところでマイク、どこにいるんだ? まだ香港かい?」

「ティム」とマイクは声を荒らげた。「まえにも言ったろ? 何度言ったらわかるんだ? 俺は香港にいない、いる!」

この日から、ティムは成田空港で手に入れたデジタルレコーダーを使って、マイクとの会話を録音するようになった。しかし日を追うごとに連絡が取れなくなり、そんな状態がしばらく続くと、ティムは電話すること自体をやめてしまった。

もちろん、マイクは詐欺師だった。彼の話はすべてが嘘だった。

二〇〇〇年一〇月、ティムのもとに見知らぬ人物からまた電話が入った。ブライアン・ワインダーと名乗るその男性は、ポールという名の二四歳の投資銀行家の父親だった。その年の三月、息子のポール・ワインダーは植物学者の友人とともに、コロンビアのジャングルでトレッキングをしながら、珍種の蘭(らん)を探していた。しかしある日、パナマ国境に近いダリエン・ギャップと呼ばれる地帯で、ふたりは忽然と姿を消した。以来、連絡がいっさい取れなくなった。この無法地帯に跋扈(ばっこ)する強盗や革命家、麻薬密輸人の一団のいずれかに誘拐された、というのが大方の見方だった。ポールは死んだのだと両親があきらめようとした矢先、エセックスの自宅に興味深い電話がかかってきた。電話の相手は「私はパナマ裏社会の人間と繋がりがあるんです。彼らは、ポールの居場所を知っていますよ」ともっともらしく語った。父ブライアンはそのロンドンの下町訛りで汚い歯の男に、五〇〇〇ポンド(約八〇万円)を支払った。しかし、なんの成果も出ず、ポール・ワインダーの居場所はいまだわからないままだった。

なんと、そのときもマイク・ヒルズは同じ名前を使っていた。

ワインダー一家はエセックス警察に被害を報告した。ティムも警察署に出向き、事の顚末をありのままに証言した。そして、会話を録音したテープ、ヒルズから届いたファックスとメールを証拠として提出。彼の罪が確定し、逮捕状が発行されたが、今度はマイクの居場所がはっきりとしなかった。どうやらオランダを離れ、スペインのアリカンテに移ったようだった。スペイン政府への犯人引き渡し要請の話が出たものの、二、三カ月もすると、警察からティムへの連絡はぱったりと止まってしまった。

幸運なことに、ポール・ワインダーと彼の友人は、九カ月にわたる監禁生活の末、武装集団から解放された。そして、二〇〇〇年のクリスマス直前、ふたりは無事イギリスに帰国した。

二年後、そんな一連の騒動をすっかり忘れていたティムのもとに、エセックス警察の刑事から連絡が入った。ロンドン中心部で警ら中の二名の交通警察官が、駐車違反の運転手に免許証を要求した。運転手の名前はマイケル・ジョセフ・ヒルズ。警察官がコンピューターで検索すると、彼に逮捕令状が出ていることが発覚した。

二〇〇三年四月、マイクは二件の詐欺容疑で起訴され、チェルムスフォード刑事法院で裁判にかけられた。彼の現住所は、ロンドン中心部ウォータールーの簡易ホテルのものだった。マイクは罪を認め、末期癌だった妻の治療費の支払いのために金が必要だったと釈明。しかし、奪われた金がそのように使われた形跡はない、と裁判官は断じた。マイク・ヒルズには多数の前科があり、一九七〇年代から詐欺や窃盗での度重なる逮捕歴があった。結局、彼には三年半の実刑が下された。

判決前、マイクは裁判でこう述べた。「結局のところ、金を取ったのはこの私です。ほかの誰でもありません。ですので、被害者の方々に返金させていただきたいと思います。ぜひそうさせてください」

判決後、記者たちから電話取材を受けたティムは、こういう状況に置かれた多くの人が口にしそうな言葉を吐露した――〝残忍〟〝不道徳〟〝卑劣〟〝極悪非道〟〝不幸な人々を食いものにした犯罪〟。すべて本心だった。「しかし、そのときは――」とティムはのちに私に語った。「そんな蠟燭みたいな小さな希望の光でさえ、私には重要でした。それがなかったら、もっとひどい精神状態になっていました。あのたった一本の命綱に、私はしがみついた。私が海の底に沈むのを防いでくれた。あの男はルーシーを連れ戻せるかもしれない――かすかな希望が常に頭のなかにあった。だからこそ、私は水面から顔を出しつづけていられたんです」

ティムにしてみれば、この一件は〝邪悪な詐欺師〟と〝罪のない被害者〟という構図の単純な物語ではなかった。彼にはマイク・ヒルズが必要だった。ある意味、悲しみへの癒しを求め、彼自身がマイク・ヒルズを作り出してしまったと言えるかもしれない。ジェーンが霊能者に救いを求めたように、ティムは彼に頼った。前者は、超自然の千里眼によってルーシーを救い出すことを約束した。後者は、金の入った鞄、銃、暴力というもっと粗野で現実的なツールを提供した。

「すべてが嘘だとわかったとき、私が不安に思ったのはひとつだけでした」とティムは言った。「唯一の命綱が、私の手からもぎ取られてしまった……金のことも、騙されたことも、私にはどうでもよかった。カモにされたことや、犯罪の犠牲者になったことで、傷ついたことはありません。そういうことに興味がないというか……重要ではないんです。唯一の痛みは、手の痛みでした――命綱がもぎ取られた、手の痛みです」

これこそ、私がティムを尊敬する部分であり、同時に多くの人を不快にさせる部分でもあった。どんな混乱と悲しみのなかにいても、彼には一歩うしろに引き、嵐のように入り乱れる自らの心理状態を俯瞰して見る能力が備わっていた。「いい買い物でした」とティムは言った。が、同じ台詞を言う勇気と洞察力を持ち合わせる人間がいったい何人いるだろうか？　彼と同じ状況——普通であれば、詐欺師に辱められたと感じる状況——に置かれた人間が、果たして同じ台詞を口にできるだろうか？

「怒ってなんかいませんでした」とティムは言う。「まるで、深淵に落ちるような感覚でした。命綱も、希望も全部消えてしまったんです。いったい次の希望がどこにあるのか、見当もつきませんでした」

第一〇章　S&M

蔓延するドラッグ

答えが何かはわからない。それでも、それが六本木に潜んでいることはまちがいなかった。似た立場に立たされたほかの家族であれば、愛する家族を不幸に陥れる発端となった場所など、忌み嫌って避けるものだろう。しかし、ブラックマン父娘は多くの夜を六本木で過ごした。六本木こそ、ルーシーが道に迷った迷路のように思われたからだ。さらに、彼ら自身もその魅力に取り憑かれてしまったのだ。

日本の夏の盛り、八月。東京都心でも、通行人を嘲笑うかのような蟬の鳴き声が延々と響き、エアコンの室外機の熱気のせいで通りの温度は異常なほど上昇し、じめじめした空気のなかでネオンの光がぼんやりと揺れる。ヒュー・シェイクシャフトの支払いで〈ベリーニ〉で夕食を済ませると、ティムとソフィー、支援者たちはルーシー発見に結びつく情報を求め、バーやクラブへと移動した。

ティムは〈クラブ・カドー〉と〈ワン・アイド・ジャック〉のほか、トップレス・ダンスクラブなどをまわった。ある夜、彼はルーシーの勤め先だった〈カサブランカ〉に立ち寄った。「見るものすべてが奇妙でした」とティムはそのときの感想を語った。「狭苦しい部屋に、平凡なルックスの西洋人の女の子たちと、英語が話せる振りをする楽しそうな日本人の男たち。実に下品で、気味の悪い場所でした。私は、その場所とルーシーを関連づけて考えようとはしませんでした。娘は仕事が嫌いだった――私自身、そう知っていましたから。もしルーシーが〝この仕事、本当に楽しくて大好きなの！〟とでも言っていたら、私は〝頭がおかしくなったのか？〟と思ったことでしょう。だが、ルーシーは決して仕事が好きじゃなかった。不思議ですが、ある意味それが慰めでした」

ティムとソフィーは、水商売関係者から両極端な歓迎を受けた。テレビの報道を見て、誰もがふたりの顔を知っており、状況を気遣って優しく声をかけてくれる人もいた。しかし、ホステス、バーテンダー、ママさんの多くは、ブラックマン父娘と話をしようとしなかった。ルーシーが失踪したことで、曖昧な法律の闇の下で行なわれるこのビジネスに、招かれざるスポットライトが当たってしまったのだ。観光ビザしか持たない外国人女性を雇用する、といったこれまで何十年も黙認されてきた慣例に、突如として厳しい眼が向けられるようになった。にもかかわらず、光眞警視やほかの担当刑事が、クラブ関係者を厳しく追及した形跡はほとんど見られなかった。ティムは大きな怒りを感じずにはいられなかった。警察と店の経営者たちの結託による〝沈黙の共謀〟が存在すると確信したのだ。

「もしルーシーが顧客のひとりと事前に約束して出かけたのであれば、クラブ内の誰かが相手の男を知っているはずでした」とティムは言った。「行政とホステス産業のあいだには見えない境界線があった。その一線を越えて捜査をしなくては意味がなかったんです」。彼にはあるアイディア――六本木の全員を敵にまわす提案――があった。「あのクラブの人たち――店長、オーナー、ホステス――を集めて、四週間から六週間刑務所にぶち込むんですよ。それで口を割らないか試す。結果が出るまで、ひたすらそれを続ける」

そんななか、六本木でのティムの夜の過ごし方に、疑問を持つ人間も少なくなかった。面と向かって言う人間はいなかったものの、日本人記者や英国大使館員の一部のあいだで、ティムが少し〝楽しみすぎではないか〟と囁かれていたのは事実だ。彼にきわめて好意的な人たちでさえ、困惑することがあった。「ティムはとてもいい人だと思う。それは本心です。でもときどき、彼の行動が……理解できなくなるんですよ」。多くのプライベートな時間を費やしてブラックマン一家を支援した日本人男性が、そう私に教えてくれた。「たとえば、店長やママさんに話を聞くために、ホステスクラブに行くとします。ルーシーのこと、店で働く女の子たちのこと、なんでもいいから知っていることを教えてもらい、支援をお願いするのが目的です。けれどティムは、娘さんについてちゃんと質問もせずに、ホステスをちらちら見て楽しんでるんですよ。酒を飲みながら、僕の耳元で言うんです。『おい、あの子を見てみろよ！』とか『あっちは相当な美人だ』とか。僕はどう答えればいいのやら」

六本木で夜を過ごすうちに、恐ろしい事実の数々も明らかになってきた。そのひとつが、ドラッグの蔓延（まんえん）だった。

日本では少量のソフトドラッグ所持に対する罰則も厳しく規定され、若者のあいだでも、ヨーロッパやアメリカのような派手なドラッグ文化はあまり見られない。しかし、六本木にはイスラエル人やイラン人の売人が大勢おり、大麻、コカイン、さらにヘロインまでなんでも簡単に手に入れることができた。「全員が手を出していました」とヒュー・シェイクシャフトは証言する。ここで言う〝全員〟とは、彼の知り合いのトレーダー、バーテンダー、ホステスのことだ。ドラッグはさまざまな隠語を使って取り引きされた。たとえば、〝バリー〟は粉末コカインを意味する隠語で、アメリカ人歌手バリー・ホワイトに由来する。また、さらに難解な〝ジェレミー〟という隠語があり、こちらも同じ粉末コカインを意味した。ヒュー・シェイクシャフトはこう説明する。「ジェレミーというのは、イギリス人のテレビ司会者ジェレミー・クラークソンのことです。彼が司会を務めるのが『トップ・ギア』で、〝ギア〟はドラッグを意味するスラング。そこから、〝ジェレミー〟が〝コカイン〟を意味する隠語になったわけです。あるいは、『ロングする?』と言う人もいますよ。これは、為替取引の〝買い持ち〟ポジションから派生した言葉で、『ロングする?』は〝コカインある?〟の意味になります」

ホステスのあいだでいちばん人気だったのは〝シャブ〟で、英語では〝アイス〟〝クリスタル・メス〟などの俗称で知られる強力な覚醒剤だ。その摂取方法は多岐にわたり、鼻から吸引、炙って煙を吸引、注射、さらには塊を肛門から注入という方法もあるという。この薬が与える恍惚感は、退屈な客との堅苦しい会話を、明るく刺激的な戯れに一変させてくれるものだった。シャブがなければ、ホステスの仕事を続けられないと明言するホステスさえいた。ティムとソフィーの周囲では、六本木の住人たちも慎重に行動するよう心がけていたが、アダム・ウィッティントンはある夜にこんな経験をしたという。いつものように物静かなアダムが、ルイーズとその友人たちと一緒にバーで飲んでいたときだった。ひとりの女性（ルイーズではない）が、トイレに行ってシャブを吸わないかと彼を誘ったのだ。もちろん、アダムは断った。

ルーシーはドラッグを使用していたのか？　あるいは、一緒に出かけた男は、携帯電話以外のものを彼女に提供しようとしていたのか？　ルイーズは否定したが、彼女の記憶はひどくあやふやで当てにならなかった。ルーシーの家族は、彼女が日常的なドラッグ・ユーザーだったとは考えられない、と口を揃えて言った。しかし過去に、末期的な麻薬中毒のボーイフレンドがいたことは事実だった。さらに、彼女が働いていた一九九〇年代半ばのシティ・オブ・ロンドンでは、気軽なコカイン使用が蔓延していた。来日して間もない頃、ルイーズと出かけた東京での買い物ツアーについて、ルーシーは日記に次のように楽しげに綴った。「音楽（クレイグ・デイヴィッド以外ならなんでも）、ポストカード、そしてドラッグを求める果てしない旅！」。友人たちの証言によると、ルーシーはドラッグではなく酒のほうが好きだったという。だとしても、ドラッグに触れる機会が少なからずあったことは想像にかたくない。

もうひとつ、家族を不安にさせたのは数々の噂話だった。外国人ホステスが失踪した、客に襲われた、あるいは六本木でひどい目に遭ったという類の話だ。多くは取るに足らないもので、酒の席で誰かから伝え聞いた友人の妹の知り合いについてのエピソードか何かにすぎなかった。しかし、なかには信憑性の高そうな話も二、三あった。

三年前、二七歳のカナダ人ホステス、ティファニー・フォーダム[1]が六本木のバーを出たあと、消息を絶った。公式にはまだ捜査中とされていたものの、事実上、警察もお手上げ状態だった。また、ルーシー事件の直前の二〇〇〇年春には、三人のニュージーランド人女性（氏名未公表）が、ヤクザの一団によって監禁されたと報道された。繰り返し暴行を受けた末、彼女たちは建物の二階の窓から飛び降りて逃げたという。

ある夜、ヒュー・シェイクシャフトがティムにふたりの友人を紹介した。若いオーストラリア人イソベル・パーカーと、カナダ人のクララ・メンデス[2]だ。それはティムが来日して間もない頃のことで、彼はショックと悲しみのどん底にいた。ふたりの女性が伝えた情報は、幽霊の体を通り抜ける固体のように、彼の頭からこぼれ落ちてしまった。

イソベルとクララは、六本木のある現象の代表格だった——元ホステスで、客として出会った金持ち欧米人銀行家と結婚。そんなふたりが、ある裕福な日本人顧客と同伴したときの、似たような体験について告白した。男に連れられて海辺のマンションに行くと、薬の入ったワインを飲まされた。何時間もあとになって意識が回復したときには、ベッドの上で裸のまま横たわっていたという。イソベル・パーカーが眼を覚ますと、男はビデオカメラで彼女の裸体を撮影していた。恐怖と怒りに駆られ、彼女はカメラからテープを抜き取った。そして、警察に通報する代わりに、男を脅迫することに成功した。テープと引き換えに、男は数十万円を彼女に支払った。

数年前のことで、どちらの女性も、連れていかれた場所を正確に思い出すことはできなかった。しかし、ふたりの説明は同じ場所を指し示しているように思われた――海辺の保養地、コンクリート造りのリゾートマンション群、立ち並ぶヤシの木、葉を揺らす海風。

あるSM愛好家の証言

八月のある日、ひどく興奮した様子の日本人男性からルーシー・ホットラインに電話がかかってきた。(3)小野誠(おのまこと)と名乗るその男は、ルーシー失踪に関連する決定的な情報を握っていると告げ、直接会って話したいと申し出た。すぐに、ティムとアダムは指定された代々木の住所――ルーシーの滞在先だったガイジンハウス近くの場所――へと向かった。タクシーがなんの変哲もないマンションのまえに停まると、ふたりはエレベーターで上階に向かい、部屋に入った。普通の場所ではなかった。テーブルには日本語と英語の猥褻(わいせつ)な写真雑誌、壁には裸の女性のポスター。一室には照明器具にカメラ、そして複数のベッド。別の部屋には、ダビング用のビデオ機材が山のように鎮座していた。ティムとアダムがいる場所は、アダルトビデオ撮影用の小さなスタジオだった。

小野誠は四〇代前半の小太りの男で、Tシャツにスニーカーという出で立ちだった。一見して怪しいところは何もなかった。以前、彼は小さなコンピューター関連会社の経営者だったが、現在はアダルトビデオ制作に携わっているのだという。眼のまえの落ち着き払った小野と同じように、アダムとティムも無関心を装おうとした。が、開いたままのドアの奥、ベッドとカメラのほうについ眼が行ってしまった。スタジオは静かだった。ほっとしたことに――同時にがっかりしたことに――撮影は行なわれていないようだった。

アダルトビデオ制作を本業とする傍ら、小野はＳＭを趣味としていた。日本の多くの趣味人と同じように、彼はＳＭへの興味をグループのメンバーと一緒に追求していた。ＳＭサークルに参加し、ビデオや雑誌、妄想を仲間と共有し、さらには女性を金で雇って乱交パーティを催すこともある、と彼は語った。

そんな小野が一〇年前まで属していたのが、横浜に住む裕福な実業家、松田隆二（まつだりゅうじ）という男が主宰するサークルだった。ふたりが出会ったのは、ある撮影会でのことだ。同じ趣味の男たちが金を出し合って若い女性を何人か雇い（小遣い稼ぎの大学生の場合が多い）、〝地下牢〟としての設備が整った部屋で彼女たちを革の紐やロープで縛り上げ、カメラで撮影する会だった。小野は、会った瞬間から松田に警戒心を抱いた。彼は真のマニアだった。彼の異常なまでの性欲は、真性Ｓとまでは行かない小野の性欲をはるかに凌（しの）ぐものだった。サークルのメンバーは誰もが自分たちの功績――あるいは、妄想――を自慢げに語ったものだが、松田の話しぶりには、どこか聞く者の背筋を凍らせるようなところがあった。「私にも娘がいます」と小野はティムのほうに向きなおって続けた。「ＳＭは私にとっては大切な趣味ですが、越えてはならない一線があるんです」

松田いちばんのお気に入りの妄想は、嗜虐（しぎゃく）的なセックスを究極の結末に導くというものだった。彼はその手順をこう説明した。まず、背が高くて胸の大きなブロンドの外国人をひとり誘拐する。そして、専用の地下牢に連れ込み、拷問して殺すまでの一部始終をビデオカメラで撮影する。

「男として」と松田は小野によく言った。「でかい花火を打ち上げたくないのか？　一生でたった一度だけ」

「それが一〇年前の話です」と小野は言った。「子供じみた考えですよ。そんなことを本気で実行する人間なんていやしない。そうでしょう?」

その後、小野はよりおとなしいSMサークルに加入しなおした。松田との繋がりは途絶えたものの、メンバーのひとりである高本昭雄との関係は続いた。松田のサークルに属する多くのメンバー同様、表社会での高本は地位も名誉もある人物だった——六本木から眼と鼻の先にある超一流企業の本社に勤める、五二歳の上級管理職。七月中旬、その高本が、興奮と不安を抑えられない様子で小野に連絡してきた。

「このオフィスに来たときも、かなり気が動転しているようでした」と小野は当時を振り返った。「彼は早口でまくし立てました。『松田に連絡を取らなくては。あいつがやったぞ。ついに、松田がやった』とね。さらに、『おそらくビデオがあるはずだから、一緒にやつのところに盗みにいこう』と言い出したんです」

背中に冷たいものが走る感覚と同時に、小野は突如として理解した。友人の高本は、あの松田がついに妄想を実現させてルーシー・ブラックマンを誘拐した、と考えていたのだ。

高本の説明によると、松田は最近、新たな〝地下牢〟——自らの欲望に心行くまで身を委ねることができる隠れ家——を手に入れたという。が、彼はその部屋をSM仲間に見せびらかすわけでもなく、誰ひとり招き入れようとしなかった。高本が疑念を持ちはじめたのはそこだった。さらに、彼は松田とのある会話も覚えていた。自らの誘拐計画を披露しながら、警察を混乱させるための妙案があると松田は打ち明けた。「行方不明の被害者がカルト教団に入信したと嘘をでっち上げるのさ」

ありえない話ではない、と小野は思った。「松田にはどこか恐ろしいところがあります」と彼は言った。「人殺しをなんとも思わないような人間、女性を人形のように扱う男なんです」。高本が帰ったあと、小野はすぐに麻布警察署に出向き、すべてを洗いざらい打ち明けた。刑事たちは、関係者全員の名前や住所を熱心に書き留め、後日改めて話を聞くことになるだろう、と小野に告げた。

翌週、いまだ興奮冷めやらぬ高本が再び小野の事務所を訪れ、松田のルーシー殺しはまちがいないと断言した。しかしそれから二週間あまり、小野のもとには高本からも警察からも連絡が入ることはなかった。そんなある朝、今度は別の友人から電話がかかってきた。その友人は、高本の妻から連絡を受けたのだという。昨晩から夫が家に戻っていない、と。そこで、高本が行きそうな場所を知らないか、と小野に相談の電話をしてきたのだった。

実際、小野は高本の秘密を知っていた。家族を含め、ほとんど誰も知らない秘密だった――社会的地位も高い有名企業のこの重役には、自らの〝地下牢〟があった。自宅から数駅離れた場所に、小さな部屋を借りていたのだ。

その日の昼下がり、小野はアダルトビデオのスタジオを出て、その場所に向かった。

高本の秘密部屋は、いまにも崩れ落ちそうな古い木造アパートの二階にあった。扉をノックしてみたが、返事はない。取っ手をまわしてみると、ドアが簡単に開き、狭い廊下が見えた。高本の靴が一足、玄関に揃えて置いてあった。室内にいるにちがいない。そう考えた小野は、廊下と部屋を仕切る襖を開けた。最初に気がついたのは、車と便所が混じったような強烈なにおいだった。部屋には本や雑誌、ビデオテープなどが散乱していた。小野の眼がコンピューターのスクリーンを捉えた次の瞬間、押し入れのまえに一組の青白い脚が見えた。

高本は壁のフックに引っかけたロープで首をくくり、死んでいた。体は宙にぶら下がった状態ではなく、足が床を捉え、壁にもたれかかるような姿勢だった。下半身は裸だった。車のようなにおいの原因は、床にひっくり返ったポリタンクから畳に染み出たガソリンだった。そして、もうひとつは排泄物のにおいだった――高本の口から流れ出る、人糞のにおいだ。

小野は体を震わせながら部屋を出ると、警察に通報した。
もうひとつ、部屋に入って数秒の内に小野の眼に飛び込んできたものがあった。青い地に白抜きの英語と日本語の文字、ほほ笑む外国人女性の写真——ルーシーの尋ね人のポスターが、壁に何枚か貼られていたのだ。

一、二時間のうちに、私服警官を含め二〇人の警察官が現場に駆けつけた。それから数日間、小野は長時間にわたって警察の事情聴取を受けることになった。

小野が警察から聞いた話によれば、彼が提供した情報に基づき、三日前の八月五日に警察は高本を呼び出したという。相手が会社重役であることに配慮し、仕事を休む必要のない土曜日を警察はあえて選んだ。呼ばれた高本は、松田に対する恐怖を語った。翌日、彼は秘密部屋の家賃——月わずか二万円——を支払った。翌月曜日には、いつものとおり家族に別れを告げ、仕事に向かった。その日の午後から翌日のあいだに、高本は死んだ。

アパートに残された雑誌やビデオはすべてアダルト物だった。また、買って間もないコンピューターには、インターネットからダウンロードされたハードコアポルノの画像が保存されており、ほとんどが陵辱を受ける白人女性の写真だった。隣人たちは、この部屋の住人——連日のように夕方頃になるとやってくる、眼鏡をかけた物静かなサラリーマン——の姿を目撃していた。しかし、彼が誰なのか、室内で何をしているのかまでは知らなかった。警察は半ば強引に、高本の死を自己発情窒息による事故死だと断定した。自己発情窒息は〝窒息プレイ〟とも呼ばれる自慰行為のひとつで、一時的に脳への酸素供給を停止させて性的興奮を高めるものだ。この危険な遊びは、過去にも多くの死亡事故を惹き起こしてきた。しかし、動揺した多くの遺族が、自殺だと発表した。

小野には信じられなかった。

警察の捜査の手が及び、SM愛好家だと世間にばれることを恐れて高本は自殺したのか？　しかし、彼の目的が非難や屈辱を避けることだったとしたら、なぜこのような奇怪な方法で命を絶ったのか？　それに、壁に貼られたルーシーのポスターは何を意味するのだろう？　それまで、ふたりはこの事件について長時間話し合ってきた。にもかかわらず、高本はなぜポスターのことを友人の小野に何も言わなかったのか？　いや、警察の捜査を攪乱するために、誰か別の人物がポスターを貼ったのだろうか？　おそらく、高本の死後に？　床のガソリンは、侵入者が部屋に火をつけようとした証拠では？　途中で邪魔が入り、逃げ出したのではないのか？

決定的な証拠は、この事件で最も汚らわしい部分——高本の口を満たし、顔に塗られていた人糞——に隠されている、というのが小野の見立てだった。警察の鑑定の結果、汚物は高本本人のものと断定された。「小野はこう言いました。ほかの人のものを塗りたくられて興奮するマニアはいるが」とアダム・ウィッティントンはそのときの会話を再現した。「自分のものを塗られるのは冒瀆の印だ。侮辱を意味する、と」

小野がティムとアダムを呼び出したのは、そんな自説を伝えるためだった——ルーシーを誘拐した松田が、その事実に気づいた高本を殺害した。

「地下牢」へ

「一連の過程のなかで、奇妙な人間に会うことも少なくありませんでした」とティムは私のインタビューに答えた。「けれど、やっぱり小野の一件がいちばん奇妙だったと思います。彼が話したことの一切合財が……想像しうる最悪の事態じゃないですか……まあ、もっと悪いこともあるかもしれませんが……いずれにしろ、そのときの私の頭はもう機能不全だった。ですが、おそらくそれが私を救ってくれたんだと思います。あの話が娘にとって、娘の運命にとって何を意味するかをはっきり理解できてしまったら……いや、理解できなかった。それがかえってよかったんです」

しかし、アダムはすべてを理解した。さらに、ふたりがスタジオを辞去するとき、小野はある具体的な情報を教えてくれた。故高本、そして殺人犯と疑われる松田、双方の秘密部屋の住所だ。

アダムは数日後、ブラックマン一家を支援する日本人ジャーナリスト黒田良雄(くろだよしお)(4)と一緒に、松田の〝地下牢〟に向かった。ふたりが車を停めたのは、横浜のとある住宅地だった。低層アパートが建ち並ぶ、少し寂れた雰囲気の界隈だ。通りを歩くのは、夕方に犬を散歩させる老婦人くらいで、子供の姿はどこにも見当たらない——そんな場所だった。その建物は、拷問部屋というよりは倉庫のようだった。建物のまわりには、通りから家が見えないように木の塀が設置されていた。黒田が不安そうに見張るなか、アダムは塀を飛び越えて家の周囲を歩いてまわった。窓にはカーテンが閉まっていたが、あいだの小さな隙間から室内を窺うことができた。アダムが覗き込むと、絨毯の床に散乱するビデオテープが見えた。

石をぶつけるだけで、窓ガラスは簡単に割れた。小柄で器用なアダムは穴にするりと手を入れ、掛け金を外して窓を開けた。そして部屋に入り込むと、玄関のドアを開けて黒田を招き入れた。

長方形の部屋だった。片隅には薄汚れたシンクがあり、それを隠すように天井からシートがだらりとぶら下がっていた。窓のカーテンがほとんどの光を遮ったが、部屋の様子はなんとか確認することができた。数脚の椅子、テレビとビデオデッキ一組、床には数枚のマットレス。ポルノ雑誌に、大量のビデオテープ。ケースのラベルには日本人と西洋人女性の写真。アダルトビデオのほとんどが商業作品だったが、自主制作と思われるものもいくつか含まれていた。「SM道具が部屋じゅうに散らばっていました」とアダムは言った。「張り形（ディルド）やら金具やら、下品で気味の悪いものばかりです。ハーネス、紐……それに、一度も見たことのないような道具。女性に挿入する管がついた器具もありました。付属の金具で脚を開いて固定したあとに、その管を脚のあいだに入れるんだと思います」。それらはすべて恥辱と苦痛、そして快楽のための道具だった。

ふたりはルーシーに繋がる手がかりを探し、ビデオテープのラベルを調べていったが、何も見つからなかった。殺風景な壁には、尋ね人のポスターは見当たらない。ふたりの心臓は早鐘を打っていた。彼らは本物の地下牢にいた。性的堕落の象徴のような場所だった。誰もが存在を耳にした経験はあるが、実際に眼にすることなど考えもしない場所だった。部屋全体を、言葉では言い尽くせない奇怪さが包み込んでいた。あまりに極端で、想像を絶するその部屋には、謎解きの鍵が潜むのが当然かのように思われた。そう考えるのが、論理的にさえ思われた。だからこそ、部屋にいっさいの人気（ひとけ）がなく空っぽだとわかると、激しい失望感に襲われるほどだった。ルーシーの家族や支援者たちは方々捜しまわり、彼女の痕跡を必死で追い、やっとのことでこの場所に辿り着いた。人間の心の最も深い闇――手錠、排泄物、死の世界――に。そこにも、ルーシーはいなかった。乱交中のサドマゾヒストの一団を見つけるほうがずっと楽だったにちがいない。人身御供（ひとみごくう）を捧げる魔女集会に出くわす確率のほうが高かったかもしれない。手を伸ばせば触れられそうな悪、眼を開けば見えそうな悪ならすぐに発見できそうだった。暴力的なものなどどこにでも転がっていそうだった。ただひとつ、見つからないものがあった。どの角を曲がっても、それだけが見当たらなかった。ひとりの女性だけが、どうしても見つからなかった。

生気がなく、薄汚れた部屋だった。光沢のある表面に凹凸がついたバイブレーター、開いたままの雑誌……どれも埃の膜で覆われていた。アダムは床やマットレス、シンクをくまなく調べ、ブロンドの髪の毛を探した。なかった。それが終わると、ほかにすることはほぼ残っていなかった。黒田が近所の家を何軒かまわって話を聞いたが、秘密部屋のことも、借り主のことも、誰も何も知らなかった。また、怪しい人を見たり、おかしな物音を聞いたりしたという話も出てこなかった。

その後、黒田は、高本が死んだアパートにひとりで行ったが、すでに清掃も終わり、部屋は空っぽだった。その足で、黒田は高本の自宅を訪問した。秘密部屋のあったアパートと自宅は同じ路線沿いにあり、三駅しか離れていなかった。未亡人がドアを開いたとき、その若さと美貌に黒田は度肝を抜かれたという。記者だと自己紹介したあと、彼は言葉を失った。「奥さんに話を聞こうとしましたが、向こうはただ泣くばかりでした」と黒田は言った。「想像するだけで悲しくなりました。彼には美しい妻と子供がいて、立派な家があったのに、あんな死に方をした。それまでも記者が押しかけていたらしく、奥さんは必死になって『帰ってください、どうか帰ってください』と繰り返すだけでした。私も申しわけなく思って、すぐに帰りました」

最後に、黒田は松田の家を訪問した。横浜郊外の彼の自宅は、秘密部屋よりもずっと高級な住宅街にあった。あえて呼び鈴を鳴らさず、通りの反対側の離れた場所から様子を窺っていると、しばらくして松田本人が家から出てきた。ずんぐり体型で健康そうな中年男性。大きな丸顔で、頭を包む剛毛が特徴的だった。一瞬、近づいて自己紹介しようかとも考えたが、そうはしなかった。代わりに、黒田は望遠レンズ付きのカメラを構え、松田が玄関から出てきて車で去る様子を写真に収めた。

しかし、この写真をどうすればいい？　集めた情報がなんの役に立つというのか？　それから数週間、ティムとアダムは小野の行動に悩まされることになった。頻繁に電話を寄こしたり、直接オフィスにやってきたりしては、松田がルーシーの失踪に関わっているという持論を繰り返したのだ。しかしアダムは少しずつ、小野の人間性や動機について疑問を抱くようになっていった。もちろん、彼の話には説得力があった。が、疎遠になったふたりのサディストのあいだに、なんらかの確執やわだかまりがあってもおかしくはなかった。「彼はまるで、自分が主役のアクション映画の世界に入り込んだ子供のようでした」とアダムは言った。「小野はあらゆることに首を突っ込んできた。正直、彼はあの状況を楽しんでいましたよ。最後のほうになると、かなり面倒くさくなりました。すべてを自分のやり方で進めようとして、あれやこれや命令するようになったんです。何か確実な情報があれば、僕も動こうと思ったのですが……眼のまえにいる日本人の男は、メリーゴーラウンドに乗ってくるくるまわって遊んでいるだけでした。

ティムと一緒に警察署に行って、小野の話を伝えました。でも、警察はとっくにすべて知っていたんです――関係者の名前も、松田の住所も。で、警察が何をしたか？　きっとあなたの想像通りですよ。僕たちがその話をしても、警察はなんの反応も示しません。彼らは話に耳を傾け、メモを取って、僕らを出口に案内したんです」

第一一章　人間の形の穴

二二歳の誕生日

九月一日はルーシーの二二歳の誕生日だった。ややもすると絶望的な一日に終わっていたかもしれないが、ブラックマン一家はその機会にさまざまなイベントを計画した。小さくなりつつあったマスコミの関心の火を、再燃させようという作戦だ。セヴンオークスのジェーンとルパートは、町の有名なクリケット場〈ヴァイン〉から、ピンクと黄色の風船一〇〇〇個を空に放った。東京のソフィーも同じ計画を実行しようとしたものの、自動車運転者の注意を奪う可能性があるという理由で、警察から許可が下りなかった。代わりに、ソフィーは六本木交差点でチラシを配った。頭上の大型スクリーンには、ルーシーの顔とホットラインの電話番号が映し出された。その前日には、ソフィーは黒いワンピースを着て〈代々木ハウス〉から千駄ヶ谷駅まで歩き、その様子を撮影してもらった。七月のあの土曜日のルーシーと同じ恰好で、同じコースを歩いたのだ。その映像がテレビで流れれば、目撃者の記憶が蘇るかもしれない。それが狙いだった。しかし、再現ビデオだけでは足りなかった。報道に値する新たな動きがなければ、マスコミの扱いはどんどん小さくなり、いずれ消えてしまうのは目に見えていた。

ルーシーを助け出すために、家族はほかに何ができるのか？　あとは金の力を借りるしかなかった。夏から秋にかけて、懸賞金の額が何度も更新され、金額が吊り上がっていった。金額の発表のたび、突発的に目撃情報がどっと寄せられたが、またすぐに沈黙の期間に戻った。まるで中毒性ドラッグのように、金銭的インセンティブが大きくなっても、時間が経つにつれて効果はみるみる薄れていった。

ティムの家族の寄付によって、ルーシー発見に結びつく有力情報に懸賞金九五〇〇ポンド（約一五〇万円）を支払うことが発表された。すると、あるオーストラリア人旅行者から、香港でルーシーを目撃したと〈ＢＢＣ〉に連絡が入った。ＡＴＭから金を引き出しながら「奇声を上げ、意味不明の言葉を発していた」というのだ。ティムがその男性と直接話をして内容を確認したが、目撃された若い女性はルーシーほどの背丈がなかった。

その後、匿名のイギリス人実業家が懸賞金を一〇万ポンド（約一六〇〇万円）に増額した。すると、ペルシア湾に面した中東カタールから東京の警察に連絡が入り、通りを歩くルーシーを目撃したという情報が寄せられた。ドーハのイギリス大使館が調査したが、成果は得られなかった。

ティムとソフィーは交代での往復を繰り返した。が、イギリスに戻ったとしても、仕事に集中することも、日々の生活パターンを取り戻すこともできなかった。ティムの仕事は休業状態が続いた。にもかかわらず、ルーシー捜索のために彼は数万ポンドの金を費やしていた。そんなティムの絶望ぶりを示すように、彼は突然〝ニューリー・リズン・リリジョン〟にルーシー解放を直接訴えかけるようになった。事件直後にタカギアキラと名乗る男から伝えられたこの宗教団体の情報は、それまでずっと馬鹿げた囮（おとり）情報だと一蹴されてきたものだった。「ルーシーがカルト教団のようなものに連れていかれた可能性を、もう少し考慮したほうがいいのかもしれません」。九回目の記者会見に集まった数少ない記者に向け、ティムは語った。そして、次のようにカルト教団に訴えかけた。「マスコミにこれだけ注目されているなか、ルーシーを解放するのはむずかしいでしょう。それは理解できます。そこで、私たちだけで完全に秘密裏に会うというのはどうでしょうか。もしそれが可能なら、ぜひ連絡をしてください。ルーシーが実際にカルトに入信したのだとすれば、修行のための費用もかかるのではないでしょうか？　金の問題であれば、家族でなんとか解決することができます」

ルーシーの身に何が起きたのか？――それこそが誰もが疑問に思った点だった。しかしこの段階まで来ると、ティムにはそんなことはもうどうでもよかった。ルーシーが無事に帰国することさえできれば、何が起きたかなど関係なかった。「失踪した女の子がどんな運命を辿るのか、恐ろしい話をいくつも聞かされました」と彼は言った。「連れ去られ、薬物漬けにされ、写真を撮られ、乱暴され、やっと解放される。もしそれがルーシーの運命なら、私は大喜びですよ。あの子を連れて家に戻ることができれば、いつか癒されるときがくる。しかしそのためには、まず娘を見つけ出さなくてはいけない」

その後、匿名の実業家が、懸賞金を五〇万ポンド（約八〇〇〇万円）に増やした。

ある日、ティムは尋ね人のポスターの束を持って六本木に繰り出し、目抜き通りの電柱に一枚一枚テープで貼っていった。[1]するとひとりの警察官が近づいてきて、勝手に貼るなと警告した。ティムがすぐに剝がさないのであれば、自分で剝がすまでだ、と。

「駄目だ」とティム。

「協力してください」と警察官。

ティムは首を振り、手首を重ねて両手を差し出すと、逮捕してもかまわないと身振りで示した。はったりを見抜かれた警察官は、足音も荒く去っていった。ティムは次の電柱へと移動した。が、電柱は半裸女性の写真で埋め尽くされていた。近所のファッションヘルス、ソープランド、エステサロンのチラシだ。ティムはチラシを何枚か引き剝がし、まじまじと見つめてみた。もう一方の手にはルーシーのポスター。彼は行方不明の娘の写真に視線を移し、また風俗店の広告を見やり、再び娘のか？」

顔を見た。それから苦々しい表情を浮かべ、風俗店のチラシを掲げて呟いた。「こっちはいいのか？」

公の場でのティムは、警察の〝綿密な〟捜査を（冷たい言葉ではあったが）褒め称えることをポリシーとしていた。しかしその陰で、彼の警察への怒りは増すばかりだった。いちばん納得がいかなかったのは、ルーシーが失踪した二日後にタカギアキラからルイーズにかかってきた電話の一件だった。タカギと名乗るその男が誘拐犯本人ではないとしても、ルーシーの居場所を知る人物であることは誰の眼にも明らかだった。つまり、電話番号と所有者を追跡すれば、重要な証人に行き着くはずだった。ティムが激怒したのは、発信者の追跡はできないと警察が言い張ったことだった。当初、追跡は技術的にむずかしい、と警察は説明した。しかしあとになって、個人の通話記録を調べるには裁判所の捜査令状が必要になる、と説明を変えた。その後は、「すでに令状の申請は終わったが、発行までしばらく時間がかかる」の一点張り。光眞警視も、「もう少し待ってください」と言うだけだった。

九月になると、ブラックマン一家だけでなく、英国大使館の外交官の我慢も限界に達した。ちょうど来日中だったデリー・アーヴァイン大法官（日本の最高裁判所長官に類する役職）が、日本の総理大臣にルーシー事件の解決を再要請し、法務大臣には通話記録の迅速な開示を求めた。

ある日の午後、ティムは、白い顎鬚（あごひげ）を蓄えた強面のアラン・サットン総領事とともに、警察署を訪れた。[2] いつもと同様、警察は話をはぐらかし、要領を得ない返答を続けるばかりだった。「光眞警視」とサットンは口を開いた。「携帯電話の通話記録は保存されていないとおっしゃいましたが、われわれの情報によれば、データはきちんと存在するとのことです。電話会社はなぜ裁判所命令に従わないのでしょうか？」

「われわれの第一の問題は日本の法律です」と光眞は答えた。「もうひとつ、電話会社が実際に記録を保管しているかどうかという問題もある。確認作業を急ぎ、必要なことはすべて行なっています。すぐに、捜査令状も取ることができると思います」

ティムは言った。「しかし、もう裁判所に申請したと二回もおっしゃいましたよね？」

「残念ながら、情報を得ることができませんでした──記録が残っていなかったんです」と光眞。

サットンは日本の電話会社〈NTT〉から受け取った手紙を読み上げたが、その内容は警察の説明とは正反対だった──複雑なプロセスではあるものの、社内のデータベースを調べれば、携帯電話の通話を追跡できる。

光眞はにこりと笑って言った。「われわれのほうには、〈NTT〉からの情報は何も届いていません」

そこで、アラン・サットンの堪忍袋の緒が切れた。「おそらく、あなたはこの事件がどれほど大事か、気づいていらっしゃらないのでは？　アーヴァイン卿に──英国の大法官に対して──あなたの国の法務大臣が約束したんですよ。警視庁が迅速にすべて対応する、と。あなたの仕事ぶりについて、英国政府に訊かれたら、私はどう答えればいいのでしょう？　なんとしてでも、通話記録を手に入れてください。ひとりの女性の命が懸かっているんです」

ティムは言った。「事件からもう一〇週間。私が欲しいのは侮辱じゃなくて、詳しい情報だ。あなたは私を信用していないのかもしれない。だとしたら、あなたが信用するのは誰です？」

光眞はまた笑みを浮かべて言った。「電話会社が不可能だと言っているんです。法律にも従わなくてはいけません」

ジェーンとスーパー探偵

　母国イギリスにいる友人や家族――東京から遠く離れた地で、何も手助けすることができない彼ら――にも、ルーシー失踪の重圧は重くのしかかっていた。東京でティムとソフィーが記者会見を開き、警察と渡り合うさなか、イギリスでは一六歳の弟ルパート・ブラックマンの夏休みが明けようとしていた。夏のあいだに、姉の失踪のことは学校じゅうに知れ渡り、ルパートは〝陰の有名人〟になっていた。それまで仲が悪かったはずの級友を含め、誰もが急に愛想よく優しく振る舞うようになった。が、ルパートはそれが気に入らなかった。「あの時期は最悪でした」と彼は振り返った。「寝るまえには必ず、窓を開けてタバコを吸いました。星を見上げて、ルーシーのことを考えたんです。どこにいるかはわかりませんでしたが、もしかしたら姉も空を見上げてるんじゃないかって。もう日本にいないのかな？　ボートで密航したのかな？　カルト教団に入信したのかな？　わからないということがなにより苦しいんです。どんな感情を抱けばいいのかわからないということが。頭のなかにはあらゆる感情が渦巻いていました。いつでも、どれかひとつの感情を選んで摑むことはできました。でも、どれが正しいのかわからない――嘆くべきなのか、気丈に振る舞うべきなのか、あるいは……どれも正しくないのか」。事件についてのニュースを見聞きするたび、ルパートはもがき苦しんだ。「最悪なのが、友達の家に行ってテレビをつけると、ルーシーのドキュメンタリーが流れるってパターンですね。親と一緒にテレビを見てるときに、エッチなシーンが流れる……それと同じ感覚です。完全に気まずい雰囲気になる、あの感覚です」

　ルーシーの同級生ゲイル・ブラックマン（同じ珍しい苗字ではあるが、血縁関係はない）は、彼女が生きているという考えに取り憑かれ、戻ってきたときに見せようと、ルーシーに宛てた日記を書きつづけた。「出発直前に彼女が買ったあの超高いベッドに並んで坐って、その日記を一緒に読んで笑い飛ばす——そう、頭にイメージしていました」とゲイルは言う。「でもふと我に返ると、なんて馬鹿なんだろうって思うんです……ルーシーはもう戻ってこない。もう会えないに決まってる」

八月、ジェーン・ブラックマンは短期間だけ東京を訪問した。そして翌九月、彼女はマスコミ嫌いをなんとか克服し、初めての記者会見を開いた。大衆に訴えかけるような大げさな口調のティムに比べ、ジェーンはより素直に、何も包み隠すことなく、悲嘆に暮れる母親の思いをそのまま語った。

「ルーシーがいなくなってから、明日でちょうど三カ月になります。私は日本の女性のみなさんに訴えたい。お母さん、娘さん、お姉さん、妹さん、おばさん、おばあちゃん——この恐ろしい謎を解く手助けをしてください。何か手がかりをお持ちでしたら、私たちか警察に連絡してください。ルーシーの身に何が起きたか、誰か知る人がいるはずです。お願いですから、目撃した方は名乗り出てください。背が高く、ブロンドで、スリムで、美しい女の子が一瞬のうちに姿を消すなんてことはありえない。誰かがあの子を見たはずなんです。お願いです。目撃した方はどうか名乗り出てください。家族があの子を待っています。弟、妹、父親、そして私があの子の帰りを待っています。誰かはわかりませんが、ルーシーと一緒にいる人、一生のお願いですから、どうか娘を解放してください。分別のある大人であれば、もう充分でしょう？　日本の方々もきっと助けてくださると信じています。あなた方は思いやりのある人たちです。日本の方々がどれだけ家族思いか、私は知っています。

あの子と私は、姉妹のように仲のいい母娘でした。そんな私にとって、今回のことは悪夢そのものであり、あの子のことが頭を離れることは片時もありません。眠ることさえできません。私の人生は止まってしまいました。きちんと考えることもできません。悲しくて、悲しくて、心を引き裂かれる思いです。私の最愛の娘……元気いっぱいで、その場をぱっと明るくしてくれたあの子……」。ジェーンの声が途切れる。「あの子の家族として、私たちはルーシーを見つけ出すまであきらめません。

誰になんと言われようと、決してあきらめません」
その頃になると、ある恐ろしい可能性――ルーシーが死ぬことよりも残酷な結末――が家族の頭をよぎるようになった。彼女の身に何が起きたか、このまま解明されなかったとしたら？　永遠に失踪したままだったら？　「内心、いちばん恐れているのは、一〇年後、二〇年後、あるいは五年後でも、私がまだこの場所で姉を探しているという状態です[3]」とソフィーは東京の記者に語ったことがあった。「そんなのは嫌です。ルーシーを誰かが連れ去ったからといって、私は自分の人生をあきらめるつもりはありません。そんなのは絶対に嫌。だから、すぐにでも解決してほしい。そう願っています。でも、わかっています。姉がただ単に消えたわけじゃないということは」

八月に来日したジェーンには、もうひとり同行者がいた。ルーシー・ブラックマンの非公式捜索チームの新メンバー、デイヴィッド・シーボーン・デイヴィスだ[4]。〝ダイ〟という愛称の朗らかなこのウェールズ人は、ロンドン警視庁の元警視正だった。入庁して初めの数年、ダイ・デイヴィスは風紀犯罪取締班に配属された。しかし数十年後にキャリアを終えたときには、王室警備部門トップ――エリザベス女王の主任ボディーガード――まで登りつめていた。三年前、彼は皇宮警察と情報交換するために来日したことがあり、その際には日本の警察からずいぶんと手厚い歓迎を受けたという。翌年、ロンドン警視庁を引退した彼は、通称〈エージェンC〉と呼ばれる共同運営会社の〝国際セキュリティー・コンサルタント〟に就任。そんなダイはもともと、ジェーン・ブラックマンの弟と知り合いだった。何十年もの豊かな経験を誇り、日本の警察とパイプを持つ彼には自信があった。家族レベルによる一貫性のない捜査をプロの技で本格的な捜査へと変え、光眞警視の防御の殻を割ってみせる、と。ティムの裕福な義理の兄ブライアン・マルコムは、経費に加えて、ダイに一日八〇〇ポンド（約一三万円）の報酬を払うことに同意した――〈エージェンC〉の通常レートよりも一日当たり四〇〇ポンドも低い価格だった。

きれいに整えた小さな口髭を蓄えたダイは、いつも灰色のスーツとペイズリー柄のネクタイという出で立ちだった。心優しく、穏やかで、弁が立ち、魅力的で控えめな性格。それがダイだった。しかし東京での活動は、彼の予想をはるかに超えて困難を極めるものになった。彼が到着した二〇〇〇年の晩夏までに、皇宮警察の知人のほとんどが定年、もしくは異動になっていた。残りの数少ない知り合いも、紹介できる仲間がいないか、紹介するつもりが端からないかのどちらかだった。言うまでもなく、彼らは皇室専属のボディーガードであり、六本木の刑事とは別世界の住人だった。それどころか、こう警告する者までいた。許可なく私立探偵として日本で活動すれば、逮捕される可能性もある、と。結局、ダイは心配する〝家族の知人〟の振りをして活動するしか道はなく、ティムやアダム以上の成果を上げることなど到底無理だった。警視庁の刑事は、やけに慇懃無礼な態度で彼に接した。クラブの経営者やバーの店長は、警戒心もあらわに協力を拒んだ。事実上、彼が直接話を聞き出すことができたのはホステスだけだった。ダイはこれを〝沈黙の壁〟と呼んだ――完全に身動きが取れないことを認める、彼なりの言い方だ。日本語も理解できず、通訳を雇う資金もないダイは、日本にいる記者やボランティアに頼るしかなかった。つまり、非公式のルーシー捜索チームのほかのメンバーと何ひとつ差はなかったのだ。「誰も私と会おうとしなかったんですよ」。そうダイが私に告白したのは、六年後のことだ。「報酬に見合う仕事ができているか、自問自答の日々でした。ただ刑事ごっこをしているだけじゃないか、と。こんな人員や資金でいったい何ができるのか？……警察官であれば人も資金も自由に使えるので、まったく状況がちがう。指示すれば、周囲が動いて情報を集めてくるわけですから。けれど個人で動く場合、こちらが金を払って情報を見つけなければいけない場面もある。いま思い返せば、私は思い上がっていたんでしょう。ひとりで状況をがらりと変えられる、とね。いまになってみれば、そう思います」

そんなダイ・デイヴィスだったが、記者たちとの関係構築には長けていた。(5) ルーシーの事件後も、マスコミが大々的に報じたイギリス人失踪事件の多くにおいて、彼は同じような役割を演じることになる。ダイこと〝元ロンドン警視庁刑事〟、あるいは〝スーパー探偵(6)〟は、新聞記事やテレビのインタビューに頻繁に登場した。イギリス人女児マデリン・マクカーン失踪事件では、ポルトガル警察の捜査を批判。ルーシーと同じケント出身の若い女性ルイーズ・カートン失踪事件(7)では、ドイツ当局の捜査について堂々と意見を述べた。ルーシー事件においても、ダイが果たした〝重要な役割〟について大きく報じられたが、それに対してティムは皮肉な反応を見せるのだった。

「ダイ・デイヴィス——おぉ、偉大なるダイ・デイヴィス」とティムは皮肉った。「このあいだ、あの男がテレビに出てるのを見てはらわたが煮えくり返る思いでしたよ。『ええ、東京に出向いて、捜査に協力しました』なんてほざきやがって。あの男を東京に呼ぶために、俺たちは四万八〇〇〇ポンド（約七六〇万円）も払ったんだ！　なのにあいつは、店長の話を聞き出すとかなんとか言って、ポールダンス・クラブに夜な夜な通ってただけ」

しかし少なくとも、ブラックマン一家が必死で掻き集めた情報のピースの山に、ダイが一ピースを加えたことは確かだった。

九月、彼はマンディー・ウォレス(8)という女性の追跡に成功した。ルーシーと同時期に〈カサブランカ〉で数週間働き、その後に地元ブラックプールに戻った元ホステスだった。六月下旬に来店し、ルーシーが担当したある男について彼女はこう証言した——ブランデー好きの金払いのいい客だったが、少し怪しい感じがした。この情報に、ダイの刑事としての血が騒いだ。彼はロンドン警視庁の似顔絵捜査班の友人を説得してブラックプールに連れていき、マンディーの証言に基づくモンタージュ写真を作成させた。[9] 写真はすぐに東京に送られ、関係者への聞き取り調査の際に使われた。

恐ろしいほどにグロテスクな画像だった。肥えた幅広の輪郭、荒削りの鼻、厚ぼったく下卑(げび)た唇、もさっとした大量の髪。首は筋肉質で太く、無表情の眼の一部は大きな眼鏡の奥に隠れていた。無慈悲で、執念深く、異質な人物の顔だった。人間の情と理解を超越した男の顔だった。それは、二カ月にわたって難航する捜索の状況を見事に表現し、捜索者の絶望を鮮やかに象徴する写真だった。

ふたつの十字架

一〇月、マイク・ヒルズが詐欺師だと判明し、SMサークル関連の調査もなんの成果もないまま終わりを告げた。ヒュー・シェイクシャフトの六本木のオフィスを拠点とした、ティムとソフィー率いる捜索チームも崩壊寸前だった。

疲労、絶望、日本滞在にかかる莫大な費用――その積み重ねが招いた、当然の結果でもあった。一方で、チームの崩壊には別の理由もあった。ボランティアのあいだで、ティムへの不信感が募っていったのだ。ときにそれは、明らかな嫌悪感へと変わることもあった。[10]

ティムへの態度を最も極端に翻したのは、ヒュー・シェイクシャフトその人だった。早い段階から、彼はオフィスでのティムの言動に腹を立て、仕事場であるということへの配慮が足らなさすぎると非難した。ヒューにしてみれば、その行動は赦しがたいものばかりだった。ティムは尋ね人のポスターを何枚も勝手に壁に貼り、会社スタッフには尊大な態度で接し、ヒューの不在中にオフィス内で許可なくインタビューを受けた。それどころではない。ティムは〈ベリーニ〉で記者たちに食事をごちそうしたのだ。しかし、ヒューの支払いだと知りつつ、ヒューの不満はもっと深くに根ざすものであり、問題の根源はティムの人となりそのものにあった。自分は辛い立場にあるのだから、当然こう振る舞ってもかまわない——そんなティムの思い込みに、彼は憤慨していた。

常に雄弁で冷静なティムの存在がなければ、ルーシー失踪事件への報道熱はもっと早くに冷めていたにちがいない。一方で、型通りの犠牲者の役割を演じることを拒んだティムには、常に不信の眼が向けられることになった。一見、ティムは動揺していないように見えた。そんな彼を見て世間は思った。実際、動揺していないのだろう、と。そして、娘が行方不明中の父親が嘆き悲しまないのは、社会通念に反することだった。「私は徐々に気がつきました。この困難な状況に対して、ティムはいっさいの関心を示そうとしなかった。家族が悲惨なトラウマに直面したときに、誰もが抱く感情——その感情のひとつたりともティムは見せなかったのです」とヒュー・シェイクシャフトは、ティムを非難する一〇ページ四〇〇〇語に及ぶ手記に綴った。「彼が興味を示したのは、金がいくら集まったか、次のテレビのインタビューはいつか、そういうことでした」

実際、一連の金の流れや、ティムの金に対する執着心には、多くの人が不満を抱いていた。アダム・ウィッティントンとブラックマン一家との協力関係も、彼がいくら金を借りているかという苦々しい口論の末に幕を閉じることになった。また、匿名希望の支援者のひとりは、ティムが〝この状況を利用して金儲けする方法〟についてジョセフィン・バーと電話で話すのを立ち聞きしたと証言した。「事件直後、ティムは窮地に立たされていた。すぐに助けなければ、と私は思いました」とヒューは手記に書いた。だからこそ、初対面のティムにその場で気前よく大金を渡したのだ。「残念ながら、そうではなかった。ティム・ブラックマンの一連の行動が証明するとおり、彼はただマスコミの注目を楽しみたかっただけなんです」

事件から数年後、私は二晩にわたり、ルーシー事件についてヒュー・シェイクシャフトに話を聞く機会を得ることができた。彼はその多くの時間を、ティムへの批判に費やした。ある程度まで話が進むと、ティムが実際にあの状況を〝楽しんでいた〟と思うか、私は彼に尋ねてみた。「朝四時か五時まで飲み歩いていたくらいですから、そりゃ楽しんでいたでしょう」と彼は言った。「必要な〝調査〟とやらを終えて、素面のまま午前一時にホテルに帰ることもできた……それに離婚後、つまり事件前の三年だか五年のあいだに、彼はルーシーと二、三度しか会ったことがなかった。彼のほうで、娘と会うための時間を取ろうとしなかったんです。私に言わせれば、ティムはきわめて自己陶酔型の人間です。離婚前後の態度や、家族に対する実際の行動を考えあわせれば、彼がときに非常に冷たい人間になれるということがわかる……エゴの塊といっても過言ではないでしょうね」

エゴや飲みすぎについてヒューの口から批判が飛び出すのは、どこか滑稽にも思えた。ヒューの会話には、知り合いのハリウッド俳優の名前がよく出てきたし、六本木で飲みすぎて何度も心臓発作を起こしたという話が、武勇伝のように語られることもあった。さらには、彼にも離婚歴があり、離れて暮らす息子がいた。しかし、ティムに疑いの眼差しを向けるのはヒューひとりではなかった。二〇〇〇年秋頃になると、東京ではティムの悪い噂を耳にすることが多くなった。駐在員のマンションでのディナー・パーティで、五つ星ホテルでの日曜日のブランチで、大使館のカクテル・パーティで——眉をひそめ、首を残念そうに振りながら、小声でこう囁く人たちがいた。ティム・ブラックマン、あの行方不明の娘の父親が「東京で楽しい時間を過ごしているらしい」。

行方不明者の家族は、ふたつの十字架を背負うことになる。ひとつ目は、辛い体験の苦しみ。もうひとつは、周囲の視線。ときに、彼らには普段よりも高い行動基準が求められる。

人間の本能として、誰もが苦しむ仲間を助けようと思うものだ。しかし、私たちの多くは同時に、意識的かどうかにかかわらず見返りを求めている。仲間が無力感に苛まれ、助けを求める姿をどこかで期待しているのだ。ところが、ティムは自らの苦悩と混乱を隠し、ルーシーの捜索活動にひたすら邁進した。その結果、まわりの人々はその見返りを得ることができなかった。一方のジェーン・ブラックマンは、見返りを提供した。ジェーンの苦しみは、心の奥底から湧き出る自然なものだった。彼女は人の助けを必要とし、その助けを感謝とともに受け容れた。すると支援者たちも、自分が善い行ないをしているのだと即座に自覚することができた。

ティムへの不信感が募り出したのはジェーンが日本を訪れるようになってからだったが、そのタイミングは決して偶然ではなかった。前妻について、ティムが東京の支援者に話すことはめったになかった。が、ジェーンのほうは、心を許した相手には、結婚の失敗のことや、離婚についての自らの考えを包み隠さず話した。その話を聞いたヒュー、アダム、ダイは単純な構図を頭に描いた——不当な扱いを受けた妻、家を去って家族を無視しつづけた浮気性の夫。そして人々の善意はティムのもとを離れ、ジェーンへと流れていった。あたかもブラックマン一家に対する〝善意の量〟が事前に決められており、ティムとジェーンでそれを分け合わなくてはいけないかのように。

そんな流れを察したのか、ティムはイギリスのタブロイド紙《サンデー・ピープル》の単独インタビューに答えた[11]。しかし、支援者の印象が変わることはなかった。インタビュー内でティムは離婚後に娘と会えなくなった経験を引き合いに出し、ルーシーが失踪したあとの自身の苦悩について切々と語った。「ジェーンは精神的にかなり参っていますが、それは私も理解できます。しかし私としては、彼女にこれっぽっちの同情も感じることはないんです。離婚後、私はしばらくルーシーに会えなかった。それと同じだと思う。もちろん、今回のほうが状況は悪い。だとしても、ジェーンのこの体験は、以前彼女が私に体験させたことなんです。だから、私は彼女の痛みに何も感じることができないんです」

事件直後の短く惨めな電話での会話以来、ジェーンとティムは一度も言葉を交わさなかった。東京に来るときも、出くわすことがないようにわざと時期をずらすほどだった。九月初め、ジェーンとダイ・デイヴィスが日本を離れたあとも、ティムはワイト島の自宅に留まった。アダムは八月末に日本を離れ、のちにソフィーも帰国した。そのあいだ、ルーシー・ホットラインの留守番電話に届くメッセージを確認し、記録を残すのは英国大使館スタッフの役目になった。

・一〇月二日午後一時頃、錦糸町の眼鏡店近くで、男性と一緒に歩くルーシー似の女性を目撃。また、アジア人やヨーロッパ人の若い女性が働くいかがわしいクラブやバーは至るところにある、と電話をかけてきた男性は指摘。
・ある宗教団体についての情報がある、と男性から電話。日本語を話すイギリス人にかけ直してほしいとのこと。
・ＢＧＭのみ。

ルーシーを捜す家族が東京にひとりもいなくなったのは、三カ月前に彼女が姿を消してから初めてのことだった。

ある男

ルーシー・ブラックマンにまつわる事件のあいだ、私はずっと東京で経過を追いながら、新聞記事を発表しつづけた。記事内では、編集者から寄せられた質問——日本に関する知識をとくに持たないイギリス人読者が抱くだろう当然の疑問――に答えることを念頭に置いた。東京でのルーシーの生活の様子は？　外国人ホステス特有の役割とは？　そういった簡単な質問の答えは、すぐに導き出すことができた。しかし、最大の問題である〝彼女の身に何が起きたか〟の答えは、どこを探しても見つからなかった。すると今度は、人々は別の疑問に注意を向けるようになった。彼女はドラッグの影響下にあったのか？　親友は何か知っているのか？　父親が何か隠しているのでは？

日本在住の新聞記者として私は日本じゅうを日々飛びまわり、官僚や政治家、学者、専門家に会って話を聞いた。プライベートの時間には、自分と似たような人たち――日本を愛し、故郷とは呼ばないまでも充分にこの国を理解していると考える友人――とのんびり過ごした。みんなでわいわい騒ぎたいときには、六本木に遊びにいくことも多かった。一部の血気盛んな男友達は、ストリップバーへと繰り出すこともあった。ルーシー・ブラックマン事件が発生したあと、私は担当記者として自ら六本木のホステスクラブを訪れ、魅力的で利発な若い女性と会話するためにとんでもない大金を支払うことになった。事件直後はクラブ側も警戒し、記者たちをあからさまに毛嫌いした。メモ帳とカメラを手にした詮索好きの〝客〟と警備員との小競り合いを目撃したのは、一度や二度のことではない。しかし、ホステスクラブ業界は瞬く間にもとの姿を取り戻した。ルーシーの失踪から数日後に休業した〈カサブランカ〉でさえ、八月末に〈グリーングラス〉という新しい店名で営業を再開したほどだ。

私は〈グリーングラス〉や〈ワン・アイド・ジャック〉、〈東京スポーツカフェ〉に何度も通った。ひとりで行くこともあれば、友人とふたりで訪れることもあった。ホステスにドリンクをおごって話を聞き出そうとしたものの、私以上にルーシー・ブラックマンを知る人間はいなかった。しかし話を聞いたどの女性も、同じ噂話を耳にしていた――カルト教団、レイプ集団、ＳＭサークル。かつてはネオンがまぶしい粗野な街だった六本木も、いまや暗く湿っぽい、神秘的な場所に変貌を遂げたようだった。地面の下には、あらゆる生物が蠢いていた。酔っぱらった私は、だいたい午前四時に家に着いた。服にはタバコのにおいが染みつき、ポケットには情報を殴り書きした紙ナプキンが何枚も詰まっていた。そんな夜に眠りにつくと、私は最も伝統的な男の夢を見た――騎士になった自分が薄暗い塔へと馬を走らせ、龍を殺し、囚われた娘を助け出し、永久の栄光を勝ち取る。

麻布警察署に出向いても、話をはぐらかされるだけだった。英国大使館に行けば、当たりまえのことをひたすら繰り返されるだけだった。そこで私は、日本人記者と協力関係を結ぶことにした。ブラックマン一家から私が収集した情報を彼らに教え、代わりに彼らが警察から得たわずかばかりの情報を教えてもらうのだ。さらに、私はルーシーの写真を厚紙に貼りつけてバッグに入れて持ち歩き、行く先々で人に見せて話を聞いた。誰もが写真の女性の顔を知っていたが、実際に目撃した者はいなかった。

報道するべき新しい情報がないときでも、事件のことが頭から離れることはなかった。人は溶けて粒子になって消えるわけではない。何かが起きたのだ。情報はありあまるほどあった。ルーシーについて、六本木について、ホステスについて、あの土曜の午後の出来事について。しかしその核心には、ぽっかりと口を開けた隙間があった。人々はそんな空洞を嫌い、何かで満たそうとした。彼らは、ティムにその隙間を満たすことを求めた。彼の苦悩と怒り――実に平凡で、実にありふれた感情――でその穴を埋めることを求めたのだ。しかしティムがそれを拒絶したとき、人々は憤慨した。

その穴を埋めるものが何か、誰も知らなかった。いや、誰もが知っていた。それは、人の形をした穴だった。ルーシーを連れ去り、彼女に危害を加えた人間の形の穴だった。口には出さなくとも、そう誰もが知っていた。その人物は男にちがいない、そう誰もがわかっていた。

記者という仕事柄、怯えた遺族や行方不明者の家族に話を聞くのを避けられないことがある。私はそれが嫌でたまらなかった。声のトーンは？　言葉遣いはこれで正しいのか？　いつもびくびくしていた。はきはきと話せば冷たく思われるし、過度に同情的になると嘘っぽく聞こえてしまう。ブラックマン一家に電話するたび――悲しみに暮れるジェーン、防御的で挑発的なソフィー、恐ろしいほど協力的で優しいティムと話すたび――私は極度の緊張を強いられた。しかし一〇月までに、彼らはみな失意のままイギリスに戻ってしまった。すると私自身、ルーシーのことを考える回数もめっぽう減り、彼女のことが一度も頭をよぎらずに一日が終わることもあった。そんなある晩、友人の日本人記者から電話が入った――警視庁がある男を逮捕する。その男こそ、人間の形の穴にぴったりとはまる人物だった。

第一二章　警察の威信[1]

クリスタの証言

クリスタベル・マッケンジーもまた、東京に逃げてきたひとりだった[2]。しかし、日本に来るほかの多くの女性たちのように、母国での辛い体験から逃げてきたわけではなかった。彼女の父親は著名なスコットランド人弁護士で、母親はエジンバラ大学の教員だった。知性と美貌に恵まれたクリスタは、豊かな文化を享受しながら育ち、上位中産階級（アッパーミドルクラス）にふさわしい生活を謳歌していた。しかし、エジンバラでの裕福な生活は、どこか閉鎖的で息苦しかった。クリスタが欲したのは、独立と刺激だった。そんな彼女は学校を中退し、受付係として働きはじめる。その後、再びシックスフォーム・カレッジに戻ってAレベルをいくつか取得すると、今度はロンドンに移り住んでデパートでの仕事に就いた。

しかしロンドンに来ただけでは、まだ故郷から遠くに離れた気がしなかった。そんなとき、日本に住んだ経験のある知り合いから、刺激とチャンスに満ち溢れた東京での生活の話を聞かされた。そして一九九五年一月、一九歳のクリスタはひとり東京へとやってきた。それから七年間のほとんどの日々を、彼女は日本で暮らすことになる。

東京で生活を始めるとすぐ、日本で外国人として生きることの大きな特徴にクリスタは気がついた。なぜこの街は、あらゆる社会不適応者を惹きつけるのか？　それは、個人として抱える疎外感――周囲の全員とちがうという圧倒的な感覚――が、〝ガイジン〟というさらに大きな枠組みの共通の疎外感で括られることによって吹き飛んでしまうことが理由だった。「私は日本が大好きでした」とクリスタは私に語った。「いまでも好きです。もちろん、愛憎入り乱れるものではありますが。最低なところもあれば、最高のところもある、それが日本です。でも、日本では自由になれた——何をしたところで、どうせ変なガイジンなんだから。どこへ行ってもじろじろ見られるので、人の視線なんて逆に気にならなくなって、心が楽になるんです。それに金銭的な余裕も生まれるので、さらに精神は落ち着く。母国から遠く離れた環境に身を置くと、何をしても実生活ではないような感覚になるんです」

クリスタは長身のブロンドで、外見も派手だった。日本に来た彼女は英語教師として働き出すが、仕事は退屈そのものだった。そして数週間もしないうちに仕事を辞め、〈フレーシュ〉という名の小さなクラブのホステスとして働きはじめる。店は、六本木と隣接する赤坂にあった。六本木が若いガイジンのための街だとすれば、赤坂は日本人サラリーマンのためのより高級な繁華街だった。この街には、本物の芸者による歓待の伝統が残っており、日本人政治家や巨大企業の重役が贔屓にする高級料亭が何軒かあった。しかし、そういった人々が〈フレーシュ〉を訪れることはほとんどなかった。クリスタの客の多くは、孤独でつまらない男ばかりだった。若く美しい外国人女性と英語で話す数時間が、彼らにとっては得難い経験であり、喜びだった。

「小さなバーカウンターに、カラオケマシンがあるくらいの平凡な店でしたよ。ホステスは六人から八人くらい在籍していました」とクリスタは言った。「お客さんはいい人ばかりでした。もちろん、なかには嫌な客もいましたけど——威圧的だったり、意地悪だったり、口臭がきつかったり。でも、そんな客は一握りでした。いちばん辛かったのは、退屈との闘いです。同伴はまったく平気でした。だって、赤坂のどこかで夕食を食べて、店に戻ればいいだけでしたから」。人気の出るホステスはたいてい、初心(うぶ)で無邪気な人間を演じる。客の多くは、自分よりも頭の悪い人間と会話することに安心感を覚える。しかし、クリスタは馬鹿を演じることなどできず、別の方法で客を楽しませた。くだらないドリンクゲーム（実際、彼女は大酒のみだった）や、相手を誘うようなセクシーな会話だ。さらには、ドラッグで退屈さを紛らわせることもあった。

　彼女が来日した一九九〇年代半ば、日本のバブル経済はとうに崩壊していたものの、東京の景気はまだ大不況というほど落ち込んではいなかった。戦略に長けたホステスには周囲が羨むような報酬が与えられることもあり、のぼせ上がった客から贈られる高価なプレゼントの噂は絶えることがなかった――ロレックスの腕時計、金の延べ棒、さらにはマンション。六本木に比べて高級感のある赤坂では、ホステスに支払われる給料も高かった。ロンドン時代のクリスタの週給は二万円弱だったが、ホステスの時給は三〇〇〇円で、さらに指名や同伴のボーナスが加わった。

　ある夜、クリスタが初めて見る客が来店した。店長のお辞儀の深さや、媚びるような歓迎ぶりから、その男が金払いのいい常連客であることは容易に察しがついた。さらに、ホンダユウジと名乗るその男が、ただの常連ではないと気づくまでにそう時間はかからなかった。

　ユウジは四〇代前半の背の低い男だった。その立ち居振る舞いが、典型的なサラリーマンではないことを如実に物語っていた。顔は平凡だったが、シルクの開襟シャツに高級そうなジャケットを羽織り、常にりゅうとした身なりだった。英語も堪能で、ほかの多くの客とは異なり、彼には嫌らしいところも、おどけたところも、惨めなところもまったく見られなかった。「彼には根拠のない傲慢さと自信があって、私としては、そこがなんだかおもしろかったんです」とクリスタは言った。「だって、彼はあまりハンサムなほうではないし、性格が飛び抜けてすばらしいというわけでもなかった。でも、ほかの男とは何かがちがった。そこに、興味をそそられました。摑みどころのない性格というか、少し変わったところがある人でしたね。

歩き方も、いかにも威張った感じでした。それに、話し方に妙なところがあったんです。なんて説明すればいいのか――舌足らずで、口の形が変でした。まるで赤ん坊の口のようでした。あと、トカゲみたいに舌をぺろぺろと出すんです」。なによりも眼を惹いたのが、汗の量だ。エアコンが効いた涼しい店内でも彼は汗をかきつづけ、小さなハンドタオルを取り出しては、頻繁に顔や首を拭った。

最初の夜、ユウジはずっとクリスタとふたりきりで過ごし、また来店すると約束した。完璧な〝同伴関係〟の始まりだった。

それから一カ月、ふたりは週に一度は夕食に出かけた。毎回、彼はちがう車でやってきた――ロールスロイスの白いオープンカー、三台のポルシェ。クリスタはあえて彼の裕福さに驚かない振りを決め込んだが、しっかりと認識していた――ユウジは、どんなホステスも羨む夢の顧客だった。ある夜には、彼はクリスタを高級中華料理店に連れていき、フカヒレのスープやアワビを振る舞った。また別の夜には、ふたりは高級フグ料理店を訪れた。ユウジは自分のことを詳しく話そうとしなかったが、金を見せびらかすのは重要なことのようだった。彼の家族は日本で五番目に金持ちらしい、とクラブの同僚が噂していたこともあった。「ユウジはフグが大好きで、毎日食べていると言っていました」とクリスタは当時を振り返った。「口から出るのはそんな自慢話ばかりですよ。人ってお金を持つと、自分が立派な人間であるかのように錯覚するんですよね。それがおかしくて」。それこそが、クリスタがユウジに抱いた印象だった――変わり者で、少し滑稽で、害のない男。

一九九五年五月のある夜、ユウジは仕事終わりのクリスタを車で拾うと、海辺へのドライブに彼女を誘った。時間は午前三時。クリスタは睡眠を削ってでも冒険を好む性格だったし、ユウジが話す海辺のリゾートにも心惹かれた。ふたりは白のロールスロイスで海に向かった。車内は過剰なエアコンで冷え冷えとしており、クリスタはぶるぶる震えていたが、薄手のシルクシャツ姿のユウジは汗まみれだった。「すさまじい汗の量でした」と彼女は言った。「コカインか覚醒剤でもやっているんじゃないかと思ったほど。実際にはやってなかったわけですが。それに、運転がとにかく下手。アクセル全開か、ブレーキを強く踏むか、どちらかだけ。その中間ってものがないんです」。車がどこに向かっているか、クリスタはぼんやりとしか気に留めていなかった。一時間後、ふたりはヨットが係留されたマリーナに到着した。海沿いにはリゾートマンションが建ち並び、背の高いヤシの木の葉を海風が揺らしていた。ユウジの口からこの場所について聞いたときには、クリスタはカリフォルニアやオーストラリアの海岸沿いの一軒家――広い庭とプライベート・プールのあるヴィラ――を想像していた。ところが、現実はまったくちがった。眼のまえに広がるのは、似たような狭苦しい部屋が並ぶ巨大な建物だった。「その場所に着くなり、〝私はいったい何をしているんだろう〟って後悔しましたよ」と彼女は言った。「〝この男は自分で言うほどの金持ちではないんじゃないか〟って」

彼の部屋は三階にあった。みすぼらしく小さな部屋で、典型的な独身男性の部屋だった。細長いバルコニー、狭い台所。居間の奥には壁で仕切られた小さな空間があり、そちらは寝室のようだった。海辺のリゾートの魅力やロマンティックさは何ひとつ見当たらなかった。詰め物入りのやけに仰々しいソファーは、ツタの葉とキャベッジローズ柄の分厚い生地に覆われていた。うしろの食器棚には、さまざまな色と形の壜。「趣味の悪い部屋でした」とクリスタは言った。「母親がインテリアを決めたのか、とにかくダサかった。家具はどれも七〇年代の代物かと思うほどでした。祖母の家で見かけるような家具ばかりで、花柄がやけに目立っていました」

ふたりはソファーに坐ってビールを飲みながら、ユウジが持ってきたフグを食べた。そのあと、彼はエレキギターを取り出してアンプに繋ぎ、録音された伴奏に合わせてギターを弾きながら歌い出した。曲は、彼が熱狂的なファンだというカルロス・サンタナの『君に捧げるサンバ』。アメリカでサンタナと一緒に撮った写真まで見せられた。「サンタナは私も嫌いではありませんでしたが、カラオケで一緒に歌うのはちょっと……正直、ダサいと思いました」とクリスタは言った。「その頃には空も明るくなってきて、長居しすぎたと私は感じはじめていました」。彼女が東京に戻りたいと伝えると、ユウジは言った。最後にひとつだけ見せたいものがある、フィリピン産の珍しいワインがあるから試してみてほしい、と。彼は食器棚に乱雑に置かれた壜のひとつを取り上げ、中身をクリスタルのデキャンタに移し替えてから、さらに小さなグラスに一杯分注いだ。グラスを受け取ったクリスタは、窓辺に突っ立ったまま一口で飲み干した。

同じ状況に追い込まれたほかの多くの女性にとっては、それが最後の記憶になった——咽喉を刺激する、薬品のような〝ワイン〟の味。しかし、それまで何カ月も暴飲を続けてきたクリスタは、最も強力なアルコールにも負けない耐性を持っていた。「まさか変なことが起きるなんて、想像もしていませんでした」と彼女は言った。「おそらく、彼は気がついたんでしょうね。私が酒好きで、新しいことに積極的に挑戦するタイプだって。当時の私にしてみれば、ワインを断るなんてありえなかった。どんなことにも強気でしたから。いまでもあの感覚は忘れられません。窓辺に立っていると、頭がぼうっとしてきた。そこで、やっと自分の置かれた状況を理解しはじめました。大変なことになった、とね。状況について、じっくりと反芻（はんすう）する時間さえありましたよ。〝ああ、もう最悪〟と考えていたのを覚えています。全身麻酔をかけられたような気分でした。でも恐怖を感じるまえに、意識が朦朧（もうろう）としてきたんです」

暗闇のなか、ひとりベッドに横たわるクリスタは眼を覚ました。その瞬間、彼女は事態を把握した。

意識を失っているあいだに起きたことも、容易に想像がついた。「〝具合は大丈夫？〟と心のなかで自分に語りかけたのを覚えています。何があったのか、正確に理解しようとしましたが、何も痛みは感じません。それに、私は服を着ていたんです。きっと、相当長いあいだ寝ていたのだろうと思いました。だって、わざわざ私に服を着せる時間まであったわけですから」

ふたりが車でリゾートマンションに到着したのは土曜日の早朝で、クリスタが眼を覚ましたのは土曜日の夕方だった。つまり、彼女は一二時間以上意識がなかったことになる。ユウジは平静を装っていた。まるで、彼女のほうから何か言い出すのを、非難の言葉を待っているかのようだった。しかし、クリスタは何も言わなかった。「とにかく家に帰りたかった。〝もし彼が送ってくれなかったら、どうやって東京に戻ればいいの？〟――それしか頭にはありませんでした。だって、自分がどこにいるか、まったくわからなかったから。でも結局、彼は車で送ってくれました」。車内でクリスタはひどい二日酔いに襲われたが、当時の彼女にとって、それは珍しいことではなかった。それ以外、変わったことは何もなかった。

「なぜあんな態度を取ったのか――いま考えてみれば不思議なことです。でも、ホステスの仕事は女と男のゲームみたいなものですから。女は、何も与えることなくお金を獲得しようとする。男は、クラブの勘定だけでなるべく多くを獲得しようとする。その日、眼を覚ました私は怒っていました。でも、こんな状況に陥ったのは、自分のせいでもあると感じていた。私が聞いたかぎり、レイプされた女性が自分にも非があると感じるのは、よくある話のようです。

ゲームのルールはしっかり熟知しているつもりでしたが、私の勘ちがいでした。そういう意味で、私は考えが甘かったんだと思います。その点では、彼がゲームに勝った。もちろん腹は立ちましたが、あまり深く考えないようにしました。自分がどれほど危険な世界に足を踏み入れているか、それほど意識していなかったんです。意識したのは、数年経ってからのことですね。当時は、真剣に考えたくなかった。だって、それが危険なことだと認めてしまったら、私は生き方自体を変える必要があったわけですから」

その夜、クリスタは自宅の近くでユウジの車を降りた。翌週からも彼女はクラブの仕事を続けたが、ユウジが来店することはなかった。

クリスタはその後も日本に留まり、各地を転々としながらホステスの仕事を続けた。二、三カ月働いて金を貯めると、インドやアイスランド、カナダに何週間か観光旅行に行き、また日本に戻る。その繰り返しだった。

一九九九年、札幌にいたクリスタは、知り合った外国人女性からこんな話を聞いた――東京に住む資産家の男が、ホステスたちを海辺のマンションに連れていっては、薬物を飲ませてレイプに及んでいるらしい。ホンダユウジにまちがいなかった。あの事件から数年が過ぎたそのとき、彼女は初めて当時の出来事について意識して考えるようになった。

数カ月後、今度は大阪にいたクリスタのもとに、古い友人――かつて東京でホステスとして働き、いまはロンドンに住む女友達――から電話がかかってきた。彼女の妹が、友人と一緒に日本に行くので、東京で少し世話をしてやってくれないかという用件だった。

電話の相手はエマ・フィリップス。東京へ来る予定のふたり組は、ルイーズ・フィリップスとルーシー・ブラックマンだった。

クリスタはふたりのために〈代々木ハウス〉の部屋を予約した。ルイーズとルーシーが到着した日、マリファナを吸いながら、ルイーズを震撼させたどろどろのオイルを髪に塗りたくってふたりを出迎えたのがクリスタだった。その晩、三人は一緒に夜を過ごした。ルーシーとルイーズは、アクの強いクリスタに圧倒されっぱなしだった。が、クリスタのほうは、すぐにふたりを気に入った。それどころか、彼女たちを魅力的で素敵だとさえ感じたという。

「ふたりとも有頂天で、とても楽しそうでした。若い女の子ふたりが初めて親元を離れ、大きな旅に出たんですから、当然です。自立への第一歩を踏み出したわけですから。ルーシーはまるで、一九歳の頃の私でした。肉体的にという意味でね――背が高くて、ブロンドで。ルイーズのほうは、姉のエマと一卵性双生児のようにそっくり。だから、ふたりが一緒に室内を歩いていると、少し奇妙な感じがしました。五年前の私とエマを見ているようで。そのとき、ルーシーはユウジのタイプだと直感的に思いました。私が彼のタイプなら、ルーシーもまちがいなくタイプだった。それに、ふたりとも驚くほど世間知らずだったから、少し心配でした。でも本当にわくわく楽しそうにしていて、私としてはそんな雰囲気を壊したくなかった。だから、ユウジについてはあえて何も言いませんでした。ただ、彼のことが頭をよぎったのは事実です。普段はあの男のことなんて考えもしないから、不思議と言えば不思議でしたね」

その二カ月後、大阪に戻っていたクリスタのもとに、ルーシー失踪の一報がエマから届いた。「クラブの客と海にドライブに行ったまま帰ってこない。そう聞いた瞬間、ユウジだと確信しました。彼にまちがいない、と」

クリスタはルイーズに電話をかけてみたが、彼女はまっとうな受け答えができる状態ではなかった。「それでも、私の場合と同じように、薬物が抜けて意識が戻ったらルーシーは帰ってくると思っていました。ユウジが東京に送り届けるだろうって」。しかし、二日経ってもルーシーが戻ってこないことがわかると、クリスタは新幹線に乗って東京に行き、麻布警察署に直行した。

「過去稀に見る不名誉な状態」

日本の警察は、世界でいちばん愛くるしい警察にまちがいない。〝お巡りさん〟（文字通りの意味では、警ら中の警察官の愛称）を見ると、子供やかわいらしい小動物を眼にしたときと同じように、日本人の多くは優しい気持ちに包まれるという。外国人にとっても、日本の警察官の立派な濃紺の制服や飾り気のない旧式自転車は、どこか懐かしさを呼び覚ますところがある。腰につけたピストルに実弾が装塡されているなど信じがたいし、発砲する場面は想像すらできない（子供の手袋のように、ピストルと制服はコードでしっかりと繫がれている）。そして、日本で最も名誉ある警察部隊〝警視庁〟のシンボルは――獰猛なマスティフ犬でも、眼光鋭いタカでもなく――愉快なオレンジ色の妖精、ピーポくんだ。近代的な東京にはどこかレトロで、純朴で、五〇年代の雰囲気がまだ残っているが、警察も大きな要因のひとつだろう。東京の警察はまるで、悪党から街を守ろうとする真面目なボーイスカウトの一団のようだ。

表面的に見れば、日本の警察は世界でも屈指の優秀な警察だと言える(3)。ほかの多くの先進国と同じように、日本でも、若者の非行や伝統的な倫理観の低下は大きな社会問題となってきた。だとしても、日本がこの地球上で最も安全で、犯罪率の低い国であるという絶対的事実を覆すことはできない。それはまちがいない。日本における強盗、ひったくり、ドラッグ取引などの犯罪――世界のほかの大都市の住人にとって日常生活の一部と化した犯罪――の発生率は、欧米に比べて四分の一から八分の一に過ぎない。

暴力犯罪はさらに稀で、日本の警察は自らの手柄としてその事実を誇ってきた。つまり、犯罪率が世界一低いのは日本の警察が世界一優れているからだ、と彼らは自負してきたのだ。また、そんな考えは日本国民のあいだにも古くから根づくものだった。世界のほかの都市の住人であれば、治安当局を本能的に白い眼で見るのが常識だろう。ところが、日本では逆だった。しかし二〇〇〇年、クリスタ・マッケンジーが麻布警察署を訪れた頃には、そんな国民の忠誠心は揺らぎはじめていた。

当時、日本じゅうで警察官による不祥事が次々に発覚していた――セクハラ、贈収賄、恐喝、麻薬摂取、暴行、あるいは単なる〝無能ぶり〟。そんな度重なるスキャンダルの末、日本の警察は数十年に一度の激しい非難にさらされることになった。[4]* 保守系・体制派メディアとして有名な読売新聞でさえも、この事態を「過去稀に見る不名誉な状態」と宣した。同紙の社説は、「規律を完全に失ったこの組織を正す唯一の解決策は、完全かつ抜本的改革以外にないだろう」と警察を厳しく批判した。当時の世論調査でも、六〇パーセントもの日本人が〝警察を信用していない〟と答えた（二年前の調査では二六パーセント）。不安に駆られた警察が保身に汲々とするさなか、ルーシー失踪事件の調査が始まったのだった。

警察は普段以上の迅速さで捜査を進めた、というのが彼らの言い分だった。「われわれがいかにスピーディーに連携を取り合って動いたか、どうか理解していただきたい」と麻布警察署署長の松本房敬警視正（ルーシー・ブラックマン事件の初動捜査を監督した人物）は言った。「ベテランとしての直感に従ってすぐに動き出しました。それに、失踪した女性がイギリス人であったこと、さらに〈英国航空〉のような有名航空会社の客室乗務員だったことも影響しましたね。多くの若い女性が憧れる仕事ですから」**

裏を返せば――もちろん、警視正が明言したわけではないが――もし失踪した女性が中国人やバングラデシュ人で、ホステスになるまえに魚肉缶詰工場やマッサージパーラーで働いていたとすれば、

事件にそれほど興味を抱くことはなかったかもしれない、というわけだ。「初めは、あまり注目され

＊　非難の的となった不祥事には、行方不明者の捜査に関連する事件も数件あった。なかでも忌まわしいのが、前年の一九九九年一二月に発生した、一九歳の少年・須藤正和さん殺害事件だ。栃木県山中で死体が発見されるまでの二カ月近く、正和さんは行方不明になっていた。しかし、彼の両親にはその理由がわかっていた。三人の少年A、B、Cが正和さんを拉致・監禁していたのだ。少年三人は、正和さんをATMや消費者金融に連れていって無理やり金を工面させ、多額の現金を奪い取った。

正和さんの両親は何度も警察署に相談に行ったものの、警察は一貫して捜査を拒んだ。正和さんはそもそも不良であり、麻薬使用の疑いもある、と警察官は言い放ったという。ある日、犯人の命令を受けた正和さんが、親の携帯電話に連絡をしてきた。そのとき偶然にも両親は警察署におり、その場にいた巡査部長——捜査を拒みつづけた警察官——に息子の友人の振りをして誘拐犯と話をしてほしいと依頼。巡査部長は渋々電話に出たものの、自ら警察官であることを名乗ってしまう。その直後、犯人たちは須藤正和さんを山中に連れていき、絞殺した。三人の少年はのちに起訴され、殺人罪で有罪となった。犯人のうちひとりの父親は、栃木県警の警察官だった。

二〇〇〇年初めには、ブラックマン一家にとっても恐ろしい事件が発生していた。一九九〇年に新潟県で行方不明になった九歳少女の監禁事件だ。解決の糸口も見つからないまま一〇年が過ぎた二〇〇〇年一月、少女は地元の病院で保護された。彼女はそれまでの約一〇年間、警察署から数百メートルほどの距離にある民家の一室に監禁されていた。犯人には児童への性的虐待未遂の前科があった。それでも、警察が犯人の部屋を訪れることはなかった。

＊＊　ルーシー事件によって、客室乗務員へのイメージや立場が国によって異なることがわかった。イギリスでは、客室乗務員は〝空飛ぶウェイトレス〟などと揶揄され、憧れとともに常に侮蔑がつき纏う職業である。一方の日本では、スチュワーデスは〝空飛ぶエリート〟であり、魅力的で洗練された女性だけが就くことのできる象徴的な仕事だった。一九八〇年代後半のバブル時代、客室乗務員の人気は絶頂を迎え、多くの人気歌手や力士がスチュワーデスと結婚した。〈英国航空〉の仕事を辞めて六本木のホステスに転身するというルーシーの行動は、多くの日本人にとって解せないものであり、きわめて不審な行動でもあった。

る事件ではありませんでした」と、ある捜査関係者が私に教えてくれた。「六本木で若い女性がいなくなったって、誰も気に留めやしません。フィリピン人、タイ人、中国人——東京で女性が行方不明になるのは珍しいことじゃない。全員を捜索することはできませんからね」。しかし、この事件が特別扱いされたのは、単に犠牲者の国籍や前職のせいだけではなかった。外部からの圧力もまた大きな要因だった。

最初、警察署を訪れ、事件の早急な解決を激しく要求したのは妹ソフィー・ブラックマンだけだった。しかし、すぐに恐るべき英国総領事アラン・サットンも一緒に署にやってきた。その後、大使館のスタッフから、毎日のように進捗を確認する電話が入るようになった。そして、ティム・ブラックマンの到着だ。信じられないことに、彼はトニー・ブレアを巻き込むことに成功する。その展開に、刑事と日本人記者はびっくり仰天した。失踪した水商売の女性の捜索に一国の首相が介入するなど、日本では考えられないことだった（あるとき、松本警視正がインタビュー中にこう私に訊いてきたことがあった。「あのブラックマンさんというのは、ブレア首相のお友達なんですか？」。彼にとっては、それ以外に理由が考えられなかったのだろう）。

トニー・ブレアから直々に捜査依頼を受けた日本の総理大臣は、何十人もの記者の眼のまえで、事件についての懸念と解決への決意を表明せざるをえない状況に追い込まれた。「日本のマスコミのことは熟知していましたから、彼らの扱いは問題ありませんでした」と松本警視正は言った。「だが、外国のメディアをどう扱えばいいものか、われわれには知識や経験がなかった。そちらが実に厄介でしたよ」

松本はセヴンオークスのジェーン・ブラックマンにも電話をかけて話を聞いたが、彼女もまた、ほかの関係者全員と同じ言葉を繰り返すだけだった——事前の説明もなしに、ルーシーが自ら姿を消すとは考えがたい。七月一一日、ルーシー失踪事件のための特別捜査本部が麻布警察署内に設置されると、警視庁でも最も経験豊富な刑事のひとり、有働俊明がリーダーとして任命された。有働が所属する警視庁刑事部捜査一課は、殺人、強姦、誘拐、武装強盗といったセンセーショナルな凶悪犯罪の捜査を専門とする、エリート揃いの花形部署だった。その華やかさと名声は、ロンドン警視庁の特務捜査隊にも匹敵し、映画やテレビ、小説にもたびたび登場するほどだ。その捜査一課のナンバー二である有働警視は、日本の戦後最大の犯罪捜査にも参加した経験を持っていた。一九九五年、朝のラッシュアワーの東京の地下鉄に、終末思想を唱えるカルト集団〈オウム真理教〉がサリンを散布した事件だ。有働は背が高かった。卵形の顔に、大きな眼。その眼差しは鋭く、常に少し驚いているかのようにも見えた。屈強な刑事というよりは、優しい教頭先生という雰囲気で、激しい感情をあらわにするところなど想像がつかなかった。しかし、ルーシー事件は文字通り有働の心を揺り動かしたという。

「私はそれまでも多くの大事件、有名事件に関わってきました」と彼は私のインタビューに答えた。「それでも、ルーシー事件解決の責任者になったときには、緊張に体が打ち震えました。実際に震えたんです。直感的に、重大な犯罪が絡んでいることがわかりましたから。刑事の勘で、無視できない事件だと気づいたんです」

有働の直属の部下である光眞章が、ブラックマン一家の対応を担当することになった。その後、警察のシステムが眼を覚まし、咳払いをして、捜査方針が決まるまでに一週間以上を要した。が、彼らの基準からすると、それは幸先のいいスタートだった。

ドラッグ

それから数週間、警察はどんな捜査をしたのか？　それを完全に解明するのはむずかしいが、眼に見える進展がしばらくなかったことだけは確かだ。有働率いる特別捜査本部が立ち上がるまえに、麻布署の刑事たちは、ルイーズの証言の基本的な事実確認をすでに終えていた。ふたりの日本での滞在状況、〈代々木ハウス〉の生活、〈カサブランカ〉での仕事についてなどの調査に三日が費やされた。しかし、七月三日にルイーズがルーシー失踪を届け出たあと、警察の捜査に具体的な進捗があったのは、六週間も経ってからのことだった。

初期の捜査は、千葉県の宗教団体を中心に行なわれた（「ただ、数があまりに多すぎました」[5]とある刑事は言った。「もっと具体的な情報が必要です」）。ほかにも捜査すべきことはいくつもあったが、ほぼ手つかずの状況だった。たとえば、失踪から二週間が過ぎても、警察は交際相手のスコット・フレイザーから事情を聞いていなかった。[6]それどころか、奇妙な電話の発信者である、タカギアキラを名乗る人物の正体を辿る気配はゼロだった。「偽名かもしれません」と警察の広報担当者が言った。「同姓同名の方が不要のトラブルに巻き込まれると困りますので」

警察は〈カサブランカ〉を訪れ、所属するホステスから事情を聞き、クラブの記録を隅々まで調べた。客のなかには、店に名刺を渡している者も少なくなかった。また、商用でクラブを利用した客については、会社宛てに領収書が発行されており、クラブにはその写しが保管してあった。このような貴重な情報を発掘したにもかかわらず、その分析プロセスには恐ろしいほど長い時間がかかった。たとえば、イカ釣りの釣果の話でルーシーを楽しませた編集者・井村一のもとに初めて警察が話を聞きにやってきたのは、八月も半ば近くになってからのことだった。

代わりに、警察はルイーズ・フィリップスから再三にわたって話を聞いた。ルーシー失踪の翌週、七月四日の火曜日、ルイーズは丸一日を麻布警察署で過ごした。それから五週間、月曜日から土曜日まで毎日、彼女は警察署に呼び出された。

事情聴取は、一〇平米ほどの小さな部屋で行なわれた。部屋には机がひとつ置かれ、ルイーズ、ふたりの刑事、通訳が席についた。聴取は朝いちばんに始まり、夜まで続くことも珍しくなかった。最初の段階から、ルイーズは日本の警察官たちの温かく優しい対応に感銘を受けた。さらに、過酷な長時間労働をものともしない真面目な仕事ぶりにも驚いたという。

ルイーズは毎日、警察が用意した昼食を食べた。何度か、警察官の妻から手作り弁当が差し入れられたこともあった。警察はルイーズが滞在するためのアパートを手配し、一日につき五〇〇〇円の手当を支給した（図太くも、彼女はその金を貯めてカメラを買った）。事情聴取の最中、ルイーズは混乱と不安に襲われ、流れ出る涙を止められないこともあった。そんなときには、女性の通訳だけでなく、聴取を担当する男性警察官さえもが一緒に涙を流したことがあった。それも、一度や二度ではなかった。

とはいえ、事情聴取の内容はお粗末そのものだった。ルイーズが重要参考人であることは誰の眼にも明らかだった。ルーシーと最も長いつき合いの友人であり、いちばんの親友であり、彼女を最後に目撃したとされる人物だ。ルイーズにしてみても、日々新しい質問を受けるのであれば、長い尋問も仕方ないとあきらめるしかなかった。しかし、刑事はいくつかの同じ質問をひたすら繰り返すだけだった。恐ろしいほど細部までこだわる几帳面さは見事ではあったが、彼らの関心は際限なくあらゆる事柄に及び、ルイーズはこう感じずにはいられなかった――きっとまだなんの目星もついておらず、捜査の範囲を限定することもできずに、どこから始めればいいか手をこまねいている状態なのだろう。

「私たちが一緒に訪れた場所、これまでの行動……ルーシーに関することなら、どんなに細かいことでも、警察はすべてを知りたがりました。日本に来るまえのことも全部です」とルイーズは言った。

「彼らの仕事ぶりにはすさまじいものがありました。本当に一生懸命でした。たとえば、ルーシーの痣——生まれつき太腿のつけ根にある痣のことまで訊かれました。あとは、ルーシーが幼かった頃に罹った病気、私の彼氏、ほかの友人、同居人、クラブの客のことなどいろいろと訊かれました。タトゥーを入れた客は？　なんて質問もありましたね。でも、とにかく同じ質問を何度も繰り返すんです。それも連日」

「あなたとルーシーはレズビアンの関係ですか？」とためらいがちに訊かれたこともあった（ルイーズはその質問に声を出して笑った）。警察はルーシーの性生活の詳細を知りたがった——スコットとの関係、セックスの頻度、避妊方法。「ルーシーはクラミジアに感染したことはあるか？　そう一週間ひたすら訊かれたこともありました」とルイーズは続けた。「質問の意図がいっさい理解できませんでした。支離滅裂な質問も多くありましたよ。それが何時間も延々と続くんです」

「ルイーズにはいい印象を持ちましたよ」と松本警視正は私に教えてくれた。「だとしても、考えられるかぎりあらゆるシナリオを考慮しなければいけませんでした。たとえば、ルイーズが陰謀に加担しているのではないか？　ルイーズはルーシーと同じ男を好きになり、その男をモノにするために友人を消したのではないか？　あるいは、金目的でルーシーを殺したのでは？」。捜査官たちが想定したシナリオのなかには、もっと異様なものもあった。「ルーシーは北朝鮮にいるとか、女スパイだとか、ホステスクラブ関係者からそんな情報も寄せられました」と松本は続けた。「そういった情報はあまり考慮しませんでした。というのも、ルーシーはほとんど金を持っていなかったんです」

ドラッグ絡みかどうかという問題は、すぐに解決した。「ルイーズの顔色から、麻薬使用の様子は見受けられませんでした」と松本は言った。「さらに、長時間の尋問を受けているときの彼女の体の状態からも明らかでした。薬物使用者は口角に泡がたまることが多いのですが、それも見られませんでした。痩せてもいなかったし、疲れやすいということもなかった。薬物使用の兆候は皆無でした」。

言い換えれば、顔色と肉づきがよく、口から泡を吹いていなければ、違法薬物の使用者ではないというわけだ。なんとも純粋無垢な意見だが、これはれっきとした警察上層部の言葉だ。その認識の甘さは滑稽でもあり、日本の警察がいかに純朴で世間知らずかということのさらなる証明とも言えるだろう。重大犯罪に直面した経験がほとんどない彼らは、ときに物事の表面しか捉えることができない。

ただし、松本警視正のあとを引き継いだ刑事たちは、それほど純朴ではなかった。ある日、ルイーズが取調室に入ると、日本語の翻訳文と一緒にルーシーの日記が机に置いてあった。

「おはようございます、ルイーズさん」と刑事は言うと、机の書類を手に取って続けた。「ルイーズ、あなたとルーシーのどちらかが、日本でドラッグを使用したことはありますか？」

「いいえ、一度もありません」とルイーズは首を振って答えた。

「本当ですか？」と刑事は日記をめくりながら言った。

「ええ、もちろんです。一度もありません」

それまで、警察がルイーズをあからさまに疑うような素振りを見せることはほとんどなかった。時間をかけて事情聴取をするのも、ルイーズを疑っているからではなく、念には念を入れて調べたいという警察の純粋な気持ちの表れのように思えた。しかし、その日の雰囲気は、いつもとはちがった。

刑事はルイーズに尋ねた。「では、ルーシーはなぜ日記にこう書いたのでしょう？　〝音楽、ポストカード、そしてドラッグを求める果てしない旅〟」

ルイーズは動揺した。「〝ドラッグ使用者のレッテルが貼られると、ルーシーの印象が悪くなってしまう〟と私はとっさに考えました。それで、こう言ったんです。『それ……ルーシーは頭痛薬か何かを探していたんですよ』」

「日本で違法薬物を使用したことはないんですね？」と刑事は問い詰めた。

「はい、ありません」

「本当ですか?」

「ええ」

「ルイーズ、〝私は嘘つきです〟と顔に書いてありますよ」

「刑事さんの言うとおりでした」とルイーズはのちに私に語った。「そこまで来たら、すべてを話すしか道はありませんでした」

二一歳の一般的なイギリス人女性の基準に照らすと、ルーシーとルイーズのドラッグの経験はきわめて少ないほうだった。「もちろん、周囲にはドラッグが溢れていましたが、私たちはほとんど興味がなかったんです」とルイーズは言った。「一度、同居人の数人がマジックマッシュルームを食べていたのですが、私たちは決して手を出しませんでした。ルーシーも『あんなふうにトリップして、自制が利かなくなるなんて絶対に嫌』と言っていました」。事実、ふたりは自分たちでマリファナを買い求めたことはなかった。が、〈代々木ハウス〉の居間でまわってきたマリファナタバコを吸ったことはあった。さらにルイーズの説明によると、六本木のクラブに行ったときに、エクスタシーの錠剤を飲んだことがあったという――ルイーズは二度(一度は〈ディープブルー〉での乱闘騒ぎのとき)、ルーシーは一度。ルーシーが失踪したあの七月一日の夜のクラビングの際にも、ふたりはエクスタシーを買うつもりだった。

通常の状況であれば、日本国内でのドラッグ使用を認めた外国人は、大きなトラブルに直面することだろう。たとえ個人使用のための微量であっても、エクスタシーのようなドラッグの所持は日本では重大な犯罪となる。「それでも、正直に打ち明けなくてはいけないと思い、ありのままを話したんです」とルイーズ。「いつ、どこで、どれくらいの量を使用したのか。でも、警察は見逃してくれました。ルーシーを捜すほうがもっと大切だったんです。日本の警察のみなさんは、一生懸命捜査してくれました。まさに二四時間態勢で。私も遅くまで警察署にいましたが、彼らが帰るのはさらに数時間あとでした。あまりの激務に、体調を崩して休む人まで出るほどでした」

第一三章　海辺のヤシの木

ケイティの証言

六本木――少なくとも、外国人ホステスとその顧客にとっての六本木――は小さな村だ。事件発生後、二日もしないうちに、村民全員にルーシー失踪の話が知れ渡ることになった。一週間後には、イギリスと日本で大々的に報道されるようになった。さらにその二日後、彼女の顔は三万枚のポスターに印刷されて全国に配布された。東京だけでなく、ロンドン、メルボルン、テルアヴィヴ、キエフにいた現役および引退したホステスたちが、クリスタベル・マッケンジーと同じ経験、突如として断片的に蘇る恐ろしい記憶を共有していた。カナダのクララ、オーストラリアのイソベル[1]とシャーメイン、イスラエルのロニア、アメリカのケイティ、イギリスのラナ、ウクライナのタニアは、それぞれが別の男性の名前を記憶していた――ユウジ、コウジ、サイトウ、アキラ。しかし、彼女たちの体験は同じだった。洒落た身なりで高級車を乗りまわす、英語が流暢な中年男性。ヤシの木が立ち並ぶ海辺のリゾートマンション。ドリンクを一口飲むと、頭に広がる暗闇。そして、何時間もあとに意識を取り戻したときの、ひどい眩暈（めまい）と吐き気。

被害者のなかには、知り合い同士だった者もいた。また、経験した話を信頼できる相手に打ち明けた者も少なからず存在した。ルーシー事件について聞いたとき、彼女たち全員の反応は同じだった――あの男にちがいない。

被害を受けたあとに警察に通報した女性はほとんどおらず、その理由はみな同じだった。まず、ビザの問題があった。さらに、意識を失っているあいだ、自分の身に何が起きたのか正確にはわからなかった。あるいは、きちんと把握していたとしても、その経験を直視する気になれなかった。が、アメリカ人女性ケイティ・ヴィカーズは、泣き寝入りするつもりなどなかった。(2)しかし彼女の経験は、警察への通報をためらったほかの女性たちのほうが正しかったことを証明するものだった。同時に、ケイティ・ヴィカーズの一件は、警視庁にとって反論しようのない大失態を意味するものだった。

一九九七年、ケイティは〈クラブ・カドー〉で働いていた。そのスマートな出で立ちの中年男性は、コウジと名乗った。彼女が渡された酒はジントニック。最初の一口が、ケイティの最後の記憶だった。一五時間後に眼を覚ますと、彼女は下着姿でソファーに横たわっていた。ガス漏れが発生し、自身もひどい頭痛がする、とコウジは説明した。その後、彼はケイティを車で東京に送ろうとしたが、途中で車を停め、彼女をタクシーに移動させた。ケイティのハンドバッグには、現金とタクシーチケットがたくさん入っていたという。

クリスタ・マッケンジーの症状は〝強烈な二日酔い〟程度のものだったが、ケイティはひどい吐き気を催し、それは数日間も続いた。彼女が〈クラブ・カドー〉に現れたときには、ふらふらの状態で、唇は青ざめ、呂律(ろれつ)もまわっていなかった。クラブのオーナー兼店長の宮沢櫂（私にホステス業の秘密を教えてくれたポニーテールの実業家）はケイティを見るなり、すぐに病院に連れていき、翌日には麻布警察署にもつき添った。

警察の対応に、ふたりは愕然とした。「私たちは取調室に通されることも、席に案内されることもなく、ただ受付に立たされたままでした」とケイティはのちに私の取材に答えた。「手助けする素振りなどいっさい見せず、やる気もゼロ。正式な調書も取らないで、ただメモ用紙に簡単に記録するだけ……証拠不充分で捜査はできない、と彼らは言い切りました……私は男の特徴を事細かに説明できたし、マンションの正確な場所だって教えることができた。それに、〝コウジ〟が自分で携帯電話番号を書き留めた紙まで渡したんです。私には充分な証拠だと思えました。少なくとも、男の素性や前科を調べるくらいのことはできたはずです。でも警察署にいると、私のほうが相手の時間をただ無駄にする邪魔者みたいに感じられてきて……」

宮沢は知り合いの警察官に電話をかけて相談した。「結局最後には、警察はこう言うんだよ。『宮沢さん、外国人ホステスというのは、みんなドラッグをやってるんです。だから、これは彼女が自ら招いた問題なんですよ。関わらないほうがいい』。それを聞いたケイティはずいぶんと怒ってたね。一週間経っても彼女の怒りが収まらないから、俺は改めて警察に相談に行ったんだ。そのときも、警察は『関わらないほうがいい。忘れたほうがいい』の一点張りだよ」

三年後、ルーシーが失踪したとき、ケイティはまだ東京にいた。ニュースを耳にするなり、彼女は麻布警察署に飛んでいった。対応した女性の刑事はいくつかの証言を正式に記録に残したものの、とくに大きな興味も関心も示さなかった。宮沢も再び、知り合いの刑事に電話をした。「ただ、その刑事はもうほかの部署に異動していて、『俺の担当じゃない』と言うだけだった。だが、俺は一〇〇パーセント確信していたよ――ケイティのときと同じ男だ、ってね」

事件発生直後の七月、ルーシーの失踪について警察は三つの可能性を考慮した――カルト教団、違法麻薬取引に関わる犯罪、あるいはヤクザ関連（日本の暴力団員の証である入れ墨についてルイーズに尋ねたのは、そのためだった）。六本木という街の性質や、日本国内の犯罪全般の傾向を考えれば、捜査の線は当然かつ妥当なものだった。しかし、もうひとつの可能性を指摘する情報が、警察には多数寄せられていた。彼らの眼のまえで、何年ものあいだ悪事を働きつづけてきたある犯罪者についての情報だ。過去にも同じ内容の通報があったにもかかわらず、警察はいっさい捜査をしてこなかった。つまりこの事件に関して言えば、警察の側に〝未必の故意〟があることが充分に考えられた。少なくとも初期段階でその線を一向に調査しようとしなかったのは、そんな理由からだろうか？

　クリスタ・マッケンジーはわざわざ大阪から東京にやってきて、警察に〝ユウジ〟のことを伝えた。ケイティ・ヴィカーズは〝コウジ〟の話を知らせた。ヒュー・シェイクシャフトの友人イソベル・パーカーとクララ・メンデスも、混乱状態のティム・ブラックマンに話を打ち明けたのち、自ら警察に行って話を伝えた。相手の男の名前はちがったが、彼女たちの体験の内容はすべて同じだった。それでもなお、四人は無関心の壁に直面する。「やっと真剣に取り合うようになったのは、一カ月も経ってからです」とクリスタ。「とにかく行動が遅いの。それに、やる気の問題もあると思いますよ。何を話しても、最初はぜんぜん興味を示さないんだもの。『ええ、そうですね。しかし、彼女はおそらくカルト教団に入信したのでしょう』と繰り返すだけ。警察は、本気でカルト教団の可能性が高いと考えていました。ルーシーはそういうタイプの人間じゃない、そう周囲が何度言っても聞く耳を持たないんです。あるいは、ほかの可能性を調べるのが面倒くさいから、そう信じる振りをしているだけなのか」

　ルーシーの偽の署名入りの手紙が最初に届いたのは、捜査本部が立ち上がって間もなくのことだった。ティムの誕生日と同じ七月一七日付けで、消印は千葉県内の郵便局のものだった。ルイーズには一日でそれが偽物だとわかった。署名は驚くほど似通っていたが、本文にスペルミスが多すぎた。実のところ、ティムとソフィーが見た手紙は、大部分が注意深く削除された一部に過ぎなかった。ルイーズが見た本物の手紙は、もっと暴力的で、生々しく、怒りに満ちたものだった。

ルイーズはメモを取ることを禁じられていたが、刑事が部屋を出ると、紙の切れ端に手紙の内容を大急ぎでメモした。

——ルイーズ、あなたのことは本当の家族のように愛している。でも、あんたのせいで私は有名になってしまい、せっかくの計画が台無しよ。

——彼はホテルの部屋で私をファックした。何人ものホステスをファックした。

——私は自分が望む自分でありたい。

——日本に来たのは金目的。それが真実。

——逃げ出したい。

——あなたに電話で連絡してもらうよう、彼に頼み込んだの。

——スコットに愛していると伝えて。でも、もうこれ以上つき合いたくはない。

——私はそんな純粋じゃない。いろいろ経験してきたわ。

——何人もの金持ち客とファックした。

——ルイーズ、あなたは私のことを知っているつもりだろうけど、それはちがう。

「辛い言葉ばかりでした」とルイーズは振り返った。「心の痛む言葉ばかり」。彼女は一日じゅう警察署で過ごすと、用意されたアパートへとひとり戻った。毎晩のように、彼女は悪夢にうなされた。そんなルイーズを心配してクリスタが何日かつき添ったこともあったが、彼女自身もまた罪悪感に苛まれていた。なぜもっと早く警察に行かなかったのだろう？　ルーシーと初めて会ったときに聞こえた、警告しろという内なる声をなぜ無視してしまったのだろう？　そんなクリスタとルイーズは、お互い慰め合うことなどできなかった。ふたりで話しても、ただ絶望が増すだけだった。「どんな場所に閉じ込められているのか？　考えるのはそればかりでした」とルイーズ。「ルーシーがどこにいるのか、考えるのはそればかりでした」とルイーズ。「どんな場所に閉じ込められているのか？　寒くない？　食べ物と飲み物はちゃんととれてる？　生理が来たらどうしよう？　お腹はすいてない？　そんなことを毎晩のように考えていると突然、レイプや拷問を受けるルーシーの姿が頭に浮かぶんです。六人の男たちが彼女を取り囲んで、ひどいことをする。刑務所のようなイメージも頭をよぎりました。同じ独房がいくつも並ぶ場所です。でも、ルーシーが死んだと思ったことは一度もありません。もし彼女が死んだら、きっと心のなかで何か感じると信じていましたから」

〈逗子マリーナ〉の男

〈クラブ・カドー〉のオーナー宮沢にとって、二〇〇〇年の夏は試練の季節でもあった。「テレビは連日、ルーシー・ブラックマンのニュース一色だった」と彼は言った。「とにかく大騒ぎさ。記者がわんさか六本木に集まって、街じゅうで誰彼かまわずインタビューしまくって。で、俺のクラブには客が誰も来ないってわけさ」。八月のある日、麻布警察署から電話が入った。ルーシーが失踪した直後に警察署に門前払いを食った以来、連絡があったのはその日が初めてだった。相手は、有働警視の部下だった。「で、そいつはこう言った。『七月におたくが同僚に話した件について、ちょっとお話をお伺いしたいので、麻布警察署に来てください』ってな。で、俺は言ったんだ。『いい加減にしてくれ。記者がまわりにうじゃうじゃいる。俺はただ自分のクラブの仕事をしたいだけなんだ。面倒はごめんなんだよ。仕事にも影響が出てきてる。この騒ぎが早く終わってくれないと困るんだよ。とにかく、事務所に車で来てくれ。話をしてから、車で出かける』。それから、俺はケイティに電話した」

ドラッグ、暴力団、カルト教団の線での捜査が行き詰まり、警察はほかの可能性についても考慮せざるをえない状況になった。捜査本部の刑事、宇佐美(うさみ)と浅野(あさの)は、宮沢とケイティを車に乗せて東京を離れ、彼女がコウジに連れられて薬物を飲まされた場所に向かった。しかしケイティの記憶は曖昧で、〝東京から南西に行った三浦半島のどこか〟としか覚えていなかった。一方、宮沢は当時の話を鮮明に記憶しており、現地まで無事に車が辿り着けたのは彼の功績によるところが大きかった。「どういうわけか、『その先を右』とか指示が自然と出てきた。きっと、どっかの神様が俺を導いてくれたんだろうな」

海岸沿いを三キロほど走ると、彼らは〈逗子マリーナ〉に到着した。完成した一九七〇年代には、活気溢れる大人気リゾートだった場所だ。当時、定年を迎えた裕福な老夫婦や東京の有名人たちが、富士山を望むこのリゾートマンションを競うように購入した。一九七二年、ノーベル賞作家の川端康成がガス自殺したのもここだった。周囲に広がるのは、海、ボート、バルコニー付きのリゾートマンション。そして、ここまで北部の地域では珍しい、何百本もの背の高いヤシの木。ケイティは、到着した瞬間にその場所を思い出した。「ぞくぞくして鳥肌が立った」と宮沢は言った。「この話をしているいまも鳥肌が立ってる。俺の思ったとおりだったのさ。初めからわかってたんだ。俺は正しかった。一〇〇パーセント確信してたんだ。で、やっぱり本当だったたんだ。そのときは、最高の気分だったよ！」

イソベル・パーカーとクララ・メンデスは、ルーシー失踪後の早い段階で、自分たちが遭遇した事件についてティムに伝えた。しかし、息が詰まりそうなほどの恐怖に襲われて放心状態だった彼は、警察と同じように、ふたりの話の重要性を完全に見逃してしまった。その後、捜査の進捗（あるいは停滞）について、警察はティムに積極的に伝えようとはしなかった。「捜査の進捗を確かめに、父親がよく警察署にやってきました」とすでに定年退職した刑事が私に教えてくれた。「けれど、『捜査は順調に進んでいます』としか答えられませんでした。正直言って、彼が派手に記者会見を開いているのが、警察としては気に入らなかったんです。父親が『どうしてもっと教えてくれないんだ？』と言うと、われわれはこう答えた。『あなたの背後にはマスコミがいる。捜査の詳細をあなたに伝え、その情報がマスコミに漏れたら、捜査に支障が出るかもしれない』とね」

実際、捜査の進捗について警察はティムに嘘をついた。初めのうちは、遅々として進展しない状況を隠すためだったのだろう。しかし、容疑者を絞り込んで一挙一動を監視する段階になると、警察の動きを悟られないようにするため、ティムにも情報が伏せられたのだった。これが、周囲の混乱を招く要因のひとつになった。

夏から秋にかけて、警察による電話の通話記録の追跡が山場を迎えようとしていた。失踪当日、ルーシーと出かけたとされる男が〈代々木ハウス〉のピンク電話にかけてきた通話の発信元や、〝コウジ〟と〝ユウジ〟がケイティとクリスタに教えた電話番号の所有者の特定が急ピッチで進められた。警察は七月上旬にはすでに（ケイティの相手の〝コウジ〟の番号は一九九七年から）電話番号を知っていたが、彼らが本腰を入れて捜査を始めたのは八月に入ってからのようだった。

しかしそれは、多大な時間と労力を要する複雑な捜査だった。電話会社の記録に残っていたのは発信番号だけで、着信記録は保存されていなかった。つまり、〈代々木ハウス〉のピンク電話から、謎の発信者を逆探知することは不可能だった。一方、クリスタが警察に提供した〝ユウジ〟の電話番号は、〝田中一（たなかはじめ）〟名義（英語で言えば、マイケル・スミスやポール・ジョーンズくらい平凡な名前）だとわかった。さらに、契約時に使われた健康保険証は偽物だった。登録の住所は実在したものの、田中一という人物は住んでいなかった。ケイティが警察に伝えた〝コウジ〟の番号は、正式な契約も口座登録も不要なプリペイド方式の携帯電話のものだった——隠しごとがある人間に人気の電話だ。さらに、通話記録を調べるには、裁判所から一件ずつ捜査令状を取る必要があった。申請に必要な書類を作成し、裁判所に提出し、許可が下りるまでには約一週間を要した。

捜査はピンク電話から始まった。ルーシーが失踪した当日、彼女の顧客がピンク電話に架電したおよその時間は判明していたため、まずはその前後六分に時間が絞り込まれた。次に、その時間帯にピンク電話の番号に発信した契約者がいないか、すべての記録を調べるように各電話会社に依頼。そのためには、何百万件もの記録を精査する必要があり、電話会社が重い腰を上げたのは、警察による度重なる説得の末のことだった。

「前代未聞の捜査でした」と元刑事のひとりは言った。「一日で終わるような作業ではないですし、電話会社の社員も大勢必要になる。捜査が決まったのは、来日したブレア首相が日本政府に特別な協力を依頼したあとのことです。そういう話になれば、日本の警察の威信にかけて命がけでやるしかありませんでした」

調査の結果、ある一一桁の電話番号が捜査線上に浮上した。こちらも匿名のプリペイド式携帯電話の番号だったが、購入された状況が実に興味深いものだった。二〇〇〇年六月に東京のある量販店でこの携帯電話を購入した客は、同時に七〇台ものプリペイド式携帯電話を一括で手に入れていたのだ。登録の名前は偽名だった。さらに、購入されたのは法律改正の直前——プリペイド式携帯電話の購入時にも住所と本人確認が必要になる数日前——のことだった。だとしても、一括購入されたすべての携帯電話の番号を摑んだ警察は確信した。七月一日にルーシーに何度か電話し、その後に落ち合った男が、この七〇台の携帯電話の所有者にちがいない。

そのうち、実際に起動されたのは一〇台ほどだった。新たな令状のもと、警察はその一〇台の携帯電話から発信された番号を突き止め、さらにその発信先の番号から架電された番号まで確認した。各電話番号を〝親〟〝子〟〝孫〟で区別し、家系図にも似た複雑な図表に記録がまとめられた。そしてついに、この数字の茂みのなかから、ルイーズの携帯電話の番号が浮かび上がってきたのだった。それは、土曜日の夜に「もうすぐ帰宅する」とルイーズに伝えた通話――生前のルーシーが最後にかけた電話だった。

電話会社の調査によって、その通話が逗子の基地局を経由していたことも判明した。それは、コウジに〈逗子マリーナ〉に連れていかれ、被害に遭ったというケイティ・ヴィカーズの証言を裏づけるものだった。警察はほかの女性たちも逗子に連れていき、確認を取った。すると、クリスタ、クララ、イソベルの三人全員が、薬物を飲まされて裸にされたのが〈逗子マリーナ〉だったと認めた。しかし、どの部屋なのか、あるいはどの棟なのかさえ、誰も覚えてはいなかった。そこで、警察は各部屋の所有者全員をリストアップし、それぞれの前科を照合した。過去の違反が山ほど出てきたが、その数百人のなかで、性犯罪の前科を持つ人物はひとりだけだった。(3)

その男は四三一四号室の所有者で、彼の前科ファイルにはふたつの事件についての記述があった。一九八三年、前方の車に追突する交通事故を起こし、少額の罰金刑に処された。そして二年前の一九九八年一〇月、彼は南紀白浜海岸の女子トイレをビデオカメラで盗撮した容疑で逮捕された。(4)さらにそれ以前にも、同じような性犯罪での逮捕歴があった。のちの日本のマスコミの報道によると、二年前に逮捕された際、男は警察に偽名を名乗り、〝ノンフィクション作家〟を自称したらしい。彼が罪状を認めると、簡易裁判所は裁判を開くこともなく、罰金刑を下した。罰金はわずか九〇〇〇円で、〈カサブランカ〉や〈クラブ・カドー〉の一時間のセット料金よりも安い金額だった。

犯罪者ファイルには、逮捕の際に撮影された顔写真も残されていた。それに加えて、警察は彼の運転免許証の写真を入手。さらに、男の名前で登録された車、男が社長として登記された会社、それらの会社が日本全国に所有する多数の不動産物件についても詳細が明らかになった。

警察はクリスタ、ケイティ、クララ、イソベルに対し、男の写真を含めた複数の顔写真を示して面通しを行なった。すると四人全員が、乱暴した顧客として、その男の写真を選んだ。「とても奇妙な写真でした」とクララは振り返った。「眼はほとんど閉じたままで、いまさっきドブ川から引っ張りあげられてきたかのような感じです。あの男のことを知らない人なら、酔っぱらいか何かだと思うかもしれません。でも実際のところは、顔を背けて、なんとか正面から写真を撮らせないように画策したんだと思います」

警察はNシステム（自動車ナンバー自動読取装置）を利用し、男の車の一台であるスポーツタイプの白のメルセデス・ベンツの動きを解析。その結果、ルーシー失踪当日、男が東京から逗子まで移動したことが確認された。また、それから数日のあいだに、男が何度か東京と逗子を行き来し、さらに三浦半島の南北の移動を繰り返した事実も発覚した。

有働警視は、男の行動を監視するように捜査員に命じた。ただ、尾行をつけて相手に見つかるリスクを避けるため、複数の警察官を別々の場所に配置し、無線で容疑者の行動を伝え合うという方法を採用した。徒歩、オートバイ、車に分かれ、毎日一〇人程度で容疑者の動きを追った。有働はこの監視方法を〝ピンポイント・メソッド〟と呼んだが、必ずしも確実な方法とは言えず、男を見失うことも少なくなかった。ある日、男が千葉方面へと車を走らせたまま姿を消した。すると翌日、千葉の消印が押されたルーシーの署名入りの封書が麻布警察署に届いたこともあった。

不審な物音

九月末になると、有働警視は事件の犯人を特定できたと確信した。ルーシー失踪当日の男の動き、ほかのホステスの話に鑑みれば、もはや疑いようがなかった。しかし、決定的な証拠が見つからなかった。ケイティ・ヴィカーズの事件についても、三年前に彼女を門前払いにしたときと同じように、警察は大きな興味を示そうとはしなかった。ケイティやほかの女性たちの事件は、あくまでもルーシー事件解決のための手段にすぎなかった。「重要だったのは、ルーシーの身に何が起きたか、どのように殺されたのか、死体がどこにあるのか、それを解明することでした」と有働は明言した。「ルーシー事件の解決こそ、私たちの目標だったのです」

警察は容疑者の素性や、ここ数週間の動きについての調査も始めた。男の会社は、北は北海道、南は九州まで多数の不動産物件を所有。ほとんどの物件が賃貸に出されていたものの、数軒は個人的な住居として使用されており、そのなかには東京都心の三軒のマンション、高級住宅地の田園調布にあるプール付きの二階建ての豪邸などが含まれていた。さらに、逗子から二五キロほど南、三浦半島西岸の諸磯（もろいそ）にも容疑者の別宅があった。岩場の入り江と砂浜が広がる海岸沿いに、リゾートマンションと漁師の家が共存するその地域で、男は〈ブルーシー油壺〉というマンションの一室を所有していた。

諸磯から最も近い神奈川県警三崎警察署に立ち寄った際、捜査員はある貴重な情報を手に入れた。

七月六日、〈ブルーシー油壺〉の女性管理人である安倍からの通報を受け、三人の警察官が臨場した。前日の午後、それまで何年も使用されていなかった四〇一号室に突然、ひとりの男が現れたという。鍵を持っていなかった男は、管理人に相談もなしに勝手に鍵屋を呼んでドアを開錠し、室内に入った。男の車——ふたり乗りのメルセデスのスポーツカー——が、マンションのそばに停められていた。安倍のパートナーの広川の証言によると、車内に白いシートで覆われた大きな荷物が積んであり、運転席だけが空だったという。その後、怪しい男の部屋から何かを叩くような不審な物音が聞こえてきた。警部補の原田直樹と部下のひとりが階段を上がって部屋に向かうあいだにも、室内からバンという大きな音が聞こえた。

警察官はドアをノックしたが、しばらくのあいだ返答はなかった。呼び鈴を再び鳴らし、インターホンに向かって警官だと名乗り、室内を確認させてほしいと呼ばわった。いっとき経過し、ドアが開いた。姿を現したのは、背の低い薄毛の中年男性だった。「上半身は裸で、下はパジャマのようなズボンを穿いていました」[5]と原田警部補はのちに証言した。「顔や上半身の玉の汗がすごかった。態度もそわそわして、息もはあはあと荒かった。汗まみれという印象で、体も薄汚れており、部屋のなかで相当激しい作業をしているのだと思いました」

男は「服を着替える」などと言ってドアを閉めた。すると、また室内からバンという音が何度か響いた。ドアが再び開くと、原田警部補は玄関に入った。「廊下に鍬のようなものが置かれ、コンクリート破片がまわりに散らばっていました。リビングの奥に麻袋のようなものが置かれ、なかに何か入っていました。丸い灰色の物体で、直径は二〇センチほどです」

しかし、男は警察が室内を確認することを頑なに拒否し、風呂場のタイルを張り替えているだけだと主張。「部屋のなかを見せるのは、裸を見せるのと同じだ」と怒気を込めて言った。

原田警部補は応えた。「あなたの裸に興味があるわけじゃない。ちょっと部屋を見せてくれれば、すぐに立ち去る」。しかし、令状もなく、特定の犯罪に対する証拠もない状況では、強制的に立ち入り検査する権利は警察にはなかった。署に無線で連絡し、男がその部屋の法律上の正式な所有者であることを確認すると、警察官たちは部屋を出て階段を下りていった。

しばらく経ってから、この話の最も奇妙な部分が幕を開ける。あとになって男がわざわざ階下までやってきて、警察官たちを室内に招き入れたのだ。「彼は赤ん坊を抱くように紙の包みを抱えていました」と原田は言った。「で、その包みを開いてみせたんです。すると、犬の頭が出てきました。『かわいがっていた犬が死んだんだ。犬の死体が室内にあったら変だと思われると考えて、部屋を見せたくなかった』と彼は言いました」

犬の体は冷凍されて固かった、と警察官のひとりは記憶していた。「昨日今日に死んだものとは思えませんでした」

「もしかすると、何か重大なことが行なわれているのかもしれない、と私は思いました。たとえば、死体でも埋めているのかな、と」と原田警部補は数年後に法廷で証言した。しかし、この男と犬の死体の出来事を、地元警察がそれ以上追及することはなかった。また、数日後の報道——外国人女性が車で海に向かったきり行方不明になった——との関連性を疑うこともなかった。

Xデー

七月から一〇月にかけ、麻布警察署長と警視庁捜査第一課宛てに六通の手紙が届いた。うち二通は、似たような不自然な英語で書かれ、ルーシー・ブラックマンの偽の署名が入った手紙だった。別の一通は日本語で八枚に及び、〝ある場所で〟ルーシーと会ったという正体不明の〝知り合い〟を名乗る人物から送られてきたものだった。文面には、ルーシーは統合失調症と多重人格障害に苦しみ、売春婦として働きながら多額の借金を返済中だと書かれており、「誘拐ではなく、彼女は男を利用したのだ」という嘲笑的な一節もあった。手紙から、公衆トイレ盗撮で逮捕された男の指紋が検出されることが期待された。が、手紙にも封筒にも指紋はひとつも見つからなかった。

一〇月初め、新たに分厚い封筒が麻布警察署に届いた。なかには一一八万七〇〇〇円分の札束。こちらにも〝ルーシー〟の署名が入った手紙が同封されており、次のようなことが書かれていた――これは七四一八ポンドの借金を清算するための現金であり、実際の返済は妹ソフィーに託したい。私がしばらく姿を消したのは借金返済のためで、いずれ日本から離れる予定だ。写真入りのポスターがいくら配布されようと、私は誰も知り合いのいない場所へ逃げる。その決意は変わらない。

警察による懸命な監視活動にもかかわらず、容疑者が金を銀行から引き出したり、手紙を投函したりする姿は確認されなかった。しかし、別の怪しい行動を警察は摑んでいた。一〇月一日、容疑者はボートを購入した。

全長六メートルのヤマハ製フィッシングボートだった。ボートは横浜のディーラーから約三五〇万円で購入され、〈ブルーシー油壺〉から北に約二キロ先の〈シーボニアマリーナ〉で引き渡された。数日後、容疑者は〈シーボニア〉のボート用品店を訪れ、コンパスや長いアンカーロープを買った。彼は店長に、水深のかなり深い場所で停泊するため、一〇〇〇メートルほどのロープが必要になると説明した。「相模湾には、確かに水深一〇〇〇メートルの場所もあります」と彼は語った。「だけど、その深さまで錨(いかり)を下ろすのは相当むずかしいことです。それで、私は彼に言ったんです。『かなり重い錨が必要になるし、ロープを何本も結ばなくてはいけない』と。それでも、自分は上級者だから大丈夫だ、と向こうは言い張りました。私はそうは思いませんでした。経験豊かな船乗りであれば、そんな長いロープを注文することはまずありませんから」

来店するほとんどの客はショートパンツにサンダル姿だったが、その男はピンストライプのスーツ、ネクタイ、黒い革靴という恰好だった。「少し変だとは感じました」と店長は続けた。「様子もどこかおかしかったし、なによりも汗の量がすごかった」

男が退店して一〇分後、捜査員たちが店に行き、会話の内容をすべて聞き出した。また、その奇妙な客について口外しないよう、店長に念押しした。

突如として、有働警視はあらゆる可能性を検討する必要に迫られた。容疑者がボートを買った理由とは？　セーリングの季節はもう終わろうとしていた。そもそも男がボートに興味があるという話は聞いたことがなかった。だとすれば、アンカーロープや相模湾についての男の会話は、ある明確な説明を指し示すものだった。おそらく、男には処理しなければいけない何かがあり、それを海底深くに捨てようとしているにちがいない。

〈シーボニア〉から出航するには、マリーナのボートクラブ会長への事前申請が必要だった。警察は会長にも事前に接触し、動きがあり次第連絡するよう伝えてあった。その翌週、会長から連絡が入った――容疑者は一〇月一二日の木曜日に出航予定。「ルーシーの死体がどこか近くにあり、容疑者が海に捨てるつもりなのだと踏んでいました」と有働は言った。「その朝に逮捕するべく、われわれも準備を進めました」。東京地方検察庁が大慌てで取った逮捕状の罪状は、ルーシー失踪に関するものではなく、別のホステス一名に対する強姦容疑だった。

前日の一〇月一一日の夜、容疑者は東京の別宅――六本木交差点から一〇分ほどの場所にあるワンルーム・マンション――で過ごした。逮捕は翌日の早朝に予定され、有働がその夜に眠りにつく頃には、すべてが順調かと思われた。

午前三時、有働は日本人記者からの電話で眼を覚ました。日本一――いや、世界一――の発行部数を誇る《読売新聞》が、朝刊の社会面一面にこんな記事を掲載するというのだ――ルーシー・ブラックマン失踪に関与した疑いのある男に逮捕状。

「すぐに情報が流れ、テレビで報道されることはまちがいありませんでした」と有働は語った。「とにかく、容疑者が朝のニュースを見るまえに行動に出る必要があったんです」。その頃には監視体制は充分すぎるほど整っており、容疑者が逃げ出す可能性は少なかった。しかし、警察が恐れていたのは、逮捕に直面した男が自殺することだった。

朝六時、マンションに張り込んでいた捜査官が、容疑者が建物を離れて角のコンビニエンスストアに入る姿を確認。新聞の束を抱えて店を出てきたところで、警察は彼の身柄を確保し、一九九六年三月三一日のクララ・メンデスに対する拉致および準強制猥褻の容疑で逮捕した。その日の夕刊には、容疑者として四八歳の会社社長、織原城二（おばらじょうじ）の名前が掲載された。「捜査員が令状を読み上げると、容疑者は震え出したそうです」と有働は言った。「さらに、大量の汗をかきはじめました」

第四部

織原

第一四章　弱者と強者

薄暗い闇

公開された織原城二の写真は数えるほどしかなく、三〇歳以降の写真は一枚もなかった。

また、一枚をのぞいてすべてが高校や大学時代の写真だった。そこに写るのは柔和で、ともすれば女性っぽくも見える顔と、内気で遠慮がちな微笑だった。ある写真では、黒い詰襟（つめえり）の学生服を着ている。ある写真では、短い髪をきっちり七三に分けていた。また別の写真では、カメラから視線を逸らして下唇を噛み、神経質そうな表情で物思いにふけっている。写真から判断すると、彼は優しく、織細で、少し女性っぽい若者だったようだ。また、その顔で最も目立つのが唇だった。織原の大きく端整な唇は、左右対称のキューピッドの弓の形だった。

最新の写真は、画質が粗い不鮮明なものだった。二〇代前半と思しき織原は、シャツのボタンを外して胸元を見せ、大きなサングラス越しに自信たっぷりにほほ笑みかけている。学生時代よりも痩せ、髪はより長くふさふさとしている。いかにも男らしさを意識したまっすぐな眼差しには、自信はもちろん、傲慢ささえ漂っている。こういった写真のほとんどは、学校行事の最中に撮られた集団写真から切り取られ、拡大されたものだった。織原逮捕にマスコミが沸くなか、日本人記者が昔の知り合いや同級生の家々をまわって手に入れた写真だった。しかし、一九七〇年代半ばに撮影したと思われる一枚を最後に、新しい写真が出てくることはなかった。

織原の老齢の母親が、写真を一枚か二枚所有しているという噂もあった。[1] が、それ以外には——運転免許証やパスポートなど、写真撮影を回避できない公式文書をのぞいて——織原城二はいかなる写真撮影も拒否した。[2] 警視庁本部での顔写真撮影のときでさえ、首をねじって顔を背け、必死で抵抗したという。

織原は溜め込み屋で、収集家で、日記好きで、記録魔で、メモ魔であり、ものを捨てられない性格のようだった。自身のそんな習慣のせいで有罪になったと言ってもいい。彼の家に雑然と置かれた記録資料がなければ、警察は織原城二の罪を立証できなかったにちがいない。しかし、いったん外の世界に出ると、彼は決して痕跡を残さぬように動いた。いや、動こうと努めた。それは、彼が家族から受け継いだ習慣のようだった。

きわめて直近のものも含めて、彼の過去は薄暗い闇に包まれていた。長い時間じっくり見つめていると（私は何カ月も見つめつづけた）、形や姿がぼんやりと見えてきた。光が一瞬だけ顔を照らし、断片的な会話が聞こえてきた。しかしその闇のなかで、実際に何が蠢いているのかを特定するのは容易ではなかった。

織原城二は生まれたときから織原城二ではなかった。一九五二年八月一〇日、彼は大阪に生まれた。翌月、彼の父親は〝金聖鐘〟という名で子供の出生届を提出。日本語では、〝きんせいしょう〟と発音されるが、両親の金夫妻は赤ん坊を〝ソンジョン〟と呼んだ。必要に応じて、家族は通名として日本の苗字〝星山〟を使うこともあった。つまり、彼はこの世に生まれ出たときからすでに、〝キム・ソンジョン〟〝金聖鐘（きんせいしょう）〟〝星山聖鐘（ほしやませいしょう）〟という三つの名前を持っていたことになる。

キム／金／星山一家は〝在日韓国・朝鮮人〟、あるいは単に〝在日〟と呼ばれる、日本に在住する韓国・朝鮮籍の人々だった。ルーシー・ブラックマンが東京に来た二〇〇〇年当時、在日韓国・朝鮮人の数は約六四万人に及んだ。しかし、日本に長年住んでいても、その存在自体に気づかない人も多い。彼らは、〝単一民族国家〟とされる日本に生きる、少数民族なのだ。その起源は悲劇そのものであり、彼らの出現は二〇世紀初頭のアジアにおける激動の歴史の副産物だった。

強力で攻撃的な隣国に囲まれた朝鮮半島には、その歴史を通して戦火が絶えることはなかった。一六世紀、狭い対馬海峡を越え、豊臣秀吉の遠征軍が朝鮮半島に攻め入り、財宝、奴隷、虐殺した朝鮮兵の耳を戦利品として持ち帰った。[3]一九世紀末になると、日本は再び朝鮮半島の占領を推し進めた。そして一九一〇年、力を増しつつあった大日本帝国は正式に朝鮮を併合。日本の入植者たちは、道路、港、鉄道、鉱山、工場などのインフラを半島に整備し、現代的な農法を導入、さらに朝鮮エリートの子弟を東京に送って高度な教育を受けさせた。日本が朝鮮の経済発展に大きく寄与する一方で、帝国支配による人種差別、圧政、暴力は半島に大きな暗い影を落としつづけた。

日本政府の方針は、時代とともに少しずつ変化していった。しかし一九三〇年代末になると、朝鮮人の支配と資源の利用だけが目的ではないことが明らかになっていた。朝鮮文化を滅ぼし、彼らの精神までをも植民地化することを狙ったのだ。学校では日本語教育が強制され、生徒たちは神社への参拝を強いられ、日本名をつけることを奨励された。稀に起きる暴動は、逮捕、拷問、殺害によって抑え込まれた。さらにその頃、不平等な〝人の大移動〟が発生した。大量の日本の役人や移民が朝鮮にやってきて政治や農業に携わるようになると、貧しい朝鮮人たちが逆に海を渡って東京や大阪、福岡などの工業都市に行って、仕事を探し求めるようになったのだ。

当初、この移住は自由意思によるものだったが、太平洋戦争の戦況が悪化しはじめると、被植民者も帝国陸軍や民需産業に強制的に徴集されるようになった。一九四五年頃には、日本軍を援助するため、数十万人の朝鮮人がアジア全土に派遣されていた——軍人、当番兵、衛兵、軍の性奴隷（五〇年近くその存在を公式に否定されつづけた〝従軍慰安婦〟）。また、日本本土には二〇〇万人もの在日朝鮮人がおり、そのほとんどが鉱山や工場近くの朝鮮人街に住んでいた。本土の外国人人口が突如として増加した事実は、日本の植民地政策の偽善を浮き彫りにする明らかな証拠だった。

朝鮮人に対する日本政府の方針は同化政策へと大きく傾き、朝鮮の文化や言語は徐々に呑み込まれようとしていた。政府は、彼らのアイデンティティを抹殺して日本人に同化させようとする一方で、日本国民が享受する特権やステータスを朝鮮人に与えようとはしなかった。

朝鮮人は天皇の臣民でありながら、完全な市民ではなかった。選挙権および被選挙権は制限された。大阪や川崎の朝鮮人街の住人の健康水準や識字率は、〝日本人〟よりも低かった。日本人と同じ仕事をしても、賃金は大幅に低く抑えられた。にもかかわらず、給料と仕事が横取りされた、と日本人労働者から憎まれる始末だった。日常生活における差別と偏見の壁は厚く、結果として教育、雇用、政治の場でさまざまな機会が奪われることになった。

多くの日本人が在日朝鮮人を毛嫌いしたが、それは嫌悪に近いものがあった。朝鮮人は短気で、頑固で、喧嘩っ早く、汚く、気味悪い食べ物を食べる臭い人々——それが日本人の朝鮮人に対する印象だった。外見だけで日本人と朝鮮人を区別できるかという点には議論の余地があるにせよ、日本人にしてみれば、朝鮮人の話し方や所作は自分たちとは異なるものでしかなかった。さらに、単一民族を誇りとする日本人にとって、朝鮮人はありとあらゆる面においてちがう人種だった。とりわけ朝鮮人に欠けていると考えられたのは、権力に対する本能的な遠慮深さと敬意だった——これは、今日（こんにち）の日本人の特徴でもある。当時の日本の新聞は、〝反抗的な〟朝鮮人による犯罪について大々的に報道した。朝鮮人は現行犯であっても罪を認めない、というのが日本人社会での通説だった。乱暴者で反道徳的――これが、朝鮮人に対する最高の評価。暴力的で、反逆的な犯罪者――これが最悪の評価。そのような偏見と緊張関係は常に眼に見えるものではなかったが、いつも水面下ぎりぎりに潜んでいた。そして、いったん水面から飛び出すと、大爆発することもあった。

一九二三年に発生した関東大震災は、東京と神奈川を中心に関東一帯に甚大な被害をもたらした。木造建築が並ぶ街では大火災が頻発し、一〇万人余が死亡した。地震の混乱が続くなか、ある流言が飛びはじめ、新聞報道によってさらに広まることになった――朝鮮人が家々に放火し、井戸に毒を投げ入れ、暴動を起こし、女性を暴行し、店を略奪している。すべて根拠のないデマだった。が、それから数日のあいだ、暴徒化した一般の日本人の群衆に、数千人の朝鮮人が虐殺されることになった。

当時の記録を集めた『現代史資料6　関東大震災と朝鮮人』は、「逃れて来た罹災者の話」として、日本人目撃者のこんな証言を紹介している。[4]

「かく捕へられた鮮人二十四人は十三人一塊（ひとかたまり）と十一人一塊りと二塊りにして針金で縛し上げ、鳶口（とびくち）で撲（なぐ）り殺して海へ投げ込んでしまつた。けれどもまだ息のあるものもあつたので、海中へ投入してから、更に鳶口で頭を突き刺し突き刺ししたが、余り深く突き刺さつて、幾人もの鳶口がなかなか抜けなかつた。また外に三人の鮮人は、三号地にある石炭コークスの置場の石炭コークスが盛んに燃えている中へ、生きてゐるまま一緒に引き縛（しば）つて投げ込んで焼き殺してしまつた」

（河北新報　大正12・9・6）

この関東大震災の数年後、現在の韓国南部の港町、釜山（プサン）で織原城二の両親は生まれた。[5]

日本では、犯罪とは加害者による単純な行為ではなく、ある意味では家族に由来するものだと考えられる傾向がある。つまり、法律的ではないにせよ、道徳的には近親者も責任を負うことになる。そんな日本ではこんな光景もまったく珍しくない――加害者の両親（きょうだいや教師、さらには会社の上司などの場合もある）がカメラのまえで深々と頭を下げ、彼らには防ぎようもなかった行為に対して涙ながらに謝罪する。織原逮捕の際も、一報の数時間後には、彼の出自や家族についての記者による調査合戦がすでに始まっていた。

名前、年齢、職業など、基本的な事実はすぐに調べがついた。ところが、情報の流れがそこでぱたりと止まってしまった。数年後、私も何週間かかけて織原の経歴を調査したことがあった。一〇人ほどの日本人記者――大手新聞社やゴシップ週刊誌のベテラン記者――にも話を聞いてみた。彼らはみな経験豊かな調査報道記者であり、時間や各種情報源、コネを充分に使って、事件発覚後に何カ月もかけて織原の出自を追っていた。にもかかわらず、彼らと私の努力を組み合わせても、集まったのは断片的な情報だけだった。「多くの刑事事件の場合」と知り合いの雑誌記者が私に教えてくれた。「家族から情報を得られなかったとしても、少なくとも周囲の人間が話をしてくれます。友人とか、隣人とか、仕事の同僚とか。でも織原の事件では、そちらの線もほぼ全滅でした」

彼の父親は金教鶴（キム・キョハク）、母親は全玉壽（チョン・オクス）。戦前、ふたりは徴集兵としてではなく、自主的な移住者として日本へやってきた(6)。真偽のほどは定かではないが、息子のひとりの話によると、日本への抵抗活動に参加した金教鶴が、二年半の獄中生活を送ったこともあったという(7)。いずれにしろ、一九四五年の終戦当時、彼は日本に住んでいた。それからわずか一〇年ほどのあいだに、彼は公民権も持たない移民から、日本第二の商業都市で最も裕福な男のひとりへと階段を一気に駆け上がった。

終戦直後の日本は貧困のどん底にあり、無秩序状態が続いた。しかし朝鮮人にとって、それはめったに訪れない自信と機会に満ち満ちた瞬間だった。彼らはみな、強く激しい昂揚感に包まれていたにちがいない。それまで三五年ものあいだ、負け犬と虐げられてきた在日朝鮮人が、敗戦国の中心で勝者と肩を並べ、解放された民として立ち上がったのだ。日本のほとんどの都市と同じように、大阪も連合国軍による空襲を受け、焼け野原と化していた。その際に不動産の権利証書の多くが紛失し、戦後の混乱のなかで力による土地の不法占拠があとを絶たず、至るところに闇市（やみいち）が出現した。そんな闇市を運営するのは、ヤクザか〝三国人（さんごくじん）〟――新たに解放された旧植民地の市民――だった。縄張り争いは熾烈を極めた。ヤクザ、朝鮮人、台湾人、中国人が日々繰り広げる激闘を、日本の警察はなすすべもなく見守るしかなかった。解放後、多くは大急ぎで朝鮮に帰国したが、祖国の現状も日本と変わらず悲惨で絶望的だった。勝利の歓喜のあと、そのまま日本に留まった者たちも、すぐに現実に直面することになった。彼らはいまだに貧しく、不利な立場に置かれ、偏見の犠牲者のままだった。それどころか、大日本帝国の崩壊と朝鮮の解放によって、在日朝鮮人は紛れもない外国人となり、被植民者としての基本的人権さえも剝奪されることになった。

戦後、在日コリアンはふたつの組織を編成した。ひとつは、アメリカが支援する韓国の右翼独裁政権と連携した〈民団（みんだん）〉（在日本大韓民国民団（ざいにほんだいかんみんこくみんだん））。もうひとつが、共産主義の北朝鮮への信義を貫く〈朝鮮総連（ちょうせんそうれん）〉（在日本朝鮮人総聯合会（ざいにほんちょうせんじんそうれんごうかい））。一九五〇年、アメリカが支援する韓国とソ連・中国が後ろ盾の北朝鮮が三年間の戦争へと突入すると、半島全土が再び焦土と化し、人々はまたもや貧困にあえぐことになった。朝鮮戦争の悲劇は、日本にとっては幸運だった。鉄、制服、その他の軍需品など、アメリカ軍による物資の大量買いつけにより、日本の経済は一気に回復した。

金聖鐘（未来の織原城二）が生まれる一九五二年までに、父親の金教鶴はすでに裕福な暮らしを送るようになっていた。彼が実際にどのように財産を築いたのかを突き止めるのはむずかしいが、その社会的地位を考えれば、可能性は限られていると言っていい。肉体労働者として以外、日本の有名企業が在日韓国・朝鮮人を雇うことはなかった。日本の銀行が、彼に金を貸すなど考えられなかった。不動産のほかにも、金教鶴には少なくとも三つの収入源があった——駐車場、タクシー会社、そしてパチンコ屋（日本の数少ない合法ギャンブルのひとつ）。これらの事業に共通する特徴は、大規模な設備投資を必要としないことだ。店やレストランであれば、店舗、従業員、在庫が必要になる。一方、駐車場やタクシー、パチンコであれば、必要なのは空き地、車、パチンコ台だけで、誰でもすぐに商売を始めて金を稼ぐことができた。日銭が入れば、日々の生活をやりくりしながら再投資することも可能になる（別の車、二台目のパチンコ台）。しかしこんな単純な事業でも、成功するためにはしがらみがつきものだった。

パチンコで勝ったとしても、客は直接現金を得ることはできない。いったんタバコやクーポンなどの特殊景品に交換し、目立たない場所にある景品交換所で現金を受け取る。この方法によって、パチンコ店は賭博禁止法による摘発を回避する。当時、景品交換所はヤクザによって運営されており、彼らはそこから手数料を得ていた。さらに、ヤクザはパチンコ業界の治安を保つことにも一役買っており、物件の所有権争いを〝解決〟し、邪魔な占有者を追い出し、金を貸し、縄張り内で事業をする権利を割り当てた。もちろん、相応の手数料を受け取る見返りとして。いつの世も、ヤクザは行き先のない人々——生活困窮者、のけ者、社会から排除された人——のための避難所だった。事実、大阪と神戸の山口組にしろ、東京の住吉会にしろ、日本の主要な暴力団には大勢の韓国・朝鮮人が所属していた。さらに、韓国・朝鮮人自らが設立した暴力団も存在した。とくにその活動が有名なのは山川一家や明友会で、彼らは在日同胞が経営する店やコリアンタウンを守る重要な役割を果たした。

金教鶴自身がヤクザの構成員であるとか、組織犯罪に関わっていた証拠は何もない。彼には前科もなかった。(8) しかし、同じ境遇、場所、時代、事業に身を置く多くの男にとって、暴力団となんらかの関係を持つのはごく一般的なことだった。「避けられないと思いますよ」と語るのは、ヤクザ組長を父に持つジャーナリスト・宮崎学(みやざきまなぶ)だ。「在日朝鮮人にとっては、ヤクザとの良好な関係を築くことが、事業成功の秘訣ですから」

アイデンティティ

「タクシー業界では、彼はいちばんの成功者でしたよ」と、金教鶴を知る大阪在住のある在日コリアンが言った。「パチンコ業界でもトップです。人好きのする男で、社交的で話し上手だった。背が低くぽっちゃりとした体に、いつも大きすぎるジャケットを羽織っていました。車はもちろん高級車ばかり。戦後の闇市から事業を始めて成功したんです」。この話をしてくれたのは、ある専門分野で名を馳せる五〇代の公務員だった。留学経験もある立派な経歴の持ち主で、クラシック音楽のレコードやCDの収集家でもあった。織原城二と同じように、彼の父親もまた朝鮮半島からの移住者だった。彼はにやりと笑いながら、こんな昔話を披露してくれた――彼の父親は家族を養うため、アメリカ占領軍の廃馬処理場から死んだ馬を買い取り、牛肉と偽って販売したのだという。

在日コリアンの成功者はみな、好機を見逃さない企業家精神の持ち主だった。戦後一〇年を生き抜いた人々は誰もが、辛苦と食糧不足に耐えた日々を昨日のことのように記憶していた。大人でさえも、ときに空腹で死ぬような過酷な時代だった。しかし、そんな時代だからこそ、誰もがブラックユーモアを大切にした。そして、豊かなときには忘れがちな、強い友情や仲間意識が芽生えた時期でもあった。

その当時、金一家は大阪の阿倍野(あべの)区に暮らしていた。店や露店のある大通りから延びる細い路地の両脇に、木造の家が重なり合うように建ち並ぶ一帯だった。陽気ではあるが、柄が悪く、騒々しい場所だった。近所には、父親が経営するパチンコ店のうちの一軒があった。未来の織原城二が生まれて数年後、一家は新居へと引っ越した。わずか南へ一キロほどの移動ではあったが、社会的なステータスや高級感が格段にちがう別世界への引っ越しだった。

彼らが移り住んだのは、北畠（きたばたけ）と呼ばれる閑静で清潔な住宅街だった。塀で囲まれた庭付きの豪邸が連なるその地域は、大阪でも最も裕福で、社会的地位の高い住人が集う場所だった。理性と品性を重んじる住人たちは、新しい隣人に驚きはしただろうが、人種差別的な態度を公然と見せるようなことはなかった。だとしても、一九五〇年代にそのような地域に住む在日コリアンはまだ珍しく、彼ら自身、周囲との差を意識せずにはいられなかったことだろう。

日本人だらけの高級住宅地に引っ越すことによって、金一家は在日韓国・朝鮮人コミュニティ自体からも距離を置くことになった。とはいえ、引っ越しの有無にかかわらず、それは避けられない運命だったにちがいない。金教鶴は当時の大阪随一の大富豪のひとりだった。にもかかわらず、いま彼のことを記憶する人はほとんど存在しない。息子と同じように父親もまた、痕跡を残さない人生を好んだのだ。

戦後、在日コリアンはみな国籍選択を迫られることになり、金教鶴は韓国籍を選んだ。在日コリアンのためのふたつのライバル組織である〈民団〉と〈朝鮮総連〉は、多くの在日韓国・朝鮮人にとって生活の核となるものだった。交友関係とコネクションを広げるための社交クラブであり、学校であり、文化の中心だった。関連組織には信用組合もあり、日本の銀行から借金ができない在日実業家向けに融資を行なっていた。しかし、当時としてはかなり珍しいことに、金教鶴はどちらの組織とも関係を持たなかった。

北畠の家の巨大な表門には〝金〟の表札を掲げていたものの、一家は星山（ほしやま）という通名も使った。実際、多くの在日コリアンは通名を併用し、日本社会に日本人として溶け込んで生活することの恩恵を享受した。しかし、それは同時に矛盾に満ちた行為でもあった。というのも、彼らは韓国・朝鮮人独特の日本名を選んだのだ。〝星山〟も典型的な在日コリアンの苗字のひとつだった。もちろん、彼らはあえてそのような名前を選んだ。それは、民族としてのアイデンティティを奪われた苦悩を表明し、その置かれた立場、彼らの誇りを示すものだった。

「その頃から、在日のあいだで貧富の差が開きはじめたんです」と宮崎学は言う。「在日社会における格差は極端なものでした。その意味では、織原やその家族のような人たちは勝者と言えます。彼らには未来への夢、差別のない社会への希望があった。ところが、日本社会の差別というのは、そう簡単になくなるものではありません。日本民族は、常に他者と距離を置き、ちがいを維持しようとする。平等な社会の実現を信じる在日にとって、その日本人のちがうという感覚が、いちばん厄介なんです」

「一世は、朝鮮人というアイデンティティをとても大切にしました」と教えてくれたのは、父親が馬肉を牛肉と偽って売った昔話を披露してくれた在日コリアンの男性だ。「なかには、事業で成功を収め、自らの帝国を築いたカリスマ的人物もいました。差別のせいで、彼らは日本社会の本流では仕事を見つけることができなかった。そんな差別という壁にぶち当たったとき、彼らはなぜだろうと自問したんです。そして、導き出した答えは——教育でした。彼らはまっとうな教育を受けていなかった。たとえば、私の父は小学校までしか通えませんでした。それで、子供たちには、自分よりも優れた教育を受けさせようとしたわけです」

逮捕後、織原城二は子供時代や家族に関する取り調べのいっさいを拒否した。しかし、六年後、彼の弁護士によって出版された異様な本『ルーシー事件の真実』[9]には、織原自らが明かしたと思われる幼少時代についての記述が含まれている。その本の内容が正しいとすれば、織原は幼少期から「度を越えた英才教育」を受けたという。幼い子供たちに対する、両親の教育熱にはすさまじいものがあった。それを証明するように、あるとき奇妙な形で出会った織原の弟もこう語った。「俺の父親は二年半のあいだ牢屋に入れられた……父は日本人に抵抗して戦った。そんな父にひとつ文句があるとすれば、家族と過ごす時間がなかったってことさ。それでも、父はいつも教育の重要性について話してたよ」

小学校に入学するまでの二年間、キム・ソンジョンはカトリックの幼稚園に通った。さらに自宅に戻ると、三人の家庭教師が幼い少年を待っていた。前述の本によれば、ヴァイオリンとピアノのレッスンは「三歳一〇カ月」から始まったという。土曜日には、昼から夕方まで音楽のクラスを受講し、そのあと一時間はオーケストラの合奏に参加した。日曜日にも、午前と午後に個人授業があった。「自由がなく苦痛でたまらなかったという」と本には三人称で書かれている。「(織原は)苦痛から逃れるため教える価値がないというふうにわざと悪くよそおった」。彼は利き手の右手ではなく左手を使い、あえて字を汚くした。また、テストも終了間際になってから回答を始めた。その理由が、次のような興味深い言葉に凝縮されていた。「低下させることで自らを解放した。悪くさせることで、自らを解放したということである」

六歳のとき、キム・ソンジョンは大阪教育大学附属天王寺小学校に入学した。日本でも有数の名門校で、イギリスのパブリックスクールを模範として創設された、まさにエリートのための学校だった[10]。一九五〇年代当時、教師の多くは解散した帝国陸軍や海軍の元兵士だった。医者、弁護士、実業家といった大阪の上流中産階級の親たちにとって、この学校に子供を通わせることがステータスそのものだった。

学校では、キム・ソンジョンは金聖鐘という名を使った。小学校の同級生のひとりは、彼とプロレスごっこや野球をした記憶があるという。「彼は背も高く、やんちゃでした」と同級生は言った。「同じ学校にお兄さんも通っていました。私自身、北畠の家に遊びにいったことがあり、お母さんがとても優しかったのを覚えています。ただ、あいつは真の韓国人だった。短気で、怒りっぽくて。鋭い眼つきが印象的でした。目力があるんです。正直に言うと、誰にでも好かれるタイプではありませんん」

別の同級生も、金聖鐘と野球をして遊んだ記憶があった。「いつもピッチャーをやりたがってね」と彼は当時を振り返った。「球が速いわけでも、コントロールがいいわけでもなかった。ただの目立ちたがり屋で、技術が気持ちにぜんぜん追いついていないんですよ。当時、彼が楽しそうに笑っていた記憶はありません。いつも自分のやり方を押しとおそうとして、人の気持ちなんておかまいなし。自分と他人のあいだに壁を築いていたんだと思います。仲のいい友達も少なかった。あるいは、まったくいなかった。言われてみれば、彼の親友は誰かと訊かれても、思いつきませんね」

これらの会話が交わされたのは、当時から五〇年後——織原城二が逮捕され、数々の重大犯罪の容疑で起訴された数年後——のことだ。私は、織原の子供時代を知る一〇人に話を聞いた。驚くことではないのかもしれないが、彼らの話には印象的な共通点があった。一〇人のうち、自分が金聖鐘の友達だったと言う人は誰もいなかった。それどころか、彼の友達が誰だったか記憶する人も皆無だった。

聖鐘は四人兄弟の二男で、三男の聖賢は六歳年下、四男の聖龍は一〇歳年下だった。長男の聖仁は一九四八年生まれで、聖鐘の四歳上だった[11]。伝統的な韓国の家庭であれば、両親の誇りと期待の重荷を一身に背負うのは長男と決まっていた。が、長男の聖仁にはある問題があった。

聖仁の同級生のひとりに、一九九三年に衆議院議員に当選した西村眞悟（にしむらしんご）がいた。西村は右派の国家主義者であり、急進的な愛国者として有名な政治家だ。太平洋戦争は日本人の誇りの源であり、アジアにおける将来の戦争に備えて日本は核武装すべき、というのが彼の持論である。同じような意見を声高に叫ぶ集団は実在するものの、あくまでも少数派であり、そのメンバーが国会議員に当選するのはきわめて稀なケースと言える。西村の熱狂的愛国主義が彼の少年時代の記憶にどれほどの影響を与えているのか、それを判断するのはむずかしい。が、聖仁について語る彼の口調はどこか悲しげではあるものの、好意的だった。

西村の最も古い記憶に残る聖仁は、威勢のいい一〇代の少年たちが集まるクラスにうまく溶け込んだ、愛嬌のある少年だった。「誰かに馬鹿にされても、実に冷静に対処してうまく受け流す男でした」と彼は語った。「私は間近で見ていましたが、裏表のない人間だったと思います」。西村は、聖仁の父親がパチンコで財を成した大富豪であり、一家が大阪随一の高級住宅地に住むことも知っていた。「周囲からは、ちょっと変わり者だと見られていましたが、いじめられていたわけではありません。ペットみたいにかわいがられていたと言ったほうがいい。ただ、中学校までは愛嬌のある性格だったのに、高校に入ったとたん、人が変わってしまった」

授業のあいだの休み時間になると、聖仁は教室のまえに行き、黒板にチョークでスローガンを書き出すことがあった。日本や日本人への怒りをあらわにした政治的なスローガンだった。「〝打倒、日本帝国主義！〟などと書いては、日本がどれだけ悪いか、日本人がどんなに卑劣かを語っていました。韓国と韓国人は犠牲者だ、とね」と西村は続けた。「挙句の果てに、自分は韓国のＣＩＡに追われている身だ、と言い出す始末でした」。当時の大韓民国中央情報部（ＫＣＩＡ）と言えば、政敵を拉致・拷問することで悪名高い機関だった。

一九六〇年代の日本と韓国では、日米安全保障条約やベトナム戦争に反対するストライキやデモが頻発し、社会は大混乱の様相を呈していた。そんななかでも、甘やかされた金持ちの子供たちが左翼思想に最も接近するのは、ジョーン・バエズのレコードを聴くくらいのもので、金聖仁の過激なスローガンに真剣に取り合おうとする同級生はひとりもいなかった。「ほかの男子たちはただ見物して笑っていました」と西村。「みんな、『あいつ、またやってるぜ！』という感じで。なかには、『気に入らないんだったら、帰国したらどうだ？』というやつまでいた。私らにとっては、まるで漫画の登場人物を見ているような気持ちでした。だが、彼はどこまでも真剣だった。本人が真剣になればなるほど、周囲は冷めていったんです」

高校卒業も近くなったあるとき、突然、聖仁は学校に来なくなった。西村眞悟がその本当の理由を知ることはなかった。成績不振で中退したという漠然とした噂話もあった。あとになって、アメリカに行ったという話も出てきた。高校卒業後、西村は京都大学法学部へと進学。その後、日本最難関とも謳われる司法試験に合格し、弁護士として華々しいキャリアを築いていった。それから二五年が過ぎ、西村は変わり者の在日韓国人少年のことなどすっかり忘れていた。そんな一九八九年のある日の夜遅く、彼のもとに一本の電話がかかってくる。

相手は、ひどく怯えた様子の金聖仁だった。いますぐ会いたい、と彼は言った。時間はすでに真夜中を過ぎていたが、西村は大急ぎで身支度を整え、初めて北畠の豪邸に行った。到着すると、使用人に招き入れられて室内に入った。聖仁以外の家族は不在のようだった。彼は小声で挨拶すると、メモ帳を取り出して何やら書きはじめた。「彼は声を出そうとせず、すべて筆談で訴えました。〝盗聴されているから、声を出すことができない。家でも、電車でも、いつも誰かに尾けられ、監視されているんだ〟と西村は当時の状況を思い出しながら語った。

「室内を見渡してみましたが、そんな気配はまったくありません。大きな家はいたって平和で、面倒をみてくれる使用人もいた。尾けられてもいないし、盗聴もされていない――それはあまりに明らかでした。それでも、彼は固く信じ込んでいた」。監視への被害妄想を訴える一方で、聖仁はアメリカでの生活についても説明した。「とても辛い日々を送っていたようです。孤独に耐えられなかったんでしょう」と西村は続けた。「彼はあまり多くを話したがりませんでした。ただ、砂漠のど真ん中でテントを張って、ガラガラヘビを撃ち殺した、なんて話を教えてくれましたよ」

彼が紙に書きつける文章を読んでも、聖仁が弁護士の友人に何を望んでいるのかはっきりとしなかった。しばらくして、西村は家を辞去した。「私に何ができます？　ぐっすり眠ってリラックスしろ、とだけ言って家を出ました」

それ以降、聖仁から西村に連絡が入ることはなかったが、大阪教育大学附属高校のほかの同級生のもとに彼から電話があったという。同じ時期、聖仁は五人ほどの級友に連絡を取り、〝卒業アルバムを貸してほしい〟という風変わりな依頼をした。アルバムが返却されたとき、写真に写る聖仁の顔はすべて切り抜かれていた。

「学校ではみんな、彼が韓国人だと知っていました」と西村は言う。「だからといって、偏見の眼で見たことはありません。われわれは仲のいい普通の友人同士だった。けれど振り返ってみれば、あれだけ裕福な生活を送っていても、彼は不幸だった。日本と日本人こそが、不幸の原因だと信じていたんでしょう」

しめられた。

弟の苦悩

一家の三男で、織原城二のすぐ下の弟は聖賢という名前だった。取った行動こそちがうものの、長男と同じように、彼もまた世界への向き合い方、韓国人というアイデンティティとの葛藤にひどく苦しめられた。

高校卒業後、聖賢は神戸の外国語大学に進学した。彼は才能と創造力に溢れる若者だった。日本語と韓国語はもちろんのこと、中国語や英語にも堪能で、文学的かつ知的好奇心の塊だった。当時の聖賢は、同じ情熱を持つ若い在日コリアンのグループの一員として、定期的に大阪の図書館に集まっては、文学はもちろん、日本に住む韓国人から見た政治についても論じ合った。ドストエフスキー、サルトル、カミュについて語り、日常生活で直面する偏見――たいていは眼に見えないが、刑務所の塀のように高く頑丈な壁――に関する意見を交換した。その場に集まった若者たちが、日本の大手銀行や商社に就職することなどできるはずもなかった。大学でどんなに優秀な成績を収めようと、外務省や大蔵省のキャリアとして採用される可能性はなかった。「普段、在日コリアンの多くは差別を意識していません」と大阪在住の記者が教えてくれた。「彼らはただ、ありのままを受け容れて生きるだけです。ガラスの天井にぶつかるのは、野心がある人たち――社会の階段を駆け上がろうと望む人たちのほうです。普段であれば、彼らは自分たちが囚われの身だと認識さえしない。けれど、逃げ出そうとする者だけが、突如として檻の存在に気がつくんです。彼らは日本で生まれ育ち、日本語を話し、日本食を食べ、自らが差別の対象になるなど想像したことさえない人たちです。そういった二世や三世にとって、差別の存在を知ったときの衝撃には計り知れないものがあるんです」

知的な若い在日コリアンが集まるグループの一員で、金聖賢と友人だったという男性から私は話を聞くことができた。ふたりは多くの時間をともに過ごし、本や思想について語り合ったという。しかし、聖賢と一緒にいる時間は苦痛でもあった、と友人は告白した。聖賢は神経質で、優柔不断で、自意識過剰であり、会話がスムーズに展開することはまずなかった。「彼はとても頑固でした」と彼は語った。「人と接するときも、どこか身構えて不自然だった。それに家族の話になると、必ずぶちキレるんですよ。いつも何かに警戒しているようでした」。一度、彼は金聖賢の家を訪れたことがあった。それまでの過激な哲学や左翼的な政治思想についての発言とは、似ても似つかない家だった。贅(ぜい)の限りを尽くした瀟洒(しょうしゃ)な佇まい、いかにも高価そうな巨大装飾石が点在する庭――それは、家族の富と権力を誇示する、絶対的で揺るぎない象徴だった。「彼は、上流階級の人間であることを自分で認めるのに苦労していた。それが私の印象です」と友人は言った。「彼自身とほかの韓国人のあいだの距離を、うまく処理できなかったんだと思うんです」

　金聖賢には作家になる夢があった。二二歳のとき、彼の書いた短篇小説が、在日韓国・朝鮮人向けの雑誌に掲載されたことがある。[12] それは、ある若い男性の悲しみの物語だった。優柔不断で、不器用で、過剰な自意識に苦しみ、他者を軽蔑し、他者によって辱(はずかし)められる男の話だった。

「ある日の事」と名づけられた短篇小説の主人公は、李文一(りぶんいち)という名の在日コリアンだ。ある日、彼が地下鉄車内の座席に坐っていると、同年代の日本人三人組が乗り込んでくる。文一はすぐに、彼らが聴覚障害者であることに気がつく。三人は理解不能な大きな音を口から漏らしながら、手話を使って手を忙しなく動かし、大げさな表情を作って意思疎通している。文一はふと考える。感情の機微やちょっとした気持ちのニュアンスも、指と眉の動きで伝わるのだろうか、と。文一のそばで、聾の男たちは、肉体的な動きを通して必死に意思疎通しようとしている。その光景は、彼の心を大きく揺り動かすものだった。

　文一は「家庭には問題も抱えていた」が、そんな問題を受け容れつつ、蓄積されたエネルギーを

「社会的なものへと向け」る。しかし、自分が参加する在日コリアン組織が「何か嘘であるような気がして」幻滅した文一は、差別に関する苦々しい問題に心を奪われていく。彼はこの問題を、日本人による韓国人への態度という面だけでなく、彼自身が意識する他者への優越感という観点からも熟考する。文一が人種差別の被害者だとするならば、彼は自身が持つ偏見も認めなくてはいけなくなる。「人間は人間を差別したがるという習性、誰かを下において自分を安心させる、といった習性はどうしたものか」と彼は自問する。「そんなことを考え始めると、文一は自分の頭の上に乗っているいくつかの重しの上に、もう一つ大きな石を乗せられたような気持になった」。そんな文一は、自分が分裂していくかのような感覚を覚える。彼の内にあるのは、自身から分離した意識だ。冷たく用心深い知性が、本心とはちがうことを口にする彼自身を批判する。電車内の聾者には、そういった自意識などまったく見当たらなかった——それこそが、彼が心を揺り動かされた理由だった。「自分に背負わされたものから自分をごまかさず、四つに組んでたたかっている人間だからだろうか」と彼は思う。「三人の若者の、必死で何かを伝えようとしている姿には何の嘘もない」

日本人の酔っ払いがひとり、車内を歩いてくる。派手なスーツに白い靴。見るからにヤクザのようだ。そのとき、聾者のひとりが偶然男に軽くぶつかってしまう。酔っ払いは怒り狂い、相手の襟首を摑んで謝罪を要求する。聾の男にできるのは、咽喉の奥から絞り出すような声を上げることだけ。文一は席から立ち上がり、チンピラに向かって彼を離せと叫ぶ。すると、今度は文一に怒りの矛先が向けられる。ごつい体のチンピラと心優しい文一——文一に勝ち目などなかった。しかし殴り合いが始まるまえに、三人の聾の乗客がふたりのあいだに割って入った。結局、日本人の悪党による暴力から、韓国人を救い出してくれたのは、障害を持った三人の日本人男性だった。

文一が仲裁に入ったのは、自分の「正義感に忠実であろう」としたからだった。しかし屈辱的なことに、彼の頭の声はもっと厳しい評決を下す。彼が行動に出た理由は、聾者が弱く、「下の者」と判断したからだった。実際のところ、酔っ払いのチンピラに対する怒りは、身体障害者よりも自分が優れているという偏見と仮定に基づくものだった。つまり、在日コリアンが直面する偏見とそう変わりないのだ。「彼らを弱者と呼ぶのならわれわれはすべて、社会的強者ということか」と彼は自らに問いかける。「と、すると、閉鎖的なこの日本社会の中で、就職まで差別される在日朝鮮人ってのはいったい何だろう。これは、強者か、弱者か、どちらかだ」

電車を降りた文一は、動揺と良心の呵責に圧倒されつつ、駅から家に向かう。「おれが軽蔑している人間と、おれ自身とは大差なかったのではないか」と彼は疑問に思う。「人間はなぜ人間を差別したがるのか」

文一は、ある大きな門構えの屋敷のまえに辿り着く。「(巨大な石が積まれた)石垣だけで、普通の家なら建ちそう」なほど立派な門構えだった。そのとき、ライトを照らした一台のキャデラックが通りすぎていく。「ふっと文一は、今自分の悩んでいるようなことを、この豪邸に住んでいる人達は考えることがあるだろうかと思った」

読者は知る由もないだろうが、この屋敷は明らかに金一家の北畠の家をモチーフにしたものだろう。キャデラックも、父親の昔の車かもしれない。つまり、良心の呵責や孤立感を描きつつも、金聖賢は最終的な非難の矢を自らに向けたのだ。作品内で、彼は同情的な主人公を作り上げた。疎外感と自己嫌悪が入り乱れる複雑な感覚を持ち合わせた人物だ。しかし聖賢は、生まれ持った特権のもとに――北畠の高い塀の向こう側で――この作品を書き上げた。孤立感に誰よりも苦しむのは、主人公の若者ではなく、屋敷の住人なのだ。「親達、そして裕福な生活に慣れきった息子たち」と文一は豪邸の住民を揶揄する。そして、著者は文一を通してこう自分に語りかける。「フン、おれ自身はどうだというんだ」

「ある日の事」は、雑誌《季刊三千里》文学賞の佳作入選作品に選ばれ、一九七七年冬号に掲載された。金聖賢は、大喜びで友人たちに受賞のことを伝えてまわった。賞を得たことで、彼は失いかけた自信を取り戻したかのように思われた。しかしその後、文学賞の選考委員である有名な在日コリアンの作家が、母親の親友だったことが発覚。聖賢が生まれるまえから、母親と作家は旧知の仲だったのだ。それを知った聖賢はこう考えるようになった。作品が選ばれたのは、文学的な価値ではなく、コネや仲間意識のおかげだった、と。そして、彼の自信は再び崩れていくのだった。

友人たちの証言

学校での金聖鐘（未来の織原城二）は「低下させることで自らを解放した」が、やる気さえ出せば、容赦ないほどに自分に鞭を打つこともできた。彼は、それを高校入試で証明してみせた。日本で最も有名な超一流私立大学のひとつ、東京の慶應義塾大学の附属高校に合格したのだ。当時の日本には、イギリスにあるような寄宿学校はほとんど存在せず、一〇代の子供が親元を離れて別の都市の学校に通うのはきわめて珍しいことだった。しかしそれ以上に、彼の両親が聖鐘のために用意したものは、二一世紀の日本であっても珍しいものだった。一九六〇年代には、おそらく異常だったにちがいない。

一五歳の聖鐘は実家を離れ、単身東京に移り住むことになった。そんな息子に両親が用意したのは、北畠に匹敵する東京随一の高級住宅地、田園調布にある家政婦付きの一軒家だった。その地区に建ち並ぶのは伝統的な日本家屋ばかりで、路地の両側には木の塀が連なり、その奥に竹藪（たけやぶ）と苔（こけ）の庭が広がる。そんな風景を今日（こんにち）まで東京で保っている地域は、田園調布のほかには数えるほどしかないだろう。しかし聖鐘の家は、一九六〇年代後半の建築技術の粋を集めたような、実に現代的な家だった。狭い路地と家を隔てるのは、高さ一八〇センチのレンガの塀と、枝ぶりのよいマツの木。庭には楕円形のプールがあり、二階建ての家の外壁は白い漆喰と茶色いタイルで装飾されていた。一階正面は、床から天井までの高さを誇るガラス張りの引き戸。二階には、広いバルコニー。家の片側には、数台分のガレージもあった。大阪の実家と同じように、まわりを取り囲む日本家屋は、暗く冷たい印象の地味な家ばかりだった。が、聖鐘の家は明るく光り輝いていた。まるでハワイかカリフォルニアの邸宅のように、日光浴やバーベキュー、プールサイドでのダンス・パーティが似合う場所だった。そんな家に越してきた未来の織原城二は、自己変革の次のステージへと移ることになる。彼は金聖鐘という名前を捨て、星山聖鐘となった。家族、大阪での人生、韓国人であること――そのすべてが、分厚い冬物のコートが春に脱ぎ捨てられるかのように、彼の肩からするりと落ちていった。

犯罪者の家族が子供の犯罪に道徳的責任を負うように、同級生もまた――程度はより低く、漠然としてはいるが――責任を感じるようだ。慶應義塾高校の同級生たちは、星山聖鐘について多くを語ろうとしなかった。語ろうとしない理由には、恥が含まれていた。私が連絡を取った頃には、すでに裁判が進行中だった。彼らの頭のなかには聖鐘が犯した数々の罪が入り込み、過去の記憶をも侵食していたのだろう。そんななかで、聖鐘に最も近しい知人として私が辿り着いたのは、高校三年生のときの同級生・秋本浩二(13)だった。

「毎年、クラス替えがあるんです」と秋本は当時について語った。「まえに星山と同じクラスだった友達がいて、そいつが『星山は変わってるぞ』って私に教えてくれたんですよ。だけど、むしろ感じのいいやつ、というのが私の第一印象でしたね。星山はいつもきちんとした身なりをしていました。髪もばっちり撫でつけて――ジョン・F・ケネディみたいな、いわゆる〝ケネディ・カット〟ってやつです。肌は滑らかで、艶のある顔というんでしょうか？　一〇代にしては姿勢がよかった。体格はがっしりしていましたが、太っているわけではなく、むしろ筋肉質なほうでした。いつも自分から人に話しかけて、友達を作ろうとする。私としては、おもしろそうな男という印象で、少しも変わったところなんてありませんでした。で、『星山のどこが変わってるんだ？』って友達に訊いてみたんです。すると、友人は言いました。『あの眼を見てみろよ』」

そう言われて星山の眼に注目した秋本は、すぐに友人の言葉を理解した。彼の目蓋には小さな傷跡があった。少なくとも同世代の人間には、その傷跡の意味は明らかだった。目頭切開術として知られる美容整形手術の痕だった。それは、中央・東アジアの多くの人の特徴である蒙古襞（もうこひだ）（目頭を覆う皮膚）を切除し、東洋人に多い一重目蓋を、西洋人に多い二重目蓋に変える手術だ。日本では、二重目蓋の大きな丸い眼は、より西洋的で魅力的だと持てはやされることがある。また――科学的な根拠はゼロだが――二重のほうが韓国人に見えないと多くの日本人が考えていた。アジア人女性のあいだでこの高価な二重手術が流行することになるのは、二〇年後のことだ。「その当時の男子高校生が、そんな美容整形手術を受けるっていうのは――やっぱり、かなり変わってますよね」と秋本は言った。「実際、星山は手術を受けたみたいで、眼がはっきりとした二重になっていました。なかなか興味深いやつだ、と私は思いましたね*」

その後、ふたりの少年は親しくなった。二、三度、秋本は田園調布の家を訪れたこともあった。慶應に通う多くの生徒たちが裕福な家庭出身だったが、星山の金持ちぶりは群を抜くものだった。「それはもう、巨大な家でした」と秋本は続けた。「代々続く大金持ち一族なんだろうな、と思いました

＊　織原城二の弁護士によって二九年後に出版された本『ルーシー事件の真実』には、一六歳のときに織原が眼の美容整形手術を受けたとの記述がある。[14]しかし、交通事故で負った怪我の処置のためであり、眼の周囲に突き刺さったサングラスの破片を摘出した際の手術傷だったと説明されている。

よ。レコードのコレクションもすごかった。当時は慶應ボーイにとっても、レコードは高価でした。星山は言っていました。駐車場を所有しているから、二〇〇〇万円の年収があるんだって。すごい額ですよ。直接聞いたのか、誰かほかの人から聞いたのかはよく覚えていませんが、両親が大阪出身だということは知っていました。でも、本人が親の話をしたことは一度もありません。

家族写真を含めて、家には写真は一枚もありませんでした。確か、おじいさんとふたり暮らしだと星山は言っていましたが、家政婦以外見たことはありませんでした。で、本当はひとり暮らしなんじゃないか、と思ったんです。あいつは遅刻が多かった。ひとりきりで暮らしてるからじゃないかと考えるようになったんです。朝、彼を起こして送り出してくれる家族が誰もいないんだろうって。頭のいい男でしたが、学校の成績はいまいちでした。両親と別居していたから、生活を管理してくれる人が誰もいなかったんでしょう。それで、星山は独自の世界を作り上げて、自分の空気感のなかだけで生きていたんです」

言葉で説明するのはむずかしいが、星山聖鐘にはどこか人とちがうところがあった。その見事な落ち着きぶりと強い独立心は、ときに孤立と孤独を意味するものでもあった。「あるとき、旅行から帰ってきた星山が、腕時計を学校に持ってきて同級生に売ろうとしたことがありました。確かロレックスの時計で、香港で買ったと言っていました。高校生にとっては、とても印象的でした。外国の時計に、外国旅行——当時の私たちには別世界のことでしたから」。聖鐘は英語を流暢に操り、才能とカリスマ性を兼ね備えたミュージシャンでもあった。少なくとも、世間知らずの慶應義塾高校の生徒の耳にはそう聞こえた。「星山はとにかく歌がうまかった」と秋本は続ける。「秋に学校祭があって、うちのクラスはバンドの演奏をすることになったんです。その横の露店でコーラを売って、小遣いを稼ぐというわけです。星山がボーカルで、トム・ジョーンズを歌ったのですが——本当にうまかった！　腰を振って踊ったりして、最初から最後までトム・ジョーンズそっくりでした。どの曲だったかは覚えていませんが……『デライラ』ではなくて、別の有名な曲です。サテンかシルクか何かの黒い長袖のシャツを着て歌ったのですが、それがまた洒落たシャツでした。普段の星山はそれほどお洒落なほうではありませんでした。ただ、自分なりのスタイルを持って、小ぎれいにしていましたよ」

しかし、秋本が星山聖鐘と真の友人になることはなかった。聖鐘はどこか摑みどころのない性格で、空虚感のようなものが彼を包んでいた。立派な外見の内側に、友情を形作るための最も重要な要素が押しとどめられているかのようだった。そもそも、そんな要素が彼のなかに存在するかどうかも怪しかった。「あなたに会うことになったとき、当時の星山のことを真剣に考えてみたんです」と秋本浩二は言った。「言葉で説明するのがとてもむずかしいんですよ。あいつは、自分と他人のあいだに壁を作った。ほかの同級生の気持ちを、心から理解したことなんてないと思います。普通、友達とは同じ気持ちを共有するものです。何か話が合う話題を見つけて、会話と理解を深めていく……ホンダのバイクの話でもなんでもいい。

だけど、星山とそんな経験をしたことはありません。彼はよく、同じクラスの誰かのことを『あいつはカッコいい』と言って友達になろうとしました。ただ、星山は性格ではなく、モノで人を判断するんです。誰かと真に心を通じ合わせたときに感じる、絶妙な感覚というものがあるじゃないですか？　星山と一緒にいてもそれがない。あいつはいつも自分がやりたいことを優先して、ほかの人に対して妥協しない。私がそんな人間に会ったのは、星山が最初で最後です。あいつと少し距離を置いて、じっくり観察してみたこともありました。それでもやはり、星山の心には他人が入り込む余地はなさそうでした。親友にはなれそうもありませんでした。そのことは、いまでもよく覚えています」

聖鐘について最も印象的だったのは、女性に対する自信だった。「星山はよく、自由が丘や横浜にひとりで遊びにいっていました」と秋本。「当時、横浜に有名なディスコがあって、あいつの行きつけでした。その頃の高校生の男子は、ふたりとか三人で外に遊びに出かけることはあっても、ひとりで行くことはありません。けれど、星山は平気でひとりで遊びまわっていました。大人のように行動し、大人のように遊ぶんです。そんな同級生はめったにいなかったので、印象的でした。

高校三年のとき、『ある女の子とデートの約束を取りつけたんだ』と星山が私に打ち明けたことがありました。『その子の写真を見せてやるよ』と言ってね。見ると、郊外の高級レストランかどこかで、女の子とふたりでテーブルで撮った写真でした。男子高校生が行くなど、普通は考えもしないような場所です。そんなレストランに、白いスーツ姿の星山が写っているんです。近くには大きな花束も見えました。相手の子は、ベティという名前で、白人と日本人のハーフでした。星山は彼女にかなり熱を上げていましたが、最後には振られてしまった。振られたあと、あいつは別の友人に電話をかけて泣いたんですよ。『大人になったら、つき合ってあげる』と彼女に言われたらしく、星山は電話口で宣言したそうです。『自分はまだまだ大人じゃないけど、いつか大人になってみせる』と。あいつも、やはり普通の人間だったんですね。いろいろと変わったところのあるやつでしたが、実に愛情深い一面もあったということです」

当時の慶應義塾高校には、在日コリアンや中国籍の学生が数名在籍していた。しかし、誰ひとりとして――少なくとも、私がインタビューした関係者は――星山聖鐘が在日韓国人だったことを知らなかった。誰ひとり、聖鐘の両親や兄弟はもちろん、大阪時代の知り合いに会ったこともなかった。それどころか、一〇代の聖鐘に最も大きな影響を与えたであろう事件についても、誰も耳にしたことがなかった――一九六九年、父親の金教鶴が急死したのだ。その死の詳細は、最後まで謎に包まれたままだった。

第一五章　ジョージ・オハラ

「歌わない」容疑者

通常の事件であれば、捜査本部のある麻布警察署で容疑者への取り調べが行なわれるところだが、織原城二が連行されたのは警視庁本部だった。要塞のようなその建物は、日本の行政機関の中枢である霞が関にあった。徒歩圏内には大蔵省、外務省、法務省などが林立し、わずか数平方キロメートルの内側に日本の国家権力を担う最高機関が集中している。織原の逮捕から二、三時間のうちに、捜査令状に基づき、日本全国に点在する織原所有の二〇件の物件の家宅捜査が行なわれた。数百人の捜査員が動員され、ヤシの木に囲まれた〈逗子マリーナ〉のマンション、犬の死体が目撃された〈ブルーシー油壺〉、逮捕現場となった六本木近くのマンション、田園調布の豪邸などが徹底的に捜索された。日本の各テレビ局が捜索現場付近にヘリコプターを飛ばし、非常線の内側を撮影した――地面のにおいを嗅ぎまわる警察犬、シャベルで土を掘り起こす作業着姿の捜査官。それから数日間、何台もの警察車両が現場を出入りし、数々の証拠品が運び出された。工具、洋服、ノート、書類の束、フィルム、ビデオテープ、カセットテープ、写真、液体の壜、粉の小袋。証拠はすべて霞が関の保管室に集められ、有働警視本人の監督のもと慎重に精査された。「全部で一万五〇〇〇点ありました」と有働は語った。「可能なかぎり、警視庁本部でいちばん大きな部屋を用意しました。捜査員は誰もが咳き込んで、体をぼりぼりと掻いていましたね。ダニに脚を噛まれるんです。それでも、われわれにとっては宝の山でした」

織原は、警視庁本部内に留置された。日本の法律では、犯罪容疑者は警察署とは別の拘置所に収容され、取り調べのたびに警察署まで毎朝移動し、尋問が終わった夕方にまた拘置所に戻るのが決まりだ。しかし現状では、ほとんどの容疑者は警察署内に留置される。つまり、取り調べを担当する警察組織自体が、面会の可否、取り調べの時間や頻度、食事、監房の照明に至るまで、すべてを管理している。

また、英米では当たりまえの基本的権利の多くが、日本では認められていない。あるいは、理論上は存在しても、実際の現場では蹂躙(じゅうりん)または無視されている。弁護士に会う権利は保障されるが、面会の頻度や時間は警察の気分次第。黙秘権の行使は認められているが、黙秘したとしても、被疑者は取調室の席につくことを強制される。そして、被疑者の頭が退屈と疲労で麻痺するまで何時間にもわたって、警察官が入れ替わり立ち替わり尋問を続ける。また、取り調べの録画・録音や記録は義務化されていない。逐語的な記録の代わりに、聴取の最後に供述調書が作成される(刑事の〝作文〟と揶揄されることも多い)。疲労困憊の被疑者は、内容をしっかり確かめずに調書に署名してしまうことも多い。

一通の逮捕状の発行によって、警察は被疑者の身柄を七二時間拘束することができる。しかし裁判官が認めた場合、さらに一〇日ずつ二回の勾留延長が許可される――裁判官が勾留延長を拒否する事例はほとんどない。つまり、実際になんらかの罪で起訴されるまえに、二三日ものあいだ被疑者は留置される可能性があるということだ。そのあいだ、弁護士や家族、友人と面会できるかどうかは警察の判断に任される。「日本の司法制度は、警察側にきわめて有利にできており、警察としては違法な戦法に打って出る必要などほとんどない」と犯罪学者の宮澤節生(みやざわせつお)は著書で解説する。「被疑者が警察に自発的に自供するということを前提に、制度全体が設計・実行されている[1]」
その結果、警察官と検察官には、あるひとつの大きなプレッシャーがかかることになる。被疑者から自白を得ることだ。事実の証明だけが必要とされる英米の裁判とは異なり、日本の裁判では〝動機〟が重要視される。犯行に至るまでの理由や衝動も、裁判で証明される必要があり、判決を左右する重要な要素となる。つまり、日本の裁判官は〝誰〟〝何〟〝どこ〟〝いつ〟だけではなく、〝なぜ〟も要求する。そのため、刑事は容疑者の頭の内部にまで入り込まなければならない。それができなければ、刑事の仕事は終わったことにならないのだ。

現実問題として、これを達成する唯一の方法は自白を得ることだ。日本では古くから「自白は証拠の女王[2]」と称されており、物的証拠を含め、自白以外はすべて二次的な問題となる。場合によっては、自白を得てから、物証の捜索を始めることさえあるという。彼らの狙いは単純だ。警察も知りえない決定的な証拠となる情報を容疑者が明かし、その後の捜査によってその情報が裏づけられる。となれば、自白の信憑性がさらに増し、自白強要の疑いも緩和されるというわけだ。「不合理な疑いを越える証明が必要[3]」。ある日本の検察官は、社会学者デイヴィッド・ジョンソンにそう語った。さらに、ジョンソンは著書でこう主張する。「自白は日本の刑事司法の心臓の部分に位置するとよくいわれる……むしろ自白は心臓そのものだといった方が実態に近いかもしれない。つまり、自白が、事件を組織（制度）内で循環させ続けるポンプなのである……日本の検察官は、自白が取れないままに起訴することにぞっとするような恐怖を覚える[4]」

事実、罪を犯したかどうかにかかわらず、日本の被疑者は自白することが多く、自白率は年々高まっているという。一九八四年、日本の法廷で裁かれた犯罪者のうち、一二人中一一人が起訴内容を認めた。一九九八年には、一六人中一五人へとその割合は増えた。ときに、警察や検察官は被疑者の顎を殴り、鼻をつぶし、生殖器に打撃を加えることもある(「われわれ日本人にとって、頭を叩くのはひどいことではない。蹴飛ばすことがひどいことなのだ[5]」とある検察官は語った)。しかし、肉体的暴力が激しくなることは稀で、痛みよりも屈辱を与えることを目的とする行為のほうが頻繁だという――平手打ち、軽い蹴り、睡眠・食事・水の剥奪、タバコの煙を顔に吹きかける。より一般的なのが精神的な脅迫で、「(警察や検察は)被疑者を脅し、恫喝し、疲れ果てさせ、誘導し、説得し、叱責し、怒鳴り上げ、いいくるめ、そして騙す[6]」こともあるという。しかし前述のとおり、勾留された被疑者に対して警察は圧倒的な権力を誇っており、このような手荒な方法が必要になることは珍しい。概して、日本人の刑事は冷静で、丁寧で、客観的で、周到で、執拗だ。容疑者を支配下に置ける二三日のあいだ――あるいは五五二時間、または遅々とした三万三一二〇分のあいだ――彼らは同じ質問をひたすら繰り返す。多くの場合、警察官の仕事はただ待つことだけだ。

そして二〇〇〇年一〇月一二日、逮捕された織原城二も同じ状況に置かれた。

彼は自白しなかった。決して屈服しなかった。最初の段階から、織原は正面からの顔写真撮影を拒否し、いっさいの協力姿勢を見せなかった。警察が対峙したのは、自分が被疑者としてどんな権利を持つのかを熟知し、その権利を徹底的に行使しようとする人間だった。被疑者に対して強大な権力を持つ日本の警察ではあるが、越権行為の指摘にはとくに敏感になる傾向がある。「逮捕後、織原は指紋の採取には同意しましたが、写真撮影は拒みました」と有働警視は語った。「無理やりカメラのほうを向かせることはできません。たとえば、顎を摑んで顔を持ち上げたりすれば、拷問と捉えられる可能性があります。ですので、顔が下を向いたままの写真しか撮れませんでした[7]」

有働は織原城二の取り調べについて詳しく語ろうとはしなかった。警察にしてみれば、事情聴取はおそらく大失敗だったのだろう。「初めの頃は、彼はとても怯えている様子でした」と有働は続けた。「ひどく汗をかいて、服が濡れるほどでした。汗をかいては、ときどき体を震わせました。それでも、すべてを否認しました」。織原が逮捕されたのは、クララ・メンデスに対する略取誘拐と準強制猥褻の容疑によるものだった。ルールに則れば、捜査官はこの事件の質問以外はできない、と有働は強調する。しかし、取調室にいる誰もが、ルーシー事件の真相を暴くことこそが尋問の真の目的だと認識していた。有働も、捜査官たちがブラックマン事件について被疑者と〝雑談した〟ことを認めた。ところが、しばらくのあいだ織原は何も話そうとしなかった。自分の名前こそ認めたものの、それ以外はただ黙秘を貫いた。

そのまま二週間が過ぎ、拘束期間の限度である二三日を迎えようとしていた。そこで警察と検察は、お得意の延長作戦を実行する。クララ・メンデスへの準強姦の罪で織原を起訴し、直後にケイティ・ヴィカーズへの準強姦罪で彼を〝再逮捕〟したのだ。これにより、警察は新たに二三日間、被疑者を尋問することができた。同時に、より緩やかな環境である拘置所へと被疑者を逃がすことを回避したのだ。いかにも疑わしいやり方であるが、これが日本の警察の常套手段だった。一応、法律に則った方法ではあるかもしれないが、違法すれすれであることはまちがいない。

父の怪死

一九六九年、織原の父・金教鶴の事業は絶頂期を迎えているかに思われた。彼は四四歳で、四人の息子たちは下は七歳、上は二一歳だった。その年、彼は大阪の実業家の一団とともに海外旅行に出かけ、渡航先で命を落とした。彼の人生と同じように、死もまた謎に包まれたものだった。しかし、一団が香港を訪れたのはまちがいなかった。そして四月二七日、あるいはそのまえに、金教鶴は死んだ。

のちの織原本人の主張によれば、それは単純明快な話だった――彼の父親は、突然の脳卒中で死んだ。[8] しかし周囲の人々は、この悲劇にはどこか謎めいたものがあると感づいていた。[9] 伝統的には自宅で大々的に営まれるはずの通夜が、北畠の家では行なわれなかったのだ。それに加え、金一家が慣例的な喪に服する様子はいっさい見られなかった。父の死について、家族で話し合われることもほとんどなかったのだという。事実、当時まだ七歳だった末っ子の聖龍は、数十年経っても父親の死の真相を知らないままだった。日本の雑誌記者や金家の隣人のなかには、金教鶴は仕事上のトラブルに巻き込まれて死んだのではないかと勘繰る者もいた。[10] さらに、父親の死後、織原が住む田園調布の豪邸に防弾ガラスが取りつけられたという報道まであった。

真実はどうあれ、金家の家長の死は残された家族の人生を変容させた。彼の財産は、息子と未亡人で分配された。問題を抱えた長男・聖仁がタクシー会社を引き継ぎ、作家志望の三男、聖賢はパチンコ店の経営権を手に入れた。二男の星山聖鐘――将来の織原城二――は駐車場に加え、田園調布の家を含む不動産を受け継いだ。四男・聖龍の相続内容は定かではないが、ほかの三人よりも明らかに少なかったようだ。さらに、兄弟のうち彼だけが、大学の付属学校や学費の高い私立学校ではなく、金のかからない公立学校に通った。いずれにしろ、少年たちは父親を失ったが、同時に巨万の富を手に入れたのだった。

父の死と時を同じくして、一六歳だった星山聖鐘は交通事故に遭った。のちに彼が、形成外科手術を余儀なくされたと主張する事故だ。織原の弁護士によって自費出版された本にはこう記述がある。「目の付近からガラスを摘出し、いくつもの切り傷を縫い、負傷箇所は耳にも及ぶ重傷であった」。[11]* また、同書によると、同じ頃に彼はアルコール依存症になったという。「織原被告はアルコールは一五歳のころより常用しており一五歳のときよりアルコール依存症であった」。説明はさらに続く。

「交通事故で入院中アルコールを口から飲むことはできないので、アルコールのにおいを鼻から吸引してみたら抜群に効果があった……入院中、毎晩のようにアルコールを吸引し、その間夢見心地の別世界に浸り続けた」

当然のことながら、彼の成績は芳しいものではなかった。慶應義塾高校のほぼ全生徒にとって、なにより大切なのは慶應義塾大学の学籍を確保することだった。慶應義塾大学を卒業すれば、ビジネス、政治、法律、学術研究の世界で輝かしいキャリアが約束されたようなものだ。付属高校から大学に進学できないのは、出席日数、素行、学力に著しい問題がある場合に限られる（星山の学力は問題なかった）。例の弁護士の本では、彼は慶應義塾大学への推薦を自ら辞退した、と説明されている。いずれにしろ、一九七一年三月、高校を卒業した一八歳の星山が、慶應義塾大学に進学することはなかった。

その後の星山聖鐘の人生は、霧に包まれることになる。ある時点では、彼は慶應義塾大学よりレベルも華やかさも劣る駒沢大学に在籍していた。前出の本によると、彼は「三年の間、（アメリカの）ワシントン州や（スウェーデンの）ストックホルムなどで生活し、地球を数回程度、移動していた」という。そのあいだ、星山が建築を勉強したという情報もあった。[12] また、本人の主張によれば、著名なアメリカのミュージシャン、カルロス・サンタナの知遇をえたのもその時期だった。数十年後、クリスタ・マッケンジーに見せた写真は、その頃にサンタナと一緒に撮ったものだった。一九七四年頃、帰国した星山は慶應義塾大学の通信教育課程に合格。のちに一般通学課程に編入し、法学部の法律学

＊　私がインタビューした慶應義塾高校の同級生四人は、星山聖鐘が自動車事故に遭った、あるいは入院したという話を聞いたことがなかった。

科と政治学科を渡り歩いてふたつの学位を取得する。どちらの卒業時にも、卒業アルバムへの写真の掲載を拒否した。

高校卒業前後の一九七一年、星山は変身の次の過程へと移った。彼は国籍を韓国から日本に変更し、織原城二という新たな名前を獲得した。〝城二〟のほうはそれほど珍しくはないが、〝織原〟という苗字は注目に値する。日本で使われる漢字には、その文脈や組み合わせによって、ふたつ以上の読み方があるのが普通だ。一般的な名前には決まった読み方があるものの、珍しい名前にはいくつか異なる発音がある場合が多く、星山聖鐘の新たな苗字は〝おばら〟〝おはら〟あるいは〝おりはら〟と読むことができた。

一八歳までに、彼はすでに三つの名前を持っていた。そして、逮捕までの三〇年のあいだ、さらに何十もの名前を使い分けた。本能的に正体を隠し、記録に残ることを回避し、カメラに捉えられることまで拒む男にしてみれば、法律上の名前も曖昧である必要があったのだろう。しかし、なぜこの名前なのか?

一九六〇年代後半、苗字の発音と漢字は若干ちがうものの、大原譲二（おおはらじょうじ）という似た名前の俳優がいた。大原は、『肉体の誘惑』や『激しい女たち』といった、一〇代の少年には刺激的なソフトコア・ポルノ映画に数多く出演した。また、同姓同名の日本人撮影技師、小原譲治も活躍していた。織原の名前の由来はそこにあったのだろうか？　しかし、家族や当時の関係者は、別の説を主張した。(13)

彼らの説明によると、新しい名前で重要なのは、姓名それぞれが英語のように発音できる点だった。城二は〝ジョージ（George）〟、織原は〝オハラ（O'Hara）〟というわけだ。これが、アイデンティティを模索しつづけた彼の旅の終着点だったのだろうか？　彼は韓国人の赤ん坊キム・ソンジョンとして日本に生まれ、在日韓国人の金聖鐘として少年時代を過ごした。そして、大きな眼の日本人青年、星山聖鐘として高校生活を送り、写真嫌いで摑みどころのない日本国民、織原城二に変身した。最後に彼が目指したのは、著名なアメリカ人ミュージシャンの友人であり、世界に通用する立派な人間——ジョージ・オハラだったのだろうか？

謎の隣人

二〇代の織原は、何年か気ままに旅行したのち、ふたつの学士号を取得した。が、実際に仕事をして収入を得た経験はなかった。しかし三〇代になった彼は、当時の時代性を象徴する不動産開発に没頭し、相続した財産を注ぎ込むようになった。

時代は、悪名高きバブル景気の真っただ中。一九八〇年代半ばから一九九〇年代初頭のつかの間、東京は世界史上最も豊かな街となった。戦後四〇年にわたる急速な経済成長の末、日本円、株価、とりわけ土地価格が急激に高騰しはじめた。不動産を持っていれば、努力しようがしまいが、誰でも金持ちになれる時代だった。日本の銀行は互いに激しい競争を繰り広げ、誰彼かまわず簡単に金を融資した。

当時はロンドンやニューヨークも好景気に沸いていたが、東京ほど眼に見えて消費が過熱した場所はなかった。バブル期の行きすぎは、数々の都市伝説として語り継がれている——ナイトクラブのトイレの便座にミンクのカバー、金箔が漂うカクテル、寿司の女体盛りパーティ。第三世界並みの貧困と物資不足を経験しながら、日本人は戦中・戦後を死に物狂いで生き抜いてきた。それから数十年、日本の経済はアメリカをも呑み込もうとするほどの成長を遂げていた。自国では大金持ちだったはずの外国人観光客も、日本に来ると円高の影響で一気に貧しくなった。その結果、銀行家や実業家、英語教師、労働者といった新たなガイジンが日本に集結するようになった。日本人はそのことを誇りに感じた。日本より貧しいアジア各国の国民だけでなく、いまやアメリカ人、オーストラリア人、ヨーロッパ人までもが日本にやってきたのだ。彼らは、出張やバックパック旅行で立ち寄るのではなく、日本の経済力という神社の崇拝者として来日した。その象徴こそが、外人ホステスクラブだった。美しいブロンドの外国人が、新たに台頭した裕福なサラリーマンを恭しく接客して諂う姿こそが、日本の経済成長の象徴だった。

まばゆい金の光の下では、あらゆるものの色合いの差――たとえば〝在日コリアンと日本人〟、あるいは〝成金と資産家〟――はより不明瞭になっていった。織原城二は自らの有利な立場、富と力の流れを利用して莫大な利益を上げた。大阪に所有する駐車場のひとつを担保に融資を受け、北は北海道から南は九州まで、彼は日本各地のビルやマンションを次々に購入した。[14] 約二〇件の物件を所有し、その多くを賃貸に出して家賃収入を得た。ビルの多くには、外国語を使えばなんでも豪華に聞こえるという考えのもとに、典型的なバブル時代の名前がつけられた――〈ライオンタワー佐世保〉〈釧路パッションビル〉〈銀座ブライトネス〉。さらに織原は、富と名声のもうひとつの象徴である〝海外物件〟を少なくとも一軒は購入した――ハワイの〈ワイキキ・ビーチ・タワー〉三三階のアパートメントだ。これら資産の一部は織原名義だったが、多くは彼が設立した九つの会社〈アトランティック通商〉〈クリエーション〉〈プラント〉などの法人名義だった。各会社には本社住所、取締役会、会計監査人がそれぞれ登録されており、書類上では完全に合法だった。しかし、のちの報道によると、役員のなかには、登記書類に自分の名前が使われていること自体を知らない人もいた。[15]

一九八八年、織原は、東宮御所を一望する赤坂の高級マンションの一室を別宅として購入。さらに一九九六年には、逮捕現場となる六本木のワンルーム・マンションを手に入れた。〝隣人は詮索好き〟というのが日本ではお決まりだが、どちらの物件でも、織原を記憶する住人は驚くほど少なかった。彼は隣人たちに背を向け、接触を避けつづけた。

　六本木の物件では、マンションで働くスタッフでさえも、警察に連行されるまで織原城二が誰かを知らなかったという。田園調布の豪邸付近では、白のロールスロイスやシルバーのポルシェに乗る織原が、猛スピードで門を出ていく場面がしばしば目撃されていた。しかしそれ以外、近所の人々は彼のことをほとんど眼にすることはなかった。「あの家の方とお話ししたことはありません。ですが、普通の男性だといつも思っていましたよ」と三軒隣に住む女性が教えてくれた。「でも、あれほどの豪邸に若い男性がひとりで住むというのは目立ちますので、やはり噂になりましたよ。プライベート・プールもあるようなお宅ですから、引っ越してきたときには、みんな羨ましそうにしていました」

　織原は、いっさいの近所づき合いを頑として拒んだ。自治会の回覧板を届けても、次の家にまわされることはなかった。地元の主婦で、国勢調査員を務める女性は、織原の家から調査票を回収するのが一苦労だったと話した。そんな彼女は一度、織原家の家政婦と話をしたことがあった。「とても感じのいい女性でしたよ。その方が、住人の男性がひとり住まいで、彼女が料理の世話をしていると教えてくれたんです」と女性は私に語った。「どれくらい働いているのか訊くと、人材派遣会社の紹介で数日前に来たばかりだと言うんです。住人の男性の方の依頼で、毎週ちがう家政婦が派遣されていたようです」

　田園調布の豪邸の住人はいったい誰なのか？　その正体は謎に包まれていた。表札にはアルファベットで〝OHARA〟とあり、その下に小さな文字で〝HOSHIYAMA〟と併記してあった。名前がなんであれ、住人の男はいつもひとりではなかった。「若い人たちがよく出入りしていました。外国の方もいらっしゃいました」と前出の隣人は言った。「高い塀で囲まれているので姿は見えませんでしたが、よく女性の声が聞こえてきました。ですから、家に来るのは女性が多いのかな、と思ったんです。門のすぐ奥から、談笑したり、遊んだりする物音が聞こえました。実際に人の姿を見ることはめったにありません。住人の男性は、家のまわりを歩くことさえありませんでしたから。門が開くと、オープンカーの助手席に女性を乗せて、猛スピードで飛び出していくんです。帰ってくると、また門のなかにすっと消えていきました」

その国勢調査員はこんなエピソードを教えてくれた。「ある女性のことはよく覚えています。日本人のような長い黒髪でしたが、どこか外国人風の外見でした。かなり長いあいだ、あの家に出入りしていましたが、ある日を境にぱったりお見かけしなくなりました。近所では、あの長い髪の女の子はどうなったのだろうって、ちょっとした話題だったんですよ」

織原はどんな人間だったのか？　事業を運営するほかに、彼は何をして時間を過ごしたのか？　わずかばかりの事実よりも、目立つのは情報の欠如のほうだった。憶測、推察、噂話をのぞけば、残る情報はどれも断片的なものだけだった。彼は自らの慈善活動に誇りを持っていた。〈日本肢体不自由児協会〉と〈法律扶助協会〉などのチャリティ団体にこれまで一億円以上の寄付をしてきた、と織原はのちに主張した。韓国人として生を受けたにもかかわらず（あるいは、だからこそ）、彼は日本の皇室を敬愛した。あるパーティの席で天皇皇后両陛下に拝謁（はいえつ）を賜ったときのことを、誇らしげに話すこともあった。賃貸業のほかにも〈銀座フーズ〉という会社を経営し、銀座の一等地にラーメン店を構えていた。織原はクラシックカーの愛好家で、逮捕時には九台の車を所有していた——ＢＭＷ、メルセデス・ベンツ、フェラーリ、一九六二年型ベントレーコンチネンタル、ボンドカーとして有名なシルバーの一九六四年型アストンマーチンＤＢ５など。

大人になってからの織原の人生は、さらに大きなベールに覆われることになる。私は何週間も費やし、織原の過去を徹底的に調査した。が、友達と言えるような人間は最後まで見つからなかった。逮捕後、犯罪者の友人たちが雲隠れするのはよくある話だ。しかし今回に限っては、友人自体が存在しなかったと考えるほうが妥当だろう。私はあらゆる関係者——隣人、物件の管理人、彼を接客したホステス、店主、さらには出前の配達員——に話を聞いた。それでも、織原が友人と一緒にいるところを見たり、友情について語るのを聞いたりした者は誰もいなかった。唯一、カルロス・サンタナの話をのぞいては。逮捕後の長い拘置所暮らしのあいだも、織原の面会に訪れたのは、パチンコ会社社長の謎の知人と老齢の母親のふたりだけだったようだ。

　逮捕後に織原と知り合った人は誰もが、〝複雑な深い孤独感に包まれた男〟という強い印象を抱いた。「これまで私は多種多様な人々に接してきました」とそのうちのひとりが私に言った。「きっと、生まれてから一度も彼には頼りにできる親友がいたことがないんだと思います。ときどき彼の顔に、私に頼ってみたいという気持ちが見えるんです。どんなに明るく振る舞っていても、彼の心は常に孤独に支配されている。何度も、気の毒に思ったこともありますよ。どこまでも孤独な男です。信頼できる相手も、相談できる友人もいない。私はときどき思うんです。誰も頼る人がいないから、ああいうふうに女性と向き合うしかなかったのだろうか、とね。

　彼には真の友達がひとりもいない。どうして私にそんなことがわかるのかと訊かれると、説明するのはむずかしいのですが……彼の眼や表情から、直感的にわかるんです。私が眼を合わせようとしても、織原は視線を避けようとします。彼のなかには複雑な感情が入り乱れているんです。単なる悲しみではなく、悲哀（ペーソス）と言うか……とても、とても孤独なんです。悲劇的なほどに」

　織原がまっすぐな愛を注いだ唯一の生き物が、シェットランド・シープドッグの雌犬アイリーンだった。ルーシー・ブラックマンの事件で奇妙な役割を務めることになった犬だ。数少ない公の場での発言でも、織原は繰り返しアイリーンについて言及した。アイリーンのお気に入りのドッグフードはレトルト半生肉〈シーザー〉で、いちばん好きなお菓子はカワハギの干物だった――そんな情報まで私たちは知ることになった。田園調布の家の通用口のそばには、歯を剝き出しにし、キラキラ光る陶磁器製の舌を垂らしたアイリーンの実物大の像が設置されていた。彼が〝愛犬〟や〝愛犬アイリーン〟と呼んだ犬は、一九九四年七月六日に死んだ。その後、織原は六年間にわたって死体を冷凍庫に保存。「クローン技術が進歩したとき――」と、彼は発表した声明のなかでアイリーンについて触れた。「愛犬をクローン犬に復活させるため、冷凍保管し、バラの花とともに愛犬が好きだった食べ物を添えてそのままの状態で保管して……」

典型的な二世タイプ

不動産業を始めてしばらくのあいだ、物件の価値や家賃収入はみるみる上がり、織原の事業は隆盛を極めた。ある時点で、彼の総資産額は四〇億円にも達したという。しかし、同時に莫大な借金も抱えており、景気の雲行きが怪しくなりはじめてからも、彼は借金を増やしつづけた。日本の地価高騰は一九八九年にピークを迎え、一九九〇年代初頭までに、バブル崩壊はもはや免れない運命となっていた。しかし、一九九三年に織原は新会社を設立すると、かつてない野心的プロジェクトを始動させた。大阪の駐車場跡地に、オフィス兼店舗用の高層ビル〈北新地タワー〉を建設するというものだ。構想を伝えるパンフレットには、CGによる立派な完成予想図が掲載されている。光を受けて空高くそびえる、一面青いガラス張りの一二階建てのビル。高級感漂う大理石のアトリウムに、人の眼を惹く派手な外観。突き出た塔や円柱、三日月形の金属の内部に光り輝く球体のオブジェ。「ハイソサイエティな店舗がひしめく北新地に、ひときわ映えるゴージャスな近未来的シルエット」とCGの横に宣伝文句が並ぶ。「まさに二一世紀のランドスケープです」。キーワードに使われるのは、無理やり日本語化された英語ばかりだ――〝ゴージャス〟〝シルエット〟〝ハイソサイエティ〟。巨大でけばけばしい〈北新地タワー〉は、一九九三年の時点ですでに時代遅れだった。結局のところ、そのデザインやコンセプトは、バブル特有の嘘くささと低俗さを見事に具現化するものだった。建設が実現することはなかった。計画から三年後、ローンの未払い金の回収を求めて債権者が織原を訴え、一九九九年には田園調布の家が一時的に差し押さえられる事態にまで発展した。

前出の馬肉屋の親を持つ在日コリアンの男性は私にこう言った。「在日二世と三世が真剣に勉強しなかったのには理由があるんです。一流大学を卒業すれば、立派な仕事に就ける。そのはずでした。けれど、少なくとも私たちの世代の在日韓国・朝鮮人にとって、その道は絶たれていた。そんな社会環境にいた織原が、勉強をがんばらなかった理由は容易に想像ができます。それに、彼はあまりにも裕福すぎた。莫大な財産を相続したのだから、そもそも働く必要などなかった。四人兄弟で、最も前途有望だったのは彼です。しかし、学費の高いお坊ちゃま学校で待ち受けていたのはなんだったか？　酒と女。すべて、金持ちだったせいですよ。やる気を失うのも仕方ないでしょうね。

アメリカに行った彼は、初めて自分が受け容れられたと感じたのではないでしょうか？　韓国人でも日本人でもなく、一人間として。でも日本に戻ってくると、事業で失敗する。商才などあるはずもなく、莫大な財産を失った。不動産バブルのあいだはどうにか儲けることができたのでしょうが、崩壊後は借金地獄。典型的な失敗話ですよ」

前述のノンフィクション作家・宮崎学もこう語る。「典型的な二世タイプです。事業で大成功して金持ちになった一世――それが彼らの父親。しかし、その父親というのは無学な人間で、おそらく日本語もろくに話せない。そんな父親は、息子たちに可能なかぎり最高の教育を施そうとする。子供たちはあらゆる機会を与えられるが、それでも失敗する。息子は父親の事業を引き継ぐが――申し分ない資本と学歴をもってしても――成功しない。なぜか？　父親ほどのやる気がないからです。学歴はあっても、事業に対して真の関心を持たない。そんな息子世代はいつも、父親世代に助けを求めなければいけなくなる。そうなると、いつになっても自分たちのハンディキャップを克服できないんです。どんなに金を持っていても、彼らの人生は満たされない。助けを求めては、父親世代に叱られるだけ。彼らの人生はとても屈折したものなんです」

声明

逮捕から一カ月後、織原の弁護士のひとりである濱口善紀（はまぐちよしのり）が、警視庁記者クラブに対して声明文を発表した。当初、声明文は織原本人が書いたと発表された。しかし、のちに織原は、濱口が独自に作成したものであり、発表前には原稿を見たこともなかったと主張した。[16] どちらが正しいにせよ、その文章のスタイルや内容は、その後に発覚する多くの事実や資料と一致するものだった。

「私は今、過去において、プロ又はプロ同様の売春行為を行う外人バーの外人ホステスや、援助交際女性との間で、対価として金を支払って行ったSEXプレイについて、罪を問われています（私は、「征服プレイ」と名付けました）」と声明文は始まる（以下、原文ママ）。

1　逮捕された事件について

何年も前のことであるためはっきりしない部分もありますが、被害者と言われる女性たちは、いずれも外人バーの外人ホステスや援助交際女性たちであり、多くは私の目の前でコカインやドラッグを使用し、SEXプレイを金で応じ、私は、対価を支払ってSEXプレイの了解をもらい行為に及んだのですから、強制わいせつや強姦ではないと信じています。

2　被害者について

（中略）警察は、過去私がSEXプレイを行ったすべての外人ホステスを捜し出し、被害届を出させ、そして、外人バーのホステスであった失踪中のルーシー・ブラックマンさんが出てくるまで、再逮捕を繰り返し、勾留するなどと言っています。また、今回は、外人ホステスである彼女たちが行っていたドラッグ使用、不法就労、売春行為などの違法行為については目をつぶると言っており、今後は私をさらし者にするとまで言っています。

3　ルーシー・ブラックマンさんについて

私は、一度だけ、ルーシー・ブラックマンさんに外人クラブで接客を受け、その後ある男性を紹介されたことがあります。そして、それ以来、メールボックスにアドレスの切れ端が入っていたり、手紙が入っていたり、次々と奇妙なことが起こるようになりました。わからないことが多い。

10月後半、担当のベテラン刑事（Y警部、I警部補）より、英国で不穏な動きがあり、不審な英国人が東京に到着したと真顔で話された（私はスナイパーと受け止める）。ある大きなものに巻き込まれ、陥れられたと強く感じていますが、私は、ルーシー・ブラックマンさん失跡には、関与しておりません。

4　これまで報道されていることについて

これまで私がルーシーさん失跡事件の犯人ではないかとして報道されていることについて、事実と違うので申し上げます。（中略）

警視庁は、私に、ルーシーさん失踪事件は重大な国際問題であり、早急に片を付けないと絶対にいけないと言っています。森首相命令なので大きい危機感を持っており、早急に片を付けないと更に国際不利益となるからです。（中略）

日本がかつて歩んだ道、警察国家への道を急速に進んでいくことは、止められないのではないかと強く感じています。（中略）

今回、私についてのとんでもない奴とのイメージ作りと真っ黒への仕立て上げは終わり、お膳立てはできたと思います。警察は、外人ホステス失踪事件で私を必ず逮捕すると言っており、その日が来るまで私が年2、3回外人バーのホステスや援助交際女性とＳＥＸプレイを行った件で逮捕・勾留を繰り返すと言っていますので、私としては、むしろ早くその日が来てくれることを願っています。

別の状況下であれば、この不可解な声明文も、同情的かつ肯定的に捉えられていたかもしれない。恐怖に怯える孤独な変わり者は、売春婦と遊んだだけであり、困難を極める事件の解決を急いだ警察によって犯人に仕立て上げられてしまったのではないか、と。しかし、そんな同情を吹き飛ばすほどの事実が、次々と明るみに出てきた。織原が監房でひとり静かに過ごすあいだ、有働警視率いる捜査官たちは同じ警察署内の別のフロアで、日本の刑事にしては珍しい仕事――各物件から押収した数千に及ぶ証拠品の精査――に取り組んでいた。つまり、自白を拒んだ容疑者に対抗して、物的証拠を積み重ねて事件を解決する作戦に出たのだ。

第一六章　征服プレイ

アワビの肝

織原城二の大好物は寿司だった。彼は味にうるさく、高級なものを好んで食べた。ヤシの木が立ち並ぶ〈逗子マリーナ〉の多くの住人は、彼と同じように、部屋を別荘として使っていた。そのため近所づき合いはほとんどなく、四三一四号室付近の住人にも織原の記憶はなかった。しかし、ある一家は織原のことをはっきりと記憶していた――地元の寿司屋だ。

彼が実際に店に出向くことはなく、注文はすべて電話による出前だった。何週間も連絡がないかと思うと、三日連続で注文が入る。それがお決まりのパターンだった。注文するのは、大トロ、イクラ、ウニ、最も高価なアワビが入った特上だ。彼がとくに好んだのが、日本でも珍味とされるアワビの肝(きも)だった。アワビには精力増強効果があると言われ、その内臓はとくに効果が高いとされる。また、アワビはバブル期を象徴する高級食材――グルメと贅沢の証――でもあった。逗子のその寿司店では、特上一人前が六〇〇〇円だった。

出前の配達をした若者は、警察やテレビ局が織原の足取りを突き止めるまえから、彼のことが気になっていたという。「会っても印象に残らない人というのもいると思いますが、あの人にはどこか特別なところがありました」と彼は警察やマスコミに繰り返し語った。「あの部屋は、雰囲気が変というか……少し気味が悪いというか。僕がベルを鳴らすと、その人は必ず咳をごほごほっと二回してから、ドアを開けました。だいたい白いバスローブ姿で、部屋にいるのに濃いサングラスをかけていました。室内はすごく暗くて、相手の顔はよく見えません。でも、においはよく覚えています。お香のようなにおい……お香と葉巻。あと、オーデコロンのにおいもしたかもしれません。

部屋でほかの人を見かけたことはありません。玄関に女性の靴があったこともありませんね。でも、ひとり分にしては注文が多すぎた。必ず領収書も用意するよう言われました——一回の会計は、安くても九〇〇〇円くらいでしょうか。穏やかな話し方で、礼儀正しい人でしたよ。一度、肝を持っていくのを忘れたことがあったのですが、そのときはあとで苦情の電話が来ました。本当に肝が好きだったんですよ、あの人は」

「プレイ」の実態

一七歳だった一九七〇年四月以降、織原城二は性生活についての詳細な記録を残してきた。[1]すべて空想にすぎないと裁判では弁解したが、一部にでも真実が含まれているとすれば、彼は並外れたプレイボーイということになる。最終的に、織原は九件の準強姦について有罪となる。しかし九件というのは、田園調布の家や東京都心のマンション、〈逗子マリーナ〉から警察が押収した書類、写真、ビデオテープに記録された内容のごく一部にすぎない。押収資料に記録されていたのは、剝き出しの暴力や怒りをともなう行為ではなかった。証拠を調べた捜査官の証言によると、その主たる目的は性欲を解消させることでもなかったようだ。警察が見つけた証拠、さらには裁判での彼自身の証言から、織原の性行為の方法や趣味が徐々に明らかになっていった。彼は、それを〝征服プレイ〟と名づけた。彼は〈逗子マリーナ〉の部屋を〝キョテン〟と呼んだ。[2]寝室には、プロ仕様の照明器具を含むビデオ撮影用機器が備わっており、ベッド上の天井には、被害者の体を紐で固定するためのフックが取りつけられていた。その部屋を訪れた全員がレイプされたわけではなかった。織原は非常に小柄であり、肉体的な力で相手を支配することはできなかった。したがって、プレイの成否は、女性たちを巧みに騙して意識不明に持ち込めるかどうかにかかっていた。失敗すれば、女性らは一抹の不安を感じつつも、ただ立ち去るだけだった。そんな失敗がいくつかあったとしても、女性トイレを覗いて逮捕されたほかには、この部屋以外で彼が罪を犯した証拠は出てこなかった。

ルーシーは〈逗子マリーナ〉の部屋に連れていかれた。織原が実際に認める何週間もまえから、捜査官たちはそう確信していた。まず、マンションの室内から何百本もの毛髪が収集された。ジェーンとティム・ブラックマンから提供された爪のＤＮＡと照合すると、数本がルーシーの毛髪だと断定された。さらに、室内に大量に保管された未現像のフィルムの一本から、ルーシーが写った写真が二枚見つかった。生前、最後のルーシーの姿を捉えたものだった。海をバックに、彼女は手すりのまえに立っていた。対岸には、町や丘が見える。黒のミニワンピース、首元に光るハート形のネックレス、頭にのせたサングラス、右手の缶ビール。その笑顔からは、不安などほとんど感じられない。唯一おかしな点があるとすれば、ぎこちない角度でうしろに伸ばした左手で、もしかすると不自然な状況に置かれた彼女の不安感を示すものかもしれなかった。だとしても、携帯電話をくれる見知らぬ男のために、ルーシーは懸命に楽しい振りをしていたのだろう。

専門家による分析により、ルーシーが立つマリーナの正確な位置が特定された。天気、日光の角度、対岸の町並みの様子、さらには彼女の右肩のうしろに浮かぶブイの位置――そのすべてが、二〇〇〇年七月一日の午後遅くに撮影されたことを示していた。

織原の部屋からは、警察が辛抱強く追跡を続けたプリペイド式携帯電話も見つかった。さらに、室内に置かれたセカンドバッグに興味深い品物がふたつ入っていた。ひとつ目は電話番号が殴り書きされたガス料金請求書で、その番号はルーシーがルイーズとスコットに最後に連絡する際に使ったプリペイド式携帯電話のものと一致した。ふたつ目は小袋入りの粉。分析の結果、フルニトラゼパムと呼ばれる強力な睡眠薬だと発覚した。日本では重度の不眠症の治療のために処方される程度で、あまり一般的ではない薬だった。しかし、欧米ではロヒプノールという商品名で広く知られ、いわゆるデートレイプ・ドラッグとして悪名高い薬だった。加えて、同じくレイプ目的で使用されることが多いガンマヒドロキシ酪酸（ＧＨＢ）や、一三本のクロロホルムの壜（うち二本は未使用）も見つかった。

織原の所有する各部屋から押収された資料は、分厚いノート、日記、黄色く変色した一〇年前のレシートなど多岐にわたり、膨大な量に及んだ。警察と検察は一つひとつの資料を地道に鑑別し、織原の犯罪を裏づける新たな証拠を積み上げていった。ある日本の新聞の報道によると、警察は捜査の早い段階で、六〇人ほどの日本人および外国人女性の名前のリストを見つけたという。[3] それぞれの名前の隣には、織原が長年のあいだに使用してきた偽名が併記されていた。女性が変わるごとに、彼はほぼ毎回ちがう名前を使った――ユウジ、コウジ、カズ、コーワ、ホンダ、サイトウ、イワタ、イワサキ、アキラ。数十年分のリストには、女性の名前のみの書き込みもあれば、電話番号や住所が記録されている場合もあった。

また、押収されたレシートの解読によって、七月上旬に織原が大胆な買い物ツアーに出かけていたことも明らかになった。ルーシー失踪の翌日、七月二日の日曜日、彼は〈ブルーシー油壺〉近くの業者から、一〇キロのドライアイスと大型段ボール箱を買った。翌日にも同じ店に立ち寄り、さらに一〇キロのドライアイスを追加で購入。「大きな犬でも亡くなったんですか」[4]と店員が尋ねると、織原は肯定したという。

七月四日の火曜日、織原は東京の〈L・L・ビーン〉の店舗に出向き、ふたり用テント三つ、防水シート三枚、折り畳みテーブル、二六リットル用クーラーボックス、懐中電灯、寝袋を買った。同じ日、別の工具店ではタオル、セメント三袋、急結剤五缶、攪拌機（かくはんき）、プラスチックボックス、刷毛、バケツ、ほうきを購入。さらに三軒目の店では、たがね、金槌、針金、カッターナイフ、はさみ、手袋、ビニール袋、手斧、のこぎり、チェーンソーを手に入れた。数人の店員の証言によると、来店する前日に織原は店に直接電話し、欲しい商品の詳細を説明して在庫を確認したという。

高校時代から記録が続く日記やノートには、織原の手書きの文字がびっしりと並んでいた。そのほかにも、電話通話や口述が録音されたカセットテープ、目標や決意を記した一連の文書なども見つかった。とりわけ重要な証拠の宝庫だったのが、ルーズリーフのバインダーだった。検察の控訴趣旨書においても、このバインダーの内容が証拠として詳しく記述されている〔以下、原文ママ〕。

　被告人が、バインダー形式のノートや同バインダーに綴じ込んだノート紙片に、昭和45年から性交渉をもった女性の名前等と性行為の経過等を記載しているが、同ノートには、昭和45年4月に「睡眠薬を飲ませた」との記載があるのを始めとして多数の女性に対し、睡眠薬やクロロホルム使用した上で性行為に及んでいたことを記載している。(5)

　すなわち、同ノートの本体には、冒頭に、「1990年は9人（1）、1991年9人（2）、・・・」などと年度別に被告人が性交渉をもった人数が記載され、続いて、「日本人　正正・・・」などと被告人が性交渉をもった相手の国籍別人数等が記載されているほか、被告人が17歳であった昭和45年ころから43歳となった平成7年（1995年）までの女性209人との性交渉の経過等が記載されており……（中略）

……これらのノート等には、昭和44年の経験として「女性を酔わせて睡眠薬を飲ませたが童貞であったため性交はできなかった。」旨の記載（昭和45年4番の女性）があるほか、「ハイミナール〔商品名「クエイルード」という鎮静剤〕」を使った旨（同45年3番の女性）、「クロロホルム、睡眠薬」（同48年26番の女性）、「ＳＭＹＫ（睡眠薬）」（同56年63番の女性）、「得意のＳＭＹ（睡眠薬）」（同58年95番の女性）、「ＣＲＯ・・・ＨＯＬ（クロロホルム）」「ＳＭＹ」（同年97番、98番の女性）、「ＳＭＹアイスクリーム」などと記載され、若年時代から睡眠薬やクロロホルムを使用して準強姦を繰り返していたことが認められる。また、被告人は、「マンションでいつものパターンでやる。ＳＹ（睡眠薬）はよかったが、ＣＲＯＲＯ（クロロホルム）は余計で、ゲーゲー吐く羽目になってしまった。」（１５０番の女性）、「マンションでＳＭＹアイスクリーム＋チョコレートでｓｌｅｅｐさせてＰＶ（ポルノビデオ）」（１５１番の女性）、などと、神奈川県内のマンションでは睡眠薬やクロロホルムを用いて姦淫するのが、被告人の準強姦の常套的な手口であること、「本格的ＶＴＲ（ビデオ）1号」（１３９番の女性）、「ＰＶ（ポルノビデオ）」、「ＰＰ（ポルノ写真）」（１５2番の女性）、「外国人ビデオ第1号」（１６０番の女性）、「逗子に行き、例のごとく、ＦＣ（ファック）、ＰＶ」（１６2番の女性）などと、昭和58年ころからは、強姦場面等を写真やビデオカメラで撮影していたことを記載しているのである。

警察はビデオテープの映像解析を急いだ。織原の部屋から大量に発見されたビデオテープには、ラベルのないものもあれば、女性の名前と日付が記録されたラベル付きのテープもあった。最も古いのは一九八〇年代のビデオで、なかには昔懐かしいベータ規格のテープもあった。再生機器を倉庫から引っ張り出してきて埃を払うと、捜査員たちは交代制でちらつく画面を確認しつづけ、重要な箇所では巻き戻し、その内容と時間を注意深く記録していった。すぐに、ビデオにある規則性があることが判明した。

ビデオはどれもカラーで、画質もよかった。まず、若い女性がひとり映る場面から始まる。簡単に自己紹介することもあれば、談笑しながら乾杯して酒を飲む場合もあった。と、そこでいったん映像が途切れ、メインシーンへと移る。今度は同じ若い女性が、裸でベッドに横たわっている。眼は閉じたままで、体は動いていない。ゆっくりとではあるが、確かに呼吸はしている。うつ伏せのときもあれば、仰向けのときもあった。脚が紐でフックに固定され、開脚状態の場合もよくあった。ベッドの両脇に置かれた強力な照明が、その光景を明るく照らした。

カメラが三脚に固定されているのか、映像は決してぶれることがない。そして、裸の男が画面に登場する。「いたって普通の体型でした」とビデオを見た捜査員のひとりが教えてくれた。「普段から鍛えているような体ではありません。一般的な中年男性の体です」。しかし一点だけ、きわだって異様なところがあった。多くの映像内で、男は覆面を着けていた。

ビデオそのものや、証拠のスチール写真を見たという関係者三名から話を聞くことができたが、それぞれ記憶する覆面はちがった。銀行強盗が被るような灰色の目出し帽だった、とひとりは語った。ふたり目は、『マスク・オブ・ゾロ』のアントニオ・バンデラスのような眼だけを覆う黒い仮面だったと語った。三人目が見たのは、トラ柄に似た黄色と黒のストライプの覆面だった。

覆面姿の男のペニスは勃起していた。そして、固定されたカメラのまえで、意識不明の女性を何時間にもわたって陵辱した。

「あの男はありとあらゆることを試していました[6]」と証拠書類に眼を通した男性のひとりが教えてくれた。「正常位、アナルセックス。ときどき、器具やモノを使うことも。医者が使うような道具です。

それで内部を見たり……これ以上言う必要はないと思いますが。あとは、キュウリを挿入したり。彼のペニスは……普通の状態です。ベッドの両脇に照明が置かれているのですが、それがときどき……男が行為に夢中になるあまり、ランプが女性の裸の体に触れてしまうことがあるんです」

映像には映っていないが、室内には二台のテレビモニターが設置してあった。[7]織原自身の説明によると、一台では洋物アダルトビデオを流し、もう一台では自らの〝プレイ〟のリアルタイム映像を映し出していたという。その映像を見ながら、織原はさらに興奮を高めた。「男の性欲には非常に強いものがありました」とビデオを見たひとりが言った。「常に動きまわって、決して休まないんです」。ひとつの行為が終わると、また別の行為に移った。陵辱は数時間以上に及ぶ場合もあり、ひとりの女性との行為がビデオ二、三本にまたがることもあった。「あの男は、女性を人ではなくモノのように扱いました。女性たちにはほとんど反応がないんです。音ひとつ立てません」。女性が意識を取り戻す気配を少しでも見せると、織原はいつも同じ行動に出た。タオルかガーゼを被害者の鼻の下の近くに、だが決して触れない距離に持ってくる。そうすると、女性はまた動きを止めた。

ビデオの本数については、聞く相手や報道によって説明が大きく異なった。警察が一〇〇〇本押収したという記事もあれば、四八〇〇本だったという報道もあった。[8]有働警視はインタビューのなかで、押収したビデオは一七〇本で、一五〇人以上の女性が映っていたと言った。しかし、裁判資料にはビデオの本数は四〇本だったとあり、織原は九本のみだと主張した。また、有働はこう説明をつけ加えた。ビデオに映る女性の半数以上は外国人だったが、残りは日本人だった。しかし、人種という差のほかに、このふたつのグループの女性にはある大きな差があった。

外国人女性のほぼ全員が、見るからにホステス風だった。長身痩軀で、メイクや身だしなみも整っており、ブロンド女性も多かった。しかし、日本人女性のほうは肉体的に別のタイプばかりだった。

ほとんどが、ふくよかな女性——率直に言えば太った女性——で、外人ホステスのほうに共通する〝一般的な美しさ〟とはかけ離れた女性たちだった。「日本人女性の場合、私の好みは寸胴タイプの醜い子なんです[9]」と織原は裁判で語った。「(電話で)話していて、会うまでに外見上の容姿はだいたいわかる。潤いのある声の女性は太っている。ドライな声の女性は痩せている。私は醜い女の子が好きです。それが私のプレイだった。醜い女と醜いプレイを行なうのが好きなんです」

外国人のほうも同じ基準で選んだ、と織原は主張した。「外国人ホステスはみんな醜い——外面ではなく内面が[10]」。数年後、あるウェブページ上で、〝征服プレイ〟に関する織原側の主張が英語と日本語両方で公表された。まるで神聖な儀式であるかのように語られるその詳細は、自分に都合のいい解釈や言い逃れに満ちたものだった〔以下、原文ママ〕。

織原被告のプレイは、通称「フィリピンの酒」という気味の悪い強烈なにおいのする液体を、プレイの前に小さなガラスのショットグラスに注ぎ、女性と交互に飲み交わし、織原被告は2杯飲む[11]。

法廷で明らかにされたことは、織原被告は2杯飲むことによって、羞恥心が完全に吹き飛び、その後織原被告のみ大量の興奮剤を飲む。プレイ相手女性は引き続きこの強烈な味の「フィリピンの酒」を飲み続けるうちに意識が無くなってしまう。その後織原被告は、覆面を被り、プレイを行う。覆面を被ることにより、更に平常の自分ではなくなる訳である。そして醜いプレイを行うということである。

プレイ相手については、外人ホステスの場合は、ドラッグ好きの性悪女(性格が悪い)ＢＩＴＣＨ(ビッチ)を不良外人女性ＳＵＥ(スー)から紹介を受けてプレイを行った。

プレイ相手を、電話で男性を求めている女性の中から選ぶ場合は、寸胴タイプのブタ・カバの不細工な相手を求め、醜い相手と覆面を被って醜いプレイをすることが織原被告の「プレイ」であったことが法廷で明らかとなった。

織原の逮捕後、クララ・メンデスが再び捜査本部に招かれ、数枚の写真を見せられた。織原城二の逗子のマンションに行った一九九六年の夜に撮影されたビデオ——彼女が酒を口にしたあとの失われた時間——の静止画像だった。「もっと悲惨な場面があったはずですが、警察のほうで配慮してくれたようです」と彼女は言った。「見せられたのは映像ではなく写真です。ビデオの静止画像の写真で、はっきりと自分だとわかりました。意識を失った私が、洋服を着たままひとりベッドに横たわっていました。本当に……不気味でした。私はまるで人形でした。女の子の形をした人形でした」

ルーシーはどこに？

織原が記録したリストやビデオ映像には、ケイティ・ヴィカーズやクリスタベル・マッケンジーなど、警察がすでに把握する女性のものも一部含まれていた。加えて、警察はリスト上の電話番号や住所を追跡し、新たに十数人あまりの女性を特定した。が、情報の大部分はあまりに漠然としており、それ以上の犠牲者を特定することはできなかった。とくに外国人女性の場合は、何年もまえに日本を離れていることが多く、その後の足取りを摑むのはむずかしかった。また、追跡できたとしても、捜査への協力を拒む女性も少なくなかった。恥や恐怖を感じる女性もいれば、もう思い出したくないという被害者もいた。自ら織原を脅迫して金を受け取ったイソベル・パーカーの件など、なかには裁判に持ち込むことがむずかしいケースもあった。いずれにしろ、警察は、ビデオに映る被害者の数人から確実な証言を得ることに成功し、さらに証拠を積み上げていった。

一一月一七日、検察はケイティ・ヴィカーズへの準強姦罪で織原城二を正式に起訴。その直後、三〇歳の日本人女性、吉本房子[12]への同容疑で再逮捕。一二月八日には再び起訴され、二〇歳の日本人女性、押原逸子への準強姦罪で再逮捕された。年が明けた二〇〇一年には、二五歳の日本人女性、森恵美への準強姦罪で再逮捕。この件においては、薬物を使った準強姦罪だけでなく、無意識の被害者の脚に照明機器による火傷を負わせた傷害罪も加えられた。

捜査の過程では、ルーシー失踪の翌日に織原が逗子消防署に電話をかけたことも発覚した。ある新聞報道によると、彼は電話口で「大変なことになった。いまやっている病院を教えてほしい[13]」と話したという。その後、彼は紹介された病院に電話をかけ、受付時間などを尋ねた（実際の会話が録音されていた）。が、織原が病院に姿を現すことはなかった。数日後、彼は東京の別の病院を訪れ、虫刺されによる腫れの治療を受けた。

織原がルーシーに薬物を飲ませて殺害し、なんらかの手段で死体を遺棄した――警察はそう確信していた。しかし、どう証明するのかが鍵だった。ノートのリストにルーシーの名前はなく、彼女が映るビデオもなかった。七月一日の午後に織原がルーシーと一緒にいたこと、その後に彼が怪しい行動に出たことは証明できた。しかし、実際に織原はルーシーに何をしたのか？　そして、ルーシーはいまどこにいるのか？

竹の棒を持った捜査官たちが、関係各所の周辺をひたすら捜索しつづけた。田園調布の家の庭はもちろん、各物件付近の空き地も調べられた。〈ブルーシー油壺〉近くの砂浜や崖では、六頭の警察犬も投入された。そのあたり一帯は草や雑草で厚く覆われ、ゴミが散乱していた。さらには毒蛇に襲われる危険もあり、捜索は困難を極めた。

第一七章　カリタ

娘のいないクリスマス

　ルーシーの家族や友人にとって、織原城二の逮捕はなんの慰めにもならなかった。そのニュース自体には、彼らを苦しめる痛みや不安を和らげる要素は何ひとつなかった。警視庁はすでにルーシーが死亡したと踏んでいたが、ブラックマン一家にそう伝えたことは一度もなかった。それどころか、織原が逮捕されたという情報以外、家族にはほとんど何も知らされなかった。そんなブラックマン一家は、日本の新聞のスクープ記事や、数少ないイギリスの新聞の報道から、断片的な情報を得ることしかできなかった。ルーシー・ホットラインはまだ稼働中だったが、でたらめな情報が寄せられるだけだった。数週間に及ぶ事情聴取の末、ルイーズ・フィリップスがやっとイギリスに帰国したものの、ブラックマン一家には情報を漏らさないよう日本の警察にきつく命じられていた。一一月中旬、ティムとソフィーは再び東京に飛んだ。しかし、ふたりを迎えた光眞警視は、型通りの発言を繰り返すだけだった——現在、織原は一連の準強姦容疑で事情聴取を受けており、警察はルーシー失踪事件を懸命に追っているものの、現時点でふたつの事件を結びつける証拠は何もない。

　警察との面会後にティムは記者会見を開いたが、内容は惨憺（さんたん）たるものだった。どこか落ち着きがなく、自慢のユーモアもその日ばかりは絶不調だった。

「ルーシーを見つけ出す希望はまだお持ちですか？」と記者のひとりが訊いた。

「希望が消えることはありません」とソフィーは父親を見て答えた。

ティムが言葉を継いだ。「現実問題として、ルーシーが四カ月も行方不明だという事実は覆せない。あの子が命を落とした可能性があることなど、最初からわかっています。だとしても、真実を突き止めるまでは決してあきらめません。正直、以前は生きているか死んでいるかは五分五分くらいの気持ちでしたが、いまは八対二で死んでしまったという気持ちに傾いています」

「私は六対四だわ」とソフィーは言った。

ティムは不自然な笑みを浮かべて応えた。「年長者の現実主義と、若者の楽観主義のちがいかな」

クリスマスが近づいた。離婚で離ればなれになった家族にとって、とくに辛い時期だ。その年、ブラックマン一家の全員がクリスマスが来るのを恐れていた。家族の誰がその場にいないのか、思い知らされるのだろう、と。ジェーン、ソフィー、ルパートはイギリスを脱出してカリブ海のバルバドスに行き、クリスマス当日は砂浜で日光浴しながら過ごした。少しのあいだでも、ルーシーの事件からできるかぎり離れていたかった。一方のティムは、ワイト島でジョセフィンと彼女の四人の子供たちと過ごした。「ルーシーのことは頭の片隅に追いやろうと努めました」と彼は言った。「事件のせいで、すべてが台無しになるのは嫌でした。私はまだ四〇代後半で、三人の実の子供に加えて、ジョセフィンの子供四人の面倒をみなくてはいけなかった。もちろんルーシーのことは大切でしたが、たまには休憩して、ほかの愛する人々を優先したかったんです。

以前、ケントで仕事があるときに、ワイト島から一時間半ほどかけて車で行くことがありました。島に戻るとき、ルーシーが好きだったCDをよくかけました。音楽を聴きながら、私はあの子のことを思い出し、悲しみに暮れていました。そんなひとりの時間があったからこそ、ジョセフィンやほかの子供たちといるときは、彼女たちを優先してがんばろうと思いました。ただひたすら自分の仕事をしようと」
慎重かつ着実に、ティムは空しい期待を頭から追い出していった。ルーシー生存の可能性――この六カ月のあいだ彼を突き動かし、詐欺師や嘘つき、記者の話に希望を見出す力の源だった信念――を捨て去ろうとした。しかし、怒りを制御することはできなかった。いまやその怒りは、ルーシーの誘拐犯や警察に対してだけでなく、娘の失踪を可能にした〝馴れ合い体質〟と〝組織的な怠慢〟にも向けられた。クリスマスの二日前、彼は担当刑事のひとりに怒りのメールを送りつけた。

ルーシーが失踪して六カ月になりますが、毎週毎週、私は信じがたい気持ちで過ごしています。どうして、警視庁からわれわれになんの連絡もないのでしょうか？　警視庁は、犠牲者の家族の感情をこれっぽっちも考えていない。私はそのことに腹が立ち、傷ついています。情報を提供しないことは、非人道的で恥ずべき行為です。この残念で痛ましい出来事を家族が乗り越えるためには、情報が必要なんです……

ここ五、六年のあいだに、六本木で数多くの女性が誘拐され、レイプされたのは揺るぎない事実です（そのまま失踪した人もいます）。これら若い女性の多くは、観光ビザしか持たない不法労働者です。彼女たちのなかには、逮捕や強制送還（またはその両方）を恐れ、警察に通報できない人もいます。それこそが、女性たちを危険にさらす元凶なのです。

しかしながら、警察にしっかりと通報した女性もいました。なのになぜ、この織原という男――ほかの似たような男たち――は何年ものあいだ罰を免れ、誘拐と強姦を繰り返してきたのでしょうか？　それは、警察が行動しなかったからです。警察が男を逮捕しなかったからです。だとすれば、ルーシー失踪の責任は警察にもあるということです……次に誰かが誘拐され、レイプされ、あるいは殺害されたとき、警察と入国管理局はその責任の一端を担うことになるのです。

消えたオーストラリア人ホステス

それまで、ルーシーの失踪が大いに耳目を集めたのはイギリスと日本に限られていた。しかし容疑者が逮捕され、さまざまな国籍の犠牲者の存在が発覚すると、事件は瞬く間に世界じゅうで報道されるようになった。織原城二のニュースは、スペイン、イタリア、トルコ、ドイツ、デンマーク、オランダなど各国で伝えられた。一〇月のある金曜日のこと、三五歳の事務弁護士ロバート・フィニガンはオーストラリア、シドニーの自分のオフィスにいた。机について《シドニー・モーニング・ヘラルド》紙の一〇ページ目を開いたとき、ある記事が眼に飛び込んできた。見出しには「行方不明者がほかにいる可能性[1]」とあった。

オーストラリア人の女性たちも、このナイトクラブ常連客の餌食となったのだろうか？　新聞各紙の報道によると、イギリス人バーホステス、ルーシー・ブラックマン失踪の容疑者で東京在住の会社経営者・織原城二が、ほかの外国人女性の失踪にも関与した疑いが強まっている……六本木のホステス業界に籍を置き、ビジネスマン相手の接客で大金を稼ぐ外国人女性には、オーストラリア人も多いとされる。これまで、少なくともオーストラリア人二名、ニュージーランド人一名が、あるルートを通じて警察に接触、織原に強姦されたと通報した……女性たち全員の証言は共通しており、東京の南にある海岸沿いの高級マンションへと言葉巧みに誘い込まれ、織原に薬物を飲まされたとのことである。

「記事を見つけたのは、ちょうど昼時でした」とロバート・フィニガンはのちに私に教えてくれた。「読んだ瞬間、はっと気がつきました。詳細も知らないのに、私にはもうわかっていたんです。話が似すぎていました。もう何年も苦しみつづけてきたことだったので、驚きやショックを受けたりはしませんでした。かといって、安心したわけでもありません。ただ、未解決の疑問があることを私はまえから知っていた。そして、これこそが答えだったんです」

若く美しいオーストラリア人、カリタ・リッジウェイの身に本当は何が起きたのか？——それが未解決の疑問だった。九年ほどまえ、ロバートが恋に落ち、死んでしまった女性にいったい何があったのか？

カリタ・リッジウェイは、パースで生まれ育った。パースは、オーストラリア西部一帯に広がる砂漠のさらに西側の海岸沿いに位置し、世界で最も隔離された街のひとつと言われる場所だ。彼女の両親、ナイジェルとアネットは、典型的な一九六〇年代の住人だった。ふたりは若い頃に出会って早々に結婚したが、すぐに自分たちが惨めな結婚生活を送っていることに気がついた。結婚したとき、アネットは一八歳。彼女は夢や瞑想、占星術について勉強しながら、悟りを求める学生だった。一方、一九六六年にイギリスから移住してきたナイジェルは、ロックバンド〈パープル・ヘイズ〉のドラマーだった。「正直言って、昔は少しやんちゃだったんです」と数十年前のことをナイジェルは語った。インタビューしたときの彼は、再婚して別の家庭を持つ立派な小学校教師だった。「セックスと酒に溺れる毎日で、模範的な夫ではありませんでした。酒のほうはたいしたことはありませんでしたが、女の子の尻ばかり追いかけていました」。一九八三年、結婚生活はついに破綻。ふたりの娘、サマンサとカリタは一四歳と一三歳だった。「振り返ると身がすくむ思いです」とナイジェルは続ける。

「娘たちはちょうど思春期に差しかかって、これから大人の女性になろうという大事な時期だった。そんなときに、両親が離婚するんです。最悪のタイミングですよ。ふたりにも影響が大きかったと思います」

カリタは元気いっぱいで、創造力豊かな子供だった。ダンスが得意で、文学や演技、アウトドアをこよなく愛した。一〇代半ばに差しかかると、彼女は美しい女性へと成長していった――ブロンドの長い髪、輪郭のくっきりした赤い唇、端整な小さな顔。しかし両親の離婚後、カリタは塞ぎがちになり、短気で内気な性格に変わってしまった。ふたりの子供を養うことだけで精いっぱいだった母アネットは、そんな娘をどう助ければいいのかわからなかった。そのうちカリタの絶望感はみるみる増し、自殺願望まで口にするようになった。心配のあまり、アネットは娘を精神科に入院させた。強制的に外の世界から隔離され、看護師や医師の手厚い介護を受けたことでカリタの心も落ち着きを取り戻し、病状も快方に向かっているかのように思われた。しかし、病院の精神科医――女性患者への虐待歴がのちに発覚――が、カリタを昼食に執拗に誘うようになった。幸いにも、深刻な被害に至るまえに医師は解雇された。それでも、この時点ですでにカリタの学校生活は破綻し、取り戻しつつあった自信もまた打ち砕かれてしまった。「恵まれた家庭環境や強い自尊心がなければ、あれだけの美貌を持つのは障壁にもなりえるんです」と母アネットは言う。「自分で自分を守ることができないから、いつも狙われてしまう」

精神病院を退院したカリタは、そのまま学校を中退。そのあと数年はパースに留まったものの、すぐに世間の狭さに嫌気が差すようになった。親友リンダ・ダークがシドニーへの引っ越しを提案したのはそんなときで、カリタにとっては絶好の機会だった。ふたりはヒッチハイクで西部の砂漠地帯を越え、東へと向かった。そして、シドニーに着いた彼女は、イギリスから来たばかりのロバート・フィニガンに出会う。恋に落ちたふたりは、すぐに同棲生活を始めた。

初めて娘と離れる母親としては当然のことだが、アネットはカリタのことが心配でたまらなかった。不安はいつしか、忌まわしい悪夢となって現れるようになった。そういった精神世界にもともと興味があった彼女は、夢の詳細を何年も記録しつづけた。カリタが攻撃され、犯される夢があった。ローブを着た謎の軍団が来て、危険と悲劇の到来を警告する夢があった。カリタが母親をなだめ、その指に指輪をはめるという夢もあった。アネットは、悪夢の中身を事細かに書き留めた。不思議なことに、その後に起こる一連の出来事は、彼女の夢日記の内容と酷似するものだった。

なかでも恐ろしい悪夢は、カリタとアジア人男性の集団が一緒にテーブルにつく夢だった。夢のなかの娘は、いかにも楽しそうで安心しきった様子だ。一見明るそうな男たちは、カリタに誰かひとりを選ぶように促す。その場面の本当の意味、男たちのしたたかな悪意を理解しているのはアネットだけだった。「あの子は自分が安全だと思い込んでいたんです」とアネットは言った。「カリタは男の誰かひとりを選ばなくてはいけない。でも、男たちはきわめて冷酷で、狡猾なんです。あの子はそのことを知らない。彼らの正体を見破ることができない。本当にひどい悪夢。そんな夢をずっと見てきたのに、私は何もしなかった。ただ、象徴的なものだと思っていたんですよ。でも、実際は予知夢だった。正夢だった。その夢のことを思うと、いまでも恐ろしい気持ちになります」

男たちから常に注目を浴びること――それがカリタの悩みの種だった。なんとか目立たないように、ブロンドの髪を赤褐色に染めてみたこともあった。が、それでも美しさは群を抜いていた。一方、眼鏡をかけた静かな語り口の真面目な青年ロバート・フィニガンは、東南アジアを旅行でまわったのち、シドニーに辿り着いたばかりだった。街のバックパッカー向けホステルで出会った瞬間から、ロバートはカリタへの思いを抑えることができなかった。ふたりは、それから五年にわたって交際することになる。「朝、眼を覚ますとカリタが隣にいる」とロバートは言った。「それが信じられませんでした。よくふたりでボンダイ・ビーチに散歩に行きましたが、まわりにはきれいな女性がたくさんいるんです。雑誌の表紙を飾るような女性ばかり。それで、僕は横を歩くカリタをちらりと見る――彼女は誰よりも美しいんですよ。僕たちはまだ若かったから、はっきりとしたことはわかりません。それでも、残りの人生はふたりで一緒に過ごすんだろう。そう僕は思っていました」

その後ふたりは、若い移住者たちが共同で住むシドニーの安アパートを転々としていった。ロバートは建設現場で働き、カリタはコインランドリーやレストランのアルバイトをしながら生計を立てた。加えて、カリタのほうは自分でデザインしたTシャツを売ったり、モデルをしたり、学生映画に出演したりして金を稼いだ。ふたりは旅行が大好きだった。金が貯まるとフィリピンやネパール、メキシコ、アメリカに長期の旅行に出かけ、金が底をつくと再びシドニーに戻ってくる。そんな気ままな生活をしばらく続けた。ふたりが交際を始めた一九八七年から翌八八年にかけ、オーストラリアは入植二〇〇年祭の真っただ中だった。街の至るところでバーベキュー、パーティ、祝賀イベントなどが行なわれていた。そんな一九八八年の夏、友人リンダの説得により、カリタはホステスとして働くために日本に行くことを決意する。

ロバートは気が気ではなかった。美しいガールフレンドとしばらく会えなくなることだけでも苦しかった。が、仕事についても不安がつき纏った。しかし、リンダは以前にも東京で働いた経験があり、仕事自体には危険はないのだと言い張った。「まわりのみんなも僕も、東京は世界一安全な街なんだと信じきっていました」とロバートは言う。「夜中の二時でも、女性が安心して道を歩ける国だ、とね。ホステスという仕事については、少し変なところは感じました。バーで話をするためだけに金を払うっていうのは……でもまあ、これもまた日本独特の文化なんだろうとしか考えていませんでした。欧米人にとってはちょっと惨めな感じもしますが、日本のビジネスマンはそうやって憂さ晴らしをするんだろうな、と」

カリタと離れて暮らす数カ月は、ロバートにとって不安の連続だった。カリタがひとり日本でどんな生活を送っているのか、想像もできなかった。一、二週に一度は必ず電話があり、たまにポストカードも送られてきた。ロバートのほうは、彼女が描いた絵――ふたりが拾ってきた生姜(しょうが)色の猫〝シンドバッド〟の絵――を日本に送ったりした。カリタとリンダが住むのは、東京から北に二時間ほどの場所にある平凡な地方都市・宇都宮だった。ふたりは街にある二軒のクラブ、〈マダム・アダム〉と〈タイガース・レア〉に勤め、アメリカ人、ブラジル人、フィリピン人、ニュージーランド人らの同僚と一緒にホステスとして働いた。カリタは明るく、精神状態も悪くないようだった。働きはじめてすぐ、彼女には固定客がつくようになった。そのうちひとりの男は、運転手付きのフェラーリで彼女を同伴に連れ出した。「まったくいかがわしい仕事じゃないの」とカリタは母親宛ての手紙に綴った。「男の人たちは、西洋人の女の子を連れ歩いて、見せびらかすのが大好きなのよ……日本人の男性は、みんな三人くらいの女性を同時に相手にするの。家に妻を残して、ガールフレンドをクラブに連れていって、そのガールフレンドを無視してホステスをナンパするんだから」

「英語教師か何かをしてくれていたら、僕はもっと安心だったと思います」とロバートは言った。「けれど、彼女を束縛したくなかった。たまには、相手の好きなようにさせることも大切ですから」。二、三カ月後、カリタが〈タイガース・レア〉を辞めると、ロバートは彼女と香港で落ち合い、一緒にシンガポールとタイを旅行してまわった。

一九九〇年、カリタとリンダは再び日本に三カ月滞在する。今回、ふたりは六本木のクラブで〝ダンサー〟として働いた。ロバートは明言を避けたものの、おそらくはトップレスダンスだったにちがいない。「リンダは平気のようでしたが、カリタは乗り気じゃなかった」と彼は言う。「二、三回やってみて、結局その仕事は辞めたようです」。九月、彼女はシドニーに戻り、ウェイトレスやモデルのアルバイトを始めた。ちょうどその頃、ロバートはニューサウスウェールズ大学法学部への入学を目指して勉強を始めた。そんな彼を、カリタも応援してくれたという。

翌年、カリタはまた東京に戻った。三度目となる今回は、日本人男性と交際中の姉サマンサも一緒だった。ふたりは、サマンサが英語教師として勤める語学学校近くのガイジンハウスに滞在した。カリタは、銀座にある〈綾小路（あやこうじ）〉というクラブで働きはじめた——フリル付きの古風なペチコートドレスを着るのが決まりの店だった。一九九一年一二月から翌年二月にかけ、カリタとサマンサは一緒に日本で過ごした。クリスマス、ふたりは銀座のレストラン〈ライオン〉でスペアリブを食べ、パースの父親が送ってくれたトリュフチョコレートをデザートに食べた。翌二六日、東京には雪が降った。年末年始は、サマンサの彼氏であるヒデキの実家がある田舎で過ごした。

その頃、ロバートのもとに大学合格の吉報が届いた。その知らせにカリタも「誇りに思うわ」と言って喜んだ。ときに、ふたりを知る友人たちは考えたことがあるという。真面目で落ち着いたロバート、華やかな世界と冒険を好む二二歳のカリタ——ふたりは本当にお似合いのカップルなのだろうか？　カリタに迷いがあったとしても、彼女はそれを口にすることはなかった。すでに交際期間は五年が過ぎており、別れが訪れることなどお互い想像さえしていなかった。

二月のある月曜日。サマンサからロバートに連絡が入った。彼女はひどく取り乱した声で伝えた。週末、カリタが出かけたまま家に戻らなかった。いま、意識不明の重体で東京の病院に入院している。

急変

アネット、ナイジェル、ロバートの三人は飛行機で東京へと向かい、カリタの入院先に直行した。いったい何があったのか、誰も理解できなかった。カリタはこれまで病気になったこともなく、タバコも酒もドラッグもやらない。金曜日の夜、ホステスクラブに出勤したときの彼女はまったくの健体だった。しかし月曜日、近所の病院に収容されたと突然サマンサは電話で伝えられた。病院に急ぐ彼女は、戸惑いつつも同時に苛立っていた。どうして週末に連絡を寄こさなかったのよ、と妹に説教するつもりだった。ところが、ベッドのカリタはわずかに意識がある程度で、姉が病室に来たこともほとんど認識できていない様子だった。その日の朝、ニシダアキラという名の日本人男性がカリタを病院に連れてきたが、彼は急いでその場を去ったという。その日の後刻、彼女は意識不明に陥った。数時間後、医師は急性肝不全の診断を下し、生存率は五〇パーセント以下だと宣告した。

　両親とロバートが到着した水曜日までに、カリタの肌は黄疸で黄色く変色し、点滴と人工呼吸器に繋がれてやっと生かされている状態だった。翌日、彼女は深い昏睡状態に陥る。病床のカリタを、ロバートとリッジウェイ一家は交代で見守った。治療費の高い〝血漿交換〟などの処置が懸命に施されたが、眼に見える改善は見られず、カリタは設備の整った大病院へと転院した。しかし週末になると、肝臓で分解されずに残った毒素が身体じゅうを巡り、痙攣を惹き起こすまでに症状が悪化。翌週末、わかりきった辛い事実を医師は宣告した――カリタの脳はもう機能していなかった。

　皮膚に針を押しつけられても、カリタは何も反応を示さなかった。目蓋の奥の眼は曇り、何ひとつ認識していなかった。サマンサとロバートは、それを死と受け容れることはできなかった。しかしナイジェルとアネットは、人工呼吸器をつけてまで延命させる意味などないと考えた。閏年の二月二九日、土曜日、四人は最後の別れを告げるために病室を訪れた。「管や機械に囲まれ、人工呼吸器に繋がれたカリタがベッドに横たわっていました」とナイジェルはそのときの様子を振り返った。「心臓の鼓動を示す折れ線が、だんだん遅くなっていくんです。ゆっくり、ゆっくり……最後には一本の線になりました。それから、管がすべて外されると、再び元のカリタのように見えたんです。美しく、とても平穏なカリタがいました。人が死んでいくのを見守ったわけですが、恐ろしい体験ではありませんでした。あの子はすでに死んでいたんです。だから、解放しただけなんですよ。けれど、ロバートとサマンサ――とくにロバートにとっては、とても辛い経験だった。非常に苦しいことだった。私たちはみんな、泣きながらカリタを抱きしめました。しばらくすると、看護師に少しだけ退室してほしいと言われました。部屋に戻ると、カリタは美しいピンクのキモノ姿に変わっていました。胸の上に腕がきれいに畳まれて。そして花、たくさんの花がベッドにちりばめられていたんです」

カリタの遺体は、病院の地下にある仏壇のまえに安置された。アネットとナイジェルはその部屋で一晩を過ごし、彼女のそばで線香を焚きつづけた。翌々日、彼らは車で長時間移動し、東京郊外の火葬場に向かった。バラの花びらが敷きつめられた棺に、穏やかに眠るカリタ――四人は別れを告げ、火葬炉の金属扉のまえに立ち、彼女が消えていくのを見守った。しかし次に、予想だにしない出来事が起きた。

いっときが過ぎると、四人は建物の反対側の部屋へと誘導され、白い手袋と箸を渡された。室内の金属板の上には、火葬炉から出てきたばかりの遺骨。すべてが完全に焼却されたわけではなかった。木、布、髪、肉は燃えて消滅していたが、脚や腕の骨、頭蓋骨は砕けてはいるものの、まだそれとわかる形で残ったままだった。四人が眼にしたのは、きれいな遺灰の箱ではなく、焼けて砕けたカリタの骨だった。遺族としての彼らの務め――日本における火葬の伝統的なしきたり――は、箸で骨を拾い上げ、骨壺に納めることだった。

「ロバートは決してやろうとしませんでした」とナイジェルは言った。「あまりに卑劣すぎると思ったようです。けれど、私たちはちがいました。両親だからなのか、あの子が私たちの娘だからなのか……いまこうやって話していると恐ろしくも感じますが、そのときはそんなふうには考えませんでした。どこか感情に訴えるものがあるというか……穏やかな気持ちにさえなったんです。まるで、カリタを近くで見守っているような、そんな気がしました」

ナイジェル、アネット、サマンサは大きめの骨を拾い上げ、遺灰の入った骨壺に納めた。さらに大きな頭蓋骨が、いちばん上に置かれた。

ニシダアキラ

二二歳の誕生日の三日前、カリタは死んだ。ある週末のあいだに、肝臓が突如として機能しなくなったのだ。そんなことがありえるだろうか？　医師も説明することができなかった。初めは薬物使用が疑われた。が、サマンサやロバート、彼女を知るほかの全員がその可能性を否定した。これまで、カリタがドラッグを乱用した形跡は見られなかった。次に、ウィルス性肝炎が疑われた。しかし、型や感染経路を特定するには至らなかった。

唯一手がかりを持つのはニシダだけだった。月曜日の朝、カリタを病院に送り届けた男だ。彼は連絡先さえ残さなかったものの、サマンサの携帯番号は知っており、カリタが死につつあるあいだも何度か状況確認の電話を寄こしていた。

ニシダは流暢な英語を話した。彼は常に落ち着いた態度でカリタの身を案じていた。サマンサが電話口で興奮しても、男の態度は変わらなかった。彼の説明はこうだ。ホステスクラブで出会ったカリタを、東京の南にある海辺の観光地・鎌倉に連れていった。そこで彼女は腐った生牡蠣（なまがき）を食べ、食中毒を起こしてしまった。カリタの病状が悪化したことを知ると、ニシダはいかにも辛そうにした。サマンサは住所と電話番号を要求したが、ニシダは申しわけなさそうに拒否した。にもかかわらず、彼は数日に一度は必ず電話を寄こした。とりわけニシダに疑念を抱いたのは、ロバート・フィニガンだった。カリタとこの男の謎の関係、週末を一緒に過ごしたという事実――それが、ロバートにはさらなる苦しみの種となった。彼の強い要望により、サマンサの彼氏ヒデキが警察に連絡し、ニシダを捜査するように訴えた。

刑事がふたり病院へやってきて、サマンサとヒデキから事情を聞いた。結果は最悪だった。ニシダについての形式的な聴取が終わると、ふたりの刑事は、ヒデキを麻薬の売人ではないかと疑い出したのだ。カリタが病気になったのはヒデキのせいだ、と。「それ以降、警察には連絡しませんでした」とサマンサは言った。「正直、私たちはニシダという男よりも、警察に恐怖を感じました。少なくともニシダは人を脅しつけるようなしゃべり方はしなかったし、私たちのことを心配する素振りは見せていましたから」

カリタが死んだ日、ニシダがまた電話を寄こし、ヒデキとしばらく会話した。ニシダは、家族の飛行機代と葬儀費用として一〇〇万円を負担することを約束し、アネットとナイジェルにも面会したいと申し出た。カリタの死の翌日、一家はニシダに会うために羽田空港近くのホテルへと車で向かった。ロビーで一時間近く待たされたのち、ニシダがこの機会のために用意したと思われる階上の部屋へと呼び出された。会うのは両親だけ、とニシダは強く要求した。そのため、サマンサとロバートはロビーで待つしかなかった。アネットの記憶によると、ホテルの部屋は衝立のようなもので仕切られており、奥に誰かが潜んでいるような異様な気配がしたという。ニシダはダークスーツを着た若めの中年男性で、これといって特徴のない男だった。「ルックスがとくにいいほうではありません」とアネットは語った。「変わった鼻の形をしていましたね。奇妙に尖った鼻でした」。なによりも目立ったのは汗だった。ハンカチかタオルを使い、男は絶えず顔の汗を拭いた。「ひどく居心地の悪い状況でした。カリタの最期を見届けたばかりだったんです。そんなときに、私たちは怪しげなホテルの一室にいた。衝立の奥から、誰かがいまにも飛び出してくるんじゃないかとびくびくして」

低いコーヒーテーブルを挟んで、ニシダはナイジェルとアネットの向かい側に坐った。

「私は娘さんを愛していた」と彼はふたりに言った。「もっと一緒に過ごしたかった」

「私たちも同じです」とアネット。

ニシダは、金曜日の夜にホステスクラブで会ってから、彼女が体調を崩すまでの経緯を説明しはじめた。アネットは古い記憶を辿りつつ、そのときの会話について教えてくれた。「土曜日の夜にふたりは夕食に出かける予定だった、と彼は言いました。でもカリタの調子が悪くなったので、出かけるのをやめた。ふたりがベッドに行ったあと――あの男の話しぶりだと、別々のベッドのようでしたが――夜中にカリタが眼を覚ましてトイレに駆け込んだ。部屋に戻ってきたあの子は、体調がかなり悪い様子で、まるで別人だったそうです。日曜日の朝になると体調はさらに悪化。そこで、彼は医者を呼んだ。部屋にやってきた医者は、吐き気と痛みを抑えるための注射を打った。でも、カリタの容体はさらに悪化して、月曜日に彼が病院に連れていく頃には、もうほとんど意識はなかった。彼は必死で説明しました。私はなんとか手を尽くして彼女を介抱しようとした、何がいけなかったのか、どうして病気になったのかまったくわからない、と。ときおり、彼はカリタの言葉を再現するのですが、それがまさにあの子が言いそうな台詞なんですよ――体調を崩してしまってごめんなさい、せっかく連れてきてくれたのにごめんなさい。人と出かけて途中で具合が悪くなってしまったら、あの子はきっとそう言ったと思います」

ナイジェルはニシダとの会話についてこう語った。「カリタのことは申しわけなかった、本当に恐ろしい話です、と彼はすまなそうに何度も繰り返しました。まるで恋人みたいに娘のことをよく知っているようで、ひどく動揺した様子でした。私も『恐ろしい事故だ』とか『あなたのせいじゃない』と言いましたよ。彼の言葉を、すべて額面通りに受け取ってしまったんです」

四五分ほど経つと、彼は箱をふたつ取り出し、ナイジェルとアネットのほうに差し出した。片方は金のネックレス、もう一方はダイヤモンドの指輪。プレゼント用の包装はされておらず、指輪はベルベットの内張りに固定されるわけでもなく、箱のなかにぽつんと置かれていた。「そこで、彼は再び言いました」とアネットが語った。「『私は娘さんを愛していた。彼女ともっと一緒に過ごしたかった……来週の彼女の誕生日にプレゼントする予定だったんです』とね」

のちにアネットはこのふたつの品物の意味を反芻し、昔に見た悪夢のことを思い出すことになる――暴力的な男たち、カリタが届けにきた指輪。しかし、そのときのホテルの部屋では、何も返す言葉は見つからなかった。高価な贈り物を受け取り、去ることしかできなかった。「私たちは感覚が麻痺していたんです」とアネットは続けた。「それに、額面通りに受け取るしかないでしょう？　彼を責めることなんてできませんでしたよ。だって、カリタがなぜ死んだのか、私たちは何も知らなかったんですから。日本の警察も、オーストラリア大使館も、まったく取り合ってくれなかった。そんな状況のなかで聞いた彼の言葉は、嘘とは思えませんでした。カリタを助けるために、彼はできるかぎりのことをした。そう信じるしかありませんでした」

ぎこちない雰囲気のまま、リッジウェイ夫妻は別れを告げて部屋をあとにした。廊下をエレベーターに向かって歩きながら、アネットはふと振り返った。半開きのドアの奥からニシダがじっとふたりを見つめていた。ふたりが消えるまでずっと。無表情のまま。

あの男

葬儀の翌日、カリタの遺骨とともに彼らはそれぞれの家へと戻った。事件後も数カ月、サマンサは東京に留まった。リッジウェイ夫妻はパースへ戻り、ロバートはカリタと同棲していたシドニーのアパートメントに帰った。七カ月間、彼は夜な夜な涙を流した。大学の一年目、ロバートは夢遊病のような状態だった。それから何年ものあいだ、幸せな生活などもう送ることができない、そう信じていた。彼はアパートメントでひとり過ごし、猫のシンドバッドの世話をした。法学部を卒業して事務弁護士の資格を取ると、ロバートはオーストラリア最大規模の法律事務所〈フィリップス・フォックス〉で働きはじめた。その日の午後、《シドニー・モーニング・ヘラルド》紙の記事を読んだのは、マーケット・ストリートのオフィスでのことだった。あの怪しげなニシダアキラと織原城二が同一人物であることに、もはや疑いの余地はなかった。

第一八章　洞窟のなか

ダイヤモンド

織原の部屋から押収された黄ばんだ書類やぼろぼろのフィルムは、警視庁本部の一部屋全体を埋め尽くした。有働警視自身も長い時間をその部屋で過ごし、若い刑事たちを監督しつつ、自ら証拠を再確認した。「なるべく証拠の近くにいたかったんです」と彼は言った。「自分自身で、できるかぎり確認するようにしました。私にとってはダイヤモンドでも、経験が浅い捜査官にとっては石ころにしか見えない場合もありますから」。二〇〇〇年末、埃とダニまみれの証拠の山から、彼はきらりと光る宝石を発掘した。東京西部のとある病院が発行した、カリタ・リッジウェイの治療費の領収書だ。

有働としては、日本の警察の捜査だけでもカリタ事件にはいずれ辿り着いたはずだ、となんとか強調したいようだった。しかし当初、警察がこの事件の存在に気がついている様子はなかった。二〇〇〇年一一月、シドニーのロバート・フィニガンの粘り強い要請によって、オーストラリア大使館が警視庁に通報。その後に捜査が始まると、新事実が次から次へと明らかになった。

領収書から、カリタが最初に収容されたのが秀島(ひでしま)病院だと判明し、東京女子医科大学病院に転院したのちに死亡したことがわかった。警察は入手した写真をもとに、織原のビデオの一本に映る意識不明の外国人女性をカリタと特定。数時間に及ぶ陵辱のあいだ、織原は繰り返し薬壜から液体を布に染み込ませ、彼女の鼻の下へと運んでいた。さらに東京女子医大病院には、最も決定的な証拠が隠れていた。偶然にも、カリタの肝臓検体標本が病院に残されていたのだ。肝臓が警察の科捜研で再分析されると、病院の医師が不可解にも見逃した事実がすぐに明らかになった——肝臓を侵し、蝕むクロロホルムの痕跡だ。

カリタの死後、ロバートとリッジウェイ一家は、たまに連絡を取る程度の関係を続けていた。しかしある日、すべての疑念が払拭されると、ロバートはパースのアネットに電話して告げた。ニシダと名乗ったあの男は、連続レイプ魔の織原城二だった。あの男はカリタを助けようとしたどころか、殺したのだ、と。ロバートとアネットはすぐに東京に出向き、警察に事情を話した。その後、アネットは単独で再来日し、刑事告訴に必要な書類に署名した。

織原はニシダと名乗った事実は認めたものの、それ以外はいっさいの自白を拒否した。「この女性は当時、私は恋愛関係にあった女性でした」と織原は弁護士を通じて声明を発表した。「……彼女のことを心配して病院に彼女と一緒に行ったのにこのように準強姦致死容疑などとされることに対し、これ以上言いようのない憤りを感じます」〔以上、原文ママ〕

ロバート・フィニガンも自ら声明を書き、リッジウェイ一家の名のもとに発表した。「織原は、女性たちに薬物を与えて暴行しただけではありません。現在、彼は被害者を侮辱し、その家族を愚弄している。織原はいかなる反省を示すこともなく、最も卑劣な部類の人間です。日本の法廷で、彼の本性が暴かれることを望むばかりです」

この段階まで来れば、警察と検察にとって、織原が犯人だと立証するのは容易なことだった。ビデオとノートの分析を続け、新たな準強姦罪で数週間おきに起訴することもできた。しかし、カリタ事件の真相が明らかになったにもかかわらず、織原とルーシー失踪を結ぶ証拠は何ひとつ見つからなかった。また、三カ月にわたる勾留生活を経てもなお、織原はいっさいの非を認めようとしなかった。

「警察は織原を見くびっていたんですよ」と捜査関係者のひとりが私に告白した。「どこにでもいる、馬鹿な犯罪者だと踏んでいたんです。『すみませんでした、私がやりました。私があそこに死体を運んで埋めたんです』とすぐに自供するだろう、とね。ところが、彼は予想以上に強情だった。織原は何もかもすべてを否認したんですから」。たまに口を開いたとしても、織原は持論を繰り返すだけだった。強姦されたと主張する女性たちは、みな売春婦だった。カリタは食中毒か誤診が原因で死んだ。ルーシーの身に何が起きたかについては、まったくわからない。「毎晩、一一時や一二時まで厳しく追及しました[1]」と別の刑事が言った。「睡眠を与えず、肉体的にも心理的にも疲労させようとしました。乱暴なやり方でしたが、私たちにはそれしか選択肢が残っていなかったんです」

「犯人を自供に持ち込むことにかけては、警察には長い経験があります」と年配の刑事は語った。「自らの犯行の影響力を思い知らせればいいんです。『被害者の悲しみは非常に深い』とか『反省する気持ちはないのか?』と言ってね。だがあの男は、そんな戦略が通用するような人間じゃなかった」。その刑事は、織原の特異な性格について淀みなく語った。が、あることを説明するときには、少し言葉を詰まらせた。おそらく、私が外国人だったからだろう――「あなたには理解するのがむずかしいだろうが……それは、あの男が……日本人じゃないからなのさ」

　不当な扱いを受けているのは警察のほう――警察に対する世間の声を聞くかぎり、そして警察自身の話を聞くかぎり、誰もがそう考えているようだった。〝犯人は自白するもの〟という基本法則が意図的に捻じ曲げられていたのだから、警察が苦労するのも無理はない。犯罪者は狡猾で、頑固で、嘘つきであり、警察はまさにそういう人間に対処するために存在する、という考えは刑事の多くにはなかった。あるいは、めったに頭をよぎらないようだった。彼らは、能力や想像力に欠けているわけでも、怠けているわけでも、現状に満足しているわけでもなかった。彼らもまた被害者であり、ただひたすらに運が悪かったのだ。日本では、不正直な犯罪者は一〇〇万人にひとりくらいしかいないのだから。

発見

美しくも苛酷な日本の冬が訪れた。しかし気温が下がれば、少なくとも毒蛇の心配はなくなる。有働警視は、ルーシー発見のための最後の捜索に踏み切った。捜査員たちは、織原城二が頻繁に訪れたと疑われる場所を虱潰し(しらみつぶし)に当たっていった。「広範囲に及ぶ捜索でした」と有働は言った。「死体を埋めるのに適した場所はたくさんありましたから。編成した捜索班には、ルーシーを見つけるまで戻ってくるな、と発破をかけました。一二月から一月にかけて、彼らはあらゆる場所を掘り起こしたんです」。二〇〇一年二月上旬のある月曜日、二十数名の私服警官が、諸磯海岸の〈ブルーシー油壺〉から数百メートルの場所にある民宿にチェックインした。部屋はかなり先まで押さえてあった。毎朝、彼らはシャベル片手に宿を出ると、海岸沿いのさまざまな場所を掘り起こしていった。地元の住民はみな、公共事業か何かの作業員だと思ったという。が、ひとりの女性はちがった。「建設作業員の眼ではありませんでした」

二月八日の木曜日、現場のテコ入れのため、有働は東京の捜査本部から管理官をひとり派遣した。協議の結果、捜索範囲が広すぎるという結論に達し、翌朝からは最も可能性の高いエリア――〈ブルーシー油壺〉脇の崖下の砂浜、幅二〇〇メートルほどの範囲――に集中して捜索することになった。ルーシー失踪の四日後、織原が助手席に大きな荷物を積んでやってきたのが、〈ブルーシー油壺〉だった。彼は鍵屋を呼び、自分の所有する部屋のドアを開けた。その後、何かを叩くような不審な音が室内から響いた。夜、警察が部屋に行くと、上半身裸で汗まみれの織原が出てきた。最初こそ室内を見せようとしなかったが、のちに謝罪し、死んだ犬の冷凍死体を警察に見せた。さらに、管理人のパートナーの広川は、真夜中に泥だらけのシャベルを持って崖下の砂浜をうろつく織原らしき人物を目撃したと訴えてまでいた。[2] もちろん、二〇〇〇年一〇月の織原逮捕のあと、警察犬も使って周辺はくまなく捜索されていた。しかし、彼らは最後の望みをかけ、そのエリアをもう一度調べることにしたのだ。

〈ブルーシー油壺〉の長方形の建物は、道路が途切れる海岸線ぎりぎりの場所に建っていた。岩が目立つ海岸の横には垂直の崖が屹立し、大きな石がごろごろと転がる砂浜の上にセメントの小道が設置されている。決して、人を惹きつけるような魅力的な砂浜ではない。この時期、空は青く晴れわたり、澄んだ海水は透明そのもので、海底の石一つひとつまで見えるほどだった。しかし、灰色の砂は湿ってじめじめとしており、岩場には枯葉が散乱している。夏の数カ月――たとえば、七月初め――には、気味悪い茶色い虫が何千匹も発生し、岩石の割れ目の腐りかけた海藻に群がる。そんな場所だった。

湾曲した海岸線をマンションから二〇〇メートルほど行くと、住宅地から死角となった場所に、崖の一部が崩れてできた拓けた空間がある。崖に取り囲まれたその砂浜の奥に、小さな洞窟があった。いかにも、ゴミが不法投棄されそうな場所だった。一〇代の子供たちが隠れてタバコを吸ったり、いちゃついたりするにはぴったりの人目につかない空間だった。日本よりも不衛生で民度の低い国であれば、ビール缶や使用済みのコンドームが散乱しているにちがいない。そもそも、洞窟と呼べるかどうかも怪しく、薄汚れた岩の大きな割れ目とでも呼んだほうがふさわしいかもしれない。入口は幅二・五メートルほど、高さは最大三メートル。徐々に狭くなる内部は、すぐに行き止まり。でこぼこした洞窟上部から壊れた四本のパイプが突き出ており、地面のほうに伸びていた。かつて、崖の上から洞窟内に雨水を引き込もうとした努力の残滓だった。

洞窟の奥に古い浴槽が埋められ、その一部が砂の上に顔を出していた。午前九時、四人の警察官が浴槽を持ち上げて洞窟から引きずり出し、その下を掘りはじめた。するとすぐに、スコップの先に何かが当たる感触があった。砂の下から出てきたのは、三つの大きな塊が入った半透明のビニール袋。人間の体の一部であることは一目瞭然だった――肩で切断された人間の腕、そして二本の足。[3]手首には草や海藻が巻きつき、皮膚の一部は蠟のように白かった。しかし、スコップを持った警察官たちはその爪に驚いたという。マニキュアの痕が残った爪はほぼ原形を留めており、色も形も美しかった。現場の指揮官が、ただちに携帯電話で有働に電話した。「『警視、ルーシーを見つけました』と彼は泣きながら言いました」と有働は当時を振り返った。

四人の警察官は作業をいったん中断し、捜査本部のトップや専門家チームが東京から来るのを待った。連絡を受けた有働は、直属の上司である捜査一課長の弘光朗（ひろみつあきら）とともに現場に向かった。また、警察から申請を受けた裁判所は、本格的な捜索に必要な令状をすぐに発行した。最初の発見から二時間も経たないうちに、洞窟の入口には四〇人あまりの警察官が集結した。地元の警察、有働率いる特殊犯捜査係の刑事に加え、カメラやスケッチ帳、ゴム手袋、証拠保管用ビニール袋を手にした鑑識課の刑事が二〇名ほどいた。情報は瞬く間に漏れ、テレビ局がチャーターしたヘリコプターが何機も頭上を舞い、すぐ近くの海上に浮かぶボートにはカメラを構える人影が見えた。捜索現場を隠すために、洞窟の入口は大きなブルーシートで覆われた。それから日が暮れるまで、作業着、ゴム長靴、青い帽子、白いマスク姿の捜査員たちが洞窟を慌ただしく出入りした。

関係者が揃うなり、作業が再開された。砂を六〇センチほど掘り起こすと、岩盤に行き当たった。まず、砂の下わずか三〇センチほどのところで見つかったのは、裸のまま埋められた胴体だった。さらにビニール袋が二袋。なかに入っていたのは、もう片方の腕、左右の大腿部と下腿部、コンクリートかセメントで厚く覆われた頭部だった。

　その日の午後、ファスナー付きのブルーシート製の袋に入った遺体が、六人の刑事によって慎重に洞窟から運び出された。袋は長さ一八〇センチに及び、見るからに重そうだった。まず、遺体は麻布警察署に車で運ばれた。翌朝、東京大学法医学教室で頭部のセメントが取り除かれ、歯型が照合された——セヴンオークスから取り寄せたルーシーの歯科記録と完全に一致。解剖台に置かれた一〇個に切断された遺体は、まちがいなくルーシー・ブラックマンのものだった。


　その週末、警察幹部は六回にわたり、警視庁記者クラブの記者に向けてオフレコで状況を説明した。[4] そのやり取りをメモした資料からは、警察側の明らかな興奮が読み取れたが、同時に彼らは保身も忘れていなかった。「いまや具体的な証拠があるわけだから、犯人の自供は必要ないかもしれない」。遺体発見の夜、ある捜査幹部が記者に語った。「心配は要らない。唯一の障壁になっていたのが、仏が見つからなかったことだ。遺体の身元が特定されれば、それで充分すぎる証拠になる」。日本人記者というのは、自分が担当する組織のお偉方に対して厳しく追及したり、攻撃したりはしないものだ。しかし今回ばかりは、この当然の質問を回避することはできなかった——なぜこんなに時間がかかったのか？

　初動捜査の失敗ではなく、粘り強い捜査の賜物だ、と警察は言葉巧みに議論を導こうとした。「あの現場は以前にも調べましたが、一日で簡単に発見できるような場所ではありませんでした」とある警察官は言った。「しかし、どう見ても怪しい場所ですから、捜査官は時間があれば繰り返しあの現場を訪れていました。われわれの忍耐が報われたということです」。特殊犯捜査係の別の刑事は、次のように語った。「以前も捜索しましたが、そのときは四、五人の捜査員しかおらず、死体発見には至りませんでした。雑草が生い茂っていましたし、毒蛇が出るという話もありましたので、なかなか遺体は見つからなかったんですよ」。最も印象的なのは、ある記者の記録に残る〝S氏〟という警察官による発言だ。[5]「刑事というのは、競走馬みたいなものです」とS氏は説明した。「つまり、最初にその場所を訪れたときには、本能を働かせることはできない。しかし何度もコースを走ることによって、徐々に本領を発揮しはじめる。それで、私は最後に確信したわけです。死体は〈ブルーシー油壺〉の近くにある、と」

ルーシーの遺体は、この事件の唯一の容疑者である織原が所有するマンションから、わずか二〇〇メートルほどしか離れていない洞窟内の地中浅い場所から見つかった。ルーシー失踪の五日後、まさにそのマンションで、不審な行動を取った織原が警察から尋問を受けた。逮捕直前、マンションから約二キロ先のマリーナに容疑者のボートが係留された。その情報を摑んだ警察は、死体を処分するつもりだろうと推察した。そして、真夜中に織原がシャベルを持って洞窟付近をうろついていた、という決定的な目撃証言さえあった。

遺体発見現場は、以前に警察犬を使った捜索も行なわれた場所だった。加えて、四〇人体制のエリート刑事が特別チームを編成し、ルーシー発見に向けて日々捜査を続けていた。にもかかわらず、遺体発見までに七カ月もの時間を要した。現代の警察力をもってして、そんなことがありえるだろうか？　実際にそこまで無能だとすれば、警察官は毛並み艶やかなサラブレッドなどではなく、のろのろ歩くロバと同じだ。そんななか、この事件を追う記者のあいだで、ある噂が囁かれるようになった――警察は初期段階からルーシーの遺棄現場を把握しており、洞窟での出来事は綿密に練られた茶番だったのではないか。

その理由はこうだ。警察は能無しなどではない。誰でも予想がつくような場所にあった遺体を、事前に発見していたにちがいない。しかし、彼らは犯人の自白、それも信用に足る自白が必要だった。なかでも最も信憑性の高い自供――本人による撤回、弁護士の詭弁でも覆すことのできない自白――は、容疑者しか知りえない事実が含まれるものだ。そこで警察は、織原が話し出すのを辛抱強く待った。経験上、容疑者はいずれ告白を始めるものだと考えていた。織原が遺棄現場である洞窟について自白したそのとき、警察は彼の証言に基づいて遺体を即座に発見する。そうすれば、織原の有罪は確定的なものになる。「警察は〈ブルーシー油壺〉を何度も訪れています。[6]遺体があったことは知っていたと思いますよ。私はそう思いますね」と私に話したのは、捜査関係筋に近いある人物だ。「けれど、先に警察が発見したのでは意味がない。織原に場所を証言させる必要があった。そのほうが捜査も裁判もスムーズに進みますから。誰かを逮捕するのは容易なことです。むずかしいのは、その人物が有罪だと証明することなんです」

しかし、織原は自白しなかった。今後、自白しそうにないことも明らかだった。その事実と時間に迫られた警察は、自分たちで遺体を掘り起こすという次善の策に出る。

問題は、すでに七カ月が経過していたことだった。死体は気密性の高いビニール袋に入れられ、濡れた砂に埋められていた。そのため昆虫やバクテリアの影響は少なく、ルーシーの亡骸の大部分は白骨化せずに、部分的に屍蠟化していた。とはいえ、検屍官による洒落た婉曲表現を借りるなら〝死後変化が高度であるため〟[7]、身元はすぐに確認されたものの、死因の特定には至らなかった。

当然ながら、有働警視はじめ担当刑事の全員が、発見当日まで死体の遺棄現場がどこか知らなかったと声高に主張した。それ以外のことを認めてしまえば、偽証罪に問われるにちがいない。真実がどうあれ、今回、警察が失態をさらしたことに変わりはない。誤った隠蔽工作の結果として、貴重な法医学的証拠の効力を弱めることになったのだとしても、管理・捜査能力の欠如によって同じ結果を招いたのだとしても。

遺された者たち

イギリスの自宅では、ジェーン・ブラックマンがルーシーの思い出の品を集めていた——ルーシーの誕生日発行の《デイリー・エキスプレス》紙、新生児のときに病院で腕にはめたプラスチック製リストバンド、クレヨンやフェルトペンで描かれた子供時代の絵、いかにも少女らしい几帳面な字で綴られた学習ノート。ノートには、当時のさまざまな出来事が記されていた。裏庭のビニールプールで遊んだこと。ルイーズとヒナギクの花輪を作ったこと。父親によるバンジョーの伴奏でリコーダーを練習したこと。まだよちよち歩きのルパートが舌を嚙んでしまい、一緒に病院へ行ったこと。

二〇〇一年一月末、警視庁の要請によって、ジェーンは再び日本を訪れた。いまになって考えてみれば、彼女のこの謎めいた秘密の訪問もまた、ルーシーの死体の在り処について警察が事前に情報を摑んでいたという疑いを補強するものだろう。ジェーンが来日したのは、洞窟での死体発見のちょうど一週間前だった。加えて、警察の彼女への対応はどう考えても怪しいものだった。そもそも、彼女が来日したこと自体、情報が伏せられていた。ジェーンは偽名を使ってホテルにチェックインさせられ、子供からの電話に出ることも許されなかった。光眞警視は、捜査の進捗について具体的なことは何も告げなかったが、事前に準備した奇妙な質問の数々でジェーンを困らせた。あるとき、ルーシーのヘアクリップの形状について訊かれ、ジェーンは一時間以上かけて鉛筆で絵を描きながら事細かに説明した。別のときには、ルーシーはウナギを好んで食べたかと唐突に訊かれた。食生活に関する質問に、ジェーンはひどい寒気と吐き気を覚えたという。「あの子はウナギを食べるか？ 天ぷらは好きか？　そういう質問をされるたび、恐ろしい気持ちになりました」とジェーンは言った。「もう耐えられなかった……私はダイヤモンドホテルに泊まっていました。あの、ピアノを弾くウサギがいるホテルです。一度、部屋にゴキブリが出て……とにかく、ずっと泣いていました。どうして私が警察に呼ばれたのか、何もわからなかったんです」

「あたしはママが大好きです。家をきれいにしてくれるから」――〈グランヴィル・スクール〉時代のルーシーの学習ノートに、そんな文章が残っていた。作文のタイトルは「ママが好きなわけ」

やさしいママは、いつもあたしを守ってくれます。おいしいケーキにビスケット、おいしいおべんとうを作ってくれます。あたしはママが大好きです。いつもベッドルームをきれいにしてくれるから。ママのことをきらいになることもあります。ママが大声でおこると、あたしは泣いちゃいます。でも、いつものママはやさしくて、おいしい朝ごはんを作ってくれて、おいしい紅茶もいれてくれる。きれいなおようふくをきるママが好き。あたしはママが大、大、大好き。

ジェーンは幼い頃に母親を亡くし、大人になってから妹を亡くした。そんな彼女が母親としてなにより恐れたのは、自分の子供の死だった。子供たちを守ること、それがジェーンの人生の使命だった。しかしそのとき、日本に呼ばれた彼女が、通訳を通して警察から訊かれた質問は、あたかも死んだ娘の胃の中身を確かめるかのような内容だった。

ルーシーが洞窟で見つかってから二週間後、両親が遺体を引き取りにやってきた。ティムとジェーンが同時期に日本に滞在するのは初めてのことだった。とはいえ、往復ともに飛行機は別の便で、東京で顔を合わせることも話をすることもなかった。ソフィーとルパートは父親と一緒に日本へやってきて、母親と一緒に――ルーシーを飛行機に乗せて――帰国した。ジェーンに同行した友人のヴァル・バーマンは、ルーシーを納めた棺についてこう語った。「ホラー映画に登場するような不気味な棺でした。巨大で、黒い木製のものです」。警察を訪れたティムは、ルーシーの亡骸を見たいかと一度ならず訊かれ、驚いたという。「びっくりしましたよ」と彼は言う。「日本の文化的なものなんでしょうかね。見たくもありませんでした。頭にわざわざ刻み込まなくても、充分に想像できますから」

金属で補強され、密封された巨大な棺――亡骸の状態を考慮すると、そんな棺が必要だった。

家族全員が記者会見を開いた。ダイヤモンドホテルで会見したジェーンは前回同様、控えめではあったが、感情豊かに話した。質疑応答の時間になると、これ以上質問しても意味がないという雰囲気が広がった。それでも、ひとりの記者が名乗り出て、お決まりの質問をした。実のところ、それは本当の意味では質問ではなく、写真向きの悲しい表情を引き出すための作戦だった――ブラックマンさん、娘さんを連れて帰るご気分はいかがですか？

ジェーンはしばらく記者を憎々しげに睨みつけてから、また冷静さを取り戻した。

ティムはソフィーとルパートとともに、日本外国特派員協会での記者会見に臨んだ。簡潔で口数少ない前妻の会見に比べると、時間も長く情報量も豊かな会見だった。彼は数カ月に及ぶマスコミの支援に感謝してから、自らの思いをじっくりと語った。ルーシーの死、織原の逮捕、六本木の〝システム〟、そして警察の役割について。さらに会見では、〈ルーシー・ブラックマン基金〉の創設についても発表された。「海外を旅行する子供たちの安全を守るための基金で……ルーシーの悲劇的な死が無駄にならないことを望むものです」とティムは語り、基金のチラシを配布した。ルーシーとティムが抱き合う写真の脇に、寄付金の振込先である日本の銀行口座が掲載されていた。

その会見時、私はこうメモを取った。「人それぞれ悲しみ方はちがう」

さらにティムは、ルーシーの遺体発見現場となった洞窟を子供たちと一緒に訪れることを伝え、家族だけで追悼する時間と場所を与えてほしい、とマスコミに要請した。メッセージの意味は明確だった——しばらく放っておいてくれ。しかし同時に、家族がいつどこに行くのか、その詳細をティムは公表してしまった。

ルパート・ブラックマンにとっては、それが初めての来日だった。ルーシー失踪後の長く苦しい闘いのあいだ、ルパートは事件に最も関わらなかった家族だった。まだ高校生の彼は、セヴンオークスの自宅の呼び鈴を断続的に鳴らす記者やカメラマンとの接触をできるかぎり避けてきた。しかしもちろん、深い喪失感に襲われていた。同時に、両親や姉の心を打ちのめす事件から、自分だけが除外されたような孤立感にも悩まされた。ルーシーの家族について書かれた記事では、ルパートの名前が誤って表記されることが多々あり、そもそも名前が抜け落ちていることもあった。新聞や雑誌の報道を通して事件を知った人たちの多くは、ルパートに会うと、ルーシー・ブラックマンに弟がいたこと自体に驚いた。「いちばん悲しいのは、僕自身がルーシーという人間をあまり知らないことです」と彼は私に語った。「彼女はいつも僕の姉であり、僕はいつも弟だった。ルーシーと僕は、普通の一〇代後半や二〇代のきょうだいのように、人間同士としての関係を築くチャンスがなかった。僕はルーシーと友達ではなかったんです。これからもずっと」。そんなルパートは、ルーシーの遺体を連れ帰ることになったとき、日本行きを迷うことはなかった。

成田空港では、到着した一家をマスコミが取り囲んだ。シャッターを切りながらうしろ向きに小走りするカメラマンたちが、次々に転倒するほどの大騒動が巻き起こった。ルパートにとって、笑いたいという衝動を抑えなければいけなかったのはそのときだけではなかった。「ルーシーの魂が、僕たちを笑わせようとしたんですよ。すべてがバカバカしかった」と彼は言った。「とにかく滑稽でした。本当におかしかった。もちろん、僕たちの気分は最悪でした。けど、だからって何ができます？　笑っていなければ、泣くしかなかった。記者会見が始まるまえも、三人で何かくだらない話をして笑っていたんです。そうしたら、父さんが『いいか、よく聞いてくれ。会見では暗く悲しい表情をするんだぞ』って言ったんですよ」

ルパートには、日本で眼にするすべてが新鮮だった——道や横断歩道を規則正しく歩く大群衆、早春の雨の下に開く幾千の傘。「こんな場所はいままで見たことがありませんでした。みんながお互いに敬意を払い合う姿に感動しました。見ているだけで、こちらまで謙虚な気持ちが沸いてきた。でも、そんな街で姉の事件が起きたかと思うと、信じられない気持ちになりました」。その週末、警察が用意した車に乗り、一家は諸磯の海に向かった。途中、車はレインボーブリッジを通過した。照りつける太陽の下、曲線を描きながら東京湾をまたぐ巨大な橋の姿は、まさに圧巻だった。

三人は崖の上で車を降り、砂浜に続く古びた階段を下りていった。ルパートとしては、ルーシーが七カ月ものあいだ土中に埋められていた場所を自分の眼でどうしても見ておきたかった。姉をそばに感じてみたかった。しっかり者の姉といたずら好きの弟だったふたりが、それまでは抱くことのなかった——これからも抱くことのないだろう——〝親近感〟を少しでも抱いてみたかった。そんな彼はルーシーに手向ける花を事前に用意し、さらに途中でガソリンスタンドに寄り、別れの手紙を残すために紙とペンも購入した。

階段の下までやってくると、洞窟からわずか三メートルほどの位置に三、四〇人ほどの日本人カメラマンが並んで待っていた。誰もがずっしりと重そうな黒いカメラやテレビカメラを構えており、その場に立つ者もいれば、しゃがむ者もいた。さらには、砂地に置いた脚立の上からシャッターチャンスを狙うカメラマンまでいた。

砂浜へと階段を下り、大勢の他人を眼にしたその瞬間のことを、ルパートは「顎に右フックを食らったようだった」と表現した。

花を手に三人がまえに歩み出ると、大きなシャッター音があたりに響き渡る。ティム、ソフィー、ルパートが洞窟の入口に立つと、背後のカメラマンたちがじわりじわりと近づいてくる。ティムが振り返る。カメラマンたちは動きを止める。そのとき、ティムとソフィーのなかで何かが沸き起こった。ソフィーがカメラマンに向かって大声で暴言を浴びせると、彼らはカニのように慌てて下がっていった。ティムも怒鳴り声を上げ、脚立を持ち上げて砂浜に投げつけた。それでも、カメラマンはシャッターを切り、撮影を続けた。ルパートはそんな光景を見やり、それから背を向けた。「父さんは何か叫びながら、カメラや脚立を奪って投げつけていきました。さすがに、みんなうしろへ下がっていきましたよ」と彼は言った。「ソフィーも大声で『失せろ』とか叫んでいましたね」。ルパートは湿った砂の上にひざまずいて洞窟を見つめ、ただ涙を流した。洞窟――姉が眠っていた場所――から、ぽたりぽたりと水滴が落ちていた。

第五部

裁判

第一九章　儀　式

葬儀の光景

二〇〇一年四月末、ルーシーの葬儀が営まれた[1]。ただでさえ悲しい葬儀だというのに、ジェーンとティムのあいだの憎しみが周囲にも伝播し、雰囲気はさらに殺伐としたものになった。

葬儀はジェーンが手配を進め、セヴンオークスから二〇キロほど離れたチズルハーストの町にあるイングランド国教会の教会で執り行なわれた。謎だらけの会場選びだった。セヴンオークスには何軒も教会があった。それに名ばかりだとしても、ルーシーは一〇代の頃にジェーンとともに、イングランド国教会からカトリックに改宗していた。ブラックマン一家の人生において教会が重要な意味を持つのは二五年前の一度のみ、ティムとジェーンの結婚式だけだった。もしかすると、それがジェーンの狙いだったのだろうか？　意識的であれ無意識的であれ、彼の死んだ結婚生活と死んだ娘の繫がりを浮き彫りにして、ティムを非難することが目的だったと言うのだろうか？

葬儀には二六〇名が参列した。さらに、教会の外に設置されたアルミニウム製のフェンスのうしろに、大勢のカメラマンと記者が陣取っていた。祭壇にはトニー・ブレアや在英国日本大使館・特命全権大使からの供花が置かれ、式典中には警視庁から贈られた線香が焚かれた。〈ウォルサムストウ・ホール〉の同級生が集まり、〈ソジェン〉の元同僚や〈英国航空〉の代表として青い制服姿のスタッフらも参列した。〈カサブランカ〉で同僚だったヘレン・ダヴの姿もあった。同級生のゲイル・ブラックマンとキャロライン・ローレンスは一緒に教会に到着した。が、最後の瞬間になって、ゲイルは参列できないと言い出した。周囲が説得し、なんとか彼女を車から降ろしたのだという。

現実感がまったくなかった、と参列者の一部は語った。心がふわふわとした感覚に包まれ、あたかもトランス状態に陥ったかのようだった。まるで、夢の世界から葬儀の光景を眺めているようだった、と。そんな感覚は、教会にルーシーの遺体がないことでさらに強まった。棺の放つ負のオーラはすさまじく、教会には運ばれずに火葬場に保管されたのだ。代わりに、教会には青いドレス姿のルーシーの大きな遺影が置かれた。「いちばん辛かったのは、ルーシーがその場にいなかったことです」とゲイルは言った。「ルーシーの棺に入れてもらおうと思って、カードを書いて持ってきたんです。それで、式が始まるまえに葬儀屋さんに渡しました。いま考えてみれば、どうしてあんな質問をしたのか信じられないのですが、そのときはどうしても訊きたかった。それで、葬儀屋さんに訊いたんです。『ルーシーの状態はひどいんですか?』って。そうしたら葬儀屋さんは一言、『ひどいです』と」

ジェーンとティムは互いに言葉をかけるでもなく、直接的な対立は見られなかった。しかし、ふたりのあいだには黒い火花がばちばちと飛び交っていた。教会を埋め尽くす友人たちは、磁石のまわりに広がった砂鉄のごとく、見えない磁力に引きつけられるのを感じた。ティムとジェーンの家族が到着すると、中央通路を挟んでそれぞれ反対側の席に分かれて坐った。まるで、四半世紀前に行なわれた結婚式のパロディーだった。ジェーンの七四歳になる父ジョン・エスリッジは心臓病を患い、死の淵にいた。二本目の脚を切断したばかりの彼は、車椅子で教会内へと導かれた。働き盛りの頃には身長一九〇センチの大柄だった体が、体重わずか五五キロの姿に変わり果てていた。

悲しみに暮れながらも、友人と家族たちはそれぞれの心に住むルーシーの姿と向き合った。そんななかゲイルは、〈ウォルサムストウ・ホール〉の同級生の一部の態度に腹が立っていた。それほど親しくもなく、ルーシーのことをたいして好きでもなかった女子――ときにルーシーの悩みの種となった同級生たち――が参列していたのだ。「花は禁止とジェーンにきつく言われていて、私たち友人一同も言いつけをちゃんと守りました」とゲイルは当時を振り返った。「なのに、同級生の一部はちゃらちゃら着飾って、大きなブーケを持って教会に現れたんです。あの子たちは、ただ目立ちたいだけ。何列か先から、こんな声が聞こえてくるんです。『ちょっと見てよ、○○ちゃんが来てる』とか『××くん、あの子と一緒よ』とか。気分が悪くなりました。葬儀のあと、私は火葬場には行きませんでした。どうしても耐えられそうにありませんでしたから」

その日、ティム・ブラックマンほど疎外感を覚えた人間はいなかっただろう。さらに、彼ほど周囲からの厳しい眼にさらされた者もいない。ティムは参列者の多くと面識がなかったが、相手は全員ティムを知っていた。あるいは、ニュース番組、新聞のインタビュー、友人や知り合いとの噂話に出てくるティムを知っていた。娘を必死で捜す姿は感動的だが、その態度や性格はどこか怪しげ――それが大方の印象だった。「葬儀のときに、私は同僚にこう言ったのを覚えています。『父親があんなに落ち着き払っているなんて信じられない』って」と〈英国航空〉の従業員サラ・ゲストは言った。「母親のほうは普通に悲しんでいるのに、父親はまったく感情を表に出さないんです。もちろん彼のことは何も知りませんし、人それぞれ悲しみ方がちがうのはわかっています。それでも参列した人たちの多くは、彼に対して批判的な感情を抱いていました」

誰かがそう宣したわけではない。しかし、参列者の多くにはある共通の認識があった。ルーシーを失った人々が取るべき態度、つまり行動基準があったのだ。もちろん、ジェーンはそれを見事に体現した。が、多くの人にとって、ティムの態度はその基準に見合うものではなかった。

開廷

事件発生から一年と三日後の二〇〇一年七月四日、ルーシー・ブラックマンへの準強姦致死容疑に対する織原城二の裁判が始まった。法廷——警視庁の斜(はす)向かいに建つ巨大な裁判施設内——は満席だった。これまで、織原は五件の暴行事件で起訴され、七回出廷した。日本の公判は毎日行なわれず、月に一回のペースで開かれることが多い。また、前回まではほぼすべての公判が非公開で行なわれた。準強姦の被害者であるクララ・メンデスやケイティ・ヴィカーズ、三人の日本人女性が証言しやすいように配慮されたのだ。しかしその朝は、六〇席の傍聴席を求めて九〇〇〇人が列を作った（席はコンピューターによる抽選で割り当てられる）。一〇時ちょうど、制服姿の刑務官に両脇を挟まれた織原が入廷した。

ダークグレーのスーツに、開襟シャツ。手錠をはめられ、丈夫そうな青い腰縄が巻かれており、その一端を刑務官が握っている。彼が席につくと、刑務官は手錠と腰縄を外した。日本の刑事裁判ではおなじみの光景だが、それを初めて見たとき、私は体に衝撃が走ったのを覚えている。縄で繋がれる人間の無力な姿が、東京の煌(きら)めきや現代性にまったくそぐわない気がしたのだ。

織原は、三人の裁判官のほうを向いて証言台に立つように命じられた。その後、検事が起訴内容——カリタ・シモン・リッジウェイとルーシー・ジェーン・ブラックマンへの準強姦致死罪——を説明した。日本の裁判では、被告は単に罪を認めるか否かを答えるだけではなく、起訴内容について意見を述べるように求められる。裁判長による黙秘権の告知が終わると、証言台の織原はまえに掲げた紙に書かれた文章を読み上げた。明瞭ではあったものの、その声は小さく舌足らずで、少しだらだらとした話し方に聞こえた。問題となった夜にカリタ、あるいはルーシーと一緒にいたことは認めたが、彼女たちの死には関係していないというのが織原の主張だった。さらに、彼は続けた。カリタとの性交渉は双方合意のうえだった。〈カサブランカ〉でルーシーの接待を受けたが（そのとき織原は〝コーワ〟と名乗った――舌足らずの英語を話す男として、ルイーズの記憶にぼんやりと残っていた男だ）、一緒に出かけようと誘ってきたのはルーシーであり、自分からではない。携帯電話をプレゼントする話など持ち上がったこともなかった。「私たちは逗子のマンションで酒を飲み、ビデオを見ました。その夜は一度も〝プレイ〟はしていません」と彼はあえて〝プレイ〟という言葉を自ら持ち出した。「彼女に、睡眠薬やその他の薬が入ったドリンクを飲ませた事実はありません」

翌朝、彼がマンションを離れたときにはルーシーは元気だったと織原は話を続けた。「ルーシーが死亡したことは知っていますが、彼女の死に繋がる行為など私はしていません。事件に対して若干の責任はあるかもしれない。ですが、刑事告発に値するようなことは何ひとつ行なっていません」

織原の起訴内容否認のニュースをテレビ局や通信社に伝えるため、一〇人ほどの記者が一斉に席を立ち、法廷から走り出ていった。織原が着席すると、今度は主任検事が立ち上がり、冒頭陳述書を朗読しはじめた。彼は単調な声ですらすら原稿を読み上げ、ページの終わりまで来ると、さっとページをめくってまた同じ調子で続けた。あまりに早口で、日本人記者でも追うのが大変なほどだった。

「被告人は、遅くとも昭和五八年（一九八三年）ころから、多数の偽名を使い分けながら、自己の素性を明かさないまま、女性を言葉巧みに〈逗子マリーナ〉に連れ込み、同所において、女性に睡眠作用を有する薬物を混入した飲み物を飲ませ、吸入麻酔薬であるクロロホルムを吸引させるなどして意識を喪失させたうえ、覆面等を着用して姦淫（かんいん）するなどしたうえ、その状況をビデオカメラ等で撮影するなど、同一様態による同種の犯行を常習的に繰り返してきた。被告人は、上記行為を〝征服プレイ〟と称している」

日本と欧米の裁判を比べたとき、その差が最も歴然としているのが〝有罪率〟だ。[2] たとえば、アメリカ合衆国における裁判では、刑事被告人の約七三パーセントが有罪宣告を受ける。イギリスの法廷でも同様の割合である。一方の日本では、その割合は九九・八五パーセントに跳ね上がる。すなわち、裁判になればほぼ有罪は確実。日本の法廷にいったん足を踏み入れると、表玄関から外に出る可能性はきわめてゼロに近いというわけだ。これは一般市民、マスコミ、そして弁護士が、被告人をどう捉えるかということにも反映されている。日本では事実上、有罪が確定するまでのあいだも、被告人は無実ではない。「日本では逮捕された瞬間から、もう有罪なんです」と織原の弁護士のひとりが私に語った。「刑事裁判についての報道量を見てごらんなさい。容疑者の逮捕については大きく新聞で報じられますが、実際に起訴されたときには報道量は減るんです。判決や量刑に至っては、本当にひどい扱いですよ」

日本のマスコミが使う用語もまた、この考えを前提としたものだ。逮捕されると――起訴されるまえから――その人物への呼称が「さん」や「氏」から突如として「容疑者」に変わるのだ（「織原氏」が「織原容疑者」になる）。

有罪判決率が高い理由は、容疑者の有罪がきわめて確定的な場合に限って起訴するからだ、と検察は主張する。つまり言い換えれば、有罪か無罪かどうかは公の法廷の場ではなく、警察や検察での非公開の取り調べのあいだに決まるというわけだ。「検察官は、ほとんどの日本人と同様に、有罪の者だけが起訴されるべきだと考え、また、起訴された者は間違いなく有罪であると考えている」[3] と社会学者のデイヴィッド・ジョンソンは著書で主張する。「日本の刑事裁判の大多数は、その法律の当事者主義的論理が規定するような喧嘩、戦い、あるいはスポーツのようなものではなく、わずかな食い違いもない、むしろ〝儀式〟か〝中身のない貝殻〟に似ている[4]」

裏を返せば、ほぼ可能性がゼロに近い無罪判決が出るとなると、それは当局にとって屈辱的な大打撃を意味することになる。日本の刑事事件での無罪判決は、欧米のような弁護側の勝利ではなく、検察側の敗北となり、その影響力はきわめて大きい。つまり、手錠と腰縄で拘束された織原城二が法廷へと導かれた時点で、彼にはほとんど勝ち目などなかったということだ。しかし今回に限っては、当局も油断などしていられなかった。その日の午前、法廷で早口で読み上げられた冒頭陳述書の文章は、一年に及ぶ警察と検察の協力の集大成だった。かくして、彼らのキャリアと評判がかかった注目の裁判が幕を開けた。

冒頭陳述書ではまず、カリタ事件の事実関係が語られた——止めようのない急速な症状悪化、クロロホルムに侵された肝臓、ビデオに映る覆面の男。それが終わると、ルーシー事件の状況や、彼女の死亡前後の織原の動きについての説明が始まった。

七月一日の午前零時前後、彼は東京・赤坂にある二四時間営業の店で巨峰、マスクメロン、完熟ミカン、グレープフルーツを購入。四〇分後、近くのガソリンスタンドで愛車のメルセデス・ベンツに給油した。同日の午後一時半、織原はルーシーに電話し、待ち合わせの時間を遅らせる。その後、ホテルニューオータニ東京のランドリーショップに立ち寄って洗濯物を出すと、ルーシーに再び電話、三時半に千駄ヶ谷駅のまえで彼女と落ち合う。逗子へと車を走らせる途中、五時をまわった直後、ルーシーは彼の携帯電話を借りて車内からルイーズ・フィリップスに電話をかけた。太陽と影の状態から判断して、織原がルーシーの写真を撮ったのは五時二〇分。六時までに、ふたりは〈逗子マリーナ〉の四三一四号室に入ったと思われる。その日、ルーシーは一日じゅうほとんど何も食べておらず、この時間にはかなり空腹だったにちがいない。織原は近くの食堂に電話をして出前を取る。注文は、唐揚げ、エビの天ぷら、ウナギ。その日、ガス機器の不具合を報告する通知が部屋に届いていたため、彼は〈東京ガス〉に連絡。七時一四分、作業員が到着し、一連の確認作業を開始した記録が残っている。織原が作業員に対応するあいだ、ルーシーは織原からもらったばかりの新しい携帯電話を使ってルイーズに電話をかけ、そのあとにスコットに留守番電話のメッセージを残した。そして、彼女は消えた。

「被告人は、そのころから同月二日ころまでの間、同所において――」と冒頭陳述書は続く。「被害者に睡眠作用を有する薬物を混入した飲み物を飲ませ、吸入麻酔薬であるクロロホルムを吸引させるなどして同女の心神を喪失させて姦淫し……上記薬物の作用等に基づく心停止または呼吸停止等により、同女を死亡するに至らしめた」

そのあと、検事の説明は七月二日、日曜日の午後まで飛ぶ。織原は電車とタクシーを乗り継いで東京のマンションの一室に行き、夕方に再び〈逗子マリーナ〉に戻った。翌朝早くに帰京した彼は、大量に所有するプリペイド式携帯電話の一台を起動。午後五時半直前、その携帯電話を使ってルイーズ・フィリップスに電話をかけた。

「私はタカギアキラという者です」と彼は言った。「とにかく、ルーシー・ブラックマンの代わりに電話しました」

それから二時間半、織原は電動工具店、金物店、〈L・L・ビーン〉に立てつづけに電話をかけた。翌火曜日の午後、彼は各店舗を順に訪れ、テント、防水シート、寝袋、懐中電灯、金槌、カッターナイフ、のこぎり、チェーンソー、スコップ、左官こて、攪拌機、乾燥生コン一五キロを三袋、急結剤などを購入した。

七月五日、水曜日、織原は車で〈ブルーシー油壺〉に向かった。その際、ベンツの車内には、白いシートで包まれた巨大な物体が置かれていた。翌日未明、マンションの管理人のパートナーが、織原らしき人物がシャベルを持って砂浜近くを歩く姿を目撃。その日の夜、不審に思った管理人が警察に通報する。警官が現場に臨場すると、セメント片や袋が散乱した玄関に、汗まみれの状態の織原が姿を現した。その後、彼は警察に謝罪し、冷凍した愛犬の遺体を見せた。

「被告人は、同日ころから同月七日ころまでの間――」と検事は淡々と続けた。「上記〈ブルーシー油壺〉四〇一号室または同県内、もしくはその周辺において、電動チェーンソーを使用して、被害者の死体の頭部、両腕部、両大腿部、両下腿部等を切断して死体を損壊したうえ……頭部をコンクリートで固めてごみ収集袋に入れ……残体を袋に入れて土中に埋め、遺棄した」

九日の日曜日、織原はツーショットダイヤルを通して知り合った日本人女性に電話した。女性は織原に直接会ったことはなく、実名も知らなかった。警察がこの女性に行き着いたのは、電話網や通話記録を辿った調査の成果だった。その女性は、織原がこう発言したと証言した。「人に言えない大変なことを起こした[5]」

七月末から一〇月上旬にかけ、織原は警察に六通の手紙を送った。うち二通は英語で、ルーシーの偽の署名入りだった。一通の手紙には彼女の借金の内訳がリストアップしてあり、清算するための現金も同封されていた。警察は、織原の所有するマンションの一室から、同じ借金リストと手紙の草稿を発見。

ルーシーの死体が埋められた洞窟内では、織原が〈L・L・ビーン〉で購入した型と同一のテントの収納袋が見つかった。チェーンソーは未発見だが、ルーシーの骨の切断痕が、同日に彼が購入した型の刃の形状と一致。さらに、織原所有の物件内で、クロロホルム、ロヒプノール、ガンマ[G]ヒドロキ[H]シ酪酸[B]、そのほか強力な睡眠薬が押収された。

冒頭陳述書の内容は、有働警視率いる捜査本部の刑事たちが何カ月もかけて収集した証拠に基づくものだった。通話記録、高速道路の領収書、高速道路の監視カメラ映像、出前スタッフや管理人、青果店店員の証言。すべての証拠書類は二八冊のファイルに収められ、法廷の隅の三つの棚に並べられていた。しかし、七月一日の土曜日から七月二日の日曜日のあいだ、および同五日から七日のあいだには空白があった。電話通話も、証人も、金のやり取りも、何ひとつ見つからなかった。その穴を埋めるために必要なのは自白だった。もしくは、織原のＤＮＡ――血液、体毛、精液――がルーシーの体から発見されれば、空白を埋めることができたかもしれない。しかし時間が経過しすぎたためか、そもそも初めから存在しないのか、懸命の科学捜査でも織原のＤＮＡの痕跡は見つからなかった。それでも、なんらかの方法でルーシーは殺された。誰かが、どこかで、彼女の体をチェーンソーで切断し、洞窟に埋めたのだ。状況証拠が投げかけるのは、あるひとつの疑問だけだった――織原城二でないとすれば、ほかに誰がやったというのか？　しかし、融通が利かず、想像力に欠け、妥協を赦さない日本の裁判では、より正確な説明が求められた。

法廷の人々

公判が行なわれる部屋は毎回のように変更され、広さもさまざまだった。しかし共通するのは、天井に蛍光灯が並び、窓がなく、空調設備で調整された淀んだ空気に満ちていることだった。その頃、日本は蒸し暑い夏から乾燥した寒い冬へと移り変わる時期だったが、法廷内の温度はいつも一定だった。涼しくも暖かくもなく、湿度さえも変わらなかった。部屋は長方形で、後部を占める傍聴席のまえに木製の柵が設置されている。柵の向こう側には、左右両脇に弁護人と検察官用の席が平行に向かい合うように配置され、そのあいだに証人と被告人が立つ証言台があった。その奥には、書記官と、しかめっ面の速記官が傍聴席のほうを向いて坐る。さらにうしろの一段上が、三人の裁判官の席だ。椅子の背もたれが異様に高く、あたかも黒い後光が差しているかのように見えた。

　公判中、とくに昼食後には、しばしば耐えがたいほどの眠気が部屋全体を包み込むことがあった。裁判官のひとり——裁判長の右側に坐る太った若者——は、裁判中の多くの時間を眼を閉じたまま過ごした。彼が集中力を高めているのか、ただ寝ているのか、その判断はむずかしかった。ある日の午後のこと、織原の弁護団のひとりが傍聴席まで聞こえるほど大きな鼾（いびき）をかきはじめ、仲間の弁護士が彼をつついて起こすという場面があった。イギリスの法廷であれば、侮辱行為として処罰の対象になることだろう。しかし日本の裁判では、事務官たちがくすくすと笑い、裁判官がにこやかに微笑（ほほえ）むだけで、何事もなかったかのように次に進むのだった。

　日本が陪審制度を廃止したのは、第二次世界大戦中のことだった。それ以降、有罪か無罪か、および量刑を決める独占的権限が、三人の裁判官に委ねられてきた。*また、経験豊かな法廷弁護士から裁判官が選出されるイギリスとは異なり、日本の裁判官はそれ自体が専門職である。つまり、大学を卒業したばかりの若者（ほとんどが男性）が裁判官となり、定年を迎えるまでほかの職業を経験しないケースさえあるのだ。西洋人の眼から見ると、そんな新人裁判官——柔和な顔つきで、ふっくらとした顔にニキビが残る若者——はあまりに若く、裁判官として適任とは思えなかった。彼らの威厳は、さまざまな形で演出される。たとえば、裾の長い仰々しい黒の法服。さらに、裁判官の入室時には、室内の全員が立ち上がって彼らに敬意を示すことが求められる。証人は証言前に宣誓文を読み上げ、弁護士と裁判官は互いに礼儀正しく、堅苦しい態度で言葉を交わす。それでもなお、日本の裁判所に

＊　二〇〇九年、無作為に選ばれた市民がプロの裁判官とともに裁判に参加する「裁判員制度」が導入された。これは、日本の刑事裁判の効率化と迅速化を促すことを目的とした改革のひとつだった。

は、イギリスの法廷に見られるような芝居がかった崇高さは存在しなかった。それどころか、一般社会との雰囲気の差がほとんど感じられないほどだった。

反対尋問はすべて型通りで、まさに拍子抜け。声明が早口で読み上げられ、弁論はいたって冷静でドライ。激昂する者も、声を荒らげる者も、訴訟の結果に対して個人的な感情をあらわにする者も誰もいない。雄弁な陳述も、パフォーマンスも、対立も、ドラマもない。たまに誰かが苛立つ程度で、それ以外は感情表現もほとんどゼロ。堂々たる法の審理というよりも、まるでどこかの学校の退屈な職員会議を見ているようだった。

弁護士の単調な声、キーボードの上で揺れ動く女性速記者の指――毎月毎月、ひたすらそれが続くだけだった。ときどき、私自身うとうとすることもあった。しかし、官僚的なページュの布の下には、非現実的なサスペンスが隠れていた。聴覚の入口のどこかで、一匹の蚊がぶんぶん飛びまわるかのような感覚。あるいは、熱が引く直前に急に高まる現実感のようでもあった。心の琴線が鉄塔に繋がれ、音を鳴らしながら揺れ動くような感覚だ。そういった感覚は、どうやら織原城二本人に起因するもののようだった。

毎月の公判の際、織原は葛飾区小菅にある一二階建ての要塞、東京拘置所から護送された。数回目の公判からは、手錠と青い腰縄が外された状態で織原は法廷に現れるようになった。おそらく、弁護士が抗議したにちがいない。出廷した織原は、法廷右側の被告人席についた。その両脇に刑務官、背後には弁護団がいた。

法廷での織原には凛とした気品があった。不本意にも落ちぶれた生活を強いられ、不当な扱いを受ける男――それでもなお、体面を保とうとする男――の威厳があった。いつも開襟シャツと紺か濃いグレーのスーツ姿で、いかにも立派で高級な代物ではあったが、やけに皺が目立った。直前に保管場所から取り出され、軽く埃を払っただけという印象だ。ミディアムロングの柔らかい髪も同様にぼさぼさで、大急ぎでブラシをかけて整えられたかに見えた。八年の公判のあいだに、その髪もこめかみから徐々に白髪が目立つようになり、さらにゆっくりと頭頂部から薄くなっていった。黒縁の眼鏡をかけた織原は、青い小さなタオルで顔や手、首の汗を頻繁に拭った。公共の場である法廷では靴を脱ぐ必要はなく、誰もが普通の靴を履いていたが、織原の足元はいつも安物のサンダルだった。おそらく、これも逃亡防止策のひとつなのだろう。

数えるほどしかない織原のスナップ写真は、直近の写真でも三〇歳前後のものだった。日本のマスコミにとって、裁判で彼の最新の姿を確認するのは急務だった。とはいえ、法廷内での写真撮影は禁じられているため、最前列に陣取った法廷画家が、眉をひそめつつ真剣な面持ちでスケッチブックにパステル画を描いていくのだった。

しかし、それまで写真撮影の機会をことごとく拒んできた織原は、法廷画家をも撥(は)ねつけた。入廷するときでさえ、彼は傍聴席から顔を背けて奥の裁判官席のほうに顔を向けた。翌朝の新聞に掲載されたのは、おそらく最も退屈なアングルから描かれた肖像画だった。見えるのは、左斜め後方からの四分の一——髪、首、ジャケットの襟、そして顎の一部——だけだった。法廷の監視下においても、彼を正面から見ることは不可能だったわけだ。

各公判では、検察は事件の過程を一つひとつ順に追いながら、最初に提示した冒頭陳述書の内容の確認と裏づけを進めていった。

二〇〇三年一月の公判では、医師がクロロホルムの効果について証言した。(6) 四月には、麻酔の専門家[7]が、強姦の映像について意見を述べ、犠牲者が示す呼吸パターンが薬物投与によるものだと明言。〈ブルーシー油壺〉の管理人[8]と彼女の通報で駆けつけた警察官[9]は、ルーシー失踪直後に織原が突然マンションに現れたことや、その後の奇妙な行動について証言した。科学捜査班の化学者[10]は、ルーシーの頭部に付着したセメントと、彼女の失踪後に織原が購入したセメントが同種類だったと報告。また、家族所有のボートが近くのマリーナに係留中だった女性[11]は、ルーシー失踪の二週間後に〈ブルーシー油壺〉付近の砂浜を訪れたときのある出来事について法廷で語った。その際、砂浜で遊ぶ彼女とふたりの子供の姿を、男性がじっと見つめていたという。「男は、怒ったような鋭い眼で長男を見ていました」と彼女は言った。「子供好きで見ているとは思いませんでした」

岩場で遊んでいた彼女の幼い息子が、洞窟に入っていいかと母親に大声で訊いた。「長男は（洞窟のほうに）走っていこうとしました」とその女性は続けた。「すると、（男は）はっとしたような鋭い眼で長男を見て、その後、私を見てきた。ずっと見られているのでおかしいと思いました……それで、『こっちにいらっしゃい』と息子に言いました。でも長男がさらに近づいていったので、『洞窟に行っちゃだめ』と言ったんです」

居心地の悪さを感じた一家は荷物をまとめ、砂浜を去った。七カ月後にルーシーの死体が発見されると、彼女はこの奇妙な一件について思い出した。あの日、もし息子があのままバケツとシャベルを持って洞窟に入っていたら？　何を掘り起こす可能性があったか？　その事実にはっと気がついたのだ。砂浜にいた男が被告人と同一人物かと尋ねられると、女性は自分の右側を見やった。二メートルほど先に坐る織原は、彼女のほうに顔を傾けた。「似ていらっしゃるとは思うんですけれども、見たときは怒ったような顔で……」と彼女は言った。「いまは微笑んでいるような表情なので……」

警察や検察は自分たちの論拠の弱さを重々承知しており、さらなる証拠を積み上げようと躍起になった。数週間に及ぶ捜索のあいだ、警察は織原が所有する物件のカーペットや畳をすべて剝がし、配管まで外して調べたが、ルーシーの血液は一滴たりとも見つからなかった。だとすると、法廷ではこう証明する必要があった――被害者の血液の痕跡を残すことなく、死体を一〇個に切断して処分することができる。これを証明するため、二〇〇四年五月、警察はテント内における豚の解体実験を行なった。

この実験――まるでコメディー映画のような奇怪で血みどろの作戦――を指揮した警部が、そのときの様子を裁判で証言した(12)。彼はまず、ルーシー失踪の三日後に織原が購入したものと同種類のテント、防水シート、チェーンソーを集め、東京大学法医学教室の中庭へと運び入れた。次に、精肉店で重さ約七〇キロの豚を調達し、背骨に沿って二等分に切り分けた。言うまでもなく、豚には下処理が施されており、血が抜き取られていた。そのため、警部らはバケツに食用の着色剤を入れて赤い液体を作り、新鮮な血に見立てることにした。実験に参加した東京大学の教授が、その液体を豚の体内に慎重に注入していった。

警部の説明によると、精肉店で販売される獣類のうち、豚の骨と肉が人間に最も近いのだという。購入した豚の右半分は冷凍され、左半分は解凍された。警部の指示により、捜査員がそれぞれの半身を狭いテント内に置き、チェーンソーで切断した。その後、赤く着色した液体をテント内の生地に撥ねかけ、不浸透性がチェックされた。

警部の証言のあいだ、弁護士と裁判官は、一連の実験を記録した資料と写真が入った小さなアルバムを閲覧していた。傍聴席の最前列に坐っていた私は、身を乗り出してアルバムの中身を覗いてみた――ぎらぎらと光る湿った豚肉の塊の写真が見えた。その時点では、織原が遺体を切断したのがマンション室内なのか屋外なのか、あるいはルーシーの体を冷凍したのか、検察側はいまだ確証を得ていなかった。しかし、警部は報告した。豚の実験が行なわれた際、赤い液体は一滴たりともテントから漏れなかった、と。

ひとたび罪状認否が終わると、公判に興味を寄せる記者はほとんどいなくなった。それでも、傍聴席は常に半分以上が埋まっていた。しかし、席にいるのは風変わりな社会不適合者のような人々ばかりだった。建物の外の官庁街を闊歩(かっぽ)するスーツ姿の役人とは、まったくちがう世界の住人たちだ。リボンに白い花を挿した茶色い中折れ帽(トリルビー)を被る老人がいた。そのうしろには、学校をさぼったセーラー服姿の太った女子生徒がふたり。一度か二度、青白い顔の弱々しいホームレス——世界で最も洗練された身なりの路上生活者——の姿を見かけたこともあった。いちばん印象的だったのは、三〇歳くらいのある男性だ。白髪交じりの顎鬚、緑色に染めた髪、膝丈のスカートという奇抜な出で立ちの男は、裁判中ひたすら学習用ノートにメモを取りつづけた。さらに毎回、傍聴席のふたりか三人は居眠りをしていた。

裁判所でよく見かける傍聴マニアのひとりに、いつも熱心にメモを取る姿が印象的な、小柄で若い女性がいた。彼女は〈霞っ子(かすみこ)クラブ〉——あらゆる凶悪犯罪事件の裁判を傍聴し、感想をブログで発信する法廷傍聴グループ——の創設メンバー・高橋ユキだった。同じような傍聴マニアは非常に多く、前述のスカート姿の緑髪の男性もそのひとりで、〝阿曽山大噴火(あそざんだいふんか)〟と名乗る芸人であることがのちにわかった。〈霞っ子クラブ〉のほかのメンバーの〝たー〟や〝毒人参。〟も含め、高橋ユキは織原城二の裁判を最も熱心に追う人間のひとりだった。そんな彼女は、ある日の織原の裁判について次のようにブログに綴った。

ご存知織原大好きな私⒀……織原裁判の予定は、メモがなくても頭の中に入っています。私の脳の中で、家族の誕生日と同じエリアに織原の次回公判期日が収納されています。

私はもしかして、今、織原裁判に**1番詳しい女**かもしれません。

織原クイズとかあると、優勝してしまうのではないかと妄想するほどです（むしろ問題を考えたいです）。

織原が事件時所有していた携帯電話の番号も必死でメモり、私は、まさか自分はストーカーなのではないかと我に返るときもあります。

織原のことも大好きですが、実は私、今初めて告白しますが、この事件の検事さん（2人いるうちの若い方）もすごく好きです。
上手く言えないのですが、とにかくタイプです…☆カッコイイデス
そして大好きな裁判長・凶悪犯罪でおなじみ、謎のなまりがある、**栃木県出身**の**栃木さん**…☆
織原の裁判は、私の大好きな人々が同じ部屋に勢ぞろいする日なので、本当にたまりません。
前の日からテンションが上がり、次の次の日までテンションがさがりません。
織原裁判、大好きです！

日本の驚異的な有罪判決率の高さの悪影響のひとつが、刑事事件の被告弁護人になりたがる弁護士が非常に少ないということだ。それも当然だろう。民事事件に比べると、刑事事件は報酬も低く、名誉や社会からの認知度という面での対価も少ない。また、多くの日本人は、刑事事件の弁護人を、犯

罪者の行動を正当化しようとする人間として蔑視する傾向がある。裁判にかけられるほぼ全員が有罪となるのだから、ある意味ではこの考え方には説得力があると言える。現在の割合に基づけば、平均的な被告弁護人が無罪を勝ち取るのは、三一年に一度となる。

弁護士は、日本で〝先生〟と呼ばれる職種のひとつだ。先生は狭義では教師を意味する単語だが、日本では医者、学者、政治家などへの敬称としても使われる。つまり、患者や学生のように、被告は自分を弁護する先生の考えや方針に疑問を呈する立場にはない。それが一般的な考え方だ。しかし、織原は端(はな)からそんな慣例に従うつもりはなかった。彼は、軍を取り仕切る将軍のような態度で弁護人に接した(14)。権力は自分が握っており、弁護士は戦いを進める一兵卒でしかない——そんな関係を求めた。結果、二〇〇一年一〇月、織原被告の最初の弁護団の全員が「被告と良好な関係が保てなくなった」として辞任(15)。それから約一年、新たな弁護人が決まるまで公判は中断となった。弁護士のひとりは、織原にこんなことを言われたという。「私は減刑など求めていない。無罪が欲しいんだ。被告として、私はすべての容疑を否認する。あなたは私の弁護士なんだから、検察と戦わなくてはいけない」。欧米であれば常識的発言以外の何物でもないが、多くの日本人弁護士にとって、それは前例のない弁護方針だった。医師であれば、手術を自ら取り仕切りたいという患者の要求を受け容れるのはむずかしい。それと同じだ。これもまた、織原の特異性を示すもうひとつの例だった。弁護士は誰ひとり、彼のような依頼人に遭遇したことはなかった。

弁護士は東京拘置所を連日訪れ、織原との面談を繰り返した。厳密に言えば、被告であっても有罪が確定するまでは無実の人間であり、拘置所は刑務所よりもはるかに自由度が高い。手紙のやり取りも自由で、平日一日ひとりまでの面会も許された。少しずつ回数は減ったものの、初めは月に一度、老齢の母が大阪から新幹線に乗って面会にやってきた。そのほかに彼のもとを訪れるのは弁護団だけで、毎日、少なくとも弁護士のひとりが必ず面会にやってきた。織原は刑務官とは距離を置いた。東京拘置所では数カ月以上収容される者はほとんどおらず、仲間を作ることもできない。布団と洗面台だけの小さな独房で、織原は九年もの時間を過ごすことになる。そのあいだ、彼の唯一の意思疎通の相手は弁護士で、彼の唯一の仕事は自らを弁護することだった。

織原の独房はまさに作戦司令室だった。部屋には、手紙、ファックス、法律書、証拠の束など、あらゆる書類が山のように積み重なっていた。八件の準強姦と二件の準強姦致死のほかにも、織原は——バブル経済の恩恵を受けた多くの人たちと同様——債権者にも訴えられていた。逮捕されるまでの一八カ月に、裁判所は織原の所有物件の数カ所を差し押さえた。その後の二〇〇四年、二三八億円もの負債を抱えた彼は自己破産を申請した。公判中は複数の弁護団が別々の案件について動いており、弁護士の人数や全員の名前を把握するのは織原本人だけだった。少なくとも常時一〇人の弁護士が雇われ、公判の全期間の累計人数はおそらく数十人に上ると考えられる。

畏まった態度の従順な依頼人に慣れた弁護士にとって、織原の弁護は惨めな体験だったにちがいない。織原自身の態度は無礼でも、攻撃的でもなかった。しかし弁護団にとって衝撃だったのは、彼がすべてを掌握しようとしたことだった。「織原はまるで映画監督でした。自らの現実感覚に従って書かれた台本通りに撮影しようとする監督です」と弁護士のひとりは言った。「彼は頭がよく、とても疑り深い性格でした。弁護士も含め、誰も信じようとはしません。織原とつき合うのは簡単ではありませんよ」。証人への反対尋問では、弁護士は織原の書いた台本を一字一句そのまま読み上げることを求められた。そんな彼らの戸惑いは傍聴席にも伝わるほどだった。「弁護士はきっと悲惨だと思います」と〈霞っ子クラブ〉の高橋ユキは語った。「みんな、死んだ魚の眼をしていました。すべて織原の指示通りにやっているので、全部の質問が事件とは完全に無関係。私は笑うことができましたが、あの人たちはさぞ大変だったでしょうね」

織原は出来事の日付や詳細をすべて完璧に記憶しており、弁護士が事実関係をまちがったり混同したりすることを赦さなかった。そんな彼は発想豊かではあったが、一貫性に欠けることが多かった。「織原は頭の回転が速く、たくさん戦略を思いつくのですが、どれがいちばん効果的か見極めることができませんでした」とある弁護士は語った。「そこで、いろいろな作戦を合体させようとするのですが、私としては、どうせ失敗するだろうなと思っていました」

織原側が解決すべき問題は単純だった。慎重に積み上げられた不利な証拠の数々にどう反駁（はんばく）するか？ 準強姦容疑については、織原の訴えは明確だった――ビデオに録画された性行為は異常かもしれないが、合意に基づくものだった。弁護団のなかでもリーダー的存在だった塩谷安男（しおややすお）弁護士は、私のインタビューにこう答えた。「ホステスのような職業の女性が男のマンションに行くということは、セックスに同意したことになる。織原はそう考えたんです。彼は薬を使って危害を加えたことは認めており、傷害の容疑は受け容れようとしている。しかし、準強姦のほうは納得できない。それが彼の主張です。論理上は、妥当な意見かもしれませんね」

一方、カリタ・リッジウェイに対する準強姦、薬物投与、致死容疑の弁護はより複雑なものだった。彼女の死因についてはさまざまな疑惑が残っており、そこを徹底的に追及するのが弁護側の方針だった。織原はここでも、性交渉は合意の上だったと主張。さらに、意識不明のカリタが映るビデオは、彼女の体調が急変する数週間前、初めて会ったときに撮影したものだと訴えた。カリタの死亡時、死因となった肝不全が薬物によって惹き起こされたと診断した医者はいなかった。よって、誤診による不適切な処置で死んだ可能性がある。あるいは、入院するまえ、織原のマンションで別の医者が注射した鎮痛剤の影響で死亡したのかもしれない。それが、織原側の主張だった。

　では、ルーシー事件はどうだろう？　織原の弁護団のなかには、直接的な証拠がひとつもないこの事件こそが最も単純だと考える弁護士もいた。「織原とルーシーがふたりきりだった、という点が重要なんです。実際に何が起きたのかは当事者以外誰も知りえない」とある弁護士は言った。「われわれは、織原が罪を犯していないいことを証明する必要はない。検察の証明が不充分であることを示し、証拠がいかに弱いか指摘するだけでいいんです。ビデオもない。死因も不明。あれほど大きな死体を、逗子のマンションから彼ひとりで運び出すことができるでしょうか？　真夏に、誰にも目撃されずに。どうやってひとりで死体を車に乗せ、マンション室内で切断し、埋めることができたのでしょう？　われわれとしては、そういった弱点を強調するだけでよかった」

　被告人を弁護するのではなく、検察の主張を攻撃する――ある意味、一般的な戦法だろう。しかしそんなありふれたやり方では、織原は満足しなかった。彼は自らの物語を語ることを求めた。彼は彼自身で、人間の形の穴を埋める必要があったのだ。

第二〇章　なんでも屋

最後の証人

世界情勢が不安定だった二一世紀初頭、外国人特派員にとっては忙しない日々が続いた。気がつくと、数週間のうちに東京、パキスタン、アフガニスタン、イラクと各地を転々としていたこともあった。そんな戦争取材の途中、大きな事件もない平和な日本に戻ると、私はほっと一息つけるのだった。それでも、ルーシー・ブラックマンと織原城二のことが完全に頭から離れることはなかった。公判は一カ月に一度のペースで開かれ、裁判の進行は相変わらず遅かった。できるかぎり、私は自分自身で東京地方裁判所に出向いた。用事があるときは日本人アシスタントに代わりに傍聴してもらい、膨大な量の詳細メモをあとで確認した。なぜ私は事件に興味を持ちつづけたのか、その理由は自分でもはっきりとは説明できない。裁判開始からすでに二年が過ぎ、この裁判にはもはやニュースとしての価値はなかった。しかし心の奥底で、その事件は疼き、痛み、私を悩ませた。耳の内側で、ぶんぶんという蚊の羽音が響きつづけていたのだ。

日本の刑事裁判の進行がいくら遅いとはいえ、長くても一年程度で終わる場合がほとんどだ。しかし、ルーシー事件の裁判は例外的に長期に及び、二〇〇五年になっても検察はいまだに病理学者や法医学者を証人として召喚していた。長引く理由には、起訴された事件の件数や証人の数自体が多いこと、異議申し立てを繰り返す織原の弁護団の方針などがあった。しかし、物的証拠の少なさを意識しすぎた検察側がすっかり自信を失い、長期化に繋がっているという面も否めなかった。それでも、ルーシーの死から五年後――織原の初出廷から五年六カ月後――検察側が最後の証人を召喚し、織原城二側が最後の反対尋問を始める段階まで辿り着いた。

この公判の傍聴席は満席になった。最前列に坐るのは、この日のために来日したティムとソフィー・ブラックマン。警察の通訳が横に坐り、公判の内容を英語で走り書きして伝えた。ふたりの刑務官に挟まれて被告人席に坐る織原は、いつものように傍聴席から顔を背け、裁判官席のほうをまっすぐ見つめていた。薄いグレーのスーツ姿で、しばらく日光を浴びていないせいか、顔はやけに青白かった。被告人席から証言台に向かって歩くときも、彼は決してティムやソフィーに視線を向けようとしない。

この公判前の数週間、織原の弁護団には何かの前触れのような緊張感が広がっていた。彼の弁護士たち――気むずかしい依頼人に対する耐性を持つ、型破りで興味深い集団――は、依頼人である織原の性格や考えについて、驚くほど自由かつ率直に意見を述べた。「裁判が始まってからずっと、織原の感情の起伏が激しくてね」と弁護士のひとりが言った。「ある意味、もう自暴自棄なんだと思います。複雑な心境でしょう。確実に勝つ自信がないから苛々している。有罪になる可能性があるから、死に物狂いで無罪を勝ち取ろうとする。自信満々だと思ったら、急に恐れおののいたりして、織原の心はいつも揺れ動いているんです」

私自身が織原と最初に接触を試みたのはこの時期だった。まず、弁護士のひとりに話を持ちかけてみると、彼自身は私のインタビューに答えることを拒否したものの、織原に手紙を渡すことは了承してくれた。そこで私は、質問をいくつか添えつつ、拘置所の織原にインタビュー取材を依頼する手紙を託した。返信はファックスで送られてきた。差出人は別の弁護士の名前だったが、織原の言葉をそのまま書き写したものにまちがいなかった。「捜査機関がまだ立証できていない基本的かつ重要な事実が多数あります。(1)たとえば、パリーさんの質問のなかで最も重要だと思われる〝質問五〟ですが、これに関する事実は今後明らかになることでしょう……また、貴社がルーシーの母国と同じ国の会社であるため、織原氏としては、将来的にあなたにスクープを提供することも可能とのことです」

私の五番目の質問はこれだ(2)——「あなたはブラックマンさんの死に対して責任がないと主張している。だとすれば、誰が彼女の死に責任があるとお考えですか?」

警察と検察は一年以上をかけ、ルーシー死亡事件について捜査・論証してきた。しかし、織原はさらに長い五年の歳月をかけて独自の調査を行なった。そのあいだ、彼は数十人に上る弁護士と私立探偵を雇い、独房から指示を出しつづけた。検察による事件経過の説明には圧倒的な説得力があり、核となる問題——織原がルーシーを殺害して切断したのでないとすれば、誰がしたのか?——に対する論理性も見事だった。織原が自らの説明でそれに対抗するには、最高傑作が必要だった。

最終陳述の証言台に立った織原は、手書きの文字がぎっしり並ぶ紙の束を眼で追いながら、舌足らずな発音で静かに話し出した。「……ルーシーが私に見せた姿を述べることは遺族を侮辱し落胆させるものであり、言いたくありません(3)……親にとって娘は清楚で純粋な存在であり、妹、弟にとって姉は立派で尊敬する存在であり……それを壊したくはなく、以上の理由により、ルーシーが私に見せた姿を言いませんでした。この気持ちはいまでも変わってはいません。しかし、私はとんでもない罪状で起訴されてしまい……」

織原の答弁にはふたつのポイントがあった。ひとつは、起訴内容のあらゆる点を疑問視し、粗(あら)を探し、その弱点を突き、穴をさらし、膨大な量の独自の情報によって抑え込むというもの。ふたつ目は、ルーシーの別の面を描き出すことだった。これこそ、公判直前の二通目のファックスで、織原が私に

〝スクープ〟させようとした内容だった――ルーシーは、家族や友人たちが言うような快活な若い女性などではなく、精神に問題を抱えた自滅的な女性であり、違法ドラッグの過剰摂取によって死んだ。それを証明するため、織原はルーシーの日記の一部を引用し、その内容を自ら日本語に翻訳していった。彼が選んだ箇所は、ルーシーがひどく落ち込んだときに書かれたものばかりで、そこには彼女の不安定な心、孤独、ホームシック、うまくいかないホステス業への焦燥、ルイーズの成功への妬みが切々と綴られていた。「これまで東京に着いてから二〇日間、飲んだアルコールの量というのは、それまでの人生で飲んだアルコールの量を超える量を飲んだ」と織原は読み上げた。「私は首まで借金につかり……方向感覚を見失い、そして迷ってしまい……泣くことを止めることはできない……私は非常に醜く太っていて……」〔すべて証言ママ〕

私は私の外見が大嫌いだ、私は私の髪が大嫌いだ、私は私の顔が大嫌いだ、私は私の鼻が大嫌いだ、私は私の垂れ眼が大嫌いだ、私は私の顔のほくろが大嫌いだ、私は私の歯が大嫌いだ、私は顎が大嫌いだ、私は横顔が大嫌いだ、私は首が大嫌いだ、私は私の胸が大嫌いだ、私は私の太った腰が大嫌いだ、私は私の出っ張ったおなかが大嫌いだ、私は私の垂れ下がった尻が大嫌いだ、私は私の生まれついた痣が大嫌いだ、私は私のぼこぼこの足が大嫌いだ、私は吐き気がするほどに醜くて、そしてアベレージだ……

五月四日、ルーシーは日記にこう書いた。「私たちは……クレイグ・デイヴィッド以外の音楽を求め、さらに絵はがきとド﹅ラ﹅ッ﹅グ﹅を求めた」。この文章で重要な鍵となるのが、最後の〝drugs〟（ドラッグ）という単語だろう。警視庁は、これは〝drugs〟ではなく〝dugs〟であり、判読不能というなんとも都合のいい結論を下した。しかし織原は、確認を依頼した五人のプロ翻訳者全員が〝drugs〟でまちがいないと判断したと主張。

「そうすると、はがきとドラッグを求めるということはどういう意味になるんでしょうか」(4)。その日もまた、被告側弁護人は準備された台本をただ読み上げているようだった。

「海外を旅行して、とくに若い方は本国の友人にはがきを書くことはよくある」と織原は自信たっぷりに説明した。「ドラッグ常用者の場合ですけど、他国へ行って、まずはがきを書いて、その次にドラッグ。それはよくあるパターンです」

日記の内容について、ほかにもとんでもない議論が繰り広げられた。織原はある一節を引用し、「私がどこにいようとも……私はひとりぼっちだ。それは、マリファナ(toaks)のせいじゃない。それは私のせいだ」と翻訳し、こう解説した。〝toak〟は一般的には〝toke〟と綴られる単語で、マリファナタバコを意味する若者のスラングであり、違法薬物の使用を示唆するものだ、と。この不意打ちに狼狽した検察側は、いっさい反論できなかった。しかし英語のネイティブ・スピーカーにしてみれば、織原の主張がまったくの勘ちがいであることは明らかだった。ルーシーが実際に書いたのは〝toaks〟ではなく〝7oaks〟——故郷である〝セヴンオークス(Sevenoaks)〟の短縮形——だったのだ。

法廷を取り仕切るのは栃木力(とちぎつとむ)という名の裁判長で、歯並びの整った真っ白な歯が特徴的だった。笑うときはもちろん、苛立ちや不安の表情を見せるときにも、その白い歯がきらりと光った。実のところ、栃木裁判長が歯を見せてにやりと笑うのは、不満の印であることのほうが多いように思われた。ルーシーのあまりに物悲しい日記が読み上げられていくと、裁判長の苛立ちも増し、白い歯が見える面積がみるみる増えていった。

「はっきり言って苦痛なんです」と裁判長はついに口を挟んだ。「意味ないんじゃないですか?」。

その後、織原は二〇〇〇年六月と七月の出来事へと話を変えたが、その物語はかつてないほど奇想天外なものだった。

二〇〇〇年の夏は、織原にとって波乱の時期だった。まず、債務の返済期限延長についての交渉が大詰めを迎えていた。また六月には、背後から車に追突される交通事故に遭って入院。鼓膜を損傷し、むち打ち症に苦しんだ。当時、織原は〈ブルーシー油壺〉のマンションを含め、数件の所有物件を売却しようとしていた。そんななか、彼の心に重くのしかかっていたのは、愛犬アイリーン――田園調布の家で冷凍保管してあるシェットランド・シープドッグ――のことだった。彼はクローン再生の夢をあきらめ、自らが所有する伊豆半島の森林に犬の遺体を埋葬することを決めた。大木の伐採をともなう大がかりな作業だったが、織原にはこの仕事にぴったりの知り合いがいた。それが〝Aさん〟だった、と織原は法廷で説明した。Aはいわゆる〝なんでも屋〟だった。

〝A〟という不可解なコードネームはまだ序の口で、その男はまさに謎の塊だった。織原の口から出るのは異様な内容ばかりで、物語の全容を把握するのはほぼ不可能だった。常軌を逸した主張が繰り出されたと思うと、その後すぐに三つか四つのさらに奇妙なエピソードが続いた。この物語は、一九九七年のある出来事から始まる。その年、織原のマンションの地下駐車場で車の爆発事故が発生した（奇怪な事件にもかかわらず、それ以上の説明は何もなかった。おそらく、織原にとってはちょっとした不幸な出来事のひとつでしかないのだろう）。この事故の真相を追及するため、織原に雇われたのがAだった。数年前、新宿駅界隈で麻薬の売人をしていたAが、たまたま織原に麻薬購入を持ちかけたのが出会ったきっかけだった。そして爆発事故から三年後の二〇〇〇年、なんでも屋のAは五〇万円でアイリーンの墓作りを引き受けた。作業は七月五日から、愛犬の七回忌でもある六日までの二日間の予定だった。もしこれが事実であれば、織原にとって最も不利な状況証拠のひとつを覆すことができた——ルーシーの失踪後、なぜ彼はテントやチェーンソー、シャベルを購入したのか？　いまや織原はこう説明できるのだ。女性の遺体を切断して遺棄するためではなく、森のなかでテントを張って一晩を過ごし、木を伐採して、犬を埋葬するために購入したものだ、と。

しかし、直前の週末に不測の事態が発生し、計画は中止された。

六月後半、織原は〈カサブランカ〉でルーシーと出会い、彼女のほうから誘いを受け、海に連れていくことに同意した。当日の出来事についての彼の説明は、検察側が主張する事実とほぼ合致するものだった——〈逗子マリーナ〉へのドライブ、海辺で撮った写真、ガス会社作業員の訪問、ルイーズとスコットへの電話。しかし、織原はほかの誰も知りえないことを説明できる立場にあった。死の数時間前にルーシーが何をしていたか、ということだ。

「ルーシーは非常に興奮していました」と織原は法廷で語った。「これは、アルコールによるものではなく、ルーシーが持参した〝モノ〟による影響でした」。その〝モノ〟というのは、覚醒剤の錠剤、エクスタシー、さらに〝toaks〟を意味した。「ルーシーは酒に強く、ワインとシャンパンのあと、ジンやテキーラなど強いアルコールを飲みながら話しつづけました。さらに、ルーシーは躁鬱（そううつ）であることを私に話しました。実際、最初は躁の状態でしたが、ときが経つにつれて鬱に変わっていくように見られ……もちろんこれは、ドラッグの影響でもあります」

ルーシーと織原は「いろいろなことを話した」という。彼女は辛い借金の話を持ち出し、より早く返済するために六本木の〝特殊クラブ〟で働くことを考えていた（売春を行なう店を示唆すると思われる）。織原は自動車事故のことを話し、首の痛みについて伝えた。すると、ルーシーがマッサージを始めた。織原の弁護士が出版した本では、当時の状況が次のように説明されている。「ルーシーのマッサージはうまかったが、首付近の痛みは引かなかった。そしてルーシーは織原被告に、彼女が持っている錠剤を薦めた。これを飲むと、痛み、そして、いやなことは消えると言われ、織原被告は飲んだ。その夜織原被告は、ルーシーが持参した違った種類の錠剤を合計三錠飲んだ……また、ルーシーはへそのピアスを織原被告に見せ、今度、左側の乳首に入れるつもりだと言い……（織原は）ルーシーから錠剤をもらい、雲の上を歩いているような気分の状態が続き、その間強い効果は一時間以上続いた」

ティムとソフィー・ブラックマンは傍聴席の最前列に静かに坐り、警察の通訳がノートに書き留める織原の発言の要約を眼で追った。このような形でルーシーの日記の悲しい部分が公衆の面前にさらされるのは心苦しく、屈辱的でさえあった。また、目の当たりにした織原の冷酷さと狡猾さに、ふたりは動揺を隠せなかった。「親だからといって、ルーシーが一度もドラッグをやったことがない、などと言うつもりはありません」とティムはのちに語った。「多くの人と同じように、遊びで少しやったことはあるかもしれない。ただ、自らの命を危険にさらすほどドラッグ漬けだったとは考えられない。ましてや、ロヒプノールを自分で飲むなどありえません」。ルーシーを知る全員にとって、織原が描こうとするルーシー像——酒に溺れ、情緒不安定で、コカイン漬けの尻軽女——は笑えるほど馬鹿げていた。しかし、裁判官も同じように考えるだろうか？

織原の弁明は、ご都合主義のごまかし、事実の歪曲、ときに真っ赤な嘘を織り交ぜたものだった。嘘自体は驚くべきことでもなかったが、その一方で人々を不快にさせたのは、精巧に作り上げられた虚構の狭間に、核心的な真実が見え隠れすることだった。事実、織原はルーシーについて相当量の情報を持っており、そのなかには本人の口から直接聞いたとしか考えられないプライベートな内容も多く含まれていた。一緒に過ごした数時間に何があったにせよ、ふたりが長いあいだ会話し、ルーシー自身が、普段なら打ち明けないような秘密を織原に話したことは明らかだった。

織原の説明は事件翌日の七月二日、日曜日の出来事へと移った。検察側は、日曜までにルーシーはすでに死亡、あるいは死に瀕していたと主張した。しかし彼女はまだ元気で、ドラッグをやりつづけた、と織原は訴えた。その日、ドラッグの摂取を続けたいというルーシーを逗子のマンションに残し、彼は電車でいったん東京に戻った。夜、東京から電話をかけると、ルーシーが「変なことを電話で言いはじめたので……ドラッグをやりすぎたのだろう」と彼は考えた。そこで、治療が必要な場合に備えて救急病院を何軒か電話で探してから、真夜中前に逗子の部屋に戻った。「ソファーにいたルーシーに病院に行こうというと、ルーシーは『病院で検査されると、違法ドラッグをやっていることが分かり、国外退去になってしまうので嫌だ』と言った」

次に織原が法廷で語ったことは、彼の証言のなかで最も恐ろしい内容だった。嘘だからではない。これまで同様、それが真実だったからだ。「自動車事故のせいで首がひどく痛み、気分がよくありませんでした。それで、ルーシーが言うことをきかないので苛々したんです」と彼は言った。「ルーシーは悪い冗談を繰り返しました。『母親のジェーンの側の家族は呪われている。脳の障害があるのよ。ジェーンの母が四一歳で死に、妹が三一歳で死んだんだから』などと言うんです」

その家族史は正確なものだった。織原はどのようにしてこの情報を手に入れたのか？　イギリス人探偵を雇ってセヴンオークスに送り込んだのか？　あるいは、一晩のあいだにここまでの秘密を打ち明けるほど、ルーシーが実際に彼に心を許した証拠なのだろうか？

「『呪われているのよ』とルーシーは何度も繰り返しました」と織原は続けた。「『ジェーンの母親が四一歳で死に、ジェーンの妹が三一歳で死んだ。だとすれば、ジェーンの娘が二一歳で死ぬ。そして、ジェーンの孫娘は一一歳で死ぬ』。ルーシーがこういう悪い冗談を言いつづけるので、私も困りました。それで、ある人に事情を話して、ドラッグをやりすぎた外人ホステスがいるので、アパートに連れかえってほしいと頼みました。その人物がAです」

月曜日の朝に自分は東京に戻った、と織原は説明を続けた。彼は〈逗子マリーナ〉のマンションを出るまえ、薬で意識が朦朧としていたルーシーのために食べ物を用意し、あとで来る知り合いと一緒に東京に帰るように伝えた。Aへの報酬は、玄関口のムートンのスリッパ内に隠しておいた。

　Aの正体もまだ謎だらけだというのに、ここで新たな人物が登場する。〝佐藤〟という名のさらに謎めいた中国人の男で、彼の身元は最後まで明確に説明されることはなかった。その日の午前中、佐藤が織原に電話を入れ、Aの代わりにルーシーを病院へ連れていくことになったと知らせた。その際、佐藤はルーシーと思われる外国人女性と少しだけ言葉を交わした。しばらくして織原が佐藤に「ルーシーのことを聞くと、佐藤はAに聞いてくれと言った[5]……Aにルーシーの事を聞くとルーシーが病院に行くのを嫌がって行かなかったと言い、ルーシーがドラッグがほしいと言うので、Aの知り合いの金持ちでドラッグ好きの男性をルーシーに紹介したらお互い気があって好きにやっていると答えた」

　言い換えれば、織原は別れたあとのルーシーの行動を知らなかったということになる。最後に見たのは逗子のマンションの室内で、彼女はドラッグで意識が朦朧としていたが、まだ生きていた。織原は、謎だらけの知り合いに依頼して彼女を保護してもらった。その知り合いから、さらに怪しい人々へと彼女は引き渡された。その後、織原はその週にもともと予定していた主要な任務――冷凍保存した犬の埋葬――に取りかかる。

　月曜日から火曜日にかけ、彼は工具やキャンプ用具、セメントなどを購入した。さらに、田園調布の家の冷凍庫からアイリーンの死体を取り出し、ドライアイスと毛布で包んで車に運び込んだ。七月五日の水曜日午前、埋葬場所に向かって車を走らせていると、突然Aから〝急用〟のため約束を延期したいという電話が入った。そこで、織原は仕方なく〈ブルーシー油壺〉へと行き先を変え、近くの旅館にチェックインした。彼はマンションの部屋の鍵を持っておらず、鍵屋を呼んでドアを開錠しなくてはならなかった。鍵が開くと、アイリーンの墓標――自らの手による〝芸術品〟――の制作に取りかかった。翌木曜日の夜、原田警部補を含む数名の警察官が、部屋の様子を確かめにやってきた。

原田は裁判にも証人として出廷し、そのときの織原の奇妙な行動について証言した。しかし織原は、原田の証言はすべて誤解に基づくものだと主張。彼らが目撃したセメントは〝芸術品〟の制作用であり、切断した頭部を固めるためのものではない。織原が警察官に対して怒りもあらわに対応し、非協力的だったのは事実だった。が、そこにはれっきとした理由があった――原田が部屋に入る際、毛布に包んで置いてあったアイリーンの死体を蹴ってしまったのだ(6)。突然家にやってきた警官に冷凍した愛犬を蹴られたとしたら、愛犬家として少し腹が立つのも当然だろう。それが織原の言い分だった。

その六日の木曜日の夜から七日の早朝にかけて、織原にははっきりとしたアリバイがなかった。翌朝まで散歩していた、というのが彼の説明だ。その際に毒虫に刺された箇所が腫れ上がり、あとになって熱も出てきたのだという。そこで織原はAに連絡し、伊豆半島の森林に最愛のアイリーンを埋葬する予定を延期すると伝えた。彼は東京に戻り、病院で虫刺されの治療を受けた。その後の数日間は、銀行の担当者や会計士との会議が続いた。

翌週、ルーシーの失踪が大きく報道されるようになった。日本じゅうの駅や道端の掲示板に、尋ね人のポスターが貼られた。テレビ局は六本木から生中継でニュースを伝え、目撃情報の提供を懇願するブラックマン一家のインタビューを何度となく放送した。

この展開に織原はどう反応したか？　弁護士によって編纂された本によると、彼が「驚いてAに連絡して尋ねると、Aは『ルーシーは男と旅行中だ』[7]という答えが返ってきたという。

Aと織原は、アイリーンの墓作りのために七月一五日に再び会う予定だった。しかし、今回もAからキャンセルの連絡が入った。その際、織原は再びルーシーについて尋ねてみた。「知り合いのところでふたりとも大好きなドラッグをやって楽しんでいる」[8]とAは前回と同じ説明を繰り返した。さらに、マスコミでの大騒ぎについて訊くと、「本人が好きにやっているのにあれはおかしい」とAは言った。

それは途方もない話だった。ルーシーが麻薬中毒だということ自体、信じがたいことだった。万が一そうだったとしても、なぜ織原はすぐに警察に通報しなかったのか？　それはさらに不可解だった。便利屋の便利屋である〝佐藤〟とは誰なのか？　ルーシーと一緒に快楽に溺れていたという〝金持ち〟とは誰なのか？　この一連の質問に答えることができるのはただひとり、Aだけだった。Aとは誰なのか？　Aはどこにいるのか？

Aの本名は勝田悟（かったさとる）[9]。知り合いには〝かっちゃん〟というニックネームで呼ばれていた。二〇〇一年の時点での居住地は、東京郊外の三鷹。身長は一七〇センチほどで、髪を伸ばし、口髭を蓄えていた。織原城二が生まれた一年後の一九五三年、彼は九州で生を受ける。理由は明らかにされていないものの、二〇代の頃に一度、勝田は割腹自殺を試みたことがあった。生き延びはしたが、命を繋ぎとめるために使用された輸血用血液によってC型肝炎ウィルスに感染した。

二〇〇五年一二月、東京地方裁判所にこれらの情報をもたらしたのが、被告人側の証人として召喚された水田一誠（みずたいっせい）という老人だった。もともと勝田と知り合いだった水田は、彼を運転手や便利屋としてたびたび使っていたという。勝田の仕事のひとつが新宿駅近辺でのシャブの販売だった、と水田は認めた。二〇〇一年一二月のある日、水田と一緒に車内にいるとき、勝田が「非常に悩んでいることがある。相談したいことがある」と切り出した。それは、ルーシー・ブラックマンについて、さらに彼女への準強姦致死の罪で公判中の織原城二に関することだった。

勝田の話はこうだ。前年の夏のある日、外国人ホステスを東京に車で送り届けてほしいと織原から依頼を受けた。その女性がルーシー・ブラックマンだった。勝田が到着したときには、彼女はすでにトリップ状態にあり、さらにドラッグを求めた。そこで、彼はシャブを繰り返し彼女に与えた。宣誓したうえで、水田は法廷で語った。「(ルーシーが)覚醒剤をやりすぎて、そのためにショック死したようなことを(勝田は)言っていました……眼のまえで死んだと……(死体を)どこかへ持っていったというようなことを言っていました。(具体的な地名は)聞いていません……(勝田はルーシーの死について織原に)伝えていないと言いました」

水田は証言を続けた。「(ルーシーの死亡や死体の遺棄について)ほかの者には誰にも言っていないといいました」。水田は、勝田のある変化についてもよく覚えていた。その前年、ルーシーの失踪事件が新聞やテレビで大騒ぎになっていた頃、勝田は「そわそわして落ち着きがなくなり」、円形脱毛症になったという。「新年会が終わったら──」と水田は言った。「全部何から何まで聞いて、出頭させよるかどうかを決めようと思っていました」。しかし、その機会は永遠に失われることになった。

告白から数日後、勝田は末期の肝臓癌のため入院。そして二週間後、死が間近に迫った彼は水田に電話し、錯乱状態で泣きながら叫んだ。「ルーシーが燃える！　ルーシーを燃やしている！」

水田の話は、織原のそれまでの法廷での証言内容を裏づけるものだった。しかし、大きな問題がふたつあった。まず、ルーシーの死を惹き起こした罪の意識にひどく苛まれていた勝田が、もう事実を証言できる立場にないこと。苦悩に満ちた最後の会話の数日後、彼はこの世を去った。
ふたつ目の問題は、宣誓のあとに水田が自ら明らかにした彼の職業についてだった。水田は、その世界では有名な住吉会系暴力団の組長だった。つまり、織原の無罪放免の望みは、ヤクザの組長の証言にかかっていたのだ。

「気の毒に思っていますよ」

日本に戻ってくるのはどんな気分かと私が尋ねると、ティム・ブラックマンはこう答えた。「恐怖や不安だけではありません。うまく説明できませんが、それ以外の気持ちもあるんです。悲しい気持ちになるのがわかっていながら、人は墓参りに行くものです。それと同じプロセスなんだと思います。すべてプロセスの一部なんです。ルーシーとの繋がりを保つための一部なんです。恐怖や不安のために、われわれは過去をすべて断ち切りたいか？　答えはノー。私たちはやるべきことをやるだけ。やりたいことをやるだけなんです」

ティムは、ワイト島の自宅の庭にある二階建ての木造小屋にオフィスを構え、不動産開発の仕事を営んでいた。事件後、私もそのオフィスを繰り返し訪れた。しかし二〇〇〇年以降、ティムの仕事は休業状態が続いていた。「ルーシーの事件のことで、何カ月も手一杯でしたから」と彼は言った。「ほぼ毎日のように、何か新しい動きがあるんです。オフィスもルーシー関連のことにスペースが割かれていくようになりました――書類整理棚、ファイル、〈ルーシー・ブラックマン基金〉関連の書類。こうなると、ちょっとしたビジネスみたいなものですよ。人生の半分をそちらに捧げているんですから」。裁判の経過とともに、情報がより簡単に素早く手元に届くようになることをティムは望んでいた。しかし、結果は逆だった。公判の進捗はあまりに遅く、内容はあまりに複雑で、法廷で実際に何が起きているのかを把握するのは容易ではなかった。ティムの庭の小屋から、東京の法廷は絶望的なほど遠く、不透明だった。

各公判の数日後、裁判内容の要約が東京の警視庁から送られてきた。分量は少なく、内容はいつも難解だった。ティムは大がかりなファイルシステムを使ってその情報を管理した。「送られてくる情報量はわずかです」とティムは言った。「その短い文章をわれわれは慎重に読み解きました。織原自身による証言――それが、私たちには大きな意味を持つものでした。彼がどんな考え方の持ち主であろうと、法廷に私たちがいれば――ソフィーや私が傍聴していれば――彼にプレッシャーを与えることができる、そう強く信じていたんです。独房でひとり過ごすのと、被害者の妹と父親のまえに立って証言するのとではまったく意味がちがいます。彼が嘘をついているとすれば、きっと重圧を感じることでしょう」

ティムとソフィーが傍聴することで、織原城二が実際にどれほどのプレッシャーを感じたのかは誰にもわからない。しかし、証言台に向かう彼が予期せぬ行動に出たのは、ふたりが傍聴した二回目の公判だった。突然、織原は傍聴席のティムとソフィーのほうに向きなおり、無表情のまま軽く頭を下げたのだ。会釈より深く、お辞儀より浅かった。挨拶というほど丁寧ではないが、彼らの存在を認めるジェスチャーだった。その日の公判のあいだ、ソフィーは長い時間をかけて、その思いがけない瞬間――はっきりしない態度で頭を下げる織原の姿――をペンでスケッチした。

あるとき、いつもどおりの長い会話の最中、私はティムに織原について尋ねてみたことがあった。彼と直接対面したとき、何を感じたのか？　ティムは珍しくしばらく考え込んでから、口を開いた。「予想外の驚きを感じました。私が少し変わり者なのかもしれないが――まあ、変わり者だということくらい自分でもわかっているつもりですが」。そこで彼はまた言葉を切り、ため息をついてから続けた。「私が抱いた感情は、なんと言うか……眼のまえにいたのは、私と同い年の男でした。自らの行動によって末恐ろしいトラブルを惹き起こしてしまった男。他人の人生を台無しにした男。とても奇妙なことですが、その男に対して私は、少しばかりの……哀れみの念を抱いたんです。当然、私は怒るべきだったのでしょうが、その哀れみの感情が、なぜか怒りを中和していったんです」

私は感情を隠しきれず、つい驚いた口調で訊いた。「織原を気の毒に思うということですか？」

ティムは答えた。「ええ、気の毒に思っていますよ。とても気の毒に」

ティムと織原は一一カ月しか歳が離れていなかった。ふたりはボートを所有し、どちらも不動産業が生業だった。〝常に異端であること〟――この言葉以上に、ティムの複雑な性格をうまく表現することはできないだろう。私にしてみれば、好感の持てる立派な性格だが、多くの人を不快にさせる性格でもあった。ほぼ直感的に、彼は常識的な考え方や慣習的な道徳観を拒否しようとする。ティムは、人より優位な立場を巧みに築くことができた。しかし、彼はそこに直行するのではなく、周囲をうろうろと歩きまわり、曖昧さと哀れみの色合いが入り混じった場所を探した。しかし他者にとって、それは白か黒にしか見えない場所だった。だからこそ、まわりの者たちは困惑し、啞然とするのだった。

もし、ルーシー・ブラックマンの非業の死が〝善と悪〟の単純な構造に当てはまらないものだとすれば、いったい何が善悪で判断できるというのか？　ほかでもない当事者の父親が、この事件には複雑性が潜むと訴え、娘の死に責任を持つ者に対して公平で同情的になろうとしていた。それは、ほかの多くの人々が絶対とする善悪の概念を攻撃するものだった。そんな攻撃にさらされた人々は、ティムが正統的な考えを持たないことを、自分たちへの侮辱だと捉えた。彼は道徳上の罪人であり、世間一般に認められた感情を冒瀆（ぼうとく）する者だ、と。

第二一章　SMYK

検察側の尋問

　責任を回避しようとする狡猾さと、最後までもがきつづける魔術師のような抜け目なさにおいて、織原の答弁は世界じゅうのどの国の法廷でも異常なものだったにちがいない。とりわけ、弁護側が検察側と真っ向から対立すること自体が珍しい日本では、前代未聞の出来事だった。織原の話はときに不可解なほどに曖昧模糊としており、ときに微細な装飾で派手に飾り立てられていた。そんな話の数々は、歪曲、省略、死者への中傷の寄せ集めでしかなかった。彼の弁護士の多くも、自分たちの弁護方針が必ずしも織原の利益になるとは考えていなかった。「水田が証言した勝田の話は、なんの証拠能力も持ちません」と弁護士のひとりが私に言った。「ふたりとも暴力団員であるという事実を脇に置いておいたとしても、そもそも伝聞証拠でしかない。裁判官も『どうしてもっと早く言わなかったのですか？』と何度も訊いていました。つまり、端（はな）から証言を信用していないんです。ルーシーがドラッグ中毒だったことを、織原はなぜ初めから言わなかったのか？　裁判が始まってから四年間、彼は一言もそんなことは言わなかった。ルーシーのことをドラッグ中毒だったと語りはじめたときには、私も少し不快な気持ちになったんですよ。なぜ、死者まで冒瀆しなくてはいけないのか、とね」

　崩壊寸前のダムの水漏れを塞ごうとするかのように、弁護団は織原の話に存在する明らかな穴について被告本人に法廷で問い、なんとか話を補強しようと試みた[1]。

・ルーシーの行方不明が発表されたあと、なぜすぐに警察に通報しなかったのか？
——自身がルーシーからエクスタシーの錠剤三錠を受け取って服用しており、違法薬物の摂取で逮捕されるのが怖かったから。

・「人に言えない大変なことを起こした」と電話で聞いたという女性の証言については？
——少しまえに巻き込まれた交通事故のことを言っただけ。

・室内から見つかった大量のクロロホルムの壜については？
——実際には、壜にはクロロホルムは入っていなかった。中身をすべて空にし、代わりにウォッカを入れていた。ビデオで女性たちに嗅がせているのも、ウォッカだった。

そんなやり取りのなかには、作為的すぎて滑稽なものもあった。

弁護人：あなたは慈善団体に多くの寄付をしていますね。そのことを教えてください。
織原：私は高校生の頃から寄付を続けてきました。ですが、多くが匿名での寄付です。合計で、数千万円にはなると思います。とりわけ子供たちへの慈善活動に力を入れており、ユニセフも寄付先のひとつです。
弁護人：一九九一年四月一六日、ホテルオークラ東京で天皇皇后両陛下に会ったというのは本当ですか？

織原：そのとおりです。チャリティ・イベントでお目にかかりました。慈善団体のイベントにはよく呼ばれるものですから。

弁護人：子供時代について少し教えてください。ＩＱが二〇〇だったというのは本当ですか？

織原：ええ……

二〇〇六年三月、今度は検察が織原に反対尋問をする番になった。(2) 検察官と対面するなり、それまでの織原の自信はみるみる消えていった。

溝口（みぞぐち）という名の検察官はまず、警察に送られてきた数通の手紙について織原に尋ねた。うちルーシーの署名入りの二通については、手紙の下書きが織原所有の物件から見つかっていた。

「手紙の何通かは、勝田からメッセージを受け取ったあとに、私が書いたものです」と織原は認めた。

「メッセージとはなんのことを言っているのですか？」と溝口検察官は尋ねた。

「申しわけないのですが」と織原。「それが〝メッセージ〟としか言えません」

「勝田の指示で行動していたのですか？」と検察官。

「メッセージとしか言えません」

「麻布署長宛ての手紙はなんのために必要だったのでしょう？」

「言わなくていい場合は言わなくていいですか？」と織原は証言を拒否した。

「質問に答えたくないということですか？」

「メッセージを聞いてやっただけです」

「詳しく言えないということですか？」

「いまはそうです」

いつものように、織原は小さな青いハンドタオルで顔や首の汗を拭った。肩をすぼめ、顔を床のほうに向けたそのうしろ姿を見ているだけで、こちらにも彼の不安が伝わってくるようだった。溝口検察官は続けた。「ところで、七月三日の話をもう少し聞きますが、この日、あなたは深夜に〈逗子マリーナ〉を出発して〈元赤坂タワーズ〉に戻ってくる。そこでは何をしていたんですか、午前中は？」

織原は明確な答えを示さなかった。

「パソコンでインターネットを検索したりしていましたか？」

「それは記憶にないですね」と織原は言った。

「あなたの家にはパソコンは置いてありますよね？」

「あります。〈元赤坂タワーズ〉には」

「……パソコン解析捜査報告書ですが、これによると、あなたが七月三日にパソコンでインターネット検索を行なった形跡があるのですが、記憶にはありませんか？　午前八時五〇分頃からです」

溝口は、細かい文字が並ぶ紙の束を掲げた。表情こそ見えなかったが、織原が驚いているのは明らかだった。「弁護人、（被告に）示すのはかまいませんか？」と検察官は言った。

織原は書類に眼を通した。

「……ここのインターネットテンポラリーファイル抽出ページ一覧表を示します……二〇〇〇年六月一七日午前八時二九分から、あなたのパソコンで検索した内容をピックアップしたものです」と溝口は説明を続けた。「二〇〇〇年七月三日、八時四四分から……八時五七分まで、ここには六個の検索内容が挙がっていますが、このタイトルを見て思い出すことはありませんか？」

織原は口ごもった。その後、彼は途切れ途切れに言葉を継いだが、何を言っているのか、日本人でも理解するのがむずかしいほどだったという。「一日の深夜から、ドラッグをやりました」と彼はためらいがちに話し出した（誰がどんなドラッグを摂取したのかは不明）。「七月二日、ルーシーと私は、イギリスで行方不明になった日本人女性の話をしました。誘拐されたまま、まだ見つかっていない女性です。ルーシーはとても有名な話だと言いましたが、私はそのニュースを知りませんでした。もう女性は殺されているのかもしれない、と私は言いました。その話がなぜか印象に残っているんです。イギリスの誘拐の話が」

検察官は、その日の朝に織原がインターネットで検索したワードを読み上げていった。一件目は「チョウセンアサガオ」――〝デビル・トランペット〟としても知られ、食べると死に至る場合もある幻覚ハーブの一種。二件目は、和歌山県熊野にある「那智浦（なちうら）」――かつて、小舟で沖に向かい、舟ごと海に沈むという捨身修行〝補陀落渡海（ふだらくとかい）〟が行なわれた場所。三つ目の検索ワードは「クロロホルムの入手方法」で、四つ目は「ＧＨＢ合成物」――つまり、デートレイプ・ドラッグだ。「あなたはどうしてこれらのサイトを見たのですか？」と溝口は尋ねた。

「それは『あなたはなぜ犯罪映画を観るのか？』と訊くようなものです」と織原は答えた。「それは犯罪をするためではなく、ストレス解消のためです。調査すればわかると思いますが、私はそういったサイトを普段からいろいろと見ていました」

溝口は、その日の朝に織原が検索した残りの内容について指摘を続けた。「あなたはほかにも、硫酸の製造プロセスや購入方法に関するウェブサイトにアクセスしています。購入目的で検索していたのではありませんか？」

織原は何も答えなかった。

検察官は書類をぱらぱらとめくり、別のページを示した。「このサイトにはこう書かれています―

――『高温焼却炉を用いて骨まで灰にしてしまう方法もあるが、これはきわめてむずかしい』。さらにこう続きます。『濃硫酸につけて骨まで溶かしてしまう方法』。これは、死体の処理方法についてのページではありませんか？」

「私はそういったサイトを六月にも閲覧しています」と織原は言った。「溝口検察官の意図するような動機から見たわけではありません」

「では、その日に改めてサイトを見た理由は？」

「それはただ、さっきも言ったように、ロンドンの誘拐事件についてルーシーと話をしたからです*」

「この焼却炉と濃硫酸を用いた処理が、きわめてむずかしい方法だとサイトで説明されているのを覚えていますか？」

「記憶にありません」

日本の法廷では珍しい光景だった。それは心理戦であり、検察と被告による知恵比べだった。織原は汗を拭った。その次の瞬間、心臓が飛び出そうになったにちがいない。溝口がもうひとつの証拠、黄ばんだルーズリーフの束を取り上げたのだ。

それは、織原が自身の性生活を記録したファイル、彼の〝プレイノート〟だった。ルーシーの日記からさんざん引用を繰り返した織原が、今度は自分の文章に向き合うことになった。

「これらは、一九七〇年頃から織原被告が記録したものです」と検察官は言った。

織原は眼のまえに示されたノートのことを忘れたとは言えず、こう訴えた。「女性とのつき合いについて、実際に起きたときから五年後に書きました。五年経つと、いくらでもおもしろいストーリー

* 私の調査のかぎりでは、織原が言及した行方不明事件の記録を見つけることができなかった。

が書ける。それで、ポルノチックにストーリーを書いたんです」

「では、書かれた内容は作り話ということですか？」

「まあ、全部が全部そうではありませんが、実在する女性ではありますが、実際のストーリーとはちがいます」

　性生活の記録の多くには一九七〇年から一九九五年のあいだの日付が付され、１から２０９まで番号がつけられていた。「63番、三行目を見てください」と溝口は織原に言った。「ＳＭＹＫとはなんのことですか？」

「五年経ってから、おもしろおかしく書いたものです」

「何を意味しているのでしょうか？」

　間を置いてから、織原は言う。「答えません」

「4番――『睡眠薬を飲ませた』、21番――『この日、睡眠薬を飲ませた』とあります。ＳＭＹＫというのは睡眠薬のことではないんですか？」

「これに関しては、私は答えたくありません」

「１４０番――『ＳＭＹとＣＨＭを与えすぎ、非常に焦った』とありますが、ＣＨＭとはなんですか？」

「忘れました」

「１５０番には『ＣＲＯＲＯ』と書いてありますが、これはなんのことですか？」

「これについては答えません」

「これはクロロホルムのことではありませんか？」

「わかりません」

溝口はページをめくって続ける。「199番。あなたはこう書いています。『途中で気づかれ、弁解したがばれた』。これはどういう意味ですか？」

「それも〝プレイ〟の一部なので、答えません」

「いまのノートの記載だけを見ると、〝征服プレイ〟をする際、合意していない女性に気づかれると、あなたは慌てているように見える」

「そうではありません。これは〝プレイ〟ですから」

「では、具体的に〝プレイ〟とはなんですか？」

「答えません」

「179番、一九九二年二月。『ナナエと会ったあと、カリタ』。これは今回の事件のカリタですか？」

織原は何も言わない。私は彼の顔を見たくてたまらなかった。

「カリタにはクロロホルムは使用していない、とあなたは主張していますが？」と溝口。

「はい」

「198番。『SMYとCROCROでやる。CROCROを多く使用しすぎた。カリタの場合、やはり病院の薬が原因だと思う』。あなたはそうはっきり書いていますよ。クロロホルムを使ったことを前提として書いたのではありませんか？」

織原は言った。「あくまでも想像ですから」

数回後の公判で、織原は反対尋問の際に受けたダメージを回復させようと、自分の弁護士にあえてインターネット検索とセックス日誌のことを質問させ、こう主張した。数カ月のあいだに多くのサイトを閲覧しており、その日の朝に訪れたサイトだけを抽出して議論するのは理不尽である。また日誌に関しては、CROROやCROCROやCRO、およびその他の略号はクロロホルムを示すものではなく、相手の女性とともにビニール袋から鼻で吸引したさまざまなアルコール溶液のことである。それが彼の言い分だった。しかし、自らの弁明のために立ったその証言台で、織原はまた溝口検察官からの厳しい尋問を受けることになった。溝口の最初の質問はシンプルだった。「SMYは睡眠薬の略ではないんですか？」

「SMは〝スーパーマジック〟の略です」と織原は言った。「外国では、Yは〝幻覚〟の総称です。また、Yは未知のものを意味します。イエロー・サンシャインとか……イェ……イェスカとか……」。声がだんだんと小さくなり、最後には聞こえなくなった。

栃木裁判長が美しい歯を光らせた。「何を話しているんですか？」

遺族たちの声明

公判が続く二〇〇六年四月、被害者遺族であるジェーン・ブラックマン、ティム・ブラックマン、カリタ・リッジウェイの母アネットの三人が、裁判での意見陳述のために来日した。(3) ルーシーの両親の関係に配慮し、まずは母親ふたりが召喚され、その五日後にティムの陳述が行なわれた。

殺人の容疑者と被害者の親による直接対決を見届けようと、その日の傍聴席は満席になった。しかし、報道陣と傍聴人の入室がなかなか許可されず、法廷の扉が開いたのは予定時間をしばらく過ぎてからだった。ジェーンとアネットが傍聴席の最前列に坐っていたが、織原のいつもの指定席は空席だった。

栃木裁判長が朗(ほが)らかな笑みを浮かべて言った。「本日、被告人が出廷しないという連絡を受けました」

法律上、刑事裁判は被告が出廷しない場合は開廷することができない、と裁判長は説明を続けた。しかし、被告人が召喚を受けたにもかかわらず、正当な理由なく出頭を拒否した場合には、公判手続きを行なうことができる。実際、織原は通常通り出廷を要請された。その日の朝、東京拘置所の刑務官が独房に行って出廷するように促すと、被告人は「服を脱ぎ、洗面台にしがみついて出頭を拒否した」と栃木裁判長は言った。「被告人に出頭を拒む正当な理由はなく、遺族が国外から来ているので、被告が不在で公判を開くことはやむをえないものと考えました」

最初に証言台に立ったジェーン・ブラックマンは、娘ルーシーが赤ん坊だった頃から子供時代にかけて、そして若者に成長するまでの記憶を辿りながら、姉妹のように仲のいい母娘だったと語った。「私はかつて、親がわが子を失う悲しみは、人間が経験しうる最大の悲しみだと信じていました。でも、それはちがいました。子供を失い、その身体があのような非人道的な方法で穢(けが)されたこと、それこそが最も辛く耐えがたい苦痛——一生消えることのない苦痛です。今日、織原が出廷を拒否したことは下劣な行為であり、彼が有罪である証拠です。あの男は臆病者です」

続いて、アネットが証言台に立った。娘カリタの死によって、姉のサマンサやカリタのボーイフレンドのロバート・フィニガンがどんな苦しみを味わったか、彼女は切々と訴えた。「一四年が過ぎたいまでも、あの子のことが頭を離れる日は一日もなく、悲しみが癒えることはありません。カリタはすばらしい娘でした。誰も彼女の代わりを務めることはできません。私は織原が死刑になることを望みます。しかし、この状況ではそれは不可能です。だとすれば、一生を刑務所で過ごすべきだと考えます*」

五日後、ティムが証言台に立ったが、織原はまた姿を現さなかった。裁判官の説明によると、彼は独房の壁の狭い隙間に入り込み、出廷を拒否したとのことだった。

ティムの陳述は三〇分近くに及んだ。「私の娘ルーシー・ブラックマンの死は、人生で最も辛く苦しい出来事でした」と彼は語りはじめた。「そのショックとトラウマは、私の人生をすっかり変えてしまいました」

ルーシーは八〇〇〇日の人生を生きました。私の頭のなかには、娘とのたくさんの思い出があります。日々の生活で何気ない光景を眼にするだけで、涙が出ることがあるんです。人前でも、会議の途中でも、友人といるときも、あるいは夜に突然、涙が出ることもあります。

ベビーカーの赤ん坊を見ると、ルーシーを思い出して涙が溢れ出ることがあります。公園で父親と一緒に楽しそうに遊ぶ子供たちを見ると、ルーシーのことを思い出して悲しくなります。電車の車内で、二〇代半ばの若い美しい女性の隣に立っていると、ルーシーのことが思い出されて涙が止まらなくなります。子供連れの若い母親を見るたび、ルーシーが失ったものを実感させられます……

私の首に絡みつく娘の腕を、愛していると告げる温かい息を、私はもう感じることができません。娘の最期の瞬間を、私は考えずにはいられません。脳が動きを止めた瞬間、最後に吸い込んだ深く悲しい息。あの子は痛みを感じたのか？　恐怖を感じたか？　私に助けを求めて叫んだのか？

いま、私の頭のなかにはあるイメージがあります——切断された娘の身体、骨についたチェーンソーの痕、腐敗していく肉……ビニール袋に入れられて砂に埋められた身体、ソフィーとルパートの苦悩に満ちた表情。そんなイメージは、きっと一生消えることがありません。ルーシーのことを思い出すたび、小さな子供を街角で見かけるたび、この恐ろしいイメージが頭に入り込んでくるのです。

夢のなかで娘の声が聞こえると、あの子が死んだ事実を一瞬だけ忘れることがあります。しかし、娘の声を聞いて幸せを感じていると、不意に辛い現実が訪れる。あの子はもういない。もう夢でしか会えない、とはっと気がつくんです。

このすべての出来事によって、私は別の人間になってしまいました……言葉にできない深い悲

＊　現在の日本では、殺人罪などの限定された罪に対して死刑制度が存在しており、毎年数人の死刑囚が絞首刑に処されている。しかし死刑が科されるのは、子供の殺害、連続殺人、保険金目的といった身勝手な動機による計画的殺人など、ごく一部の凶悪犯罪に限られる。今回の事件においては、織原城二が故意に被害者を殺害したと立証する動きは見られなかった。とはいえ、カリタ・リッジウェイに違法薬物を過剰投与して誤って死に至らしめた過去に鑑み、同じ過ちを繰り返したとして、ルーシー事件で殺人罪に問うことはできたはずだ。しかし、状況証拠に頼らざるをえない立場に置かれた検察は、より軽い罪である〝準強姦致死罪〟を適用したほうが有罪を勝ち取るチャンスが大きいと判断した。
アネットの最後の発言は、西洋的な司法の考え方において、裁判所が果たすべきふたつの大切な役割に言及するものだった。ひとつは、有罪か無罪かを判断すること。もうひとつは、有罪となった被告の量刑を決めること。今回のケースで言えば、織原が罪を認めるか、あるいは有罪判決を受けた場合に限って、被害者遺族の考えが量刑に反映されることになる。しかしこの段階では、織原は起訴内容を真っ向から否定していた。

つまり、被告人がまだ推定無罪の段階にもかかわらず、量刑を左右しうる被害者遺族の意見陳述が行なわれたことになる。これは、日本の司法制度のほかの多くの点と同様、被告が法廷に足を踏み入れるまえにすでに非公式に有罪が決まっており、裁判が意味のない儀式である、という見方をさらに補強するものである。

織原自身、親族の意見陳述に対して次のような上申書を裁判所に提出した。「本裁判は否認事件裁判であり、カリタ・リジウェイ〔原文ママ〕及びルーシー・ブラックマンの親族の意見陳述は、加害者に対してなされる訳であるので、出廷するならば加害者であるという事になり……出廷する事は出来ません……これでは刑事裁判の場を憎しみと悲しみの報復的・懲罰的な場に変える事となります」。栃木裁判長は、弁護側による上申書の朗読を許可しなかった。

しみに、私の心は掻き乱され、傷つけられました。きちんと眠ることもできません。涙が溢れて止まらないことなど、しょっちゅうです。友人や家族に会うことさえ怖い。みんなの悲しい眼を見ると、居ても立ってもいられなくなるんです……仕事に集中できないこともあります。気が動転してしまい、仕事上の大切な意思決定ができなくなることもあります。すべてが無意味でどうでもいいことに思えてしまうんです。

会おうと思えば会えたのに、忙しいからという理由でルーシーに会わなかったときのことが悔やまれてなりません。娘がまだ小さいとき、怒ってしまった自分が赦せません。頼まれたときに、どうして金を渡してやることができなかったのか。あの子が私をいちばん必要とするときに、どうして傍らにいてやることができなかったのか。罪の意識を感じるんです。馬鹿げていると思うかもしれません。けれど、この罪の意識が消えることはありません。永遠に私を苦しめ、ルーシーの死によって負った傷をえぐりつづけるんです。

しかし、いちばん大きな罪悪感は、ルーシーのことを忘れたときにやってきます。つかの間、ちょっとした幸福を感じるときに罪の意識に襲われるのです。私は生涯、娘の死の呪縛から解き放たれることはありません。実のところ、うすうす気がついているんです。あの世で娘と一緒になるまで、私はこの悲劇から逃れられない。死だけが、この苦痛を解放してくれる。死んだあとにルーシーが私を抱きしめてくれる――その瞬間のためだけに、私は生きつづけるのです。

証言台でのその言葉は、これまでのティムの声明のなかで最も心に迫るものだった。東京地方裁判所は人間味に欠けた無味乾燥な場所だった。が、ティムの言葉の影響力には計り知れないものがあった。検察側の主張は強固で一貫性があった。一方、織原側の反論は矛盾だらけだった。そしていま、被害者ルーシーの父親が証言台に立ち、娘の死によって味わった苦悶を情熱的な言葉で訴えかけ、最も重い判決を要求した。

だからこそ、衝撃だった——その年の秋、ティム・ブラックマンは織原から一億円を受け取り、被告人に不利な証拠の信憑性を疑問視する書類に署名したのだ。

第二二章　お悔やみ金

バラバラになる家族

「ルーシーのお葬式は、姉がもう行方不明じゃないことを示すものでした」とソフィー・ブラックマンは言った。「中間地点で身動きの取れない時期は終わりを告げて、もう姉を捜す必要はなくなりました。でも、私が実際にルーシーの人生が終わったことを理解できたのは、お葬式よりも、遺灰を埋葬したときでした。私にとって、埋葬が姉の死を意味したんです」。しかし、今度はソフィーが死の淵を彷徨うことになるとは、誰が想像しただろうか。

火葬から埋葬まで、四年もの時間が経過した。ルーシーの遺灰の扱いについて、残されたブラックマン一家のあいだで侃侃諤諤の議論が続いたのだ。ティムは、当初、ソレント海峡に散骨することを提案した。ルーシーが子供の頃、家族でよくセーリングに行った場所だった。ルパートは、家族の誰もがいつでも気軽に行けるよう、セヴンオークス近くの墓地に埋葬することを望んだ。しかし、この討論を白熱させ、苦々しい言い合いに変えたのは母親と娘だった。ソフィーは、家族全員で分骨すべきだと必死になって訴えた。彼女は、諸磯の洞窟での出来事――ルーシーの死後初めて、姉を近くに感じることができた瞬間――を再び体験できるようにしておきたかった。「ルーシーの灰の一部を、精巧で美しいシルバーの小物入れに入れて、生涯そばに置いておきたいんです」。両親と弟に宛てた手紙に、ソフィーは感情豊かに綴った。「私にはまだ、ルーシーを土に還す心積もりができていません。もう少しだけ一緒にいたいの。毎日、話ができる場所にいてほしい。いつか将来、新たな家族ができたり、自分の家を持ったりしたとき、ずっと一緒にいられる理想の場所に埋めることができる日が来るかもしれない」

しかし、ジェーンは分骨に大反対だった。二〇〇二年、彼女は裁判所によってルーシーの遺産管理人に指定された。つまり、埋葬方法についての最終的な決定権はジェーンが握っており、彼女はその権限を行使することをはっきりさせた。ある時期には、わざわざ家庭用金庫を買い求め、灰を保管したことさえあった。実際に口に出そうとはしなかったが、ティムかソフィーのどちらかがルーシーの遺灰を盗むのではないかと恐れていたにちがいない。ジェーンが埋葬方法に強くこだわるのには理由があった。ルーシーの死のある側面――体が切断されたこと――が彼女をひどく悩ませ、恐怖に陥れていたのだ。「ルーシーの体は切り刻まれたの」と彼女は言った。「灰まで分けるなんて絶対に嫌です。とても強くそう感じました。半分になった娘なんて欲しくありません」。結局、二〇〇五年三月二三日、ジェーンの家から一・五キロほど離れたシール村のセントピーター&セントポール教会の墓地に、ルーシーの遺灰は埋葬されることになった。

一〇代の初め頃から、ソフィーは毎日のように母親と激しい口論を繰り返すようになった。そんな喧嘩の仲裁者として、ルーシーは双方にとって大切な存在になった。一四歳のときには、ソフィーは数カ月のあいだ実家を離れ、友人宅で生活したこともあった。その後、シックス・フォームの途中で学校を退学。ルーシーが行方不明になったときには、ソフィーは心臓のスペシャリスト――ペースメーカーの管理や試験を行なうプロ――になるための勉強の最中だった。当初、彼女は二、三日ほど滞在する予定で東京を訪れた。しかし結局、数週間にわたってダイヤモンドホテルに滞在することになった。それから、日本とイギリスを行き来するあいだに、医療研修生としてのロンドンでの生活を再開した。しかし、ルーシーが忽然と姿を消したことで、ソフィーの人生は大きく変わり、次第に人との接触を避けるようになった。ソフィーとどう接すればいいのかわからず、彼女を避けるようになった友人たちもいた——ソフィーはそんな友人を軽蔑した。一方、息が詰まるほど大げさな慰めと支援の手を差し伸べようとする友人たちもいた——ソフィーはそんな友人を拒絶した。彼女の高い自尊心と自意識過剰な態度は、ときに攻撃的で軽蔑的に映ることがあった。そして、ただ本心から助けようとした多くの友人たちまでもが、彼女のもとを離れていったのだ。

ソフィーは母ジェーンより父ティムとはるかに仲がよかった。ところが、その父親は家にはおらず、車で何時間も離れたワイト島に住み、継父として新たな大家族を養っていた。「私としては、孤立をけっこう楽しんでいたんです」とソフィーは言った。「私の人生において、唯一心から信頼できる人間がルーシーでした。だから姉の死後、負のスパイラルに陥ったんです。落ち込めば落ち込むほど、頼れる人は減っていきました。ルーシーの埋葬の日も、私はひとりぼっちでした」

その日、近親者四人だけでひっそりと埋葬の儀式が執り行なわれる予定だった。が、どういうわけか記者が噂を嗅ぎつけてしまった。そこで、記者やカメラマンとの揉み合いを避けるため、直前になって埋葬は四時から一時に繰り上げられることになった。マスコミに情報を漏らしたのはティムだとジェーンが決めつけたことで、初めから気まずかった雰囲気がさらに気まずくなった。

儀式は短く、とても簡素なものだった。ルーシーの死からおよそ五年後、彼女の骨壺は、ケント西部の大地と小高い丘を望むシール村の教会の墓地に埋葬された。ルパートは、ルーシーのために録音したオリジナル曲のCDを墓に一緒に入れた。ソフィーは、ルーシーのいちばん好きな詩——ウィリアム・バトラー・イェイツの『アイルランドの飛行士は死を予知する』——の最初の二行を一行ずつ彫ったシルバーの飾り板を用意し、一行目の板を墓に入れた。

LUCIE JANE
BLACKMAN
1.9.1978 - 1.7.2000
~ LULA ~
a star lighting our sky

自分の運命に出会うのは分っている。〈高松雄一編『対訳 イェイツ詩集』（岩波文庫）より〉

二行目を彫った板はソフィーが保管した。今後どこへ行こうとも、死ぬまで手元に置いておく。彼女はそう心に決めた。

どこかの空の雲のなかで

儀式のあと、ブラックマン一家は遅めのランチを食べに、〈ランデブー〉へと車を走らせた。まだ若く幸せな家族だった頃、ルーシーの誕生日を祝ったレストランだった。離婚直後に会ったきり、ティムとジェーンがここまで近い距離で長い時間を過ごすのは初めてのことだった。ティムはシャンパンを飲みながら、その場の雰囲気に驚いたという。「悪くなかった。とても友好的な雰囲気でしたよ。子供たちは冗談を言い合ってずっと笑っていました」。ジェーンさえも、元夫の存在が普段より気にならなかったという。「それぞれがお互いを尊重し合っていました」と彼女は言った。「ティムは私に『とてもきれいだ』とか言うんですよ。普段ならしませんが、ルパートとソフィーのために仲よくしたんです」。しかしソフィーにとって、それは恐怖と偽善に満ちた時間でしかなかった。表面的には楽しく見せかけつつも、彼女の心の内には感情の嵐が猛り狂っていた。

「最悪ですよ。不気味でした」。四年後、ソフィーは声を詰まらせながらランチの様子を振り返った。「レストランの席について、みんなお互いに気を遣いあって、幸せな家族を演じているんですよ。ルーシーを埋葬した直後だっていうのに。〝みんながひとつ〟みたいな雰囲気が広がって、不気味そのものでした。もう、私たちのあいだには何もなかった。私たちを結びつけるものは何もなかったんです。いまでも、思い出すだけで気分が悪くなります。まったく理解できませんでした。わかったのは隠しようもない事実だけ。ルーシーの死が、全員の関係を変えたということです。弟と姉として、母親と父親として、それぞれ役割が変わってしまったんです。まるで、見知らぬ他人同士の四人がテーブルを囲んでいるようなものでした」

いつも邪魔をするのは、ソフィーのプライドだった。自分の感情をひた隠し、自分が不幸だという事実を友人や家族に伝えられないのだ。「私が唯一出した小さなサイン――本当は大丈夫じゃない、という小さな心の声――は、自分の部屋にみんなを招いたことでした。恐ろしいランチから逃げ出したかったのに、私はあえてその時間を延長したんです。私の心の叫びだったんですよ――〝ひとりにしないで。まだ心の準備ができていないの〟」。ソフィーの家に移動したブラックマン一家は、しばらく酒や紅茶を飲んで過ごしたあと、それぞれ帰宅の途に就いた。その日、ソフィーのルームメイトで客室乗務員のエマは不在だった。つまり、ルーシーを埋葬した日の夜を、彼女はひとりぼっちで過ごすことになった。「〝お願い、ここに一緒にいてほしいの〟とは誰にも言えませんでした。助けが必要なときには、素直に頼むべきなんですよね。わかってはいるんです。でも、向こうが気づいてくれるかどうか、どうしても相手を試してしまう。だって、本当の私を知っていれば、私にわざわざ訊く必要もないわけでしょ？　何も言わずにそばにいてくれるはずでしょ？

だから、私はずっとひとりぼっちだった。ルーシーの遺灰を埋葬したその日は、私の人生で最も大きな意味を持つ日でした。私にとって、それが姉の人生の終わりだった――もうルーシーに二度と会うことはない。でも、私はそれに耐えられるほど強くはなかった」

ここ一年近く、ソフィーはさまざまな抗鬱薬（こううつやく）を処方されていた。が、どれもたいした効き目はなかった。その夜、彼女はウォッカのショットを何杯か飲みながら――空になった包装シートをきっちり隠しつつ――錠剤のコレクションを机に並べた。

「私は部屋でひとり、打ちのめされていました。何を考えていたのか、はっきりとは覚えていません。頭のなかでどう決心し、行動に移したのかも覚えていません。でもある時点で、私は見つけられるかぎりの錠剤を飲んでいました。手摑みで口に運んだんです。シートから錠剤を押し出しては、手摑みで口に入れました。『単に、助けを求める叫びだったのでは？』と人は言います。それはちがいます。私はただ死にたかった。もう生きてなどいたくなかった。生きる意味がわからなかったんです」

エマとボーイフレンドが帰宅すると、ソファーで眠るソフィーを見つけた。ところが、ウォッカを飲みすぎて酔っぱらってしまったのだろうとふたりは判断し、彼女をベッドへと移動させた。翌日の早朝、エマは泊まりがけのフライトのために家を出る。その後の出来事の記憶は、人によって異なる。ティムは、エマの母親が異変に気がついたと説明した。しかしソフィーには、朦朧とした意識のなかで自ら救急車を呼んだ記憶があった。いずれにしろ、薬を過剰摂取してから二四時間以上経った金曜日の朝早く、ソフィーは病院へ運ばれ、なんとか一命を取り留めた。

最初に知らせを受けたルパートは、ソフィーが収容された精神病院へと急行した。そこで見た姉の姿に、彼は度肝を抜かれた。脚を引きずり、何かぼそぼそと呟き、忙しなく両手をこすり合わせるソフィー――わずか二日前、酒を酌み交わしながら楽しく食事をともにした姉ではなかった。元気で皮肉屋の姉ではなく、眼のまえにいるのはゾンビだった。次にティムがワイト島から車でやってきた。ソフィーは民間クリニックへと転院し、一時的に精神保健福祉法の適用を受けることになった。ティムが驚いたのは、あまりに青ざめたソフィーの顔であり、薬の影響がすべて抜けたあとでもまだ幻覚を見ているかのように振る舞うその姿だった。最後に連絡がついたジェーンが病院にやってくると、ソフィーの腕に傷跡があることに初めて気がついた。それまで数カ月のあいだ、ソフィーはリストカットを繰り返していたのだ。

数日後に退院したソフィーは父親の保護下に置かれ、ワイト島の家でティム、ジョセフィン、彼女の子供たちとともに暮らすことになった。それから一〇週間、彼女は幸せで平穏なときを過ごし、シティ・オブ・ウェストミンスター・カレッジ臨床生理学部の卒業に必要な論文を書き上げた。その夏に発表された成績は、学内でもトップクラスだった。

翌年、ソフィーはロンドン郊外リッチモンドにあるカッセル病院――家族関係が原因の深刻な精神疾患のための専門病院――に入院し、九カ月を過ごした。その後、ソフィーが母ジェーンに会うことは二度となかった。

「ルーシーの事件のような悲劇が起きると、家族は一致団結するものだと思う人も多いかもしれません」とティムは言った。「ですが実際のところ、そういう悲劇に見舞われると、どんな幸せな家庭でもバラバラになることがあるんです。お互いに非難の言葉を投げつけ、徐々に離れていく。私たちのようにすでに崩壊した家族であれば、もともと歪みやストレスが存在します。だからこそ、新たな心の痛みに立ち向かうことはなおさらむずかしくなるわけです」。二〇〇六年の夏のある日、ティムは入院中のソフィーを訪れ、ブラックマン一家への逆風をなおさら強めることになるニュースを伝えた――織原城二から約五〇万ポンド（一億円）を支払う申し出があり、ティムは受け取ることを決めたというのだ。

最初の接触は二〇〇六年三月、織原の弁護士からのEメールだった。約二〇万ポンド（四〇〇〇万円）の現金と引き換えに、東京地方裁判所での意見陳述を取り止める、それが向こうの提案だった。ジェーンも同様の申し出を受けたが、断固として拒絶した。一方、ティムはメールで簡単なやり取りを始めた。しかし、金を受け取るつもりは微塵（みじん）もなかった、と当時の彼は私に言った。「そのメールで、私は織原とほぼ直接やり取りすることができた。あの男と話をするチャンスだったんです。だから、交渉する振りをして返信しました。まず金額をできるだけ吊り上げて、私が話に乗ったとあの男に哀れな期待を抱かせておいて、そこで一気に突き落とす……私はただゲームをしていたんです……合意も、金のやり取りも何もありません。相手を赦したことなどありません」

しかし、織原の弁護士はメールの文面を保存し、加えてティムとの電話の会話を録音していた。翌年に公表されたそのやり取りの詳細は、ティムが主張するよりも、彼がより前向きに金の交渉を進めていたことを指し示すものだった。「被告人からの申し出を受け取りました(1)」とティムはメールに書いた。「内容および条件について考えてみるつもりです」。ティムが賠償額は五〇万ポンドが妥当だと求めると、織原は三〇万ポンドの対案を提示。この案について、ティムは法廷での陳述を予定通り行なうことを条件に同意した。しかし同時に、「被告人はルーシーの死に対して悔悛の念と悲しみを示している(2)」と彼は証言台で述べることを約束した。「ルーシーの父親およびキリスト教徒として、私は被告を赦します……当事者間の問題はすでに解消している。被告が更生し、社会復帰することを願うばかりです」。しかし数日後、突然ティムはすべての交渉を打ち切った。

その理由を、ティムは織原の代理人にこう説明した(3)（録音された会話の内容はすべて書面で公表された）。「（日本の）検察と話をしたイギリスの警察から言われたんです。金を受け取ったうえで出廷することについて、検察は快く思っていない、と」

カリタの母、アネット・リッジウェイも織原から同じような話を持ちかけられていたが、彼女は申し出を拒絶した。翌月、アネット、ジェーン、ティムの三人は東京の裁判所に行き、娘の死が彼らの人生にどれほど大きな影響を与えたか、痛切な思いを各々語った。「ルーシーに対する恐ろしい行為の数々は、娘の美しさと弱みにつけ込んだ卑劣な獣（けだもの）による行為です」(4)とティムは法廷で高らかに訴えた。「怪物による堕落的行為が何十年ものあいだ野放しにされ、法律や監視の眼が届かない温室のなかで増幅していったのです」

背徳行為、あるいは人道に反する罪を犯したこの怪物は、悔悛、恥、罪の涙の一滴さえも流していません。その代わりにあるのは、嘘と否定だけ。初めはルーシーを知らないと言い張り、彼女の死が発覚してもなお否定を続けた。この獣の餌食になっていなければ、私の美しい娘はまだ生きていました……

この卑劣な犯罪には、最高刑、最長刑が適用されるべきです。世界じゅうの人々が、この罪は殺人であり、死刑判決が妥当だと信じています。私も同じ意見です。法律で赦されるかぎりの最高刑以外の判決は、当然の正義に反するものであり、ルーシーの人生と死に対する耐えがたい侮辱だと考えます。

しかし、それから半年のあいだに、ティムは織原の関係者との交渉を再開した。そして九月末、彼は東京に出向き、ホテルニューオータニ東京で関係者と会談。そのタイミングは偶然ではなかった——一〇月には、織原の弁護団による最終弁論が始まろうとしていた。ワイト島のティムの銀行口座に一億円が振り込まれたのは、そのわずか五日前のことだった。

加害者から被害者への損害賠償の支払いは、日本の刑事訴訟では古くから確立されてきた行為であり、検察が被疑者に勧めることも多いという。たとえば、危険運転によって歩行者に怪我を負わせた運転手、万引き犯、さらに強姦犯などは、金銭の支払いによって減刑されることもあれば、ときには示談が成立して起訴を回避できることさえある。賠償金を受け取った被害者は、赦しや情状酌量を求める書面を提出するのが慣例となっている。司法が感情に左右されるべきではないという西洋的な考えからすれば、このような金銭による合意は危険に思われる。しかし日本では、被害者に対して加害者ができるかぎりの償いをするのは、常識的な行為と考える人が多い。ある集団強姦事件では、被害者に一五〇〇万円の賠償金を払った被告人が三年の実刑判決を受けた一方で、金を支払わなかった（あるいは工面できなかった）被告人は四年の刑を受けた。「この種の事件では一五〇〇万円が、刑期をだいたい一年短縮するための〝交換レート〟である[5]」と社会学者のデイヴィッド・ジョンソンは著書で主張する。「殺人事件の場合は懲役刑が三年から無期刑（死刑の可能性もある）の範囲であるが、被害者の遺族の要望は、生命までとはいわないまでも、年数の単位で測られる」

しかし、この慣習と織原の提案はまったく種類の異なるものだった。通常、被告人は償いの表現として、つまり自身が責任を認めた不法行為への反省の印として金銭を提供する。ところが今回、織原は何も不正を認めていなかった。彼の弁護士が見せびらかした大金には、謝罪や告白の言葉はともなっていなかった。事実、その金が賠償金ではなく、織原が問われた刑事責任とは無関係の見舞金である旨が書類にも明記されていた。彼はいかなる不法行為にも及んでいないが、一般の人々と同じように、ルーシーとカリタの身に起きた事件をひどく憂慮しており、悲嘆に暮れる遺族をなんとか助けたい。それが織原の主張だった。

もし織原が罪を認めていたとしたら、犠牲者に対する賠償が減刑へのアピール材料になったかもしれない。しかし、いかなる危害も加えていない相手に金を支払うという行為は、大きな意味を持たない。そのため、弁護団のなかにはこの戦略に懐疑的な見方をする者も少なくなかった。それでも織原は、この慈善金のばらまきを決然と推し進めようとした。

　織原の弁護士と私立探偵は、裁判の対象となった強姦の被害者八人の足取りを突き止め、それぞれに二〇〇万円の支払いを申し出た。受け取りを拒んだ数人の女性に対しては、嫌がらせにも近い執拗な説得が続けられた。被害者三人の代理人を務めた弁護士・浅尾美喜子（あさおみきこ）は女性たちにこう伝えたという。あなた方には織原から補償金を受け取る資格がある。しかし受け取る場合には、簡単な領収書に署名しなくてはいけない。それ以外の書類――情状酌量を求める上申書や、法廷での審議に影響を与えるような声明――に署名する必要はない、と。結局、多くの犠牲者が仕方なく書類に署名した。しかし、織原の弁護士が作成したその書類は、「迷惑料」の受領証であり、「織原城二との件はすべて解決済みと考える」ことに被害者が同意し、裁判所に「織原城二に対して刑事罰を求めるつもりはありませんので、私の事件については起訴及び告訴を取り下げていただきたいと思います」と訴えるものだった。

「探偵たちは、被害者にしつこく接触を繰り返しました」と浅尾美喜子は私のインタビューに答えた。「職場、自宅、携帯電話……携帯電話の番号を変えても、すぐに新しい番号を突き止める。個人的なメールアドレスまで嗅ぎつける。そうやって欲しいものを手に入れるんですよ。嘘をついて、脅して、心理的に追いつめて。このことを聞いたとき、私はすぐに被告弁護団に抗議しました。それでも、彼らは一向にやめようとせず、被害者に書類に署名するよう強要しつづけました」

　しかし、ティム・ブラックマンは誰かに脅されたわけではない。一億円が送金されたその日、彼は書類に署名し、拇印（ぼいん）を捺した。翌週、織原の弁護団はその書類を裁判官に示した〔以下、原文ママ〕。

上申書⑥

私は、私の娘ルーシー・ブラックマンの死因が不明であったことや、織原被告のDNA等が一切娘の体内から検出されていなかったことや、娘を損壊・遺棄したとされる日時に織原被告が、旅館に宿泊していたことなどを知りませんでした。

日本の裁判所に対し、以下のことを上申しお願い申し上げます。

1　私の娘ルーシー・ブラックマンの遺体の口の中からあふれ出ていた真っ黒な物質及び頭部を覆っていた真っ黒な物質は、一体何であったのか。*

2　私の娘ルーシー・ブラックマンの頭部を覆っていたコンクリートの成分分析

3　私の娘ルーシー・ブラックマンが、何時どのように逗子マリーナから、油壺に移動させられたのか

以上、死因及びこの事件が判明できると思われる最も重要なこの3点について、是非調べていただくよう、ルーシー・ブラックマンの父親としてお願い申し上げます。

死因が、判明できると思われる口の中に充満され顔全体を覆っていた真っ黒な物質が、もしも警察・検察によって捨てられたとするなら、その行為は違法なものであり、娘を愛する父親として、その人間が警察官・検察官であっても、許すことはできません。

ティモシー・ブラックマン

2006年9月28日水曜

英語上の文法の誤り、異常なほど細かい点への執着などに鑑みれば、これがティムの文章ではないことは明らかだった。それどころか、彼は内容を細かく確かめもせずに――あるいは理解もしないまま――署名したこともまちがいなかった。しかし、人々が衝撃を受けたのはその合意内容ではなかった。一億円を手に入れるという単純な理由のために、ティムがいとも簡単に被告側に寝返ってしまったことだ。

「人前では、私はいつもパパの決断を支持してきました」とソフィーは言った。「でも実際のところは、信じられない気持ちでした。お金を受け取ったこと自体を批判しているわけじゃないんです。でもこの行動で、社会から袋叩きに遭うことは眼に見えていました。ママやマスコミからひどいバッシングを受けることも予想がついた。そうやってみんなが非難を始めたら、どんなにパパが正当化しようとしても、きっとその波は止まらない。パパの人生や仕事、あらゆることに影響が及ぶことは最初からわかりきったことだったんです。実際、そうなりましたよ」

ティムがイギリスに帰国した翌日、織原の弁護団が金の支払いについて公表した。週末のイギリスの新聞各紙は、こぞってこのニュースを伝えた。見出しの多くに、ジェーンの〝血に染まった金〟[7]という言葉が引用された。彼女は声明で次のように訴えた。「被告人からの支払いの申し出に関して、

＊ ルーシーの頭部を覆う〝真っ黒な物質〟の存在については、公判中、弁護側が再三にわたって取り上げた問題だった。検屍画像には、被害者の頭と口にタール状の液体が映っている。弁護団は明言こそ避けたものの、その黒い物質は頭部が燃やされた痕跡だと暗に訴えたいようだった。ルーシーが失踪してから数日間の織原の行動に関して、〝火〟について言及した証人はいない。そのため、この〝真っ黒な物質〟も織原の無罪を証明する要素のひとつ、というのが弁護側の思惑だった。

私はすべてを拒否してきました。[8] 娘ソフィー、息子ルパートも同じです。ティム・ブラックマンは、私だけでなく子供たちの願いに反して、ひとり交渉を進めたのです。ルーシーに忠実な家族や友人たちはみな、彼のこの完全なる裏切り行為に対して暗澹たる気持ちでいます」

彼と同じ立場になった場合、おそらく多くの人は騒ぎが収まるまで身を隠すことだろう。しかし、やはりティムはちがった。彼は記者を避けようとはせず、律儀にもテレビや新聞のインタビューを受け、〝なぜ?〟と繰り返される質問に答えつづけた。彼がなにより主張したのは、ルーシーが行方不明だった数カ月間にかかった莫大な費用についてだった。さらに、今回の金で〈ルーシー・ブラックマン基金〉の財政基盤を強化できると強調した。また、日本での訴訟に必要な費用と時間、織原が破産宣告を受けた事実を考慮すると、民事訴訟での損害賠償請求が不可能に近いことも指摘した。一方で、自分に不利になる発言も目立った——今回の支払いは織原本人からではなく、彼の大学時代の〝友人〟であるツジという人物から支払われたものであり、織原を助けるどころか、支払いは「被告人の有罪をさらに証拠づけるものだ」とティムは訴えた。彼は終始守りに徹し、態度もどこか中途半端だった。前日まで、表向きは同情的だったテレビのインタビュアーたちも、鬼の首を取ったように急に高圧的になった。そのときのティム・ブラックマンは、娘が殺害された哀れな父親ではなく、犯罪者のような扱いを受けた。

週が明けると事態はさらに悪化した。《デイリー・メール》紙が「父親の裏切り」という見出しで、二〇〇〇語に及ぶティムの中傷記事を掲載したのだ。[9] 「(ティムが金を受け取ったことは)驚くべき方向転換であり、ルーシーの母ジェーンに甚大な苦しみをもたらす行動である」と記事は伝えた。「しかし興味深いことに、彼の行為が社会に大きな動揺を与える一方で、ティム・ブラックマンをよく知る人の多くにとっては、たいした驚きではないようだ」。ジェーンの言葉がそのまま引用されることはなかったが、ティムの裏切りに直面した彼女が「静かな威厳を保っている」という〝友人たち〟によるコメントが掲載された。「(ルーシーの親族や友人は)ティムのことを薄情で虚栄心の強い男だと語った――一〇年前、別の女性と生活するために無情にも家族を捨て、いっさいの経済的支援を拒否した男……東京の人々の善意を瞬く間に食い物にした、傲慢で自己中心的な男」

これらの情報を提供した〝多くの関係者〟のうち、実際に記事に名前が載ったのはひとりだけだった――ヒュー・シェイクシャフト。ある時期から突如としてティムに猛烈に反発するようになった、六本木のファイナンシャルアドバイザーだ。*「私は長いあいだ、彼の言動に驚き、失望してきました」とヒューは《デイリー・メール》の記事で暴露した。「彼の今回の行動を知り、これ以上沈黙を守ることはできないと感じました」とヒューは語り、苦情を並べ立てた。彼のオフィスをティムが好き勝手に使ったこと、ヒューの支払いで記者をレストランで接待したこと、二日間ソフィーを東京に置き去りにしたこと。ジェーンの別の〝友人〟はさらにこう明かした。ティムが生活費をほとんど入れていなかったこと、ルーシーと近しい関係ではなかったこと（「ふたりの仲がいいなんてバカバカしい」と友人は証言）、〈ルーシー・ブラックマン基金〉の設立についてジェーンに事前の相談が何もなかったこと。また、《デイリー・メール》が「摑んだ」情報によると、基金の管財人たちに対して「前夫が組織運営の責任者として適任かどうかを疑問視する」質問状をジェーンが準備中であるとのことだった。

ティムは東京地方裁判所に手紙を送り、必死に訴えた。「これまで世界じゅうの方々からお悔やみ

＊　ルーシーの事件後、ヒューはクアラルンプールに移住。マレーシア王女とのつかの間の婚約ののち、占い師ロン・バードをパートナーに迎えた新事業を起ち上げた。

金をいただきましたが、（織原の）友人からのお悔やみ金もそれと同様に受け取ったものです。受け取ったのは、被告が有罪であることのさらなる証明になると考えたからです。被告は破産者であるため、金の支払いは大きな処罰にもなります。被告は罪を犯したにもかかわらず、無実の振りを続けています。織原は私の娘を含む女性たちを餌食にした邪悪で凶暴な犯罪者です」。しかし、遅すぎた。もう、誰も彼の話など聞いていなかった。さらに、金を受け取った一カ月後、ティムが二台目となるヨットを六万四五〇〇ポンド（約一三〇〇万円）で購入したことものちに明らかになった。ボートは自らが運営するチャーター会社の投資目的用に買ったものだ、と彼はなんとか説明しようとした。が、この話にも誰も興味を持たなかった。

それまで、ジェーン・ブラックマンが自ら公の場で前夫に言及することはなかった。しかしティムが金を受け取った数カ月後、彼女はその重い口を開き、《デイリー・メール》紙の正式なインタビューを受けた[10]。「不道徳な元夫」と題されたこのインタビューで、ジェーンは次のように語った。「まるでふたつの闘いに挑まなくてはいけない気分です。ひとつは殺人者に対して。もうひとつは前夫に対して……彼はどちらの味方なんでしょう？　なぜ彼の行為が娘の裁判の助けになるのでしょうか？……私に言わせれば、ティムは一億枚の銀貨を受け取ったんですよ。ユダは三〇枚で満足したというのに」

魂を奪い合う戦場

ジェーンの再婚相手ロジャー・スティアに初めて会ったとき、彼は私にいくつかアドバイスをくれた。「最初から、この話にはふたつのバージョンがあると思ったほうがいいですよ。ひとつはティムのバージョン。もうひとつは、ジェーンが話す真実のバージョン」

　ジェーンがロジャーに出会ったのは、ルーシーの死から二年半後のことだった。真っ暗な孤独の闇にいた彼女を救ったのが、ロジャーの愛と献身的なサポートだった。一九九五年の離婚以降、ジェーンには恋人もいなかった。「もう誰かに出会うことなんてないと思っていたんです」と彼女は言った。「恋愛とか結婚とか、そういう人生は終わったんだろうって」。ある晩のこと、友人が知り合いの独身男性を紹介したいとジェーンに言うと、酔った勢いで彼女が同意。それがきっかけだった。そして最初のデートから、ふたりは意気投合することになる。

　ルーシーを亡くしてから数年のあいだに、ジェーンはほかの人々が見逃すような小さなサインに気がつくようになった。そのサインは、彼女にとって深い意味を持つものだった。蝶、白い羽、星、絵やデザインに組み込まれた天使のイメージ、鳥のさえずり、モノや機械の異常な動き――こういったすべてが、ルーシーの魂の現れだとジェーンは信じた。「最近、あの子がまた来たんですよ」。私が二回目に家を訪れたとき、彼女は言った。「いろいろモノがなくなったり、火災報知機が勝手に鳴り出したりするんです」

　そんなサインがジェーンの運命を決めた。四九歳という年齢でブラインドデートに行くことに緊張しながらも、ジェーンは待ち合わせ場所のパブに着くと、駐車場に車を停めた。ふと見ると、隣のシルバーの車の室内灯がついたままだった。その車こそが、彼女が会う約束の男性の車だった。「私は彼に『駐車場のシルバーのメルセデスってあなたの車？　室内灯が点いたままよ』と伝えたんです。そうしたら、彼が『そんなことあるはずない』と言いながら、念のため外に見にいったんですよ。で、戻ってきてこう言ったんです。『君の言うとおりだった。けど、僕の隣の車が君のだとしたら、そっちも室内灯が点いたままだけど』。それで、今度は私がこう言う番でした。『そんなことあるはずない』って。でも確かめにいくと、彼の言うとおりだったんです」

ルーシーという名はラテン語の〝光〟に由来する。〝光〟はルーシーの人生において、またその死において、大きな意味を持つものだった。ジェーンは常々そう感じていた。その日、思いがけず室内灯が点灯したことはルーシーの存在を示す確かなサインだった。「それはルーシーだったんです」と彼女は言った。「あの子が同意してくれたんです。結婚してもいいよって」。五週間後、ロジャーはジェーンにプロポーズし、八カ月後の二〇〇三年八月にふたりは結婚した。

ロジャーはジェーンよりも五歳年下で、彼女と同じように離婚歴があった。彼の父親は、メソジスト派の牧師だった。それまでに、ロジャーはさまざまなキャリアを積んできた――銀行家、ソーシャルワーカー、ロンドン金融界の人材スカウト、フリーランスのキャリア・アドバイザー。ジェーンと結婚したときには、道徳・倫理問題について企業に助言する〝企業哲学者〟として活動していた。二〇〇六年には、自らの著書『ethicability® ―― how to decide what's right and find the courage to do it』（倫理化できること――正しいことを見極め、勇気を持って行なう方法）を上梓。この本について、彼はウェブサイトで次のように説明する。「謙遜、勇気、自制心などの倫理的価値が、成功や社員の幸福、持続可能性の鍵となる……ethicability®（おそらく、小文字の〝e〟が登録商標Rマークを取得するうえで重要なポイントなのだろう）は、人々が立ち止まり、考え、対話し、協力することを促し――さらに正しいことをするための意思決定と文化的なフレームワークである」。のちにロジャーは、ロンドンにあるカス・ビジネススクールの〝組織倫理学〟の教授職に就く。さらに、ティム・ブラックマンの逮捕・起訴を求める活動において、非公式のリーダーを務めるのも彼だった。

私が初めて会ったときのロジャーは、顎鬚を蓄えた穏やかな顔つきの五〇代男性だった。当時はまだ仕事が安定しておらず、組織に属さないフリーの哲学者という立場に、少なからず不安を感じているようだった。ウェブサイトの写真の彼は、秘密を打ち明けるように身を乗り出し、黒縁眼鏡の奥から笑顔でカメラを見つめている。ピンストライプのジャケットの下には、〈ポール・スミス〉風の花柄の洒落た開襟シャツ。しかし、普段のロジャーは〈ユニクロ〉のシャツを好んで着るタイプ、というのが私の印象だ。彼のジェーンに対する愛情と敬意、精神的に厳しい状況の彼女を守りたいという思いは、紛れもなく誠実なものだった。ルーシー・ブラックマンの母親としてのジェーンの活動を支援するのも、ロジャーにとっては当然のことでしかなかった。

散歩中、ジェーンが小道を横切る蝶にルーシーの姿を見ると、ロジャーもそこにルーシーの姿を見出した。ジェーンはインタビューのあいだ、過去の辛い記憶、あるいはこのうえなく幸せな記憶を思い出し、言葉を詰まらせることがよくあった。そんなとき、ロジャーはいつもそばでジェーンに手を差しのべ、温かい紅茶を持ってきて彼女を落ち着かせた。しかし、ロジャーのティムに対する剝き出しの敵意に、私は大いに驚かされた。あたかも自分自身の問題を語るかのように、ティムよりも妻のほうが道徳的に正しいのだとロジャーは言い放った。ときにジェーン以上に彼のほうが、ティムを──一度も会ったことのない妻の前夫を──軽蔑しているかのように思われた。

私はセヴンオークス郊外のケムシングにあるふたりの家を訪れ、長時間にわたってジェーンに話を聞いた。たいてい、ロジャーが隣にいた。私が質問すると、いつも彼のほうが先に答えようとするので、ジェーンから直接話を聞き出すのがむずかしいこともあった。「僕はソーシャルワーカーとして働いていたから、洞察力が鋭いほうだと思うんですよ。それに、人々の行動から性格やタイプがわかるんです」とロジャーは私に言った。「ティムからは重度の人格障害のあらゆる兆候が見られる。自分が有能だと思い込んでいるタイプです……彼は性格をぱっと変えてしまう。昔は、子供思いの優しい父親だった。ルーシーが熱性痙攣の発作を起こしたときにも、命を救ったのはティムです。ところが、突如として家族を裏切り、ジェーンだけでなく子供たちをも傷つけることになった。心理学の事例研究の対象としては理想的ですよ」

「いわゆる社会病質者ね」とジェーンがやっと口を開いた。

「ああ、基本的には社会病質者ということだろうね」

ティムの法的責任を問う活動が始まったのは、〝血に染まった金〟の受け取りから数カ月後のことだった。事態が大きく動いたのは、かつての東京のボランティアのひとり――ヒュー同様、ティムに嫌悪感を抱くようになっていたイギリス人銀行家――がジェーンに活動費用を提供したことがきっかけだった。彼女はその資金をもとに、マスコミ法が専門の弁護士マーク・スティーブンスを雇った。そして、敏腕弁護士の後ろ盾を得たジェーンとロジャーの訴えにより、ティムの居住地を管轄するハンプシャー警察が、詐欺容疑で彼を捜査することを決めたのだった。

表面的には論拠が乏しいようにも思われたが、それは考え抜かれた巧妙な告発だった。つまるところ、ティムが誰に対して詐欺行為を働いたというのか？　金の受け取りを願った織原ではない。似たような支払いの申し出を断りつづけたジェーンでもない。「被害の対象となったのはルーシーの遺産です」とロジャーが説明した。織原の弁護士が作成し、ティムが署名した書類の一通に、彼が「ルーシーの家族を代表し」一億円を受け取ったとの記載があった。しかし実際には、彼女の遺産を管理するのはジェーンであり、ティムは自分の立場を偽って一億円を受け取ったことになる。そのため、彼は存命中の人物ではなく、死んだルーシーに対して詐欺行為を働いた。それが彼らの主張だった。ハンプシャー警察はこの訴えを捜査に値すると判断し、巡査部長を派遣してジェーンから調書を取り、英国検察庁を通じて日本の当局に文書で追加の情報を求めた。

ジェーンがとくに反感を抱いたのは〈ルーシー・ブラックマン基金〉についてだった――いつしかその基金は、死んだルーシーの魂を奪い合う戦場のひとつと化していた。設立から五年のあいだに、基金は小規模な慈善団体へと変わり、専従有給スタッフとボランティアを数名抱えるまでに成長した。若者向けの安全グッズの普及が主な活動のひとつで、レイプ撃退用の防犯ブザー、ドリンクの薬物混入を検査するキットなどを販売。また、ティムは各地の学校を訪問し、ルーシー事件の教訓や国内外で身の安全を守ることの重要性などを説く講演を行なった。その状況を見かねたジェーンは、英国チャリティ委員会に文書を送り、〈ルーシー・ブラックマン基金〉の慈善団体としての認可取り消しを求めるロビー活動を繰り広げた。一方、基金の役員には、ティムとの関係を絶つように強く訴えた。夫ロジャーのほうは、ある女性記者に〝あくまでもオフレコで〟メールを送り、基金の資金管理状況を調査するよう要請した。[11] 新たな攻撃が始まったのは、二〇〇七年四月のことだった。ある日、ティムの元アシスタントで、基金の副責任者だったハイディ・ブラックからロジャーにメールが送られてきた。その前月に解雇されたブラックは、雇用審判所に不当解雇の訴えを申請中だった。さらに、基金に寄付された金の一部が不明だとして、彼女は刑事告発にも踏み切っていた。ロジャーがメールを受け取った同じ週、情報は《デイリー・メール》紙にも伝わり、〝基金での詐欺容疑でルーシーの父親に捜査〟という見出しの記事が発表された。[12] 翌日、基金の唯一の専従スタッフであるマット・サールが逮捕され、警察の事情聴取を受ける事態にまで発展した。

五週間にわたる捜査の末、彼は無罪放免になった。警察は〈ルーシー・ブラックマン基金〉の金の流れを調べ上げたが、使途不明金を示す証拠はなく、ほかの犯罪の形跡もなかった。また、チャリティ委員会への申し立ても却下され、ルーシーの遺産に対する詐欺の訴えも認められることはなかった。二〇〇七年半ばまでに、ロジャーとジェーンの活動はすべて失敗に終わった。

「それが理由で、私はママと連絡を取るのをやめたんです」とソフィーは言う。「とにかくママは、パパを攻撃することしか考えてない。後先考えず、ただ粗探しをしたいだけ。私やルパートにどんな影響が及ぶかなんておかまいなし。私たちの気持ちや感情よりもなによりも、まず自分を優先する人なんです。親としては致命的な欠点だと思いますよ。

もう過去の離婚を乗り越えて再婚したんだから、パパのことなんて放っておけばいいのに。元夫にこだわりつづけていたら、これからの人生も、新しい結婚生活も幸せじゃないだろうし、安定しないと思うんですよ。それにあのロジャー――夫なんだから、もっと男らしくなってほしいわ。妻の元夫のことをあれこれ詮索して何が楽しいの？　ちょっと変だと思いませんか？」

第二三章　判　決

熱い抱擁

何年にもわたって、私は織原城二との面会の実現に向けて模索しつづけた。彼の弁護士を通じて何度も手紙を送り、東京拘置所でのインタビュー取材を要請した。(1) 手紙のなかでは、事件の（いくつかある）未解決の謎について問い、彼の意見を尊重しながら、被害者や警察の立場とのバランスを取って報道する意思を伝えた（それは心からのものだった）。さらに、彼が答えたがるだろう質問リストも添えた――不利な証拠や〝お悔やみ金〟、警察の捜査方法などについて。しかし、私が本当に訊きたかったのは、在日韓国人のパチンコ王の息子として何不自由なく育った大阪時代のことだった。情緒不安定の兄との暮らしはどんなものだったのか。香港での父親の死をどう受け止めたのか。そして、顔を整形するまえ、彼は鏡に何を見たのか。

一度、織原は返信のなかで、ルーシーの医療記録を入手するよう私に要請してきた。(2) 以前にも彼は、イギリス人私立探偵を使って同じ情報の入手を試みていた。こちらが協力すれば、彼も取材に協力する、という狙いだったのだろう。が、私は断った。さらに何度か手紙を送ると、織原の弁護士のひとり、しかつめらしい無表情がトレードマークの荒井清壽（あらいきよひさ）に都心の事務所に呼び出された。

彼はまず、織原城二からの伝言を読み上げた。「手紙を送っていただいたことに心より感謝します。いずれお会いできる機会があると思いますが、まずは私が提供する資料を見てください」。テーブルの向こうから、荒井弁護士が書類の束をこちらに押しやってきた。公判の速記録、ルーシーの日記、織原のマンション室内で撮影されたクリスタ・マッケンジーの写真などだった。資料の多くは、のちに出版される奇妙な本にも掲載された。が、一部の資料は、その後も決して公開されることはないものだった――洞窟から掘り出された、ルーシーの死体の写真だ。彼女の頭、腕、胴体、大腿部、ふくらはぎ、足が解剖台に整然と並ぶ写真。言うまでもなく、恐ろしい写真だった。ところが、切断された人体を眼にした衝撃の次にやってきたのは、羞恥心だった。性的なものに感じる羞恥心だ。「もちろん、見るに堪えない残酷な写真でしょう」と言い、荒井は写真を手渡してきた。「気の毒としか言いようがない」と言いながら、彼は写真を見る私を観察しているようだった。

　私に写真を見せた上辺の目的は、ルーシーの頭や口に付着した〝黒い物質〟に対して注意を促すことだったのだろう。その物質の正体についての検察の説明は不充分である、それが織原の一貫した意見だった。しかし実のところ、目的はほかにもあった。そう、私はのちに感じるようになった。おそらく、私個人に対する警告、あるいは脅迫の意味合いがあったにちがいない。そのとき私は、落とし穴の上に少しだけ空いた隙間から覗き込んでしまったのだ――ルーシーの身に起きた地獄のような悪夢、それを行なった人物の心の内を。

＊

　織原の弁護士からはさらに二通の手紙が送られてきたが、どちらも私の記事の内容の誤り――日付、犠牲者一名の国籍、出来事の推移――を指摘するものだった。「それに加えて」と織原の弁護士、坂根(さかね)真也(しんや)は憤然と手紙に綴った。[4]「冷凍庫内に保存された犬について、犬種がジャーマン・シェパードと書かれていますが、シェットランド・シープドッグの誤りであり、これも事実に反することになります」。私は事実誤認の指摘に感謝し、再びインタビューを申し込んだ。いつものとおり、返事はなかった。しかし二〇〇六年五月、再三にわたってインタビュー取材を拒否したあと、織原は彼なりの方法――訴訟という名の熱い抱擁――で私に接触してきた。

威厳漂う荒井弁護士を代理人として、織原は私を名誉毀損で訴えた。通常であれば、記事を発表した新聞社を訴えるのが一般的だが、彼はなぜか私という個人に対して損害賠償三〇〇〇万円を請求してきた。三週間後、東京地方裁判所に出頭するよう私は命令を受けた。法律用語が並ぶ告訴状の言葉は、難解で威圧的だった。しかしよくよく調べてみると、主張の中身は滑稽なほど異様なものばかりだった。とりわけ意外だったのが、ジェーンの意見陳述が行なわれた公判において、織原が出廷を拒否した理由についての訴えだった。当時、私を含めたすべての記者が同じ内容を報道した――〝織原が服を脱ぎ、独房の洗面台にしがみついて出頭を拒否した〟と裁判長が発表。しかし荒井弁護士によると、この主張は馬鹿げており、名誉を毀損するものだというのだ。「意見陳述が行なわれた公判期日において、出頭を拒否するために原告が服を脱いだという事実は一切ない」と訴状には書かれていた。「このような被告の不法行為により、原告の名誉は著しく毀損され、その損害は少なく見積もっても金三〇〇〇万円を下らない」

私の代わりに、《タイムズ》紙が弁護士を雇ってくれた。以降、会議や電話での相談を繰り返しながら、メモや書類を集め、長々とした反論の草稿を何度もやり取りした。被告という新たな立場への

＊　荒井弁護士に促されて写真を持ち帰った私は、約束通り翌週に送り返した。その四カ月後、荒井弁護士から私を非難する通知書が届いた。(3)「（私が写真のコピーを）ロンドン警視庁に交付し、そしてロンドン警視庁に於いてはそれを故ルーシー・ブラックマンさんの遺族に見せるに及んだということです」。通知書はさらにこう続く。「貴殿のこの行為は、取材対象者との約束を反故にし、信頼関係を傷つけたばかりでなく、遺族の方を傷つけ、悲しみを増幅させるものであり、ジャーナリストのみならず、人間として決して許されることではありません」。これらの言葉には、何ひとつ真実が含まれていなかった。

不安は、すぐに興奮と好奇心に掻き消されてしまった。法廷で私は織原と対面するのか？　あれほど通いつめた法廷の柵の向こう側に坐る気分はどんなものだろう？　だからこそ、織原も私も出廷する必要がないと知ったときには、さすがにがっかりした。刑事裁判よりも民事裁判ははるかに形式的で、弁護士のみの参加が通例であり、原告や被告の出欠はなんの意味も持たなかった。それでも私は一度、口頭弁論に参加して被告人席に坐った。裁判が始まると、まず私の弁護士が証拠品を提出した。織原が服を脱いで抵抗した事実を栃木裁判長自身が法廷で宣した、というほかの記者たちの証言だ。* 荒井弁護士と裁判官がその内容を精査したのち、証拠として認められた。最後に、次回の口頭弁論の日程が決定。一〇分もかからずにその日の口頭弁論は終わった。そんな私の裁判に興味を持つ人間などいなかった。傍聴席に坐る三人は見学者ではなく、次の裁判を待つ弁護士だった。実に陳腐な裁判ではあったが、私としては、法廷という場で被告となるスリルと恐怖を実感できるいい機会になった。被告人席に坐った私の心を包んだのは、傍聴席に坐ってメモを取っているときとは正反対の感覚だった。あたかも、演出家と俳優の両方として舞台に立っているかのような感覚だった。

最終陳述

織原城二裁判の最後の二回――第六〇回と第六一回公判――は、検察および被告側からの最終陳述に充てられた。新たな主張などもう何もなかったが、それでも双方が長時間にわたって弁論を続けた。織原は証言台のうしろに二時間も立ったまま、検察の話の粗（あら）を一つひとつ指摘していった。私のような小柄な男が、誰にも目撃されずに、あれほど大柄な女性の体をどのように車に運び込むことができたのか？　あまりに多くの未解決問題が残る状況で、真実を誰が見極められるというのか？　「決め手となる証拠は存在せず、死因も明白ではない[5]」と弁護側の最終陳述は続いた。「（ルーシーの死亡に関し）DNAなど被告に由来するものは一切検出されていない。検察側はクロロホルムなどの薬物による死亡と主張するが、遺体からクロロホルムは検出されていない」

一方の検察側は、それまで積み上げてきた証拠について再び説明した。織原自身が長期にわたって残してきた〝征服プレイ〟の記録、被害女性たちの証言、押収されたビデオと薬品、怪しい通話、物品購入の記録、ルーシー失踪後のインターネット検索。さらに、織原側の訴えの矛盾も指摘した。事件に深く関与したとされるなんでも屋の勝田についての信じがたい証言が、裁判が始まって数年経ってから持ち出されたことだ。「被告の弁解はあまりに不合理であり、それ自体が被告の有罪を裏づける証拠である」

日本の法廷では、強く感情に訴えるのではなく、官僚的で控えめな表現が使われるのが一般的だ。その日も例に漏れず、論告求刑を読み上げた若い検察官は、いつもどおりの棒読みだった。しかし、公式の場での発言としては珍しく、その陳述には怒りに満ちた言葉が並んでいた。「これは、性犯罪史上、類を見ない猟奇的で悪質きわまりない重大な犯行である」と検察官は断じた。「被告の再犯の可能性はきわめて高い。人間的な反省の態度はまったく認められず、遺族の声にも耳を貸さない被告は、人面獣心的であるとしか言いようがない。被告には人間性の片鱗すら見出すことができず、なんら悔悛の情を示さない。これは、性犯罪史上きわめて稀に見る事件である。よって、検察は被告に対して無期懲役を求刑する」

この論告求刑が始まるまえ、織原の弁護団はティム・ブラックマンの証人申請を繰り返した。

「父親に何を訊きたいのですか？」と栃木裁判長は、いつもの苛立ちの笑顔で尋ねた。

＊　これを証明するうえで最も重要な証拠が、公判当日の速記録であることは言うまでもない。ところが、裁判自体は公開されているにもかかわらず、速記録は公文書ではなく、私の弁護団が閲覧するには裁判官の許可が必要だった。

「一億円を受け取ったという事実についてです。これまで父親は拒否しつづけてきましたが、先日ついに受け取りました。その思考過程を検証することを望みます……彼は、情状に深く関わる重要な証人ですので、ぜひ証人尋問を行ないたく思います」

「父親からはすでに充分に話を聞きました」と栃木は言った。

弁護士が何やら文句を言うと、栃木はこう一喝した。「このようなことは赦しません。却下します」

「異議あり」と弁護士。

「却下します」と裁判官。

栃木裁判長が検察に論告求刑を始めるよう促すと、「異議あり」と織原の弁護士がまた声を荒らげた。「裁判所の決定に異議を申し立てます。審理を尽くすべき義務に違反している」

「却下します」と栃木裁判長はきっぱりと告げた。「あまりにも理由がない異議が多いと、乱用になりかねない。弁護人、気をつけてください」

結審直前になって、織原の有罪か無罪かを決める人物を故意に挑発するというのは、どう考えても明らかな戦術ミスのように思われた。結局、二〇〇六年一二月一一日、織原の第一審がついに結審した。判決の言い渡しは五カ月後。しかし、その内容についてはすでに確定していたも同然だった。


『ルーシー事件の真実』

全六一回、六年にも及ぶ長期の裁判だった。週五回、午前と午後に公判が開かれるイギリスの法廷だったとしても、一カ月半以上続く異例の裁判になっていたことだろう。織原は法的能力、資金力、技術力、調査力の限りを尽くして公判に臨んだ。二〇〇四年のイギリスの新聞では、織原の弁護士が複数のイギリス人私立探偵を雇い、関係者の素性調査を行なったと報道された。(6)対象者にはティム、ジェーン、ルーシーだけでなく、ルイーズ・フィリップスとその姉エマも含まれていたという。その二年後には、『ルーシー事件の真実』と題した英語と日本語のウェブサイトが起ち上げられた。(7)サイトの大部分を占めるのは、事件の経緯についての織原側の主張だったが、ほかにもルーシーの日記の一部、ティムが署名した書類、公判速記録の抜粋などが掲載されていた。*そして二〇〇七年、判決公判の数日前、死んだ犬の写真が表紙を飾るある本が東京都心の数軒の書店に並んだ。

重さ一キロ近く、厚さ四センチ、全七九六ページに及ぶ『ドキュメンタリー　ルーシー事件の真実』は、被告側の退屈さ、創造力、グロテスクさの結晶であり、織原城二研究のバイブルとなる本だった。「エリート検事vsＩＱ１８０織原城二の攻防——近年　この事件ほど事実と報道が違う事件はない」という長い副題の下の帯には、次のような宣伝文句。「本事件で検察官はなぜ暴走してしまったのか？　明らかにされた検察官の証拠隠滅・公文書偽造」

本の編著者は、前出のウェブサイトと同じ「ルーシー事件真実究明班」だった。この謎の活動家は誰なのか？　なぜ正体を隠そうとするのか？　委託を受けた弁護士による自費出版という体（てい）ではあったものの、出版社としては、織原自身の命令と監督のもとに制作されたという認識があったという。(8)**『ルーシー事件の真実』には、大量の裁判速記録や証拠物はもちろん、織原の子供時代、酒に溺れた思春期、ルーシーと出会った運命の夜前後の出来事についての長い三人称の記述も含まれていた。ま

＊　このような公文書を裁判所の許可なく発表するのは違法行為である。さらに、流出したのは公判中の刑事裁判の証拠であり、警視庁は立件を検討。しかし、サイト制作者は一枚上手だった。ウェブサイトのドメインはオーストラリア領クリスマス島を示す〝.cx〟となっていたのだ。結局、捜査が行なわれることはなかった。

＊＊　『ルーシー事件の真実』出版経緯の詳細については巻末原注を参照。

た、〈ブルーシー油壺〉の室内、織原所有のスポーツタイプのメルセデスといった多数の写真も掲載された。冒頭を飾るのは、部屋のソファーでヘロインらしきものを吸引するクリスタ・マッケンジーを撮影した一連の写真だ。ほかにも、お悔やみ金の額を交渉するティムのメールがそのまま転載され、ティムと織原の代理人の電話の会話内容、強姦の被害者のひとりであるウクライナ人女性タニア・ネボガトフに支払われた三二〇万円の受領証までもが公表された。(9)ルーシーの日記の一部がここでも許可なく暴露され、原文と日本語訳のみならず、裁判で織原が行なった解説の中身まで掲載された。さらには、ルーシーの正確な死体発見位置を示す諸磯の洞窟内部の地図、台風に襲われた直後の現場付近の砂浜の写真なども収載されていた。

そういった資料を発表した目的は、自身の主張を訴え、自らに有利に働く疑問点を提示するためだったにちがいない。たとえば、こんな疑問点だ――〝死体を運ぶには車が小さすぎるのではないか?〟。〝海水が浸水する洞窟内に長期間埋められた死体が腐敗しなかったのはなぜか?〟。そして、織原の主張は、おそらく次のようなものだ――〝外人クラブホステスはドラッグ好きの性悪女〟。〝愛犬を冷凍保存したのは事実〟

しかし、無秩序に入り混じった資料はあまりに乱雑で膨大すぎた。この本に何か価値があるとしても、不気味さと退屈の沼に呑み込まれてしまっていた。これほど多くの生の資料を公開して、織原は何を狙ったのだろう? 誰かが彼の意図を理解してくれるとでも本気で思ったのだろうか? この本を出版することで、いったい誰に影響を与えようとしたのだろう? 裁判官にしてみれば、本の内容はすべて法廷で明らかにされたことばかりだった。たとえ裁判官が世論の影響を受けやすいと仮定したとしても――さらに、一般市民の誰かがわざわざこの本を読んだとしても――織原の有利になる点など本にはひとつも書かれていなかった。おそらく、織原はとくに大きな理由もなく、出版を決めたのだろう。判決を待つあいだ、ほかには何もすることがなかったのだろう。

だが、彼には利用できる手がひとつだけ残されていた。日本の裁判では、過去の善行や性格証人の証言が重要視される。そのため、心の美しい詐欺師、博愛主義の放火犯、人好きのする露出狂など、自らの社会的価値を示すことができれば、減刑の対象となる可能性が高い。これを知った織原は、それまで続けてきた慈善団体への寄付についてここぞとばかりにアピールした。二〇〇六年五月だけで、彼は〈セーブ・ザ・チルドレン〉〈アムネスティ・インターナショナル〉〈日本赤十字〉にそれぞれ五〇〇〇万円を寄付したという。

ところが、判決にさらに大きな影響を与えうる性格証人の証言については、織原は最後まで利用することはなかった。学校の同級生、恩師、大学の仲間、仕事上のパートナーなど、被告について肯定的なことを証言してくれる人であれば、誰でもよかった。* あらゆる手を尽くしてきた織原のことだ、もし証言してくれる人物がいれば、無理にでも法廷に引っ張り出してきたことだろう。しかし、驚きの塊である織原について、最も驚くべきはこれだった――（少なくとも表面的には）子供時代、青年期を経て中年になるまで、織原には友達と呼べる人間がひとりもいなかった。

ふたつの準備稿

判決は、二〇〇七年四月二四日、火曜日の午前一〇時に言い渡される予定だった。イギリス時間の

＊『ルーシー事件の真実』（七五一～七五二ページ）では、織原を「溺愛した」数人の恩師の名前が挙げられているが、誰ひとり性格証人として法廷に呼ばれることはなかった。とくに慶應義塾大学の関口名誉教授については、「織原被告の逮捕は……（教授にとって）相当ショックであったことは、言うまでもない」と記述がある。不幸にも、織原がルーシー事件で起訴される直前、教授は他界した。

午前二時――すべてが予定通り進めば、朝刊の最終版に記事を間に合わせることができた。しかし時間に余裕はなく、遅れが生じれば問題発生は免れなかった。その日、私は早起きして記事の草稿を書き上げた。判決が発表されたあと、電話で詳細を加える手筈だった。

記事はこう始まった――

六年半に及ぶセンセーショナルな裁判の末、日本人資産家・織原城二が今朝、イギリス人バーホステス、ルーシー・ブラックマン準強姦致死容疑に関して有罪となり、無期懲役の判決が言い渡された。《要確認》

《法廷での家族の反応、裁判官の言葉を挿入》

この判決は、ブラックマン一家の無念を晴らすものである。とくに父親のティムは、二〇〇〇年七月の事件発生以降、何カ月にもわたって日本に滞在し、積極的な捜索を警察に働きかけてきた……

私は草稿をロンドンにメールで送り、コーヒーを飲んで一服すると、ノートパソコンと手帳を鞄に詰めた。その日の法廷には大勢の傍聴希望者が集まることが予想され、記者席を確保するためにも早く家を出る必要があった。そのとき、恐怖にも似た興奮に、私の胸は高鳴っていた。

その翌週は、ルーシーが日本に到着してからちょうど七年目となる週だった。カリタ・リッジウェイの生命維持装置が外されてから一五年、熱性痙攣の発作に襲われたルーシーの命をティムが救ってから二七年の月日が経っていた。三八年前の同じ週、織原城二の父親は香港で死亡、あるいは殺害された。同じ頃、家族の期待を一身に背負う彼の二男坊が、アメリカ人ハーフの少女ベティとの失恋を経験した。織原の両親が貧しい移民として日本に来てから七〇年。関東大震災のあと、日本人が朝鮮人を動物のように虐殺してから八四年目のことだった。こういったすべての出来事が、何かで繋がっていた。そう思えてならなかった。私が頭に思い描いたのは、一本の木だった。地中深くに根を張り、枝の先まで樹液を循環させる木。高く、広く、無限に広がる枝。その太い枝から伸びる無数の小枝は、地中の根から届く樹液とともに勢いよく成長していく。織原の歪んだ人生は、そんな小枝の一本だった。ルーシーの死、家族の悲しみ、ソフィーの自殺未遂は、その枝に実ってしまった果実だった。私たちに見えるのは、この曲がりくねった黒い木のほんの一部だけだ。その一部を言葉で説明するのはむずかしい。しかしその日の午前、栃木裁判長はその小さな一部分についての判決を言葉で表現することになる。有罪か無罪か、厳罰なのか、減刑か。彼の言葉は、きっと小さな意味しか持たない。それでもなお、最も妥当な結果を導いてくれるはずだった。ルーシーとカリタの死、織原の奇妙な人生――そんな人と人との交わりのなかから、ある種の意味が明らかになろうとしていた。

何年も経ったいまでも、私はそのときの気持ちを忘れることができない。その日、私はノートにこう書き込んだ。「無罪になる可能性があるだろうか？　いや、あるわけがない。大量の状況証拠、弁護側のバカバカしい主張、検察側にあまりに有利な裁判制度。しかし……」

家を出る直前、予定より遅れていることを承知のうえで、私は再びノートパソコンのスイッチを入れ、大急ぎで別バージョンの記事を書き上げた。新たな記事は次のように始まった――

六年半に及ぶセンセーショナルな裁判の末、日本人資産家・織原城二が今朝、イギリス人バーホステス、ルーシー・ブラックマン準強姦致死容疑に関して無罪の判決を言い渡された。

《法廷での家族の反応、裁判官の言葉を挿入》

この判決は、ブラックマン一家にとって最悪の結果である。とくに父親のティムは、二〇〇〇年七月の事件発生以降、何カ月にもわたって日本に滞在し、積極的な捜索を警察に働きかけてきた……

その日、一般傍聴席の列に並んだのは二三二人で、初公判のときの四分の一ほどだった。まさに、日本の裁判が中身のない儀式であることの証拠だった。いつも予想通りの判決ばかりでは、興味が薄れるのも仕方がない。それでも、傍聴席は満席だった。最前列に坐るティムとソフィーのブロンドの髪が見えた。その隣にアネット、ナイジェル、サマンサ・リッジウェイ。織原はすでに被告人席につき、すべての人やものから眼を背けていた。私も席についた。が、締切が迫っていたせいか、自分がひどく緊張していることに驚かされた。私は一五秒おきに腕時計を見やっては、そのあいだに傍聴席の人々を眺めた。顔なじみのメンバーが数人いた。〈霞っ子クラブ〉のユキ、しかめっ面の法廷画家、見覚えのある刑事、そのうしろに花を挿した中折れ帽(トリルビー)の老人。最後列に、やけに瘦せた金髪の若い男性がおり、レインコートを着たまま熱心にメモを取っていた。

三人の裁判官が法廷の奥のドアから姿を現すと、全員が立ち上がった。

八分後、大勢の記者とともに大急ぎで裁判所の外に出ると、私は携帯電話のボタンを押した。「二番目のバージョン」。ロンドンの編集者の声が聞こえると、私はそう伝えた。「二番目のバージョンで進めてください。無罪です。でも、判決は無期懲役です。すみません、裁判官がそう言ったんです。ええ、わかってます。私もよく理解できていないんです」

送信者：リチャード・ロイド・パリー
送信日時：二〇〇七年四月二四日（火）一四時三六分
宛先：タイムズ・オンライン、タイムズ外信部
件名：ルーシー・ブラックマン判決（再校）

（弁護士と相談を重ねた結果、これを最終稿として送り直します。やっと、すべてを理解できたと思います）

リチャード・ロイド・パリー
東京

本日午前、イギリス人バーホステス、ルーシー・ブラックマンに対する準強姦致死の罪に問われていた日本人資産家・織原城二が、無罪の判決を言い渡された。無罪判決は、ブラックマン一家にとって最悪の結果であり、東京の警察と検察にとっては大きな失態となった。

しかし、ほかの八件の準強姦罪、オーストラリア人ホステス、カリタ・リッジウェイへの準強姦致死罪が認定され、織原には無期懲役の判決が下った。直後、織原の弁護団は控訴する方針を発表。

東京地方裁判所の栃木力裁判長は、ルーシー・ブラックマンに対する誘拐、準強姦、致死および死体損壊について、織原を無罪とした。ルーシーの死体は、ふたりが一緒に外出した日から七カ月後、織原所有のマンション近くにある海岸沿いの洞窟内の土中から発見されていた。

栃木裁判長は、状況証拠は認められるものの、織原とブラックマンを結びつけるDNAなどの直接的な物的証拠がないことを指摘。

しかし判決文には、織原本人と有罪が認められた犯罪について、裁判所による厳しい言葉が並んでいた。「かかる各犯行が、被害者らを単なる性的欲求の対象として扱い、その人格を著しく蹂躙するものであり、健全な性意識ともおよそ相容れない異常なものであって、誠に卑劣な犯行である」と裁判長は証言台に立つ織原を見据えて言った。

「準強姦致死の犯行で使用されたクロロホルムは、呼吸停止、心停止や肝機能障害による死を招く危険性を有している。(中略) なお、被害者らが、被告人のリゾートマンションの居室に自ら入室したことは、慎重さを欠く行為であったかのようにも思われる。しかし……一般の居宅で薬物を摂取させられて意識を喪失するなどという事態は通常想定しがたいことからすると……被害者らの行動が軽率で落ち度があったなどと評価することはできない……(カリタが死亡したことにより) 薬物を用いた準強姦行為が高度の危険性を有していることを思い知ったはずであるのに、その後も約八年余りにわたって同様の手口の準強姦行為を反復累行している……被告人の異常な性癖に根差したきわめて身勝手な人格態度の表れというほかないのであって、厳しい非難を免れない」

ブラックマン一家は、ルーシー事件における罪での織原の無罪判決に強い怒りを表明。立証に失敗した検察側に対しても、憤りを隠さなかった。

「今日、私たちにとって正当な判決が下されなかったことは、事件を充分に立証できなかった検察チームの失敗と言わざるをえません」と、ルーシーの妹ソフィーとともに傍聴した父ティムは語った。「ルーシーの尊厳が奪われたんです」

　ケント州セヴンオークスに住む母ジェーン・スティアは次のような声明を発表。「いちばん恐れていたことが現実のものとなってしまいました。愛するルーシー、会えなくてとても寂しいわ。心のなかで痛みつづける穴は、決して癒えることはないけれど、いつかあなたとハグできる日が来ると本当に信じているの。あなたのママは、正義と真実を見つけるまで絶対に闘いつづけます」

　ジェーン・スティアは、前夫ティム・ブラックマンが織原の〝友人〟から一億円を受け取り、その見返りとして、被告に不利な証拠の一部を疑問視する声明に署名したことを非難しつづけてきた。しかし判決文では、織原の無罪と一億円の支払いにはなんら関連がないことが明らかにされた。無罪判決の理由はあくまでも、ルーシーの死と被告を直接的に関連づける〝動かぬ証拠〟が欠如していたことだとされた。

「被告人はルーシーの死体の損壊・遺棄にも関与したと認められるのであるから、ルーシーの死にもなんらかの形で関与していた疑いはある」と栃木裁判長は述べた。「被告人が、ルーシーの友人や捜査機関に対し、ルーシーが生存しているかのような虚偽の情報を与えて、ルーシーの死を隠蔽しようとしていたことも、かかる認定を支えていると言える。そうすると、被告人がいかなる形でルーシーの死に関与したかが問題となる……」

　日本では、検察・弁護側の双方が無罪判決に不服を申し立て、控訴することが可能である。そのため、この裁判はさらに何年も続くことになるだろう。

　以上。

第六部

死んだあとの人生

第二四章　日本ならではの犯罪

負の力

「警察の取り調べが終わってイギリスに帰国した私は、ずっと茫然自失の状態でした」とルイーズ・フィリップスは告白した。「眠ることもできず、ただ泣いてばかり。誰かが私を襲いにくるんじゃないか、そんな妄想に取り憑かれました。お酒でなんとかごまかすしかありませんでした。ドラッグもたくさんやりました。自己嫌悪に陥って、何もかもがどうでもよくなっていたんです。母親のいるケントの実家に住んでいたのですが、私があまりにひどい状態だったので、家族にも迷惑ばかりかけていました。生きる意味さえないと思いました。ひどい悪夢にも悩まされました。誰かに追いかけられる夢、燃え盛る家からルーシーを救い出そうとする夢。ルーシーが戻ってきて、『ただいま。あなたのことを捜していたのよ』と告げる夢。ほかにも、あの電話の夢も見ました。着信音が鳴って、男の声が聞こえてくる。『ルーシーには二度と会えませんよ』って」

家族や友人の死の悲しみは、ときに手足の喪失に喩えられることがある。しかし、切断後にきれいに縫合されるような外科手術などではない。とくに若者が非業の死を遂げたとき、残された者は、関節から腕を引きちぎられるような痛みを感じるものだ。筋肉と動脈が裂け、大きな衝撃と失血によって、傷口から遠く離れた器官にさえ異常が生じるような痛みだ。ルーシーの死後、彼女がそれまで生きてきた小さな世界は、永久（とわ）に軸が傾いたままになってしまった。事件の痛みは外側にどっと溢れ出し、近しい家族や友人だけでなく、まったくの他人をも苦しめることになった。

ソフィー・ブラックマンの自殺はなんとか未遂に終わったが、彼女は治療のために精神病院で九カ月を過ごした。大学に入学したルパート・ブラックマンは、一学期のあいだひどい鬱病に苦しめられた。そんな彼は母ジェーンの家に戻ったが、ひとり部屋にこもり、多くの時間を泣いて過ごした。ルーシーの友人ゲイル・ブラックマンは、一年間カウンセリングに通った。ルーシーの元交際相手で、彼女を捜すためソフィーとともに最初に東京を訪れたジェイミー・ガスコインは、数カ月にわたってアンガーマネジメントのカウンセリングを受けた。「事件のことを知ったあと、ただ誰かを殺したくなったんです」と彼は言った。「当時の僕は、恐ろしい人間に変わっていました。何カ月か経って、職場の同僚の女の子とつき合いはじめたのですが、とにかく最低の彼氏でした。女性には一〇〇パーセントの敬意を持って接するのが僕のポリシーですが、そのときの彼女への態度と言ったら、それは残酷なものでした」

だが、最も深刻な影響を受けたのは、何年ものあいだ自殺願望と闘いつづけたルイーズだろう。頼みの綱だった酒とコカインの力も、時とともに弱まっていくばかりだった。彼女の試練は、警察と交わした約束――事件についてブラックマン一家に一言も漏らしてはいけない――によって、さらに過酷になった。その結果、ルーシーの親友たちやジェーン・ブラックマンが、ルイーズを避けるようになった。事件の決定的な証拠を隠しているのではないか、みんながそう思ったのだ。ルイーズは実家で暮らし、ときどきウェイトレスの短期アルバイトをするくらいで、定職に就くことはなかった。その後、一〇代の頃から知り合いだった地元の男性と恋に落ち、結婚した。それでもなお、ルーシーの死の暗い影は、すぐにでも彼女を襲って幸せを奪おうとするかのように、視界の隅にいつもぼんやりと漂っていた。「誰も私と口を利いてくれませんでした」とルイーズは当時を振り返った。「全員から非難されつづけました。私は罪の意識に押しつぶされそうでした。クリスマスも、誕生日も、罪悪感に苦しみました。結婚式でも罪を感じました――私は結婚するのに、ルーシーはできなかった。そんな思いに取り憑かれました。幸せになること、歳を取ること自体にも、どこかうしろめたい気持ちがありました。私がここにいて、ルーシーがいないのは、すべて自分のせいだと感じたんです」

行方不明になると、ルーシーはしばらくのあいだいないものとされた。しかし、いなくなったまま彼女は死んだ。洞窟に埋められた七カ月のあいだ、ルーシーはどこにもいなかった。もし公衆の面前で――家族や友人の眼のまえで――殴り殺されていたら、周囲はもっと楽だったにちがいない。殺されたと発覚したとき、驚く者はひとりもいなかった。誰も口に出すことはなかったものの、彼女が戻ってこないことを頭のなかでみな理解していたのだ。

しかし、まるで周囲の苦しみを嘲笑うかのように、彼女は凄惨な姿で発見された。「ルーシーが行方不明のあいだ、よくこんなことを考えていました」と妹ソフィーは言った。「ルーシーはきっと戻ってこない。彼女は死んでしまった。受け容れるしかないんだ。でも、どうか体が切り刻まれていませんように」。私が見せられた写真から判断すれば、ルーシーの亡骸に対面して別れを告げたいと思う人はいないだろう。その髪――ルーシー自慢の光り輝くブロンドの髪、彼女の愛らしさの象徴だった髪――までもが切り刻まれていた（あるいは燃やされていた）。その後に待っていたのは、長く苦しい裁判だった。厳格かつ滑稽で、気味悪くも退屈な裁判だった。テント内の豚の死骸、凍った犬、恭しい態度のヤクザが登場する裁判の中心には、狡猾なひとりの犯罪者がいた。

角刈り頭の暴漢、痩せ衰えた精神病質者、顔を引き攣らせる社会不適合者――そんな人間が犯人だったら、まだましだったにちがいない。舌足らずで、孤独で、異様な執着心を持つ織原城二よりもずっと。それでも最後には判決が下り、ルーシー事件以外はすべて有罪が宣告された。ルーシー致死についても、織原の関与が完全に否定されたわけではなく、あくまでも証拠不充分との判断だった。結局、検察と弁護側の両方が控訴に踏み切った。控訴審のあとにはおそらく上告審がまだ待っており、今後、無罪判決を含め一〇件の判決と量刑のすべてがひっくり返される可能性もあった。この事件においては、当たりまえのことなど何ひとつなかった。お決まりの慰めの言葉など通用せず、当然の結果や報われるべき忍耐など存在しない。被害者が平凡な慰めを受けることさえ赦されないのだ。

この事件の持つ力は人から人へと伝播した。しかし、それは人々を結束させる力ではなく、引き離してしまう負の力だった。ブラックマン一家はもとより、ルーシーの多くの知人や親戚が知らず知らずのうちに互いに距離を置くようになった。彼女を愛する者にしてみれば、ルーシーの死に対する人々の反応はどれも満足の行くものではなかった——冷たく無関心か、あるいは詮索好きが過ぎるかのどちらかだった。この事件については、誰もが確固たる意見を持っていた。が、多くは新聞やテレビによる表面的な報道に基づくものであり、ときにこんな批判もあった。そもそも、なぜホステスなどという怪しい仕事に就いたのか？　見知らぬ人間の車に乗り込んだルーシーにも落ち度があったのでは？　同様に関係者を苛立たせたのは、ルーシーとの関係をやたらと誇張する知人たちだった。彼らにとって、有名な犯罪被害者との関係は魅力的であり、突然訪れた悲しみはステータスだった。

真の友人同士であっても、事件について会話するのは容易ではなかった。実際、事件後に交際範囲が狭くなったとジェーンも語った。常識的に考えて、彼女とどう接するべきか？　多くの知人がそんな壁にぶつかった。娘の切断遺体が洞窟から発見された場合、その親にはいったいなんと声をかければいいものか？

ルーシーが行方不明になった年のクリスマス、セヴンオークスに帰省した同級生のキャロライン・ローレンスは、昔の友人たちをあえて避けたという。「事件のことを見聞きするのも、考えるのもいやでした」と彼女は告白した。「だから、なるべく家から出ないようにしたんです。一度、道を歩くソフィーが見えて、物陰に隠れたことさえありましたよ。自分勝手だとはわかっていますが、どうしても話しかける気にはなれなかったんです」。語りかける言葉が見つからない、という葛藤だけではなかった。ソフィーが、姉ルーシーにあまりに似ていたのだ。それが恐ろしかった。年々その姿形が姉に似ていくソフィーをまえに、死んだ人間と相対しているような感覚に囚われたのは、キャロライン・ローレンスひとりだけではなかった。

ソフィー自身もそれを感じ取り、周囲の身勝手さに怒りを募らせた。姉と似ていることで、なぜ自分が罰を受けなければいけないのか？　その怒りは、彼女をさらに孤独の淵へと追いやることになった。すでに、彼女は幽霊のような気分だった。わざわざ他人に知らせてもらう必要などなかった。そしてルーシーの死から二年後、ソフィーは自らが恐ろしい領域に足を踏み入れたことに気がついた。いつの間にか、姉よりも自分が年上になっていたのだ。それは説明のつかない感覚——あまりに奇妙で、暗澹たる気分だった。

大阪にて

二〇〇七年九月、織原が私を相手取って起こした名誉毀損の訴えが、東京地方裁判所で却下された。彼は高等裁判所に控訴したが、そちらも八カ月後に棄却となった。おそらく、織原は初めから勝つことなど想定していなかったのだろう。彼の目的は、自らの主張を証明することではなく、単に時間、手続きにかかる手間、費用の負担を負わせ、私を困らせて脅すことだったにちがいない。日本での民事裁判では、敗訴した側が訴訟費用を負担するのが原則ではあるものの、弁護士費用はそこに含まれない。今回、弁護士を雇うために約一二〇〇万円の費用がかかった。が、《タイムズ》紙はいっさい文句も言わず、無条件でカバーしてくれた。あとになって気づかされるのだが、私はそのとき、すでに境界線を越えてしまっていたのだ。それまでの数年間、私は記者という特権的な独立した場所から、事件を眺めつづけた。しかし、いまや事件はすぐ傍らまでやってきて、私の肩に触手を伸ばそうとしていた。とくに日本人の友人たちの多くが、事件への報道姿勢を和らげたほうがいいと助言してくれた。けれど、もう引き返すことなどできなかった。

織原の攻撃の矛先となったのは私だけではなかった。彼は、週刊誌を発行する日本の出版社数社や、二〇〇二年に織原をヤクザ関係者だと誤報した《タイム》誌を訴え、賠償金を勝ち取った。(1)破産したはずの織原が、どのように高額な裁判費用を賄うことができたのか？　刑事裁判の大弁護団、私立探偵、ウェブサイト制作、自費出版にかかる費用はどこから捻出されたのか？　多額の〝お悔やみ金〟の出所は？　その答えは彼の家族だった。(2)当時、織原の資産は、八〇代になる母・よし江を含む親族の管理下に移行していた。高額の弁護料を支払ったのも、家族やその代理人だった。私が摑んだ情報によれば、よし江はまだ存命で、いまでも織原が育った大阪の家に暮らしているとのことだった。末っ子の星山聖龍は、マスコミの取材はいっさい断っていた。また、作家志望の三男・金聖賢もどこかにいるはずだ。家族は誰ひとり裁判を傍聴しにきたこともなければ、正式なインタビュー取材を受けたこともなかった。織原の弁護士たちでさえ、弁護料の支払い時以外、家族と連絡を取ることはめったになかった。そこで私は、金／キン／星山一家を探しに新幹線で東京から大阪へと向かった。

偶然にも、私が駅で捕まえたタクシーはあるタクシー会社のものだった。織原の一家が財産を築き上げた会社だ。まず私は、織原がかつて計画を進めた豪華絢爛なタワービル建設予定地に行ってみた。代わりに、立体駐車場が建っていた。次に、一家が最初に暮らした家——商店街脇の小道に建つ寂れた家——の住所に行ってみたが、空き家だった。近所にある家族所有のパチンコ店の一軒も、ひっそりとシャッターが閉まったままだった。最後に、高級住宅地である北畠地区へと向かった。道の両脇には、重厚な瓦屋根の門や土壁の塀。その奥に、伝統的な日本家屋が建ち並んでいる。そのうちの一軒に、織原の母親の名前が刻まれた表札を見つけ、私はインターホンを押した。しばらくすると、年配の女性の声が聞こえた。

「よし江さんですか？」

「留守にしておりますが」と小さな声が聞こえた。

「あなたは、よし江さんではないのでしょうか？」

「私は家政婦です」

「よし江さんはいつお戻りですか？」

「わかりません」

おそらく、声の主はよし江本人だったにちがいない。

私が立ち去ろうとすると、隣家の門から男性がひとり外に出てきた。年齢は五〇歳くらい。裾を出したままの皺だらけの白いシャツに、黒いズボン。ゴミか洗濯物が詰まったビニール袋をふたつ手に持っている。彼は前のめり気味にすさまじいスピードで歩いていった。金聖賢にちがいない。私は確信した。

「金さん！」と私は駆け寄りながら呼ばわった。「金さん、お話を聞かせてくれませんか？」。彼が立ち止まって振り返ると、私は自己紹介した。とたんに、相手は一気に不機嫌になった。記者が歓迎されない状況は何度も経験したが、金聖賢ほどあからさまな怒りをぶつけてくる人間は初めてだったかもしれない。その怒りと苛立ちには、何ひとつ予兆がなかった。私が名刺を渡して身分を明らかにすると、彼はまさしく感情を爆発させた。

「俺の本を読め！」

「俺は物書きだ！」と彼はいきなり怒鳴り声を上げた。

「金さん、あなたの小説は読みました。韓国人男性と、聾の少年たちの」と私は言った。「とても興味深い話でした。いつか、お話しする時間をいただけませんか？」

「兄貴には三〇年会ってない」と彼は言った。「もしまた姿を見せたら、こっちにも考えがある。これ以上俺に近づくな」。向こうが立ち止まると、私も歩を止めた。彼は袋を地面に置いて眼を剝き、こちらを指差しながらまくし立てた。「外国に来た若い女が、男についていく——それも不細工な男の家に。それはどういう意味だと思う？　その女はどうしてそんな行動を取る？」

「さあ、わかりません。もしルーシー・ブラックマンのことを言っているなら、彼女は織原さんからプレゼントをもらえると思っていた」

「あほか！」と彼は言って袋を持ち上げると、また歩き出した。うしろをついていく私に、今度は肩越しに振り返って言った。「くだらん。こんなつまらないことより、もっと大切な問題があるだろうが。地球温暖化はどうなってる？」

「もちろん、そういった記事も書きますが——」

「タイに行ったことはあるか？　不細工な男と若い美人のカップルを何回見た？」

「かなり見たと——」

「時間の無駄だ」

「すみませんが——」

「金のためにやってるのか？」

「これが私の仕事です。もしそういう意味でしたら。私はただ——」

「俺の父親は二年半のあいだ牢屋に入れられた」と彼は英語で話し出し、また歩を止めて袋を置いた。

「父は日本人に抵抗して戦った。そんな父にひとつ文句があるとすれば、家族と過ごす時間がなかったってことさ。それでも、父はいつも教育の重要性について話してたよ」

私は、共感と理解を示すようにうなずいてみせた。

「俺は海外に住んだことはないが、日本語、韓国語、中国語、英語が話せる」

私は何度もうなずいた。

「俺は金持ちじゃない」と彼は続けた。「日本のマスコミは、兄貴が東日本随一の資産家とかなんとか言ってるが、くだらない……」。そこで彼は言葉を切り、うんざりしたように手を振った。「もう来るな。二度と来るな。二度と俺に近づくな。もしまた来たら、ただじゃおかないぞ」

「金さん、お手間は取らせませんので、少しだけ——」

彼はゴミか洗濯物の入った袋を手に取ると、首を振って何か呟きながら、どすどすと歩き去っていった。

市橋達也とリンゼイ・アン・ホーカー

東京地方裁判所での判決公判一カ月前の二〇〇七年三月下旬、二二歳のイギリス人英語教師リンゼイ・アン・ホーカーが、東京近郊の千葉県市川市で殺害された(3)。ある日曜日、英会話レッスンを終えた彼女は、当時二八歳だった市橋達也（いちはしたつや）のマンションの部屋に行き、そのまま帰らぬ人となった。翌日、警察が部屋を訪れると、市橋は靴下のまま逃走。室内を捜索した警察官は、ベランダに置かれた浴槽内の砂に埋められたリンゼイの死体を発見した。彼女は暴行、強姦、絞殺されていた。

事件直後、イングランド中部で自動車教習所教官として働く父親ビル・ホーカーが来日。娘の遺体の身元を確認し、遺体を母国に連れ帰った。数年前のティム・ブラックマンと同じように、彼もまた成田空港近くのホテルで記者会見を開いた。もちろん、状況は大きく異なった。ルーシーの事件とちがい、リンゼイの運命はすでに判明しており、唯一の謎は犯人の消息だけだった。しかし会見時のビル・ホーカーの態度は、悲嘆に暮れる親のお手本のようなものだった。それは、かつてのティム・ブラックマンに求められた役割、彼が絶対に演じようとしなかった役割だった。

悲しみに打ちひしがれたビル・ホーカーは、何かを計算することも抑制することもできなかった。娘を亡くした苦悩は、犯人への怒りをはるかに凌駕するものだった。痛々しい彼の姿を見ているだけで辛くなった。大勢の他人のまえで、言葉を詰まらせながら涙を流す父親。そんなことを強いる報道陣のほうが恥ずかしく思えた。質問することも残酷に思われた。それでも私たちマスコミは質問し、カメラのフラッシュが彼の歪んだ表情を照らした。ビル・ホーカーはティムとは正反対だった。その状況に置かれた人間に求められるすべての要素を彼は持っていた。まさに、家族の死に意気消沈し、狼狽する無力な親そのものだった。

靴下のまま逃げた市橋達也は、しばらくのあいだ行方をくらました。逮捕されたのは、事件発生から二年半以上経ってからだった。市橋は、この事件のまえにも外国人女性を狙って接近を試みたことがあった。そしてある晩、駅のプラットホームで見かけたリンゼイを自宅まで追跡したのだった。被害者の国籍や死体の処理方法を考えると、きわめて猟奇的な犯罪だった。しかし、この殺人事件が東京近郊で起きた事実に驚く人は少なかった。

日本在住の外国人や、イギリス国内に住むイギリス人が、リンゼイ・アン・ホーカー事件がどれほど〝日本ならではの事件〟かを口々に述べた。が、誰ひとり正確な理由を説明できる者はいなかった。人々の心のなかには、日本に関して深く根差す漠然とした固定観念があった——ストーカー、性的抑圧・倒錯、成人漫画、西洋人女性に対して日本人男性の持つイメージ。そんな支離滅裂な像や考えが、今回の事件によって多くの人の頭に入り込んできた。まるで、リンゼイ・アン・ホーカーの死は常軌を逸した犯罪などではなく、起こるべくして起きた事故だと誰もが考えているかのようだった。ビル・ホーカーが記者会見の場で「娘の殺人はあなた方の国に恥をもたらした」と訴えると、多くの日本人もまた〝日本ならではの事件〟なのかと不安を抱くようになった。その週末、日本のテレビ局は恐る恐る撮影班をイギリスに送り込み、ロンドンの歩行者に尋ねてまわった――リンゼイの事件で、日本の印象が悪くなりましたか？

人々の頭には、ルーシー事件の印象がまだ強く残っていた。そんな多くの人が、七年の時を経て殺されたふたりの女性――洞窟に埋められたイギリス人女性と、ベランダのバスタブに埋められたイギリス人女性――を混同し、あたかもひとつの事件であるかのように思い込んでいた。しかし、同じ国で発生したことを除けば、両方の事件に共通するのは被害者の国籍、そしてどちらも二〇代前半の若者だったという事実だけだ。ある女性が殺され、その七年後に別の女性が殺された。ただそれだけだ。だとしても、人々はなんとかひとつの結論を導こうとした。ふたりの死から、日本社会や日本人について何か見えてくることがあるはずだ、と。

マスコミにおけるそんな〝一般化〟の多くは、日本の性、とりわけ（欧米人が想像する）日本人男性の性的嗜好に関するものだった。決まって引き合いに出されたのは、満員電車での痴漢行為や〝忌まわしい〟成人漫画だった――大きな眼をした外国人風の美少女が、むっつりとしたサラリーマンに暴力的に陵辱される姿だ。新聞記者がどこかから引っ張り出してきた元ガイジン英語教師やホステスたちが、日本人ストーカーから受けたという恐怖体験を告白した。あるタブロイド紙の記者は六本木のバーを巡り、外国人女性に「日本人男性が西洋人女性に対して抱く妄想とは？」と尋ねてまわり、次のような記事を発表した。

「矛盾するかもしれませんが、彼らは私たちを見下し、同時に憧れているんです」と語るのは、リヴァプール出身の二四歳の英語教師だ。土曜日の夜、彼女は友人たちと一緒にバーで飲んでいた。

「私たちにとって、日本人男性を理解するのは容易なことではありません。日本に来てから一年間、彼らの行動を自分なりに理解してみようとしたのですが、どう解釈すればいいのかもまったくわからないんです」。同じように、日本人男性の態度を〝奇妙〟〝気持ち悪い〟〝予測不能〟と説明するイギリス人女性も多かった。一方で、日本人男性は西洋人女性を〝神秘的な〟存在と捉え、畏敬の念を抱いているという意見もあった。

日本人女性よりも長身で、独立心が強く、自由闊達（かったつ）な西洋人女性——そんな彼女たちは、憧れや恐怖、非難が混在した眼で見られる……「きれいな西洋人女性、とくに背の高い女性は女神のような扱いを受けるんです」と、東京の証券会社に勤めるイギリス人女性は言う。彼女は昨晩、友人たちとともに六本木のイギリス風パブ〈ＨＵＢ〉にいた……「日本人は、私たちとはぜんぜん考え方がちがうんです。ときどき不安になるんですよ。いつか、彼らを心から理解できる日が本当に来るのかなって」

彼女たちの主張のすべてを、記事の見出しが見事に表現していた——〝リンゼイの命を奪った日本人男性、煙たいバー、美しい西洋人女性への妄想[4]〟。

イギリスの倍以上の人口を擁する日本だが、二〇〇五年に記録された犯罪件数は二五六万件で、イングランドとウェールズだけの合計件数の五六〇万件の半分にも満たない。さらに驚くべきは暴力犯罪の割合で、イギリスの二一パーセントに対し、日本はわずか三・五パーセント。ルーシー・ブラックマン事件からリンゼイ・アン・ホーカー事件までの七年のあいだ、いったい何人のイギリス人女性がニューヨーク、ヨハネスブルグ、あるいはモスクワで殺されたのだろうか？　誰もそんなことに興味を持たない。同程度に発展したいかなる欧米諸国の基準から見ても、東京での生活は驚くほど安全なものだ。押し入り強盗は珍しく、自動車泥棒に至ってはほぼゼロ。女性でも夜道をひとりで安心して歩くことができる。日本の警察がよく無能に映るのは、真の犯罪と戦った経験がほとんどないからなのだ。

日本人男性が西洋人女性に〝憧れている〟というのは、人種差別に基づくステレオタイプ以外の何物でもない。東京の街を見渡せば、若い日本人女性の尻を追いかけまわす自信過剰な外国人男性が至るところにいるはずだ。そんなガイジンのほうが、有名な痴漢より数が多いのは言うまでもない。確かに、日本のアダルト作品や漫画には独自のスタイルがある。しかし、日本人のほうが欧米人よりもポルノ消費量が多いという考え自体、あらゆる事実や統計と矛盾するものである。[5]また、日本が性的に抑圧された国だと信じる人は、一度、六本木ガールズとともに金曜日の夜を過ごしてみるといい。外国人男性を狙う彼女たちの熱と欲に驚かされることだろう。

では、なぜ日本はそんなにちがうのか？　もちろん、看板の文字や人々の顔のせいもあるだろう。しかしもっと深い何か、捉えどころのない曖昧な性質のようなものがあるはずだ。ガイジンの生活にこれほど大きな喜びとフラストレーションを与える源とは何か？　まず欧米と根本的に異なるのが、街の雰囲気や人々の所作、群集心理だ。そんな東京には激しくスリリングな力がみなぎっている。が、その力は慣習や社会規範にぎりぎりのところで制御される。多くの人がそれを認識するのは、日本人の〝遠慮〟や〝礼儀正しさ〟に触れたときだ。そしてそれこそが、日本人を理解すること、状況を把握することを非常に複雑にする原因でもある。

西洋人男性は、相手に強い印象を与えたり、威圧したりするために、攻撃的な男らしさを誇示しようとすることがある。一方、日本人男性にはその傾向はほとんど見られない。威張って自慢することなどめったになく、〝悪意〟や〝脅威〟とは正反対の場所に留まることが多い。リンゼイやルーシーのような日本語も理解できない新参者にとっては、日本人男性は〝かわいく〟〝シャイ〟な存在であり、ときに〝退屈〟に映るかもしれない。私は日本に住んで一五年になるが、殴り合いの喧嘩を二回しか見たことがない。どちらの喧嘩も、相手を扇動するような怒鳴り合いや睨み合いもなく、突如として始まり、突如として終わった。

そんな状況に置かれると、多くの外国人の警戒心が薄れていく。母国では自分を守るために常に警戒の眼を周囲に向けていたはずなのに、その本能がいつの間にか失われてしまう。それこそ、リンゼイ・アン・ホーカーとルーシー・ブラックマンの共通点だった。彼女たちは、平凡なイギリス人女性だった。見知らぬイギリス人のマンションの部屋にひとり上がり込んだりはしない。ロンドンのナイトクラブでホステスとして働こうなどとは考えもしない。そんな〝まっとうな〟女性たちだ。しかし、彼女たちにとって日本は安全な場所に感じられた。いや、実際に安全だった。その魔法にかかったふたりは、ほかの場所では決して取らない行動に出てしまった。

ルーシーはなぜ織原城二の逗子のマンションに行ったのか？　最も近しい人間にとっても、それが愚かな行動に思えることがあった。「そんなふうに男と出かけるなんて、馬鹿だと思います」と彼女の弟ルパートは言った。「望めばいつでも回避できる状況だった、そうとしか思えないんです。姉の立場になって考えてみたのですが、〝やっぱり部屋には入りたくない〟と言っていつでも断ることができたはずです」。しかしルーシーにとっては、その日の出来事はすべて自然な成り行きでしかなかったにちがいない。彼女に疑いや警戒心を抱かせないようにすること——おそらく、それも犯人の狙いの一部だったのだろう。

プライベートで男性に会うことは、ホステスの仕事の一部だった。そのうえ、解雇寸前だったルーシーは同伴ノルマを達成しようと躍起になっており、なにより常連客が必要だった。加えて、携帯電話をもらえる約束もあった。便利な携帯があれば、仕事や遊び、さらに始まったばかりの恋愛もよりスムーズに進むことはまちがいなかった。織原自身についても、一見するところ怪しい点はまったくなかった。流暢な英語、裕福な暮らし——ほかの多くの〈カサブランカ〉の常連客よりも、彼ははるかに魅力的だった。それに、本来の約束はランチのみの予定だった。待ち合わせを大幅に遅らせたのは織原のほうだった。突然、いかにも安全で快適そうな、故郷イギリスを思い出させる場所——〝シーサイド〟——までドライブしようと誘ったのは、織原のほうだった。

東京からどれくらい離れたのか、シーサイドがどの方角にあるのか、ルーシーはほとんど把握できていなかっただろう。平和なドライブのあとに現地に到着した頃には、心配するにしてももう遅すぎた。織原は、彼女を強引にマンションの部屋に連れ込もうとはしなかった。まず、海辺で記念写真を撮った。その後、時間が遅くなってしまったから、レストランに行かずに出前を取ったほうがいいなどと提案したのだろう。マンションの室内に入ると、約束通り携帯電話が手渡され、電源が入れられた。判明したのはそこまでだ。次に何が起きたのか——それは誰にもわからない。裁判でも詳細は明らかにされず、ルーシーの死に関して織原城二は無罪とされた。しかし、いかにも安全そうな男性とそんな一日を過ごしたあと、手渡されたシャンパンを飲むのは異常なことだろうか？　不注意だと言えるだろうか？

似た状況に置かれれば、多くの若い女性が同じ行動を取っていたにちがいない。おそらく今後も、たくさんの女性が同じことを繰り返す。しかし、そのうち危害を受けるのはごくわずかにすぎない。これこそが、ルーシー・ブラックマンの死についての悲しくありふれた真実だった。私はそんなふうに考えるようになった。彼女は決して軽率でも愚かでもなかった。ルーシーは——安全ではあるが複雑なこの社会で——きわめて運が悪かったのだ。

一度、私はこの考えをティム・ブラックマンに伝えたことがある。が、彼は間髪を容れずに異議を唱えた。「ルーシーの運が悪かったとは思いません。娘は男の餌食になった。本来、社会に野放しにされてはいけない男の餌食に。運が悪かったわけじゃない。自由にさせてはいけない人間を放置した社会が原因なんですよ。ルーシーは、法と秩序の怠慢の犠牲になったんです」

有働警視を筆頭に、私のインタビューに答えてくれた数少ない警察官は誰もが誠実で、ルーシー事件解決のために昼夜を問わず献身的に捜査に邁進した人々だった。不幸にも、彼らが仕える組織は——昔もいまも——傲慢で、独善的で、往々にして無能だった。警察能力に対する批判は、日本社会に隠されたタブーのひとつである。マスコミや政治家はなんとかこの話題を避け、ときに無視しようとさえする。*

日常生活での警察の仕事ぶりは実に見事だ。交通整理、高齢者の手助け、泥酔者や乱暴者の取り締まりなどにおいて、彼らはその能力をいかんなく発揮する。より重大な犯罪行為になると、一般的な日本人犯罪者から自白を引き出すことにかけては、きわめて優れているにちがいない。しかし、常識を超えた犯罪に対してはあまりに経験が乏しすぎた。日本の警察は融通が利かず、想像力に欠け、偏見に満ち、官僚的で、前時代的だ。ルーシー・ブラックマン事件やほかの多くの事件への警察の取り組みを見れば、日本の犯罪率の低さの本当の理由が、警察の管理能力に起因するものではなく、国民のおかげであることはあまりに明らかだ。警察の能力が高いからではなく――警察の能力が低いにもかかわらず――日本人は常に法を守り、互いを敬い、暴力を忌み嫌うのだ。

もちろん、被害者が外国籍だったことで、事件がより複雑化してしまった感は否めない。イギリス国内で日本人女性が行方不明になったとしたら、おそらく犠牲者の家族はブラックマン一家と同じ壁にぶつかっていたことだろう。しかし、本当の不祥事は捜査そのものではない――おざなりな捜査態勢、初動捜査の遅れ、織原に対する不完全な尾行、洞窟に埋められた死体を長期にわたって見逃したこと。そうではない。警察が犯した最大の過失は、もっと何年もまえに織原の存在を確認し、裁判にかけなかったことだ。たとえば一九九七年、ケイティ・ヴィカーズは織原について警察に伝えた。が、彼女の話は無視された。織原のことを通報したほかの多くの女性が、警察から同じように無視されてきたのは想像にかたくない。最も恥ずべきなのは、そのさらに五年前、カリタ・リッジウェイの家族による訴えにもかかわらず、ニシダ――瀕死の状態のカリタを病院に連れてきた男――の捜査を警察が怠ったことだろう。その失敗の原因は、想像力の欠如だった。警察という組織全体が、型通りにしか物事を見ようとしなかった。人間にはタイプというものがあり、そのタイプこそ重要だと警察は考えた。客の部屋に行き、レイプされたと主張する若いホステスの話は嘘にちがいない。一方、腐った牡蠣と食中毒の話は、社会的地位のある男の口から出たのだから信憑性が高いにちがいない。ルーシー事件以前、日本の警察が織原に対して何か行動に出たことは一度もない。彼は警察の粗い捜査網を潜り抜け、自由に行動することができた。カリタが死亡したとき、ルーシーは一三歳だった。その時点で、すべてが終わっていた可能性もあっただろう。「もしそのとき、警察が織原を特定していたら、

＊　そのほかのタブーには、暴力団、右翼、皇室への批判などがある。

家を捜索するだけで済んだ。そうするだけで、何十年にも及ぶ犯罪行為が明らかになったはずです」。判決公判の前日、リッジウェイ一家は声明を発表した。「織原は三〇年にわたり、犠牲者に薬を飲ませ、強姦を続けてきました。私たちが依頼したとおり一九九二年に警察が動いていれば、ルーシー・ブラックマンはいまでも生きていた。ほかの多くの日本人および欧米人女性も、薬物を与えられ、強姦されることはなかったはずです」

奇妙な手紙

二〇〇九年初め、織原の私に対する名誉毀損訴訟が失敗に終わってから一年後、私自身の生活のなかで、奇妙な事件が連続して起きた。しかし、初めにはっきりとさせておきたい――これらの出来事が、織原城二に関係するという証拠はひとつもない。

ある日の朝、私の自宅に厚紙の大型封筒が届いた。数軒の郵便局に転送されたスタンプが残っており、私の手元に届くまでにすでに数日が経過していた。宛名には〈救國時報社〉の〝代表　生井建伍〟とある。宛先の住所には東京郊外のマンション名が明記されていたが、宛名の人物の家もオフィスもなかったようだ。送り主は〝同志〟とあるだけで、そのほかの連絡先は何も書かれていない。差出人住所が不明で返送することもできず、郵便局は仕方なく封筒を開いた。そして私の名前を見つけ、自宅に転送してきたのだった。

封筒内には私の名刺をコピーした紙が入っており、その下には自宅住所が記載してあった。ほかには、ホチキス留めされた書類の束、写真が印刷された二枚の紙、ティアラを着けた女性の写真が表紙の日本語の単行本が一冊。

まず、私は写真を見た。二枚の紙に一〇枚の写真のカラーコピー。どれも私の写真だった。ひとりのときもあれば、友人と写る写真もあった。私の行動を監視することを目的として誰かが尾行し、盗撮したものにまちがいなかった。

そのうち五枚は三カ月前の写真で、私はその日の出来事をはっきりと記憶していた。秋、ある晴れた土曜日の午後、ロンドンからの訪問者とランチに出かけた日だ。写真では、私は来客たちと談笑しながら、家に向かって繁華街をぶらぶらと歩いていた。ほかの写真は、いつの出来事か判断するのがむずかしかった。一枚は、エレベーター内の監視カメラの写真のようにも見えた。二枚の写真は、何かの講演か会合だろうか、私が人前で話す場面のようだった。私は当時の様子を思い出し、カメラを持った怪しい人物が周囲にいなかったか考えてみた。が、何も思い浮かばなかった。知らず知らずのうちに、その人物に私は尾行されていた。日々の仕事で動きまわる私、自宅近くの道を歩く私が尾けられていたのだ。

次に、ほかの中身を調べてみた。同封された単行本は私も知る本で、オーストラリア人記者ベン・ヒルズが著した『プリンセス・マサコ——菊の玉座の囚われ人』の邦訳版だった。[6] 三年前に大騒動の渦中で出版されたその本は、日本の皇太子妃の不幸な物語を描く内容だった——海外で教育を受けた明るい元外交官が皇室に嫁ぎ、さまざまな重圧のなかで慢性的な鬱病に罹る。その事態を、宮内庁は何カ月にもわたって隠蔽しつづけた。出版時には、日本政府が内容を猛烈に批判し、出版社の事務所周辺で右翼団体による抗議活動が繰り広げられる事態にまで発展した。執筆のための取材中だった著者ベン・ヒルズから依頼があり、私は一度彼のインタビューを受けたことがあった。また本文内でも、私が雅子妃殿下について書いた記事が引用された箇所がいくつかあった。同封された翻訳本には、私の名前が入った引用箇所に黄色い蛍光ペンで印がつけられ、該当ページに付箋が貼ってあった。

もうひとつの同封物は、レーザープリンターで印刷された六枚の紙がホチキス留めされた書類だ。

挨拶も導入部も何もなく、いきなりこう始まる――「リチャード・ロイド・パリーの目的は、皇室を崩壊させ、その後、日本そのものを、イギリス支配下にすることにある」〔以下、原文ママ〕

皇室中傷本「プリンセス・マサコ」はリチャード・パリーが資料提供し、オーストラリア人記者ベン・ヒルズを操り、出版させた。

リチャード・パリーは、ザ・タイムズ東京支局長という肩書だが社員はたった一人で好きかってに行っている。

……海外において、日本の皇室を中傷し続けており、これ以上放置すると取り返しがつかないことになる。

リチャード・パリーを成敗する英雄が現れることを祈る。

現在、リチャード・パリーが皇室を中傷しているインターネット項目内容は、検索できないように（出せないように）なっている。

以前、出ていたインターネット記載記事内容及びインターネット掲載写真、資料は以下のとおりである。

・日本を陥れている男　リチャード・パリーをこれ以上放置してはいけない。第二次世界大戦中パリー一族は、日本兵を合計186人殺戮した。天皇家を侮辱し、宮内庁を大混乱に陥れた。
（中略）
日本皇室を陥れるためオーストラリア人自称ジャーナリスト　ベン・ヒルズに資料提供し、本

を書かせ、出版させた……（中略）

○これ以上、リチャード・パリーに皇室を侮辱、そして日本を混乱させることを決して許してはいけない。

一通の封筒から、よくもこれほど奇妙なものが次から次へと出てくるものだ。

皇室の敵と呼ばれたのは、これが初めてではなかった。皇太子妃の鬱病について報道したほかの多くの記者も、私と同じように非難の矢面に立たされた。しかし、オーストラリア人著者を陰で操っているとか、イギリス帝国主義の野望の手先だと指摘されたのは初めてだった。なかでも驚いたのは、戦時中、ロイド・パリー一族の男たちが日本人兵士の死体の山を築いたという歴史だ（完全に初耳だった）。でっち上げるにしても、よくこれほど極端な話を考えたものだ。それを読みながら、私はつい笑みを浮かべていた。あるひとりの人物が頭に浮かんだのだ……

いずれにしても、私には封書の意味がはっきりとわかった。私立探偵か誰かが、同封の書類を一つひとつ用意したのだろう。事務的なトーンから察するに、この人物は複数のコピーを取り、さまざまな住所に同じ封書を送りつけたにちがいない。そのうちのひとつが〈救國時報社〉だった。しかし、その団体は移転あるいは解散しており、最後には、封筒は私のもとに届けられることになった——送り主が最も予期していない相手に。

〈救國時報社〉——それは国粋主義的な右翼団体を連想させる名前だった。日本には大小さまざまな右翼団体が存在し、愛国心に欠けると判断した人々や組織に対して、日々やかましい抗議活動を繰り広げている。彼らに眼をつけられやすいのは、日本の戦時中の行為に批判的な意見を持つ学者や役人、ロシア・韓国・中国大使館、皇室を誹謗中傷したと見なされたジャーナリストといった人や団体だ。

右翼の抗議方法にはある共通点がある——旭日旗や日の丸をはためかせた黒い街宣車で乗りつけ、大型スピーカーを通して非難声明を叫ぶというものだ。なかにはヤクザと関係を持つ右翼団体も存在するものの、暴力が介在することはきわめて少ない。この封書を誰が送ったにせよ、右翼団体のメンバーを焚きつけることが狙いだったのだろう。そして、怒った右翼団体がオフィスや自宅に押しかけ、私を〝成敗(せいばい)する〟——それが目的だったにちがいない。

ある日本人の友人に文書を見せ、〝成敗〟という言葉のニュアンスについて訊いてみた。翻訳に戸惑いながら彼女はこう言った。「〝deal with〟がいいと思う……でも、〝judge〟とか〝punish〟とも考えられるし。〝subjugate〟や〝vanquish〟っていうのもある。とにかく、いい言葉ではない。まったくいい意味じゃない。警察に通報したほうがいいと思うよ」

警察に相手にされるとは思っていなかった。しかし、私の予想はあっさり裏切られた。警察署に到着して数分もしないうちに、小さな取調室に四人の刑事がやってきて、手袋をはめた手で封筒とその中身を精査していった。刑事は私にいくつか質問した。尾行の気配を感じなかったか？　最近、奇妙な電話がかかってきたことは？　自宅やオフィス周辺で怪しい人や車両を見かけたことは？　質問の答えはすべて〝ノー〟だった。

「最近、誰かの恨みを買ったようなことはありませんか？」。顔に深い皺が刻まれた、年配の小柄な刑事が訊いてきた。

もちろん、私の記事に気分を害する読者がいることは確かだ。皇室、とくに雅子妃殿下の悲しい物語について報道するほかの記者たちと同様、怒りの手紙を受け取ったこともあれば、何度か電話口で怒鳴りつけられたこともある。インターネット上での匿名の批判はさらに激しいものがあった。しかし私に対して、実際に本気で行動に出たことがあるのはただひとりだった。

「届け出てくれてよかったですよ」とその刑事は言った。「この〝成敗〟という言葉――この類の手紙に使われるのは珍しいですが、これは暴力を示唆するものです。あなたは時代劇をご覧になりますか？　侍が敵を攻撃するときに使う言葉です。それに、誰かを成敗するとき、侍は日本刀を使うんです」

指紋を確認するため、封書は警察で保管されることになった。何か対策を採るべきか、私は訊いてみた。年配の刑事は眉をひそめ、うなずいてからこう言った。「地下鉄に乗るときは、プラットホームの端には立たないほうがいい。誰かに突き落とされないようにね。信号待ちのときも同じです。道路側には立たず、うしろのほうで待つようにする。あとは、とにかく警戒を怠らないことです。何か怪しいことがあれば、すぐにわれわれに連絡してください。地元の警察署にも連絡を入れておきます。警ら中の警察官に、あなたの会社や自宅周辺はとくに警戒してもらうようにしますから」

刑事のひとりが、右翼団体の活動を監視する専門家だった。その警察官は〈救國時報社〉や生井のことも知っており、その場で彼に電話で連絡を取った。実際、団体の住所は変更されていた。また生井自身は、似たような封書は受け取っていないとのことだった。刑事は封筒の中身について説明し、感想を尋ねた。彼はまったく興味を示さなかった。右翼団体のもとには、日々山のようないたずらの郵便が届く。まともな活動家であれば、署名もなく、出所もはっきりしないような手紙にいちいち反応したりはしない。それが生井の意見だった。

黒い街宣車

もしかして尾行されているかもしれない。そう思うと、人は驚くほど周囲の世界の様子に敏感になるものだ。封書が届いてから数週間、私の生きる東京は、おぼろげな光に包まれることになった。まるで、幻想的な映画の世界に入り込んだかのようだった。これまで注目したことさえなかった詳細が、にわかに重大で不吉な意味を持って光り輝くようになった――カメラ、サングラス、駐車車両の色や型、通行人の洋服や特徴。裁判ですべてを証言する必要があるかのように、私は一瞬一瞬の出来事に注目するようになった。一日のうちで最もありふれた行動――仕事場への一五分間の地下鉄通勤――が暗殺を避ける勇ましい闘いになった。笑えるほど滑稽だった。しかし同時に、私は吐き気がするほどの不安に襲われた。

駅のプラットホームから突き落とされることも、ぎらりと光る日本刀が振り下ろされることもなく、数カ月が過ぎた。奇妙な手紙も、電話も、変わったことは何ひとつなかった。そんなある日、刑事から電話があり、封筒の指紋は警察のデータベースと一致しなかったと報告を受けた。そして、信号を渡ることにも不安を感じなくなった二〇〇九年六月、警察からオフィスに予期せぬ電話がかかってきた。〈修心塾〉と名乗る右翼団体が、私への抗議活動を決行するというのだ。礼儀正しく、遵法精神の高い日本の過激派だけあって、正式な計画書まで事前提出されていた。言論の自由を規制するわけにはいかず、警察に彼らを止める手立てはなかった。しかし代わりに、私にしかるべき警告を与えてくれたというわけだ。

数日後、予告通り〈修心塾〉の年季の入った街宣車がやってきた。国旗が描かれた黒いバンに乗る四人の中年男性は、典型的な右翼の抗議活動を繰り広げた。ビルの周囲を何度かまわりながら、スピーカーを通して大音量で要求を叫ぶ――《タイムズ》のリチャード・パリーは皇室を侮辱したことを謝罪せよ。男たちはビルに入ろうとしたが、警備員にやんわりと阻止された。次に私に宛てた手紙を渡そうとしてきたが、それも警備員に受け取りを拒否された。仕方なく、彼らはビル正面の郵便ポストに手紙を投函した。が、切手を貼るのを忘れたらしく、こちらに届くことはなかった。

三〇分後、黒い街宣車は走り去っていった。さらに一カ月半後、彼らは再びやってきて同じことを繰り返した――街宣車、抗議、手紙。しかし、それが最後だった。以降、〈修心塾〉はもとより、ほかの右翼団体から連絡が入ることもなかった。

すべてが謎のままだった。どこかの誰かが、途方もない労力と時間をかけて右翼を煽り、私を〝成敗〟させようとした。いったい誰が？　彼、あるいは彼女の動機はなんだったのか？　私にとって忘れられない記憶となったこの事件には、さらに興味深い結末が待っていた。数カ月後、織原城二の弁護士のひとり、塩谷安男と会う機会があった。実現することはなかったものの、私は最後にもう一度、塩谷弁護士を通して織原にインタビューを申し込んでいたのだ。そのとき私は、塩谷に奇妙な封書、写真、黒い街宣車に乗った男たちの話を伝えた。と、彼の顔に複雑な表情が浮かんだ。半分おもしろがるような、半分驚いたような表情で塩谷は言った。「一度、織原さんと話しているとき、あなたの名前が出てきたんですよ。皇室関連のあなたの記事について、彼は『パリーの記事は右翼を怒らせてしまった。近いうちに、きっとトラブルに巻き込まれるだろう』と言っていました。どんなトラブルかと私が訊くと、彼は『さあね』と言うだけでした」

第二五章　本当の自分

暗闇に吹く突風

織原城二とは何者だったのか？　彼を彼たらしめたものはなんだったのか？　私はこれまで何年もの時間を費やし、彼について考え、語り、そして法廷でその姿を見守ってきた。しかし、私はどれほど本当の織原を知っているというのか？　その人生の多くは空白だった。高校卒業後の数年間の旅行、そして帰国後から逮捕までの期間の大部分は謎に包まれたままだった。私としては、考えられる情報源をすべて使い果たしてしまった。彼の家族は敵対的で非協力的だった。織原自身から得られるのは、あやふやな証言と名誉毀損の訴状だけ。誰よりも彼の人生について調べ上げたはずの警察も、法廷で利用できる内容以外には興味がなかった。カルロス・サンタナ――織原にとって最も名高く、意外な〝友人〟――でさえも、証言を拒否した(1)。それだけではない。罪を犯すはるか以前から、織原は自らの人生を生きながらも、自分自身を抹消するという作業――過去と現在のあいだに法則を見つけ出し、結びつけようとする人間を妨害する作業――を始めていた。彼は目蓋の形を変え、名前を変え、国籍を変えた。濃い色のサングラスをかけ、シークレットシューズを履いた。写真に写ると魂が抜けるという常套句を利用し、カメラをことごとく避けた。彼の強姦もまた、男性の力を誇示するようなレイプとは正反対で、陰でこそこそと行なわれた。警察が押収したビデオを見せられるまで、被害者の多くは実際に何をされたのか明確にはわかっていなかった。

彼が人と親密な関係を築こうとしなかったのは、それが理由だろうか？　とくに友情は、人間の足跡を示すものだ。指紋のように周囲の世界に残り、人物を特定する唯一無二の手がかりとなる。織原はそれを避けたのだろうか？　今日(こんにち)、われわれは誰しもアマチュア精神分析医と化し、子供時代の経験と大人時代の行動パターンを安易に関連づけようとする。織原の場合で言えば、彼は幼少期から大きなプレッシャーにさらされてきた。母の期待、情緒不安定な兄の存在、父の死。在日韓国人であれば誰もが経験する偏見――眼には見えないが、日本人が本能的に持つ差別意識――とも闘ってきたことだろう。しかし織原は、突然の遺産相続によって義務と規律から解放される。それは彼にとって魅力的な解放であり、同時に破滅へと繋がる解放だった。しかし考えてみてほしい。日本には、不安に震える子供など山ほどいる。情緒不安定な家族、裕福な家庭で甘やかされた子供、人種差別の被害者など無数にいるはずだ。そのなかで将来、連続強姦魔や凶悪事件の犯人になるのは何人だろう？　ごくわずかだ。

公判中、織原の精神状態について、つまり彼が正気かどうかという疑問が俎上に載せられたことは一度もなく、精神鑑定も行なわれなかった。表面的に見れば、栃木裁判長が判決で指摘した織原の特異な性格は、精神病質者(サイコパス)の特徴と重なるようにも思われる。ある専門家の言を借りるなら、精神病質者は「自己中心的で、無神経で、後悔の念のない人間……良心に押しとどめられることなくなんでもしでかしてしまう人間」[2]である。いかにも織原に当てはまりそうではあるが、単に彼を精神病質者だと切り捨てるのはあまりに安易だろう[3]。私にはそれが、道徳的および臨床的な言いわけ――社会全体に偽りの安心を与えるように仕組まれた言いわけ――にしか思えないのだ。極端で、残忍で、精神病質的で、悪の行動にそのようなレッテルを貼り、その犯人を善の人々とはちがうカテゴリーに組み入れることによって、私たちはなんとか安心しようとしているだけではないか。人間性の複雑さから眼を背け、実のところ私たちの誰もが無神経で、後悔の念を持たない人間になる可能性があることを忘れようとしているだけではないか。事件に対する日本人の反応にも、そのような傾向が見られた。主要メディアで言及されることはまずなかったものの、とりわけインターネット上では、織原の在日韓国人としての出自を強調する声が多かった。犯人が外国人であれば日本社会には責任がない、と言わんばかりの意見が目立ったのだ。

　織原城二が何者であったとしても、彼が日本という国から生まれたことはれっきとした事実である。しかし、どこから生まれたのかを特定するのはむずかしい。初め、私は織原の〝心の内側に潜入する〟という昔ながらの手法を試みた。独房でひとり彼は何を思うか？　意識を失った犠牲者のまえにひざまずき、いったい何を考えたのか？　それを想像できれば、取材対象者を〝理解した〟と言えるはずだ。しかし、そのような手法はまったく通用しなかった。言葉や行動と異なり、人間の考えや感情は他人には見えない。最も親しい人でさえも結局は他人であり、すべてを理解することなどできない。おそらく、一般社会に受け容れられなかった織原は、内に豊かな精神世界を持つにちがいない。その世界への扉の鍵を開けたとしても、私が本当に内側に入り込んだのかどうか判断するのは容易ではない。私自身の単なる虚栄心から、成功したと思い込んでいるだけかもしれない。あるいは、織原のプレイの犠牲者になっただけかもしれない。

　もしくは、初めから理解すべきことなど何もなかったのかもしれない。内なる世界など存在せず、眼に見えるものがすべてだったら？　もしそうなら、真実は取るに足らない退屈なものだ。これこそが、織原が必死で隠そうとした最大の謎だったのかもしれない。私の見るかぎり、彼の人生を最も特徴づけるものは、親密な人間関係がまったく存在しないことだった。完全な孤立状態と言ってもいい。なぜ彼は世界に扉を閉ざしてしまったのか？　そこには、何か深刻で魅惑的な理由があるはずだ。が、その理由は私たちの手が届かないどこか奥深くに閉じ込められていた。だとすれば、彼を存在しないものとして捉えたほうが賢明かもしれない。急に寒くなったら、寒さが訪れたのではなく、熱が存在しないと考えるのと同じだ。暗闇に包まれたら、光が存在しないと考えるのと同じ。織原は暗闇に吹く突風のごとく現れ、周囲の者たちの命を危険にさらした。これが彼を測る真のバロメーターだった。織原という〝自我〟を精査・評価することができないのであれば、他者に与える影響から彼を判断するしかない。

法廷の場で、織原は慈善事業への寄付を引き合いに出し、過去の善行を通して彼という人間を判断すべきだと訴えた。同じように、織原がもたらした過去の被害も考慮に入れ、彼という人間を判断する尺度にするべきだろう。彼は姿や名前を変えながら、ベールに包まれた謎の存在として、被害者に苦しみと損害を与えつづけた。それが織原という人間だった。

織原の〝血に染まった金〟に、ジェーンは怒り狂って反対運動を繰り広げた。その金を受け容れたティムの強情さも、その後に彼が受けた屈辱も、もとはと言えば織原が原因だった。ソフィーの血のなかの錠剤とウォッカ、鬱で失われたルパートの一年、ジェイミー・ガスコインが燃え立たせた激情――すべて織原のせいだった。彼がもたらす苦痛は人から人へと伝わり、遠く離れた場所にいる無関係な人々にまで及んだ。ジェイミーのガールフレンドが味わった苦しみや混乱、それもまた織原の影響だった。彼は、死んだルーシーの家族の記憶を変容させ、遠い親戚どころか、まだ生まれていない子供たちの記憶をも変えてしまった。

人間は本能的に、唯一の絶対的な真実を探そうとする。誰の眼にも明らかな真実――晴れわたった空に浮かぶ満月のような真実――を希求する。犯罪のルポルタージュにおいては、事件の明確な像を示すことが求められる。つまり読者は、殻をすっかりと剝いた塩煎りピーナッツのようなありのままの物語を期待する。しかし、今回の主人公である織原城二は、すべての光を吸い込んでしまった。われわれの眼に見えるのは煙か靄、そして外からの光の反射だけだった。言い換えれば、眼のまえにあるのはピーナッツの殻だけだった。しかし、その殻の表面自体が、人の心を惹きつけて離さないものだったのだ。

命の〝値段〟

ブラックマン一家と実際に接するようになった誰もが——さらに、新聞報道を通して一家を知った多くの人が——彼らの物語について、確固たる意見を持つようになり、自分の意見が正しいのだと言い張った。織原城二の罪についてはもちろんのこと、ルーシー、彼女の家族、日本という国について、あらゆる意見が飛び交った。この自分の意見を表明したいという衝動は、今回の事件の最も驚くべき影響のひとつだった。

そういった意見の多くは、ティムという人間について、あるいは一億円を受け取った彼の行動に対するものだった。金を受け取ったあとの数週間、ティムが織原と同等の罪で有罪宣告を受けたかのような大騒動が巻き起こった。「彼の苦しみは二重のものになる」[4]と《デイリー・メール》紙のコラムニストは予言した。「まず、美しい娘を死に追いやった陳腐なホステス業から、ルーシーをどうして救い出すことができなかったのか、そう彼は苦しむことになる。さらに、ルーシーが与えられるべき当然の正義を、ティムは自ら否定する役割を演じた。その罪の意識にも苛まれることになるだろう」。同じ点を指摘するように、ジェーンもこう語った。「まるで、ふたりの男と闘っているような感覚でした。私は、その両方の男に正義をもたらそうと奮闘したんです。織原と、ルーシーの父親に」

具体的に、ティムはどんなまちがいを犯したのか？　彼が受け取ったお悔やみ金については、あるきわめて重要な一点をはっきりさせておく必要がある。ティムが金を受け取ったことで、事件の結末に何か影響があったのか？　判決では、裁判官は次のように明言した。準強姦の被害者たちが織原から金を受け取ったことは、無期懲役の裁定——今回の事件における最高刑——に何ひとつ影響を及ぼすものではない、と。つまり裁判において、金の支払いはなんのプラス効果ももたらさなかったということだ。日本の裁判システムは内外から批判を受けることも多いが、殺人者が金持ちだからといって無罪になるようなことはない。ルーシー殺害について織原が無罪とされたのは、正しいかどうかは別として、単に裁判所が証拠不充分だと判断したからだった。

　もちろん、ティムが実際に受けたのは法的な判決ではなく、道徳面における批判だった。「娘の殺害事件の容疑者から、どうして父親が金を受け取ることができるのか？」と《サン》紙のある読者は訴えた[5]。「ティム・ブラックマンは自らを恥じて反省すべきだ」。同じページには似たような投書がいくつも並んでいたが、どれも自分が人間として優れていることを前提にした意見ばかりだった。その行間からは、投稿者の誇らしげな声が聞こえてきた——私だったら絶対にそんなことはしない。そんな投書を読むと、私はつい訊き返してみたくなる。本当にそうだろうか？　それに、そもそもあなたになんの関係がある？

　道徳的および肉体的な試練に直面する極限の状態に置かれた自分——そんな姿を想像し、私たちはスリルを楽しむ。頭のなかで、われわれはそのような試練を幾度となく乗り越えてきた。親であれば、誰もが一度は子供が死ぬ場面を想像し、それほど耐えがたい出来事はないと考えたことがあるだろう。が、私たちにできるのは、空想だけだ。その状況になったとき、われわれは尊厳と自制心をもって、固い決意とともに行動したいと願う。しかし、実際にどうなるかなど誰にもわからない。命を脅かす難病と同じで、私たちはその病状の経過を予測することしかできないのだ。

さらに金銭的な要素が加わったとき、人間の行動などますます予測不可能になる。新聞の投稿欄は、ティムがルーシーの人生につけた〝値段〟についての冷笑と皮肉に溢れていた。しかし、人生のあらゆる選択において、多かれ少なかれ金は決定的な要素となる。それを否定できる人は少ないはずだ。裁判官は、ティム・ブラックマンに支払われた一億円に影響を受けなかった。彼の決断は、ほかの誰にも損害を与えはしなかった。その金によって得たものは、不安と苦痛に打ちのめされた彼の人生に、ひとときの安らぎを与えた。ティムは、いくらかを〈ルーシー・ブラックマン基金〉に寄付し、ソフィーとルパートのために貯蓄することも約束した。彼は残りの金の一部で、六〇年前に造船されたクラシックヨット〈インファンタ〉号を購入した。そして二〇〇八年、一年をかけて世界じゅうをセーリングして、楽しい時間を過ごした。

そのような道楽に金が使われたことに、大きな非難の声が沸き起こった。しかし、その金が裁判で勝ち取った賠償金であれば、あるいは公の機関が運営する賠償基金から支払われた金であれば、どう使おうと誰も文句など言わないはずだ。ティムと同じ状況に置かれた大多数の人々が、自分たちの〝値段〟を見つけることになる。提供された金で、重くのしかかった借金を清算できるだろうか。病床の親戚に楽な思いをさせることができるだろうか。残された子供たちの教育費として使い、老後の生活費として貯蓄するには充分な額だろうか。われわれのうちの何人が、そのような報酬を拒否できるだろうか。〝私も苦しんだのだから、金をもらっても当然だ〟という本音を心の内にしまっておけるだろうか？

私としては、ブラックマン一家が直面したような死や道徳的ジレンマをできれば経験したくはない。しかし、もしわが身に降りかかったら？　私はジェーンや哀れなビル・ホーカーのように嘆き悲しむかもしれない。あるいは、ティムのように精力的に活動するかもしれない。金銭的な補償を拒否するかもしれないし、受け取ってしかるべきだと考えるかもしれない。自分がどのように考え、どう行動するか、私にはわからない。誰もが同じだ。だとすれば私たちには、そのような苦しみを受けた人々を批判する資格はないのだ。

しかし、ジェーン・スティアは批判できる立場にいた。アネット、ナイジェル、サマンサ・リッジウェイも同じだ。リッジウェイ一家はティムと同じ経験を共有しながらも――織原の弁護士からの再三にわたる甘言にもかかわらず――一貫して金の受け取りを拒否してきた。ジェーンは、このオーストラリア人一家との結束に大きな慰めを見出した。娘の死という繋がりとともに、彼女とアネットは友人のような関係になり、電話で会話することもあったという。しかし、それも二〇〇八年七月までのことだった。その夏、ナイジェル・リッジウェイが元妻と娘の同意のうえ、ある文書に署名した。カリタ殺害に関して採用された証拠のいくつかに疑問を投げかけ、織原の〝社会復帰〟の可能性を示唆する書類だった。その代わりに、リッジウェイ一家は一億円を受け取った。彼らは充分に苦しんだ。ほかに補償の手立てはなかった。金を受け取る資格がある、一家はそう考えた。その知らせを聞いたジェーンはひどく狼狽し、私にこう言った。「カリタの両親と姉は、悪魔に魂を売ったのよ」

道徳という名の松明

人はみな、ルーシーの身に起きたような話――無意味で、残酷で、早すぎる死――に恐れを抱くにもかかわらず、多くは自分自身の恐怖を認めようとしない。そこで、彼らはモラルで自らを守ろうとする。夜、森でオオカミを追い払うように、道徳という名の松明(たいまつ)を振りかざしつづける。

ジェーンもまた、ルーシーに関して自分が正しい存在である必要があった。そんな彼女にとって、異なる感情を持つ者は――前夫はもちろん、娘のソフィーも――誤った存在でなければならなかった。

彼女は自分がそう思うだけでは満足せず、ティムの誤りを公の場で弾劾しようとした。しかし死や悲しみに、正しいも誤りもない。体を巡りつづける苦しみ――それ自体が答えなのだ。ブラックマン一家の一人ひとりが直面した問題は、その苦しみからどう抜け出すか、どう力を奮い起こすかということだった。

そんな努力の一部が、ルーシーの死を社会に役立てようとする動きだった。ティムは〈ルーシー・ブラックマン基金〉を設立し、暗闇に希望の光を見出そうとした。この基金は、東京の記者会見での口座番号の発表から始まった。そしてジェーンとロジャー・スティアの反対運動を乗り越え、のちに慈善団体として正式に登録された。レイプ撃退用の防犯ブザーや薬物混入検査キットを販売する以外にも、基金のウェブサイトでは、旅行やクラブに出かける若者のための一般的な安全情報を配信した。二〇〇七年には、コメディアンや有名モデルが参加するチャリティ・イベントが開催され、リヴァプール出身の一〇代のナタリーが、初代ミス〈ルーシー・ブラックマン基金〉に選ばれた。もちろん、すべてが順調に進んだわけではなかった。基金が販売した〝バディ・セーフ〟という防犯グッズの製造業者は数カ月のうちに破産した。また、ウェブサイト上にはリンク切れが散見され、完全に機能した状態とは言いがたかった。

ティムは、基金の〈ミッシング・アブロード〉プログラム(6)にとくに大きな誇りを持っていた。このプログラムは、ブラックマン一家と同じ状況に置かれた人々、つまり海外で行方不明になった身内を捜すイギリス人家族を支援するために設立されたものだった。かつてティムは、自分の苛酷な経験を他人に理解してもらえることなどない、そう考えていた。しかし実際のところ、同じような事件は数カ月に一度の割合で起きていた。

三九歳の母親ウェンディ・シンは、フィジー滞在中に夫に殺害された。アイルランド出身の一五歳の内気な少女エイミー・フィッツパトリックは、元日、スペインの母親の家近くで行方不明になった。三三歳のジャーナリスト、マイケル・ディクソンは、旅行中のコスタリカで忽然と姿を消した。二九歳のヘルスケアワーカー、アレックス・ハンフリーは、観光旅行中のパナマで有名な滝を目指してホテルを出たきり、二度と帰ってくることはなかった。

しかし、これらの行方不明者については、ルーシー事件のように大々的に報道されることはなかった。なぜか？　ルーシーよりも年齢が上で、マスコミ受けする見かけではなかったからだ。その時期にフィジーやコスタリカで国際的な首脳会談が開かれておらず、イギリスの首相が事件に興味を持たなかったからだ。言い換えれば、すべてが偶然だった。ティムの設立した基金が目指したのは、イギリス国外での行方不明者あるいは殺人被害者の家族に対して、英国外務省にはできないサポートを提供することだった――二四時間の目撃情報ホットライン、ポスターと事件経緯のウェブ掲載、家族による訪問や遺体搬送にかかる費用の負担。結果、英国外務省はパートナーとしてこのプログラムに協力することになった。さらに別の成果もあった。ルーシー事件のあと、ロンドン警視庁は、国外で行方不明になったイギリス国民の親族のための渉外担当チームを設置したのだ。

このような実績は、ある種の満足感をもたらすものだった。しかし、人々が善意で〝もう過去にけりをつけて終止符を打ったらどうだろう？〟とほのめかしても、ティムは顔を引き攣らせて微笑み、ただ首を振るだけだった。慈善活動、仕事、私生活でどんなに成功を収めようとも、ルーシーの死に対する悲しみを上まわる喜びなど得ることはできない。過去を消し去る成功などなかった。彼が望めるのは、娘の死をなんとか心のなかで抑え込み、人生のすべてを支配させないようにすることくらいだった。ティムの頭に広がるのは、黒いごみ袋のイメージだった(7)。ルーシーと彼女の死についてのあらゆる苦しみ、フラストレーション、後悔で膨れたごみ袋だった。その袋を開き、ねばねばとした中身を一つひとつ調べる様を想像すると、自分がバラバラになっていくような感覚に襲われた。実際に試みこそしないものの、何度も自殺を考えた。重い現実から逃れたいという衝動はもちろん、死ぬことによってルーシーと再会したいという望みもあった。

「ルーシーは死んだ」とティムは言った。「ソフィーは療養所に収容されて、ルパートは神経をやられて大学を休学。とても長いあいだ、私たち家族は大きな重圧の下にいました。事態はよくなるどころか、悪くなる一方だった。そんなとき、私は大きな危険を感じました。乗り越える日が来るのか、自分では判断できなくなっていたんです」。ルーシーの人生や死に関係する特別な日は、家族にとって拷問だった。そういった日が一年を通していくつも存在し、数カ月おきに過去の思い出に引き戻されるのだった。「ルーシーは七月一日に姿を消しました」とティムは言った。「誕生日は九月一日。発見されたのが二月。不幸な家族にとってクリスマスは辛い時期ですが、家族の誰かが行方不明のときのクリスマスはさらにひどいものです。それに、ルーシーの命日は最悪ですよ。だから私は、ソレント海峡でセーリングをして過ごしたいんです。娘はあの海が大好きでした。それに海にいると、私ははっきりと感じる。ルーシーはここにはいない、とね」

控訴審

二〇〇八年一二月一六日の夜更け過ぎ、〈インファンタ〉号の衛星電話が鳴ったとき、ティムは海上にいた。受話器の奥から彼が聞いたのは、私の声だった。

二年前と同じように、携帯電話に向かってもごもごと話す記者たちに囲まれながら、私は裁判所のまえに立っていた。織原と検察が控訴した第二審の判決が、高等裁判所で下された直後だった。八件の準強姦とカリタ・リッジウェイの準強姦致死については一審判決がそのまま認められた。しかし、ルーシー・ブラックマン事件についての一審の無罪判決は、一部が棄却された。今回の控訴審では、誘拐および薬物投与による準強姦未遂罪、死体損壊罪、死体遺棄罪について有罪が認められ、改めて無期懲役が言い渡された。

「自己の欲望を満たすために薬物を駆使して、多数の被害者らの人格を踏みにじった犯行は類例をみないきわめて悪質なものであり[8]――」と門野博（かどのひろし）裁判長は判決文を読み上げた。「強固で特異な動機に基づく犯行の経緯に酌量の余地はまったくない」

その判決は複雑なものだった。たった一件の容疑――ルーシーに対する致死――だけが今回も認められなかったのだ。確かに、検屍ではルーシーの死因が特定されず、最後の電話のあとの数時間の出来事は解明されなかった。しかし日本の法廷では、状況証拠だけで有罪判決を言い渡すことも可能であり、過去にもそのような判例は存在した。* ほかに容疑者がいない状況で、今回の判決は非常に理解しがたいものだった。ひとりの男が相手の女性の最後の夜をともに過ごし、彼女に薬物を投与し、強姦し、その死体を損壊した。そこまでは認められたにもかかわらず、その女性の死に責任があることは認定されなかった。それでも、この新たな有罪判決は、第一審の無罪判決と同じくらい大きな驚きだった。私の周囲にいた全員が、第一審の判決がそのまま高裁でも認定されると予想していたのだ。

その日、ロジャーとともに傍聴したジェーン・スティアは、安堵の涙を流しながらこう語った。「事

＊　最も有名なのは、和歌山毒物カレー事件だろう。一九九八年、和歌山県内の夏祭りにおいて、砒素が混入されたカレーを食べた大人二名、子供二名が死亡。当時三七歳だった林眞須美（はやしますみ）が逮捕され、のちに殺人容疑で死刑判決を受けた。有罪の決め手となったのは、林の自宅で砒素が見つかったことだった。林側は、保管された砒素は夫の仕事であるシロアリ駆除用だったと反論。林がカレーに毒物を入れたという目撃証言はなく、無差別殺人を企てた動機についても最後まで明らかにされることはなかった。

件から八年の日々は、厳しい試練の連続でした。しかしやっと、ふたつの有罪判決と無期懲役を勝ち取ることができました……今日、ルーシーだけでなく、すべての性犯罪被害者のために真実と正義が証明されたのです」

衛星電話回線を通し、私はティムにすべてを伝えた。私としては、新聞記事に載せるための彼のコメントを引き出したかった。が、しばらくのあいだ、シューという雑音だけが続いた。ティムがここまで黙り込むのは初めてのことだった。回線が切れたのかと思ったが、いっとき経って声が聞こえた。

「それはすばらしい。まったく予想していなかった。ルーシーの無念も報われることでしょう。実に長い旅でした。これほど残酷な拷問はありません。けれど、警察と検察がここまでの判決を勝ち取ったのは、本当にお見事です」

ティムは、私に感謝の言葉を告げてから電話を切った。〈インファンタ〉号は、大西洋横断ヨットレースに参加中だった。その日はほとんど風がなく、熱帯特有の蒸し暑さのなか、海は凪いでいた。[9]東京から一万三〇〇〇キロ以上離れた海の上、モロッコと西インド諸島のあいだのどこかで、ティムのヨットはただぽつりと浮かんでいた。

最高裁

織原は最高裁判所に上告した。[10]今回、彼の弁護団は、起訴状のある一点に焦点を当てた。ルーシーの死体は〈逗子マリーナ〉の部屋から東京を経て、〈ブルーシー油壺〉へと運ばれ、最後に洞窟に行き着いた、というのが検察側の考える筋書きだった。織原の弁護団は、その移動が物理的に不可能だったことを証明しようとした。これまでも同様の訴えを繰り返してきたものの、下級裁判所ではことごとく却下されてきた。そのため上告に際し、弁護団はある異様な実験によってこの点を明らかにしようとした。織原の指示を受けた弁護士は、田園調布の家で死体を保管するために使われたと検察側が主張するのと同じ型の冷凍庫を購入し、さらに一〇〇万円をかけてルーシーの等身大マネキンを制作した。「マネキンはとても精巧で、まるで人間の皮膚でできているかのようでした」と塩谷安男弁護士は語った。「(ルーシーの) 体重や体のサイズまで再現してありました。織原と背恰好が似た弁護士がマネキンを持ち上げ、冷凍庫に入れようとしたんです。ところが、まったくもって不可能でした」。その実験の様子を撮影した映像が、上告審のために用意された主な新証拠となった。

東京拘置所の独房から、織原は法廷闘争を指揮しつづけた。彼は新たに読売新聞を名誉毀損で訴えた。また、例の奇妙な本『ルーシー事件の真実』を発売した出版社から、制作費未払いで織原が訴えられるという一件もあった。塩谷弁護士が一定の自信を持って述べたところによると、上告審の判決が出るのは早くとも二〇一一年半ば以降になるとのことだった。しかし二〇一〇年の一二月初め、タイム、ジェーン、オーストラリアのリッジウェイ一家のもとに警視庁から連絡が入り、予期せぬニュースが伝えられた――最高裁判所が上告を棄却し、有罪判決と無期懲役の刑が確定した。織原城二の裁判はこれで終わった。* "終身刑" とはちがい、日本における "無期懲役" では将来的に仮釈放される可能性が残されている。しかし、仮釈放までの刑期は平均で三〇年以上。[11] 一〇年に及んだ拘置期間を考慮したとしても、織原城二が次に自由の身になるのは、彼が七八歳になる二〇三〇年以降のことだ。有罪が確定して犯罪者となった織原は、刑務所へと移送された。二〇〇一年から暮らした拘置所

* 実際には、"再審請求" という最後の法的手段が残されている。上告に際して織原の弁護団は、下級裁判所では明らかにされなかった新証拠があると訴えた。しかし、新たに提出された新証拠はすべて最高裁判所によって却下された。よって、織原の有罪を根底から覆すような新証拠が出ないかぎり、再審請求という道はほぼ閉ざされていると言っていい。

とは管理体制がまったく異なり、刑務所ではほかの囚人とともに雑居房で生活することになる。それまでの一〇年間、彼の人生の中心を占めてきた本や書類の持ち込みも許されない。面会も月に一度のみで、それも近親者に限られる。弁護士との面会は禁止こそされてはいないが、毎回許可を得る必要があり、通常は数週間に一回が限度となる。

「これまでは、織原自身が主任弁護士を務めてきたようなものですが、刑務所に行けばそれも不可能になります」と塩谷は私に言った。刑務所送りになるまえ、織原の弁護士たちは連日のように東京拘置所の依頼人のもとに集まった。そして、それまで習慣化していた日々の面会なしでも、織原の案件に対処できるよう大急ぎでさまざまな準備を進めた。

検察は上告していなかったため、ルーシー・ブラックマン致死容疑に対する織原の無罪はそのまま確定になった。しかし、ジェーンはこう強く訴えた――部分的にでも織原の有罪が認められたことは、勝利である。ルーシーにとっては完全な勝利でないとしても、織原の被害者全体にとっては充分な勝利と言える。もちろん、彼女の言うとおりだった。しかし、判決の中身などどうでもよかった。裁判が終わるずっとまえから、関係者の多くはもはや事件とまっすぐに向き合えずにいた。裁判や事件の詳細を心に留めることなどもう不可能だった。

裁判による正義に意味がないわけではない。しかし、正義がもたらされたからと言って、何かが変わるわけではない。どんな判決が出たとしても、重要なことは何も変わらない。喩えるなら、揺るぎない決意を持った敵同士の力比べのようなものだ。しばらくのあいだ、死に物狂いの戦いが繰り広げられる。しかしいつか、どちらか一方が握る手の力を弱め、歩き去る。ただそれだけのことだった。ルーシーはすでにこの世にはいなかった。どんなに騒ぎ立てようと、それはもう変わらない。死を取り消すことはできない。慰めになりえたもの――容疑者の逮捕、裁判、有罪判決、一億円――は、砂漠に撒かれたスプーン一杯分の水のように蒸発して消えた。織原が自らの罪を認め、赦しを乞い、邪悪な心を悔やんで涙を流したら？　準強姦致死ではなく、殺人罪が認められ、絞首刑の判決が出たら？　何か変わっていただろうか？　いや、無罪放免になったとしても、死刑になったとしても、重要なことは何ひとつ変わらない。和らぐことも、改善することも、満足がいくことも何もない。屈辱と痛みが少し増すか、少し減るか。それだけだ。ルーシーは唯一無二の存在だった。誰からも愛された、かけがえのない人間だった。しかし彼女は死に、もう戻ってくることはない。

　　わたしのすべて

まほうのゆびわがほしい
わたしと妹をようせいに変えてくれるの
おしろ、空とぶポニー、それに力を手に入れるの

本当のわたし――ママとパパは、わたしのことをやさしくてしっかり者って言う。妹や弟にぷんぷんすることがあるけど、わたしはほかの人にとても思いやりがあって、みんなのお手伝いができる。ほかの人ときょうそうするのはあまり好きじゃない。グラウンドあそびは好きじゃない。オムレツとかぶらとグリーンピースが大きらい。いちばんきらい。いちばんじゃないけど、わたしのきらいなものを教えてあげる。
　グリーンピースのマッシュだよ。

「私はいつも、あの男がルーシーにした行為についてばかり考えていました」とジェーンは語った。「織原はあの子の体を切り刻んだ——それを想像するのがいちばん辛いんです。考えすぎて、頭が割れるかと思ったほど。きっと一生、頭から離れることがないんだと思いました。道を歩いているとき、木を切るチェーンソーの音がすると、実際に体が震え出すんです」。事件後、ジェーンは心理療法士のカウンセリングを受け、同じように子供が殺害された日本人やイギリス人の母親たちと話をした。誰もが親切で同情的だったが、なんの助けにもならなかった。その後、彼女はEMDR（眼球運動による脱感作と再処理法）という治療に出合う。イラクやアフガニスタンからの帰還兵のPTSD治療のために広く使われる手法で、完全なメカニズムこそ解明されていないものの、その効果の高さには定評があった。

「どんなことを考えると、気が楽になりますか？」。一回目のカウンセリングのとき、療法士は言った。

「あの子の元気な姿です」と彼女は答えた。

「すると療法士は、織原がルーシーにした恐ろしい行為について考えるよう言いました」とジェーンはそのときの様子を振り返った。「それから、向こうが左右に動かす指を眼で追うんです。それで、私が言われたとおり考えていると、彼はこう言います。『彼女は元気だ。彼女は元気だ……』と」。

ジェーンは四回のセッションに参加した。それまで受けた治療のなかで、効果があったのはこのEMDRだけだった。「もういまでは、法廷に出席して、通訳を通して織原の卑劣な犯行について聞かされても平気になりました。私は自分の頭のなかで繰り返すだけでいいんです。『あの子は元気だ。あの子は元気だ……』。それが助けになるんですよ。あの治療が、ターニングポイントでした。気が変になりそうだった私を救ってくれたんです」

ジェーンは続けた。「私は〝終止符を打つ〟とか〝まえに進む〟ということを信じていません。いったい何に終止符を打つんですか？　まえってどこですか？　ただ、背負ったまま生きるしかないと思うんです。でも、私は決してまえと同じ人間じゃない。たとえばスーパーに行ったとします。買い物中はまったく平気でも、ふと小さな女の子が視界に入り、涙が止まらなくなることがあります。子供の頃のルーシーを思い出してしまうんですよ」。時の経過とともに、ルーシーの友人たちも子供を持つようになった。ルイーズ・フィリップスの赤ん坊は、ルシアと名づけられた。サマンサ・バーマンの娘の名はグレース・ルーシー。ジェーンは喜び、ルーシーが友人たちから愛されていたことに感動した。しかし同時に、残酷な現実に心が痛むこともあった。ルーシーがもし生きていれば、きっとこんな人生を歩んでいたのだろう、と。

クロウタドリ

ジェーンは〈ルーシー・ブラックマン基金〉のすべてを忌み嫌った。死んだルーシーを巡る闘いにおいて、基金の存在はジェーン側の完全なる敗北を意味するものだった。彼女としては、基金に見え隠れする偽善が赦せなかった。妻と子供を置き去りにして出ていった父親が、何をいまさら善人ぶっているのか？　イギリスの警察と検察が白の判断を下したあとも、ジェーンはティムの横領と詐欺行為の存在をひたすら疑いつづけた。もちろん、関わらなければいいだけの話ではあったが、彼女は基金の存在自体を認めることができなかった。ジェーン自身がまったく無視されたまま、ルーシーの名前が使われたことも赦せなかった。

ジェーンが最後に救いを求めたのは仄暗い運命論だった。娘の死は、人知の及ばぬ運命の一部だった。人の生死はあらかじめ定められている。そんな考えに彼女は慰めを見出した。「まえにも言ったと思いますが――」とジェーンは言った。「これは作り話ではありません。娘が日本に行ったとき、あの子にはもう会えないと私はわかっていたんです。日本に行くまえ、霊媒師と面会するようあの子に薦めましたが、ルーシーは行こうとしなかった。幼い頃から、とても大人びた子でした。ある意味、私の母親のようなものでした。それが、あの子の運命だったんです。ルーシーの運命だったと感じるんです。こうなるように生まれてきたんだと。織原を止めるために、生を受けた。初めから、長く生きる運命ではなかったんです」

言い換えれば、ルーシーは死ななければならなかった。彼女の死は避けられなかった。そして、ジェーンはそれを予期していた。そういうことになる。自身の母親の死から始まり、娘ソフィーとの仲たがいにかないように言ったジェーンは正しかった。今回も彼女は正しかった。ルーシーに日本に行至るまでの数々の悲しい物語のなかで、ジェーンは一度たりともまちがったことはなかった。ティムを夫に選んだことでさえ、彼女に言わせれば正しい選択だった。結婚したときのティムと、家族を置いて出ていったティムは同一人物ではなかったのだ。「彼は別人でした」とジェーンは言う。「一九年間暮らした夫はもう存在しませんでした」。事実となんとか折り合いをつけるためには、そう考えるしかなかった。

ジェーンの心を支えつづけたのは、ルーシーがいまでも存在するという揺るぎない信念だった。かつてジェーンは、ロンドン郊外の町ペンジに住むトレイシーという名の女性霊媒師のもとに足繁く通った。「トレイシーに会うと、ルーシーが出てくるんです」とジェーンは私に言った。「一時間、ルーシーと話をしているかのような気分でした。あの子がいま何をしているのか、トレイシーは私に教えてくれます。『ルーシーは髪を結っているわ。あなたはよく、彼女の髪を撫でたんですってね』って彼女は言います。本当にそのとおりだったんです。昔、あの子の髪をよく撫でたんですよ。霊媒師はただ適当なことを言っているだけ、と笑う人もいるかもしれません。でも彼女の話には、ほかの人が知りえない事実や名前がたくさん出てくる……詳しくは言いたくありません。でもとにかく、ルーシーがその場にいることは確かでした」

ジェーンはさらに続けた。「心のなかでは、私はいまでもあの子と話をしていますよ。何カ月かまえも、散歩の途中にきれいな売り家を見つけて、内覧の予約をしたんです。私はルーシーに言いました。『住むべき家だったら、何か合図をしてね』って。合図はいつも蝶か星です。内覧の日に家に行くと、玄関に小さなプレートがかかっていました――〝ビーチに行きました〟と書かれたプレートです。珍しいでしょ？　海もない田舎のど真ん中だっていうのに。でも、ビーチはあの子の体が見つかった場所だった。室内に入ると、壁の至るところに蝶のステッカーが貼ってありました。二階には星形のランプシェード。庭にはたくさんの蝶が舞っていました。それに、蝶の形に刈り込まれた木まであったんです。それで、私は言いました。『ルーシー、ありがとう。言いたいことはわかったわ』ってね」

コマドリが庭にやってくる――あるとき、信仰治療師がジェーンにそう言った。数週間後、彼女の予言通り一羽のコマドリが庭にやってきて、芝生の上をぴょんぴょんと跳ねた。ジェーンとロジャーが餌を与えると、コマドリはすぐに彼らに心を開き、ペットのように家に住みつくようになった。「それはルーシーよ」と信仰治療師は言った。ジェーンにも、そうだとわかっていた。

葬儀の日にも同じことがあった。ジェーンが暗い教会の室内から、明るい外の光の下に出たときだった。教会の反対側の木に一羽のクロウタドリがとまり、葬儀が終わると同時に、あたりの墓地に大きな鳴き声を響き渡らせた。ルーシーの友人や家族たちがグループごとに外に集まり、それから順に教会を離れていった。そんななか、頭上のクロウタドリは、笛のような鳴き声を奏でつづけた。「私たちが教会から出る頃、ちょうどその鳥が鳴きはじめたんです」とジェーンは当時の様子を語る。

「私はすぐに『ルーシーだわ』と心のなかで呟きました。あまりに大きな鳴き声だったので、みんな気づいていましたよ。ティムでさえ木を見上げて、『見ろよ、あの鳥！　すごい鳴き声だな』と言ったほどです。私はひとりほほ笑んでいました」

鳥になり、木にとまり、優美な鳴き声を上げる――それが人間の最後の姿だとしたら、死はなんと美しいものだろう。

日本語版へのあとがき

あの運命的な事件から一四年経った昨年秋、私は数日の休暇を取り、ルーシー・ブラックマンと織原城二の痕跡を辿る旅に出かけた。長年日本に住む私は、この国の都市がすさまじい速さで変化し、地域一帯が破壊・再開発され、昔ながらの建物が次々に姿を消していく様子を目の当たりにしてきた。それでも、私は驚かずにはいられなかった。あのルーシー事件が発生した二〇世紀末から二一世紀初頭の数年にかけて、私が訪れた多くの場所がもうなくなっていたのだ。

ルーシーが住んでいた小汚い〝ガイジンハウス〟は、額入りの絵を販売しながら高いコーヒーを出す洒落たカフェに変わっていた。六本木には消費主義と高級志向の波が押し寄せ、店舗・ホテル・オフィスから成る巨大複合施設が、昔ながらの水商売の店を根こそぎにしようとしていた。ルーシーが働いていたクラブもとうになくなっていた。噂によれば、二年前に警察と入国管理局による摘発があり、閉店を余儀なくされたらしい。いまでも外国人ホステスは存在するものの、ルーシーの時代に主役を張っていたイギリス人、オーストラリア人、カナダ人の若い女性たちはもう見当たらない。新たな出演者となったのは、南米、東欧、ロシア出身のとりわけハングリー精神旺盛で、金銭欲たくましく、皮肉屋の女性たちだ。

織原が生まれ育った大阪の貧しい地域も様変わりし、いまでは真新しい大型ショッピングセンターが鎮座している（一方、北畠の豪邸のほうは、城壁のような塀と監視カメラのうしろに、物言わずひっそり佇んだままだ）。なんと言っても、一五年という歳月が流れたのだ。ルーシーと織原の物語など忘却の彼方へと葬り去られ、日本は新しい時代へと突入した。これは不可避であり、同時に恐ろしいことでもある。

しかし、ルーシー事件は確かな功績も残してきた。最も顕著な例としては、似たような悲劇の際のイギリスや日本政府の対応の変化が挙げられる。ティム・ブラックマンのブルドーザー並みの行動力は、両国に大きな影響を及ぼし、当局はこの経験から多くを学ぶことになった。イギリスでは現在、国外で家族やパートナーが事件に巻き込まれたとき、関係者は――当時のブラックマン一家は享受できなかった――公的機関から一定の配慮と援助を受けられるようになった（なかでも、ティムが娘の名前を冠して設立した慈善団体の果たす役割は大きい）。日本の警察も、外国人被害者の親族に対して慎重な対応が必要だという教訓を学んだ。少なくとも、〝国際的地位の高い〟欧米の富裕国の被害者については。

しかし多くの点において、日本の警察改革は遅々として進んでおらず、残念なことに、その無能さと欺瞞を証明する出来事がたびたび発生している。最近の極端な例としては、まずはゴビンダ・プラサド・マイナリさんの一件がある。いわゆる「東電ＯＬ殺人事件」の犯人に仕立て上げられたこの無実のネパール人は、一六年ものあいだ獄中生活を送ることになった。捜査の際、警察は目撃者を強要・買収して嘘の供述書に署名させたという。そして、袴田巌（はかまだいわお）さん。警察から拷問を受けた彼は、犯してもいない殺人を自白してしまう。死刑判決を受けてから四五年経った昨年、袴田さんはついに釈放された。これは、構造的な問題に起因するものだ。日本の警察組織が一向に改善されないのは――名ばかりの〝監督機関〟からも、弱腰で政府寄りのマスコミからも――実効力のある監視を受けていないからである。近年の日本では、将来に向けた軍事力拡大の議論に多くの時間が割かれている。しかし、国際的な組織犯罪やテロリズムが多発する今日、警察改革のほうが喫緊の急務であることは言うまでもない。

ルーシー・ブラックマンの物語は、何年もの時を経て、さまざまな様相を呈してきた。ミステリ、家族の悲劇、謎解き、法廷ドラマ。しかし本書を執筆するにあたって、私は、現在も生きている個人の経験に光を当てることに努めてきた。ルーシーの両親、ティム・ブラックマンとジェーン・スティアのあいだの溝が埋まることはなかったものの、それでも彼らは新しい伴侶を得て幸せな生活を送っている。妹のソフィー・ブラックマンはルーシーの死の絶望から這い上がり、地に足のついた立派な社会人となって、ロンドン郊外の大きな公立病院でマネージャーとして働いている。オランダに住む弟ルパートは、シンガーソングライターとして輝かしい活躍を続けている。

ジェーンとティムには、出版された直後に本書を読んでもらった。彼らがどんな反応を見せるのか、著者としては楽しみでもあり、当然、少し不安な気持ちもあった。ふたりが別々に寄せた感想は、ほぼ同じ内容の抗議だった――一方に好意的に書かれすぎている。それを聞いた私は、しばらく落ち込んだものだ。が、そのうちにこう納得さえするようになった。この本は――少なくとも部分的には――失敗に終わった結婚についての物語だ。だとすれば、私としてはこれ以上の結果を望むことはできないのかもしれない、と。ジェーンとティムのふたりとは、いまでも変わらず連絡を取り合っている。彼らが本書に対してどんなバイアスを感じたにしろ、もう赦してくれたにちがいない。私はそう感じている。

織原城二は現在、千葉刑務所において無期懲役の刑に服している。彼の最後の法的な望みだった再審請求は、どうやら却下されたようだ。裁判後も引きつづき、私は、織原と接触した人間たちから話を聞いてきた。彼らの報告によると、当初の織原は不満の日々を送っていたものの、いまでは長期囚としての生活にすっかり順応しているという。

その後、ルーシーは？　もし生きていれば、去年、彼女は三六歳になっていた。十中八九、結婚して子供も授かっていたにちがいない。イギリスでは、彼女の記憶は家族や友人たちの心にしかと生きつづけ、さらに〈ルーシー・ブラックマン基金〉の活動を通して受け継がれている。しかし去年、彼女を偲(しの)んで訪れた夜の六本木では、事件を知る者はほとんどいなかった。バーホステスも客引きも、彼女の名前さえ知らなかった。なんと悲しいことだろうか。

翌日の午後遅く、私は電車に乗って三浦半島に向かい、ルーシーの遺体発見現場である海岸を訪れた。秋の海はとても冷たく、澄みきっていた。あの恐怖の現場となった洞窟は、相変わらずじめじめとしていたが、空っぽではなかった。砂の上――ルーシーが七カ月ものあいだ埋められていた場所の真上――には、仮設の小さな祭壇が設えられていた。壜のなかで萎れた花。子供のぬいぐるみ。小さな鈴。数本のお香。誰かが、まだここを訪れている。ルーシーのことなど知らなかったはずの誰かが、祈りと供物を捧げている。何年も経ったいまでも、彼女は人々の記憶のなかに生きているのだ。

二〇一五年二月　東京にて

謝辞

この事件を調査し、本書を上梓するにあたって、実に大勢の人に助けられた。しかし、ブラックマン／スティアおよびリッジウェイ一家がいちばん多くを与えてくれた。それはまちがいない。度重なる対面インタビュー、電話、メールでのやり取りにも――耐えがたいほど辛い質問にも――彼らは文句も言わずに答えつづけてくれた。この場を借りて心より感謝したい。この本には、「カリタ・リッジウェイの運命」という副題がついてもおかしくはない。カリタ事件について、そして家族の粘り強い活動について、もっと紙幅を割けなかったことは、たいへん申しわけなく感じている。ルパート・ブラックマン、ソフィー・ブラックマン、ティム・ブラックマンとジョセフィン・バー、アネット・リッジウェイ、ナイジェル・リッジウェイとその妻アイリーン、ジェーンとロジャー・スティア、サマンサ・テルミニ（旧姓リッジウェイ）にはとくに感謝したい。また、ルイーズ・フィリップスとロバート・フィニガンは、ルーシーとカリタの生前・死後を通して彼女たちのために大きな貢献をしてくれた。ルーシーの友人たち、ヴァレリー・バーマン、ゲイル・コットン（旧姓ブラックマン）、ジェイミー・ガスコイン、サマンサ・ゴダード（旧姓バーマン）、キャロライン・ローレンス、キャロライン・ライアンにも謝意を捧げたい。

私が深く感謝したい方のなかには、匿名を望む人も多い。しかし、協力してくれた全員に――とくに、織原城二による犯罪の被害女性たちに――お礼を申し上げたい。名前を出すことのできる以下の人々には、この場を借りて、その記憶、資料、仲介、サポート、インスピレーション、調査、校正、翻訳、通訳、そして親切に感謝したい──阿部耕三、ジェイク・エーデルスタイン、ピーター・アルフォード、荒井清壽、荒木名穂子、浅尾美喜子、イアン・アッシュ、チャールズ・バウンディー、アレックス・ボウラー、エヴェレット・ブラウン、クリス・クリーヴ、ジェイミー・コールマン、ロブ・コックス、デイヴィッド・シーボーン・〝ダイ〟・デイヴィス、デグチ・トモミ、マイケル・デンビー、トビー・イーディと〈トビー・イーディ・アソシエイツ〉のみなさん、〈日本外国特派員協会〉、〈公益財団法人フォーリン・プレスセンター〉、ダン・フランクリンと〈ジョナサン・ケープ〉のみなさん、藤崎渉、ベンジャミン・フルフォード、ベン・グッドイヤー、ベンとサラ・ゲスト夫妻、サマル・ハマム、トーマス・ハーディ、細谷淳、五十嵐秀夫、今西憲之、スチュアート・イセット、岩本鐘振、リー・ジェイコブソン、ジェン・ジョエル、エリック・ジョンストン、コリン・ジョイス、片山賢太郎、ヴェリサリオス・カトゥラス、カワグチ・ヒデオ、河村多恵子、李賢淑、レオ・ルイス、ロイド・パリー一家、ヘイミッシュ・マカスキルと〈イングリッシュ・エージェンシー・ジャパン〉のみなさん、ジャスティン・マッカリー、シーン・マクドナルドと〈ファーラ・ストラウス&ジロー〉のみなさん、前田利継、故ウィリアム・ミラー、ヴァネッサ・ミルトン、宮崎学、ジャイルズ・マリー、中山千佳、西村眞悟、ニットウ・カツロウ、奥原英敏、大谷昭宏、大谷剛、デイヴィッド・パリッシュ、デイヴィッド・ピース、デイヴ・ラッセル、ジュリアン・ライオール、佐川一政、笹生博夫、佐藤正人、澤潤藏、マット・サール、ヒュー・シェイクシャフト、アレックス・スピリウス、マーク・スティーブンス、ジェレミー・サットン＝ヒバート、田淵広子、高橋ユキ、ジリアン・テット、外岡千佳、外山道子、アダム・ウィッティントン、フィオナ・ウィルソン、山本林、吉富有治。

以前の勤務先《インディペンデント》紙は、この本の初期のリサーチの多くについて資金援助してくれた。現在所属する《タイムズ》紙は、調査と執筆のために気前よく休暇を与えてくれただけでなく、名誉毀損で訴えられたときにはためらうことなく私を守ってくれた。《インディペンデント》においては、とくにレオナルド・ドイルに、《タイムズ》においてはリチャード・ビーストン、パット・バージ、マーティン・フレッチャー、アン・スパックマン、そしてローランド・ワトソンに感謝したい。また、〈クリフォードチャンス法律事務所〉の伊佐次啓二、マシュー・ウィットルにもお礼を申し上げたい。さらに、《読売新聞》の友人・同僚は私にとって信頼できる情報源であり、そして心の支えだった。ありがとう。最後に、本書の日本語版翻訳出版にご尽力いただいた〈早川書房〉の方々、とくに早川浩社長、山口晶、三村純の三氏、そして翻訳者である濱野大道に感謝の気持ちを伝えたい。

本書では日本の警察に対して批判的な記述が多いものの、私が実際に会った警察官はみな——稀な例外をのぞいて——親切で、正直で、勤勉な人々であり、自分たちの仕事に当然の誇りを持って働いていた。私の批判は彼らの仕事に対してではなく、多くの人々が一様に改革を訴える制度に対するものである。松本房敬、三井敏彦、故有働俊明、そして名前を出さないことを選んだ多くの警察官に、心から感謝したい。

〈ルーシー・ブラックマン基金〉のウェブサイト：www.lucieblackman.org〔現在は休止中〕
〈ミッシング・アブロード〉のウェブサイト：www.missingabroad.org
ジェーン・スティアは現在〈ホスピス・イン・ザ・ウィールド〉を支援している：www.hospiceintheweald.org.uk

訳者あとがき

日本の性犯罪史上、類をみない猟奇的で悪質極まりない重大な犯行——
二〇〇〇年に発生したいわゆる「ルーシー事件」に対して、検察側は第一審の論告求刑でそう宣した。本書は、これまで日本では公の場でめったに語られることのなかった、ルーシー・ブラックマンさん事件の真相に迫るルポルタージュである。当時から一五年が過ぎたいま、事件についてはっきりとした記憶をお持ちの方は多くないと思う。そこで、まずは事件の概要（ある意味では、本書のあらすじ）を簡単に整理しておきたい（**この作品は小説風に物語が進むため、事件の詳細、容疑者に下された判決を事前に知りたくない方は、本文から読み進めることをお勧めする。あるいは、次の段落を読み飛ばしてほしい**）。

二〇〇〇年七月、英国航空の元客室乗務員ルーシー・ブラックマン（二一）は、六本木の外国人クラブ〈カサブランカ〉でホステスとして働いていた。ある夏の日、ルーシーは客の男性に連れられ、神奈川県逗子市のリゾートマンションを訪れる。その室内で何があったのかはわからないが、彼女は死亡した。一〇月には容疑者・織原城二が逮捕され、翌年二月には神奈川県三浦半島・油壺の洞窟からルーシーの屍蠟化した切断遺体が見つかる。容疑者の織原はそれまで約三〇年にわたり、多くの白人および日本人女性にクロロホルムなどの薬物を吸わせて昏睡状態に至らしめ、陵辱を繰り返していた。彼は一連の行為を「征服プレイ」と名づけ、その一部始終を録画していた。被害者の数は一五〇人以上に及んだという一部報道もある。最終的に、別のオーストラリア人女性への準強姦致死、ルーシーやほかの八人の女性への準強姦などの罪で織原は有罪となり、無期懲役の刑に処された（しかし、その判決内容は非常に複雑で、不可解な部分が多い。詳しい中身については、ぜひ本書で確認してほしい）。

この「性犯罪史上、類をみない猟奇的な」事件を、いま日本に住むどれほどの人が覚えているだろうか？　当時の報道を記憶していた読者も、本書を読むとその闇の深さに驚かされることだろう。これほど凄惨な犯罪にもかかわらず、作品内で明らかにされる数々の理由が複雑に絡み合い、この事件の闇の部分についてこれまで日本の大手マスコミで検証・総括されることはなかった。たとえば、容疑者の織原とはどんな人間だったのか？　織原を擁護する謎のウェブサイトとは？　彼はなぜ自費出版本まで出し、自らの無実を訴えたのか？　お悔やみ金一億円が提供された経緯とは？

ルーシー事件を扱った本はこれまでにも数冊出版されているが、本書が既刊書と大きく異なるのは、事件の客観的な経緯や裁判の詳細な記録を描くのはもちろんのこと、当事者や周囲の「人間の物語」に焦点を当てている点だろう。ルーシーやその家族、織原城二の「人となり」を丁寧に紡いでいくことによって、著者リチャード・ロイド・パリーは事件の真の姿を浮き彫りにしようとする。英語をネイティブ言語とする被害者やその家族からここまで大量の証言を引き出すことは、日本人ジャーナリストによる取材ではおそらくむずかしかったにちがいない。日本で起きた事件のルポではあるものの、著者がイギリス人であることが、本書では強みとなっている。そんな本作を絶賛する声は途切れることがなく、イギリス人推理小説家モー・ヘイダーは、ロイド・パリーは「その卓越した調査能力と、物語を綴る天賦の才能を組み合わせ、最高傑作を作り上げた」と褒めたたえる。また《ニューヨーク・タイムズ》は、「賞賛すべき犯罪ルポルタージュであるだけでなく、われわれのモラルを問う静謐で緊張感溢れる傑作」と評している。また本書は、アメリカ探偵作家クラブ（ＭＷＡ）賞の「最優秀犯罪実話部門」の最終候補作に残ったほか、優れたノンフィクション作品に贈られるイギリスの権威ある文学賞〈サミュエル・ジョンソン賞〉や〈オーウェル賞〉にもノミネートされた。

訳者としては、この作品の最大の魅力のひとつは、ストーリーテリングの妙にあると感じている。原書を読んでいるとページを繰る手が止まらず、小説かと錯覚することもよくあった。父ティムが詐欺に遭うシーン、織原受刑者の弟と著者が対峙する場面など、サスペンス小説を読んでいるかのような物語性とスリルに圧倒される。同時に、被害者家族の苦悩や残虐な犯行の描写など、ノンフィクションであるからこその説得力と迫力、そしてあまりの悲惨さに、翻訳しながら涙が止まらず、震える手でキーボードを打っていたことが何度となくあった。

また、この作品を私が読んで（訳して）大きく感銘を受けたのは、著者の「中立性」だ。事件や関係者を俯瞰して見るような議論展開には、ぐいぐい引き込まれた。一例として、「なぜルーシーは死ななければいけなかったのか？」という議論を挙げたい。彼女が多額の借金を抱えていたという事実、ホステスという職業のせいで、イギリスでも日本でも、彼女を色眼鏡で見る人は多い。しかし本書を読めば読むほど、ルーシー・ブラックマンが実に平凡な女性だったことがわかる。どこにでもいる二一歳の女の子と何も変わらない。では、なぜ彼女は非業の死を遂げなくてはいけなかったのか？　著者は「運とタイミングが悪かった」と論じる。母親のジェーンは「娘の運命だった」とあきらめる。父親のティムは「日本社会に潜む闇が原因だ」と声高に訴える。人それぞれ、考え方はちがう。全篇を通して、著者はどちらか一方の意見を押しつけたりはしないし、右にも左にも寄らない驚くべきジャーナリスト精神で事件を紐解いていく。

さらに、この本には「日本論」としての一面があることを特筆したい。在日二〇年の《ザ・タイムズ》東京支局長であるロイド・パリーは、大学卒業以来ほとんどの時期を日本で報道記者として過ごしてきた、イギリスきっての日本通ジャーナリストである。彼が外国人としての視点から示す、水商売の世界、日本社会における差別、警察という組織、裁判システムに対する見識と鋭い洞察力には、多くの読者が驚き、深く考えさせられることだろう。

本書の翻訳にあたっては、著者のロイド・パリー氏から並々ならぬ協力をいただいた。編集作業に入るまえに、ロイド・パリー氏、担当編集者、訳者で集まってミーティングを開いたことがあった。裁判資料などを借りることが主な目的ではあったが、翻訳時に出た疑問点を解決し、細かな情報の確認を取るという場でもあった。欧米の本では明らかな事実誤認を放置したまま出版されることがよくある――多くの翻訳者が、そう日々実感しているにちがいない。そんな先入観を持っていた私は、ネットや図書館で調べた情報と原書の内容が異なる部分について、意気揚々と著者に疑問を投げかけた。しかし多くの場合、こちらの早合点だと気づかされることになった。著者は裁判記録などのあらゆる資料を示し、原書の情報が正確であることをその場で証明してみせたのだ。彼は何時間にもわたって一つひとつの疑問点を丁寧に解説し、加えて大量の日本語資料も提供してくれた。当日のミーティング内で解決できなかった部分については、日本人アシスタントの裁判傍聴メモや当時の日本語記事などの資料を後日メールで送ってくれた。

なお、日本語資料を基にした記述（原書で日本語から英語に訳された部分）については、原典からの引用を心がけた。しかし本書内でも述べられているように、裁判速記録などを閲覧することは容易ではなく、参照できる資料は限られていた。運よく入手できたものについては、できるかぎり実際の文章に差し替え、そのほかの部分についても関連資料を参考に翻訳するようにした。ただし例外として、日本語で行なわれたインタビューの中身はすべて英語から翻訳した。そのため、実際に使われた言いまわしや語彙と異なる部分も多々あると思うが、その点はどうかご容赦いただきたい。また、英語版からの大きな変更点に関しては、著者に確認して了解を得るようにした。

本書を訳すうえで、ルーシー事件を取り扱った既刊本に大いに助けられた。『ルーシー事件　闇を食う人びと』（彩流社、二〇〇七年）の作者である松垣透氏、『刑事たちの挽歌　警視庁捜査一課「ルーシー事件」［文庫版］』（文藝春秋、二〇一三年）を著した高尾昌司氏には、この場を借りて深くお礼申し上げたい。

最後に、何度も私の自宅近くまで足を運び、細やかな編集業務でサポートいただいた〈早川書房〉編集部の三村純さん、数々の勘ちがいや誤りに気づかせてくれた校正・校閲会社〈円水社〉の宮本いづみさんに心より感謝したい。

そしてなによりも、若くしてこの世を去ったルーシー・ブラックマンさんとカリタ・リッジウェイさんにこの訳書を捧げたい。この事件の風化を防ぎ、多くの人の記憶に留めること――それが日本という異郷の地で命を奪われたふたりへのせめてもの弔いであり、本書の翻訳出版に携わった人間の責務だと強く感じている。

二〇一五年三月　ルーシーの遺体発見現場、油壺の洞窟に花を手向けたあとに

Dad for Ever（ルーシーの父親を永遠に苦しめる裏切り）" *Daily Mail*, April 28, 2007.

5 《サン》紙のある読者は訴えた。"Lucie's Dad Has Sold Out（ルーシーの父親は魂を売り渡した）" *Sun*, April 27, 2007.

6 〈ミッシング・アブロード〉プログラム。www.missingabroad.org.

7 黒いごみ袋のイメージだった。Dee O'Connell "What Happened Next?（その後の出来事）" *Observer*, January 12, 2003.

8 自己の欲望を満たすために薬物を駆使して……。東京高等裁判所、第7回控訴審公判（2008年12月16日）。

9 海は凪いでいた。〈インファンタ〉号ウェブサイト上のブログより。
http://infanta.square-space.com/log/2008/12/15/winch-handle-sniffer-outed.html.［現在はアクセス不可］

10 織原は最高裁判所に上告した。上告審についてはRichard Lloyd Parry "Lawyers Will Use Lucie Mannequin in Attempt to Win Killer's Freedom（容疑者の自由を勝ち取るため、弁護士はルーシーのマネキンを準備）" *The Times*, December 15, 2009を参照。

11 仮釈放までの刑期は平均で三〇年以上。"無期刑、仮釈放まで30年……厳罰化で長引く"《読売新聞》、2010年11月22日。

第二四章　日本ならではの犯罪

1　賠償金を勝ち取った。日本の雑誌各誌および《タイム》誌の記事に基づく（もともとは事件関係者2名からの情報提供による）。

2　その答えは彼の家族だった。織原城二の代理人の弁護士、織原の家族関係者へのインタビューより。なお、よし江は仮名。

3　二二歳のイギリス人英語教師リンゼイ・アン・ホーカー……。リンゼイ事件の概要については、Richard Lloyd Parry "Police Catch Fugitive Suspected of Killing British Woman（英国人女性殺害の容疑がかかる逃亡者を警察が逮捕）" *The Times*, November 11, 2009を参照してほしい。2011年7月、千葉地方裁判所は、リンゼイ・アン・ホーカーに対する強姦と殺人の罪で市橋に無期懲役を言い渡した。

4　リンゼイの命を奪った日本人男性……Richard Shears "Japanese Men, Smoky Bars and the Obsession with Beautiful Western Girls That Cost Lindsay Her Life（リンゼイの命を奪った日本人男性、煙たいバー、美しい西洋人女性への妄想）" *Daily Mail*, March 31, 2007.

5　日本人のほうが欧米人よりもポルノ消費量が多いという考え……。世界で最もポルノ生産量および消費量が多いのはアメリカである。Duncan Campbell "With pot and porn outstripping corn, America's black economy is flying high（マリファナとポルノがトウモロコシを上まわる――隆盛を極めるアメリカ地下経済）" *Guardian*, May 2, 2003.

6　同封された単行本は私も知る本で……。ベン・ヒルズ著『プリンセス・マサコ――菊の玉座の囚われ人』（藤田真利子訳、第三書館、2007年）。

第二五章　本当の自分

1　カルロス・サンタナ……。代理人スーザン・スチュワート宛てに、サンタナと交友関係があるという織原の訴えについて尋ねてみた。彼女は著者宛てのメールで次のように答えた。「本件について、カルロス・サンタナはいっさい回答できません」（2007年8月18日）。

2　自己中心的で、無神経で、後悔の念のない人間……。ロバート・D・ヘア著『診断名サイコパス――身近にひそむ異常人格者たち［文庫版］』（小林宏明訳、早川書房、2000年）31ページより。

3　単に彼を精神病質者だと切り捨てるのはあまりに安易だろう。この議論は、ジャネット・マルカム著『ジャーナリストと殺人者』（小林宏明訳、白水社、1992年）の102ページに基づく。「精神病質者という概念は、実際のところ、邪悪の神秘が解明できないことを認めるものであり――その神秘を単に言い換えているだけ――精神科医やソーシャルワーカーや警察官など、毎日その厳然たる力に直面している人たちが感じているフラストレーションの逃し弁を提供しているにすぎない」

4　彼の苦しみは二重のものになる。Amanda Platell "A Betrayal That Will Haunt Lucie's

8　『ルーシー事件の真実』出版の経緯について。2010年2月、『ルーシー事件の真実』の発行元である飛鳥新社が、織原城二と彼の弁護士である辻嶋彰を相手取り、未払い金1,314万6,481円の支払いを求める民事訴訟を起こした。裁判所に提出された訴状によると、この本は自費出版物であり、「被告人・織原城二の刑事事件を有利にするためのキャンペーン活動の一環として……書籍の出版、広告等の業務委託が行われ」たという。出版社に依頼があったのは、東京地方裁判所での第一審が結審した直後の2006年12月。当初は日本語版のほかに、イギリスで出版するための英語翻訳版も作成される予定だった。出版社との契約は“ルーシー事件真実究明班”および代理人である荒井清壽弁護士のあいだで交わされた。

『ルーシー事件の真実』は、織原に代わって活動する独立した第三者によって書かれた体（てい）になっており、冒頭にはこんな注意書きがある。「真実究明班は、ジャーナリスト、法科大学職員、元検事を含む法曹界会員などで構成されている」（31ページ）。しかし、金で雇われた人間以外がこのプロジェクトに参加した形跡はない。編集を担当したフリー編集者および飛鳥新社に指示を出したのは、織原城二に雇われた弁護士たちだった。

「被告らは、上記キャンペーン活動を中立性ある活動であるかのように装うために、同キャンペーンの担い手が第三者からなる特定の団体であるかのように装い――」と出版社は訴状で訴えた。「……『真実究明班』はもとより法人格を有する法人ではなく、権利能力なき社団に該当する程度の社団性もなく、その実体は、被告ら個人に過ぎない」

　飛鳥新社の編集者・奥原英敏によると、複数の人間から矛盾する指示が寄せられ、作業に混乱が生じることがあったという。指示を出したのは全員、織原の弁護士だった（荒井清壽、辻嶋彰、塩谷安男、槙桂）。

「被告らからの指示は、荒井弁護士、槙桂弁護士、あるいは塩谷弁護士から編集者や原告（飛鳥新社）に伝えられたが、弁護士によって指示の内容が変わるなど、原告が対応に困惑することが多くあった」と訴状は続く。「このような事態と理由は、同弁護士らが原稿の内容等について逐一被告・織原に接見するなどして確認をとり、その際の被告・織原の言い分がころころ変わったためと推測される」

　結果として制作に遅れと混乱が生じたと飛鳥新社は訴えた。さらに校了後、内容に誤りがあると槙桂からクレームが寄せられた。出版社は正誤表を挿入して対応することを提案し、荒井がそれを了承。しかしその後、塩谷から印刷を中止するよう指示があったという。そのような経緯があり、2007年4月の東京地方裁判所での判決公判直前まで発売がずれ込むことになった。また、英語版の出版は中止された。すでに大部分の翻訳が完了していたにもかかわらず、翻訳費用が支払われることはなかった。

9　タニア・ネボガトフは仮名。

5　この種の事件では一五〇万円が……。ジョンソン著『アメリカ人のみた日本の検察制度』266 ページ。

6　上申書。『ルーシー事件の真実』97 ページ（英文）、98 ページ（和訳文）。

7　血に染まった金。Glen Owen “Now Father of Murdered Lucie Accepts £450,000 ‘Blood Money’（殺されたルーシーの父親、今度は 45 万ポンドを受け取る）” *Mail on Sunday*, October 1, 2006.

8　私はすべてを拒否してきました。Natalie Clarke and Neil Sears “An Utter Betrayal of My Dear Lucie（愛するルーシーへの完全なる裏切り行為）” *Daily Mail*, October 2, 2006.

9　二〇〇〇語に及ぶティムの中傷記事を掲載したのだ。“A Father’s Betrayal（父親の裏切り）” *Daily Mail*, October 7, 2006.

10　《デイリー・メール》紙の正式なインタビューを受けた。Kathryn Knight “He Is Immoral（不道徳な元夫）” *Daily Mail*, April 23, 2007.

11　基金の資金管理状況を調査するよう要請した。ロジャー・スティアからインディラ・ダス＝グプタへのメール（2007 年 5 月 17 日）。

12　《デイリー・メール》紙にも伝わり……。Daniel Boffey “Lucie’s Father in Trust Fraud Probe（基金での詐欺容疑でルーシーの父親に捜査）” *Mail on Sunday*, April 29, 2007.

第二三章　判　決

1　東京拘置所でのインタビュー取材を要請した。著者から織原城二への手紙（2005 年 1 月 25 日、6 月 23 日、2006 年 2 月 23 日、2008 年 10 月 27 日）。織原の代理人、須郷知徳弁護士への手紙（2005 年 7 月 8、20 日）。坂根真也弁護士への手紙（2005 年 11 月 17 日）。辻嶋彰弁護士への手紙（2008 年 12 月 5 日）。

2　ルーシーの医療記録を入手するよう私に要請してきた。織原の代理人、須郷知徳弁護士から著者への手紙（2005 年 7 月 19 日）。

3　荒井弁護士から私を非難する通知書が届いた。織原の代理人、荒井清壽弁護士から著者への手紙（2006 年 5 月 17 日）。

4　坂根真也は憤然と手紙に綴った。坂根真也弁護士から著者への手紙（2005 年 11 月 14 日）。

5　死因も明白ではない。第 61 回公判（2006 年 12 月 11 日）。

6　関係者の素性調査を行なったと報道された。Jason Lewis “Lucie Murder Suspect and a Sinister Plot to Smear Her（ルーシー殺害の容疑者と彼女を穢す卑劣な策略）” *Mail on Sunday*, May 13, 2007.

7　『ルーシー事件の真実』と題した英語と日本語のウェブサイトが起ち上げられた。英語版：http://lucies-case.to.cx/index_e.html、日本語版：http://lucies-case.to.cx/index.html

子、弁護士との関係、そのほかの訴訟活動についての記述は、弁護団や関係者へのインタビューに基づく。また、Richard Lloyd Parry "How the Bubble Burst for Lucie's Alleged Killer（ルーシー殺害容疑者の弾けたバブル）" *The Times*, August 17, 2005 も参照してほしい。

15　織原被告の最初の弁護団の全員が……。"All Defense Lawyers for Obara in Blackman Case Resign（ブラックマン事件：織原側の弁護士全員が辞任）" Kyodo News, October 12, 2001.

第二〇章　なんでも屋

1　基本的かつ重要な事実が多数あります。織原の代理人、須郷知徳弁護士から著者への手紙（2005 年 7 月 8 日に受領）。

2　私の五番目の質問はこれだ。著者から織原城二への手紙（2005 年 6 月 23 日）。

3　ルーシーが私に見せた姿を述べることは……。第 42 回公判（2005 年 7 月 27 日）。

4　はがきとドラッグを求めるということは……。同上。

5　佐藤はAに聞いてくれと言った。『ルーシー事件の真実』292 〜 293 ページ。

6　アイリーンの死体を蹴ってしまったのだ。同上、300 ページ。

7　Aは『ルーシーは男と旅行中だ』。同上、302 〜 303 ページ。

8　大好きなドラッグをやって楽しんでいる。同上、304 ページ。

9　Aの本名は勝田悟。勝田についての情報は第 47 回公判（2005 年 12 月 22 日）より。

第二一章　ＳＭＹＫ

1　なんとか話を補強しようと試みた。本文中に示した例は、第49、50、51回公判（2006 年 2 月 8、24 日、3 月 8 日）より。織原の慈善活動についてのやり取りは第 51 回公判より。

2　今度は検察が織原に反対尋問をする番になった。第 52 回公判（2006 年 3 月 2 日）。

3　裁判での意見陳述のために来日した。3 人の被害者遺族の陳述は第 53、54 回公判（2006 年 4 月 20、25 日）にて行なわれた。

第二二章　お悔やみ金

1　被告人からの申し出を受け取りました。『ルーシー事件の真実』73 ページに転載されたメール、および 74 ページの和訳文より。

2　被告人はルーシーの死に対して悔悛の念と悲しみを示している。同上、75 〜 76 ページ。

3　その理由を、ティムは織原の代理人にこう説明した。電話の会話内容の記録。同上、78 〜 81 ページ。

4　ルーシーに対する恐ろしい行為の数々は……。第 54 回公判（2006 年 4 月 25 日）。

5 “S氏” という警察官による発言だ。捜査一課所属の刑事による発言。警視庁記者クラブへの状況説明の記録より（2001年4月9日）。

6 警察は〈ブルーシー油壺〉を何度も訪れています。2007年に実施したインタビューより。

7 死後変化が高度であるため。小林雅彦医師による検屍結果（2001年2月10日付け）についての、上野正彦医師の医学的見解（2006年2月7日発表）。

第一九章　儀　式

1 二〇〇一年四月末、ルーシーの葬儀が営まれた。ルーシーの葬儀についての記述は、家族や友人とのインタビュー、当時の新聞報道に基づく。一例として、次の記事を挙げる。William Hollingworth “Family, Friends Say Goodbye to Murdered British Hostess Lucie（殺されたイギリス人ホステス、ルーシーに別れを告げた家族と友人）” Kyodo News, March 29, 2001.

2 その差が最も歴然としているのが “有罪率” だ。日本の有罪率についてのデータはジョンソン著『アメリカ人のみた日本の検察制度』79、290ページに拠る。ジョンソンは次のように主張する。「被告人にとって例になく「良い」年でも、無罪になったのは265件中ただの1件に過ぎない。標準的には、この比率は800件につき1件に近い……アメリカの裁判所が1年間に無罪放免する被告人の数と同数の被告人を無罪にするのに、日本の裁判官は175年を要することになる」

3 検察官は、ほとんどの日本人と同様に……。同上、216ページ。

4 日本の刑事裁判の大多数は……。同上、51～52ページ。

5 人に言えない大変なことを起こした。“Photograph Links Obara to Blackman（織原とブラックマンを繋いだ写真）” *Daily Yomiuri*, February 17, 2001、『第50回公判』警視庁による公判内容の英語報告書（2006年12月24日）。

6 医師がクロロホルムの効果について証言した。東京地方裁判所、第13回公判（2003年1月22日）。

7 麻酔の専門家。第17回公判（2003年4月16日）。

8 〈ブルーシー油壺〉の管理人。第25回公判（2003年11月27日）。

9 彼女の通報で駆けつけた警察官。第26回公判（2003年12月25日）。

10 科学捜査班の化学者。第28、29回公判（2004年1月30日、2月17日）。

11 家族所有のボートが近くのマリーナに係留中だった女性。第31回公判（2004年3月26日）。

12 この実験――まるでコメディー映画のような……。第32回公判（2004年5月25日）。

13 ご存知織原大好きな私。高橋ユキ、多岐川美伎、長谷川零、加賀見はる子著『霞っ子クラブ――娘たちの裁判傍聴記』（新潮社、2006年、245ページ）。

14 軍を取り仕切る将軍のような態度で弁護人に接した。織原城二の東京拘置所での様

4　大きな犬でも亡くなったんですか。〈シーボニア〉のボート用品店店長へのインタビューより。
5　被告人が、バインダー形式のノートや同バインダーに綴じ込んだノート紙片に……。控訴趣旨書（1294号）69～70ページ。
6　あの男はありとあらゆることを試していました。有働俊明および証拠書類の写真を閲覧した関係者2名へのインタビューに基づく。
7　室内には二台のテレビモニターが設置してあった。東京地方裁判所、織原城二の証言（2006年3月8日）。
8　警察が一〇〇〇本押収したという記事もあれば……。"Obara Indicted over 1992 Death of Australian Woman（1992年に死亡したオーストラリア人女性殺害容疑で織原が起訴される）" Kyodo News, February 16, 2001、"Police View 4,800 Videos from Obara's Condominium（織原所有のコンドミニアムから警察が4,800本のビデオを押収）" *Daily Yomiuri*, April 10, 2001.
9　日本人女性の場合……。東京地方裁判所、織原城二の証言（2006年3月8日）。
10　外国人ホステスはみんな醜い……。同上。
11　織原被告のプレイは、通称「フィリピンの酒」という気味の悪い……。ウェブサイト「ルーシー事件の真実」（2010年6月に閲覧）より。http://lucies-case.to.cx/index.html.
12　吉本房子、押原逸子、森恵美は仮名。
13　大変なことになった……。"Photograph Links Obara to Blackman（織原とブラックマンを繋いだ写真）" *Daily Yomiuri*, February 17, 2001.

第一七章　カリタ

1　「行方不明者がほかにいる可能性」。"Fears of More Missing Women" *Sydney Morning Herald*, October 27, 2000.

第一八章　洞窟のなか

1　毎晩、一一時や一二時まで厳しく追及しました。"We go after him relentlessly（容疑者を厳しく追及）" *Mainichi Daily News*, February 20, 2001.
2　管理人のパートナーの広川は……。第一審の裁判官は、彼の証言を信用できないとして却下した。
3　人間の体の一部であることは一目瞭然だった……。死体発見当時の模様については、関係者の個人的感想、マスコミ報道、警視庁記者クラブへの状況説明の記録（2001年2月9日）に基づく。
4　その週末、警察幹部は六回にわたり……。警視庁による状況説明の記録（2001年2月9～11日）、警視庁記者クラブ元メンバーへのインタビューに基づく。

6　被疑者を脅し、恫喝し……。同上、340ページ。

7　有働は織原城二の取り調べについて詳しく語ろうとはしなかった。織原の取り調べを直接担当したのは有働警視ではなく、山代（やましろ）という刑事だった。

8　のちの織原本人の主張によれば……。織原城二の弁護士、坂根真也から筆者への手紙に基づく（2005年9月14日）。

9　しかし周囲の人々は、この悲劇には……。金教鶴の死、葬儀、財産分与の詳細については、以下の資料を参考にした。金／星山一族が所有する企業に関する公文書、隣人へのインタビュー（2007年7月、北畠）、一家に近い関係者へのインタビュー（2006年5月、大阪）、《週刊文春》（2001年2月22日号）、および東京地方検察庁の起訴状（2000年12月14日）。

10　日本の雑誌記者や金家の隣人のなかには……。父親の死が地下社会に関係していたかという点については、織原城二に代わって坂根真也が手紙内で否定。

11　目の付近からガラスを摘出し……。『ルーシー事件の真実』753ページ。

12　星山が建築を勉強したという情報もあった。金／星山一家に近い関係者へのインタビューより。

13　家族や当時の関係者は、別の説を主張した。金／星山一家に近い関係者へのインタビューより。

14　大阪に所有する駐車場のひとつを担保に融資を受け……。織原の事業の詳細は以下の資料に基づく。警視庁がメディアに公開した織原所有の会社のリスト、各種公文書、事件関係者へのインタビュー、“Cops: Obara Hid Identity with Dozens of Aliases（警察による情報：織原は複数の偽名を使って身元を隠した）” *Daily Yomiuri*, November 20, 2000、“Blackman Suspect Obara Threw Nothing Away, Even Evidence（ブラックマン殺害の織原容疑者は証拠も残す溜め込み屋）” Kyodo News, February 16, 2001.

15　登記書類に自分の名前が使われていること自体を知らない人もいた。“Cops: Obara Hid Identity with Dozens of Aliases（警察による情報：織原は複数の偽名を使って身元を隠した）” *Daily Yomiuri*, November 20, 2000.

16　しかし、のちに織原は、濱口が独自に作成したものであり……。『ルーシー事件の真実』758ページ。ここでは「H弁護士」と記述されている。

第一六章　征服プレイ

1　織原城二は性生活についての詳細な記録を残してきた。東京地方検察庁・控訴趣旨書（1294号）68～69ページ。

2　彼は〈逗子マリーナ〉の部屋を“キョテン”と呼んだ。同上71ページ。

3　六〇人ほどの日本人および外国人女性の……。“Cops: Obara Hid Identity with Dozens of Aliases（警察による情報：織原は複数の偽名を使って身元を隠した）” *Daily Yomiuri*, November 20, 2000.

民地化、在日韓国・朝鮮人の暮らし、戦後史については、次の書籍を参考にした。イ・チャンス、ジョージ・デヴォス編*Koreans in Japan: Ethnic Conflict and Accommodation* (Berkeley: University of California Press, 1981)［『日本のコリアン――民族紛争と和解』（未訳）］、福岡安則著『在日韓国・朝鮮人――若い世代のアイデンティティ』（中央公論社、1993年）、ジョン・ダワー著『増補版：敗北を抱きしめて――第二次大戦後の日本人（上・下）』（三浦陽一・高杉忠明・田代泰子訳、岩波書店、2004年）、ピーター・B・E・ヒル著『ジャパニーズ・マフィア――ヤクザと法と国家』（田口未和訳、三交社、2007年）、ディビット・E・カプラン、アレック・デュブロ著『ヤクザ――ニッポン的犯罪地下帝国と右翼』（松井道男訳、第三書館、1991年）。

4 当時の記録を集めた……。姜徳相、琴秉洞・編『現代史資料6 関東大震災と朝鮮人』（みすず書房、1963年、172ページ）。引用に当たっては、適宜句読点と振り仮名を補った〔早川書房編集部〕。

5 釜山で織原城二の両親は生まれた。金／星山一家に近い関係者の証言（2006年7月、大阪）。

6 自主的な移住者として日本へやってきた。同上。

7 息子のひとりの話によると……。金聖賢との会話より（2007年7月4日）。

8 彼には前科もなかった。大阪在住の日本人新聞記者の証言（大阪府警察関係者から得た情報に基づく）。

9 異様な本『ルーシー事件の真実』。内容と出版経緯については後述する。436ページ以降を参照。

10 イギリスのパブリックスクールを模範として……。西村眞悟へのインタビューより。

11 聖仁、聖賢、聖龍は仮名。

12 短篇小説が、在日韓国・朝鮮人向けの雑誌に掲載されたことがある。「ある日の事」（《季刊三千里》一九七七年冬号に掲載）。

13 秋本浩二は仮名。

14 眼の美容整形手術を受けたとの記述がある。『ルーシー事件の真実』753ページ。

第一五章 ジョージ・オハラ

1 日本の司法制度は、警察側にきわめて有利に……。宮澤節生著*Policing in Japan: A Study on Making Crime*、25ページ。

2 自白は証拠の女王。ジョンソン著『アメリカ人のみた日本の検察制度』164ページより。日本の司法制度における自白の役割についての章（329～373ページ）の筆者の分析は実に鋭く、興味深い。

3 不合理な疑いを越える証明が必要。同上、314ページ。

4 自白は日本の刑事司法の心臓の部分……。同上、329～330ページ。

5 われわれ日本人にとって、頭を叩くのはひどいことではない……。同上、341ページ。

Post, March 3, 2000 より。

5　ただ、数があまりに多すぎました。Jonathan Watts, *Guardian*, July 11, 2000.

6　警察は交際相手のスコット・フレイザーから事情を聞いていなかった。麻布警察署の三井敏彦警視へのインタビュー、Richard Lloyd Parry "Free Her Now, Father Urges Tokyo Captor（娘を解放せよ――父親から誘拐者への訴え）" *Independent on Sunday*, July 16, 2000 に基づく。

第一三章　海辺のヤシの木

1　クララ、イソベル、シャーメイン、ロニア、ケイティ、ラナ、タニアは実在する女性を示すものである。各情報はインタビューや裁判資料に基づく。また、全員の名前は仮名で、数人については国籍も変更した。

2　アメリカ人女性ケイティ・ヴィカーズは……。ケイティ・ヴィカーズ（仮名）についての記述は、宮沢櫂（仮名）へのインタビュー、検察官による冒頭陳述（2000 年 12 月）、ケイティ・ヴィカーズ本人の証言より。

3　性犯罪の前科を持つ人物はひとりだけだった。有働俊明警視へのインタビュー、"Alleged Rapist of Foreigners Fined for Obscenity in 1998（外国人連続レイプ事件――容疑者が 1998 年に猥褻行為で罰金刑）" Kyodo News, October 30, 2000、ルーシー事件真実究明班編・著『ドキュメンタリー――ルーシー事件の真実』（飛鳥新社、2007 年）757 ページより。

4　盗撮した容疑で逮捕された。2001 年 4 月 27 日、東京地方検察庁が東京地方裁判所に提出した追起訴状に基づく冒頭陳述書に依る。関連箇所には次のように書かれている。「被告人には、女子トイレののぞき見による軽犯罪法違反の前歴一件があるほか、平成 10 年（1998 年）10 月 12 日、ハンディカメラを使用して公衆便所における婦女子の用便姿をのぞき見したことにより、軽犯罪法違反で科料 9,000 円に処せられた前科一犯がある」

5　上半身は裸で、下はパジャマのようなズボンを穿いていました。東京地方裁判所における原田警部補の証言（2003 年 12 月 25 日）、Richard Lloyd Parry "Blackman Suspect Had Her Severed Head, Say Police（ブラックマン殺害容疑者、被害者の切断頭部を室内に保管していた可能性――警察が示唆）" *The Times*, December 26, 2003 に基づく。

第一四章　弱者と強者

1　織原の老齢の母親が……。金／星山一家に近い関係者の証言（2006 年 7 月、大阪）。

2　織原城二はいかなる写真撮影も拒否した。"Cops: Obara Hid Identity with Dozens of Aliases（警察による情報：織原は複数の偽名を使って身元を隠した）" *Daily Yomiuri*, November 20, 2000.

3　一六世紀、狭い対馬海峡を越え、豊臣秀吉の遠征軍が……。日本による朝鮮半島の植

7　ルイーズ・カートン失踪事件。驚くべきことに、ルイーズ・カートンとルーシーは〈ウォルサムストウ・ホール〉の学校時代の友人だった。2001年7月31日、24歳だったカートンは、婚約者の家族に会うために訪れたドイツから帰国する際に消息を絶った。失踪の真相はいまだ謎のままだ。

8　マンディー・ウォレスは仮名。

9　モンタージュ写真を作成させた。ロンドン警視庁 Facial Imaging Team（FIT）Ref: NW058/00.

10　ティムへの不信感が募っていった……。この前後の説明は、以下の資料に基づく。ソフィー・ブラックマン、ティム・ブラックマン、ダイ・デイヴィス、ヒュー・シェイクシャフト、ジェーン・スティア、アダム・ウィッティントンへのインタビュー、ヒューについては関係者内で回覧された文書 "Lucie Blackman（ルーシー・ブラックマン）"（2006）、"A Father's Betrayal（父親の裏切り）" *Daily Mail*, October 7, 2006.

11　《サンデー・ピープル》の単独インタビューに答えた。Katy Weitz "Why I Must Find Lucie（私がルーシーを見つけなければいけない理由）" *Sunday People*, September 17, 2000.

第一二章　警察の威信

1　日本の警察と検察については、次の資料を参考にした。ウォルター・L・エイムズ著『日本警察の生態学』（後藤孝典訳、勁草書房、1985年）、デイヴィッド・H・ベイリー著 *Forces of Order: Policing Modern Japan* (Berkeley: University of California Press, 1991)［『規律の力――現代日本の警察活動』未訳］、デイビッド・T・ジョンソン著『アメリカ人のみた日本の検察制度――日米の比較考察』（大久保光也訳、シュプリンガーフェアラーク東京、2004）、宮澤節生著 *Policing in Japan: A Study on Making Crime* (Albany: SUNY Press, 1992)［『犯罪捜査をめぐる第一線刑事の意識と行動――組織内統制への認識と反応』（成文堂、1985年）を大幅に改定・英訳］、L・クレイグ・パーカー・Jr. 著 *The Japanese Police System Today: An American Perspective* (New York: Kodansha, 1984)［『アメリカから見た現代日本の警察制度』未訳］。

2　クリスタベル・マッケンジーもまた……。個人の特定を避けるため、彼女の名前や経歴を変更した。

3　日本の警察は世界でも屈指の優秀な警察だと言える。日本の犯罪率については、ジョンソン著『アメリカ人のみた日本の検察制度』26～27ページを参照。

4　激しい非難にさらされることになった。引用は猪瀬直樹 "Japanese Police Must Lift Shroud of Secrecy（日本の警察は秘密主義を排除せよ）" *Daily Yomiuri*, September 20, 1999、Doug Struck "Japan's Police Wear Tarnished Badge of Honor: Reputation of Once-Admired Constables Plummets with the Rise of Scandals and Corruption（日本の警察の色褪せた名誉――かつての栄光はいまやスキャンダルと汚職まみれに）" *Washington*

Hostess-Bar Scene（東京の赤線地帯に赤信号——失踪したイギリス人とカナダ人捜索の過程で、ホステスバー業界の危険を明らかにする身も凍るような証拠が発覚）" *Globe and Mail*, October 28, 2000、Tim Cook "Family of Woman Missing in Japan Fears for Her Life–Police Seek Possible Link to Rape Suspect（日本で失踪した女性、安否を気遣う家族——警察はレイプ容疑者に繋がる手がかりを追う）" *Toronto Star*, October 30, 2000。六本木の警察では、ルーシーが行方不明になった2000年までに、ティファニーの失踪は過去の事件として完全に忘れ去られていた。あるとき、ルーシー事件の捜査本部長である有働警視に、ティファニー事件について尋ねてみたことがある。が、警視はまったくピンと来ないようで、事件について耳にしたこともない様子だった。

2　イソベル・パーカーとクララ・メンデスは仮名。

3　八月のある日、ひどく興奮した様子の日本人男性から……。ＳＭサークルや高本昭雄（仮名）の死についての記述は、以下の資料に基づく。片山賢太郎による小野誠（仮名）へのインタビュー。ティム・ブラックマン、ダイ・デイヴィス、片山賢太郎、黒田良雄（仮名）、アダム・ウィッティントンへの私のインタビュー。『週刊宝石』（2000年8月23日号）および『週刊現代』（2000年10月11日号）の記事。ＳＭ愛好家の名前はすべて仮名であり、個人情報の一部も変更した。

4　黒田良雄は仮名。

第一一章　人間の形の穴

1　ティムは尋ね人のポスターの束を持って……。この出来事は Wm. Penn "Fuji TV Mounts the Podium for Fair Play（フジテレビがフェアプレイの表彰台に上がる）" *Daily Yomiuri*, October 5, 2000 で詳しく説明されている。

2　アラン・サットン総領事とともに、警察署を訪れた。ジョセフィン・バーによる会議の記録に基づく。

3　内心、いちばん恐れているのは……。2000年9月1日に行なわれた〈ＴＢＳ〉の片山賢太郎によるソフィー・ブラックマンへのインタビューより。

4　デイヴィッド・シーボーン・デイヴィスと彼の活動についての説明は、ソフィー・ブラックマン、ティム・ブラックマン、デイヴィッド・デイヴィス本人、ジェーン・スティア、アダム・ウィッティントンへのインタビューに基づく。また、デイヴィスによる "Preliminary Report and Executive Summary（中間報告と要旨）" September 17, 2000 も参照した。

5　記者たちとの関係構築には長けていた。たとえば、"Family's Fears for Missing Brit in 'Murder Riddle'（謎多き殺人事件——失踪したイギリス人の家族の恐怖）" *Express on Sunday*, July 7, 2002 を参照してほしい。

6　スーパー探偵。David Powell "Private Eye Goes on Trail of Missing Girl Louise（私立探偵、失踪した少女ルイーズを追う）" *Daily Post* (Liverpool), January 11, 2002.

第八章　理解不能な会話

1　トニー・ブレアと面会した。各種新聞報道より。また、在東京英国大使館発表 "Consular Case: Missing British Citizen: Miss Lucie Blackman–Notes of Main Points in Case and Actions Taken by Embassy（領事部事案：英国国民ルーシー・ブラックマンの失踪——事件の概要と大使館による活動について）" August 2, 2000 も参照した。

2　タニアは仮名。

3　数十件の連絡が入りはじめていた。寄せられた情報の詳細は、ティム・ブラックマン所有のメモ（2000年7月31日付け）、および英国大使館副領事イアン・ファーガソンがティム・ブラックマン宛てに送付した書類（2000年10月13日付け）より。

4　超自然的な才能を持つと主張する人々……。当時のジェーンの精神状態、霊能者が語った情報の詳細は、ジェーン・スティアとのインタビュー、ジェーンからソフィー・ブラックマンへのメール（2000年7月26、27、29日および8月2日）、N．T．クラウザーからジョセフィン・バーへのファックス（2000年7月26日）に基づく。

5　共同記者会見に参加するよう依頼……。英国大使館発表 "Consular Case: Missing British Citizen（領事部事案：英国国民の失踪）" より。

6　トニー・ブレアに手紙を書き……。ティム・ブラックマンからトニー・ブレアへの手紙（2000年7月28日）。

第九章　小さな希望の光

1　マイク・ヒルズと名乗る男から……。マイク・ヒルズの詐欺事件に関する記述は、ティム・ブラックマン提供の手紙や書類（ヒルズからのメールやファックスも含む）、エセックス警察でのティムの証言（2000年10月31日）、ティム・ブラックマン、アダム・ウィッティントン、ソフィー・ブラックマンへのインタビュー、2000年のポール・ワインダー誘拐事件および2003年のマイク・ヒルズの逮捕、裁判、有罪判決についてのイギリス各紙の報道に基づく。

2　手がかりがまったくありませんでした。David Sapsted "Lucie Blackman's Family Gave Cruel Conman £15,000（狡猾な詐欺師が、ルーシー・ブラックマンの家族から15,000ポンドを騙し取る）" *Daily Telegraph*, April 24, 2003.

3　これがあんたの望むことじゃなかったら、それは謝る。マイク・ヒルズからティム・ブラックマンへのファックス（2000年8月6日）。

第一〇章　S & M

1　カナダ人ホステス、ティファニー・フォーダム。ティファニー・フォーダムの失踪については、以下を参照。Miroi Cernetig "Red-light Alert in Tokyo—Police Hunt for Missing Briton and Canadian Turns up Chilling Evidence of Risks Women Run in

第六章　東京は極端な場所

1　宮沢櫂、〈クラブ・カイ〉は仮名。

2　ホステスのなかには、自らの仕事が性行為をともなわないため……。Evan Alan Wright "Death of a Hostess（ホステスの死）" *Time*, May 14, 2001 から引用。

3　ホステスの仕事……には、必ず淫らなイメージがつき纏う。アリスン著 *Nightwork*、173～174 ページより。

4　ルーシーはとても幸せそうでした。Paul Henderson "I Told Lucie I Loved Her–They Were the Last Words We Ever Spoke Together（僕はルーシーに愛してると言った——ふたりが交わした最後の言葉）" *Mail on Sunday*, July 30, 2000 から引用。

第七章　大変なことが起きた

1　ふたつのバージョンがある……。ルパート・ブラックマン、ソフィー・ブラックマン、ティム・ブラックマン、ヴァレリー・バーマン、ジョセフィン・バー、ジェーン・スティアへのインタビューより。

2　情報は錯綜していた。John Coles "BA Girl Lucie 'Held as Cult Sex Slave'（BA 乗務員のルーシーが「カルトの性奴隷」として囚われの身に）" *Sun*, July 11, 2000、Mark Dowdney and Lucy Rock "Snatched by a Cult（カルト集団に捕まる）" *Mirror*, July 11, 2000、Richard Lloyd Parry "Missing Hostess Vanished after Meeting at Club（クラブホステスが失踪）" *Independent*, July 11, 2000、"Japanese Journalists Fear the Mob May Be Involved（日本のマスコミは暴力団の関与を疑う）" *Sevenoaks Chronicle*, July 20, 2000.

3　ソフィーに記者会見に参加しないよう勧めていた……。英国大使館の報道公報担当官スー・キノシタからティム・ブラックマンへの手紙（2000 年 7 月 12 日）。

4　四弦バンジョーを担当。Stephen Pritchard "Why I Took '100 Million Pieces of Silver' for My Daughter's Death（娘の死と引き換えに、私が 1 億枚の銀貨を受け取った理由）" *Observer*, April 29, 2007.

5　過激な報道も散見された。Frank Thorne "Peril of Jap Vice Trap（日本の売春地獄に潜む危険）" *People*, July 16, 2000、Gary Ralston "21st Century Geisha Girls（21 世紀版ゲイシャ・ガールズ）" *Daily Record*, July 14, 2000、John Coles "From High Life to Hostess（上流社会からホステスに）" *Sun*, July 13, 2000.

6　家族の苦悩——を描くものだった。"I Will Never Leave Japan Without My Lucie, I Just Pray That She's Safe" *Daily Express*, July 13, 2000、John Coles "I'm Not Leaving Without My Sis" *Sun*, July 13, 2000、"Family Pleas for 'Cult' Woman" *Daily Telegraph*, July 13, 2000、John Coles "Why Us?" *Sun*, July 14, 2000.

7　白いウサギの人形。ダイヤモンドホテルは一部の施設を売却し、改装後に営業を再開。残念なことに、現在はウサギの人形は存在しない。

2　一緒に出かけたという顧客について訊いたところ……。英国大使館副領事イアン・ファーガソンによるメモ "Lucie Jane Blackman–Report as of Close of Play 4 July 2000（ルーシー・ブラックマン――2000年7月4日付け業務日誌)"。

第二章　ルールズ

1　二一日間の訓練コース。〈英国航空〉の訓練の詳細は、同社でのルーシーの同僚ベン・ゲスト、サラ・ゲストへのインタビューより。
2　ジム、ロバート、グレッグは仮名。

第四章　HIGH TOUCH TOWN

1　当たりまえに生きられないのがここでの生活。ドナルド・リチー著 *The Japan Journals, 1947-2004* (Berkeley: Stone Bridge Press, 2004)［未訳］280ページより。

第五章　ゲイシャ・ガールになるかも（笑）！

1　井村一は仮名。
2　渡辺一郎は仮名。
3　日本でホステスとして働いた経験を持つイギリス人推理作家モー・ヘイダー。Janice Turner "My Life as a Tokyo Bar Hostess（バーホステスとしての東京での生活)" *The Times*, May 7, 2004.
4　ヘレン・ダヴは仮名。
5　日本における女性の接待の歴史については、ライザ・ダルビー著『芸者――ライザと先斗町の女たち』（入江恭子訳、ティビーエス・ブリタニカ、1985年)、エドワード・サイデンステッカー著『立ちあがる東京――廃墟、復興、そして喧騒の都市へ』（安西徹雄訳、早川書房、1992年）を参照。芸者の衰退についてのサイデンステッカーの引用は52ページより。
6　六本木が歓楽街として発展を始めたのも、ちょうどその頃のことだ。六本木の歴史については、サイデンステッカー著『立ちあがる東京』とロバート・ホワイティング著『東京アンダーワールド』（松井みどり訳、角川文庫、2002年）を参照。
7　六本木交差点の高速道路の側壁のスローガンが "HIGH TOUCH TOWN" ……。六本木の多くの常連客に惜しまれながらも、この看板は2008年に撤去された。
8　アン・アリスン。*Nightwork: Sexuality, Pleasure and Corporate Masculinity in a Tokyo Hostess Club* (Chicago: University of Chicago Press, 1994)［未訳］。この章の引用は48、160ページより。
9　私たちホステスは三つのことを教えられる……。Anne Allison "Personal Services（個人的サービス)" *The Times*, July 14, 2000.
10　鈴木健二は仮名。

原　注

本書の内容はすべて事実に基づく。各出来事の説明は、私が実際に眼にしたこと、さまざまな関係者による証言、信頼できる情報源（紙および放送媒体）の報道内容に即して記述したものである。このような物語においては必然的に、人や媒体によって説明がそれぞれ異なることも少なくない。筆者としては、何が信用に値する内容で、何がちがうのかを区別することに努めた。この区別がむずかしい際には、本文内にそう明記した。以下の原注内に言及がない場合、記載した事実情報や引用は、当事者との個人的なやり取り、対面インタビュー、私自身が参加した記者会見、およびティム・ブラックマン、アネット・リッジウェイ、ナイジェル・リッジウェイ、ジェーン・スティアの個人的な記録に基づくものである。

織原城二のほぼすべての公判（第一審、控訴審）には、私が雇った日本人調査員が参加し、内容を詳細に記録した。日本では通常、ジャーナリストが刑事裁判の公式速記録を閲覧することはできない。しかし私は独自のルートを通し、多くの公判の速記録のコピーを入手した。また、被害者とその家族に公判内容を知らせるために作成された、警視庁の英語報告書も参照した。

この注記で示すいくつかの事例において、登場人物の名前や身元の特定に結びつく詳細を変更した。その理由は、以下の3つである。インタビュー相手が匿名での掲載を希望した場合。さまざまな事情から、本人と連絡が取れなかった場合。また、性犯罪被害者が生存する場合も、原則としてすべて匿名とした。この3つ目のカテゴリーの人々については、情報を大幅に変更し、親しい友人や親戚でも個人を特定できないように工夫した。名前だけでなく、経歴自体に変更を加えたケースも一部含まれる（出来事の順序や起きた年はそのままにした）。しかしながら、これらの変更は本書の主題にはなんら影響を与えるものではない。〔その他、著者と協議のうえ、英語版原書の情報を一部変更した。——早川書房編集部〕

本書の英語タイトル“*People Who Eat Darkness*”は松垣透著『ルーシー事件——闇を食う人びと』（彩流社、2007年）に想を得たものである。松垣氏の温かいサポートに、この場を借りて深く感謝したい。

プロローグ　死ぬまえの人生

1　ルーシーに何か起きたみたい。*Mail on Sunday*, July 16, 2000.

黒（くろ）い迷宮（めいきゅう）
ルーシー・ブラックマン事件15年目の真実
2015年 4 月25日　初版発行
2015年 7 月10日　 4 版発行
＊
著　者　リチャード・ロイド・パリー
訳　者　濱野大道（はまのひろみち）
発行者　早　川　　浩
＊
印刷所　三松堂株式会社
製本所　大口製本印刷株式会社
＊
発行所　株式会社　早川書房
東京都千代田区神田多町2−2
電話　03-3252-3111（大代表）
振替　00160-3-47799
http://www.hayakawa-online.co.jp
定価はカバーに表示してあります
ISBN978-4-15-209534-3　C0098
Printed and bound in Japan
乱丁・落丁本は小社制作部宛お送り下さい。
送料小社負担にてお取りかえいたします。